新时代营销学系列新形态教材
中国高等院校市场学研究会推荐教材

医药市场营销学

官翠玲◎主　编
刘永忠　丰志培　段桂敏　潘小毅　蒲晓芳　高　翔◎副主编
中国高等院校市场学研究会组织编写

清华大学出版社
北京

内 容 简 介

本书坚持营销理论与医药实际相结合、普遍性与特殊性相结合的原则，在系统介绍市场营销学理论的基础上，突出医药市场营销的特殊性，反映了医药市场营销领域的最新研究成果和发展趋势。在内容设计方面，以医药市场营销管理和顾客价值管理为主线展开论述，全面介绍医药市场营销的基本理论、战略、策略和方法，以及顾客价值管理过程。

本书具有系统性、行业性、实用性和思政性，既可以作为医药高等院校经济管理类、医药类专业本专科学生教材，也可以作为医药企业管理者、医疗服务机构管理者、医药营销者、医药营销研究人员及咨询培训人员等的参考读物。

本书封面贴有清华大学出版社防伪标签，无标签者不得销售。
版权所有，侵权必究。举报：010-62782989，beiqinquan@tup.tsinghua.edu.cn

图书在版编目（CIP）数据

医药市场营销学/官翠玲主编. —北京：清华大学出版社，2024.6
新时代营销学系列新形态教材
ISBN 978-7-302-66232-7

Ⅰ．①医… Ⅱ．①官… Ⅲ．①药品-市场营销学-医学院校-教材 Ⅳ．①F724.73

中国国家版本馆 CIP 数据核字(2024)第 096758 号

责任编辑：朱晓瑞
封面设计：李伯骥
责任校对：宋玉莲
责任印制：丛怀宇

出版发行：清华大学出版社
网　　址：https://www.tup.com.cn，https://www.wqxuetang.com
地　　址：北京清华大学学研大厦 A 座　　邮　编：100084
社 总 机：010-83470000　　邮　购：010-62786544
投稿与读者服务：010-62776969，c-service@tup.tsinghua.edu.cn
质 量 反 馈：010-62772015，zhiliang@tup.tsinghua.edu.cn
课 件 下 载：https://www.tup.com.cn，010-83470332

印 装 者：涿州汇美亿浓印刷有限公司
经　　销：全国新华书店
开　　本：185mm×260mm　　印 张：21.25　　字　数：462 千字
版　　次：2024 年 7 月第 1 版　　印　次：2024 年 7 月第 1 次印刷
定　　价：66.00 元

产品编号：096413-01

丛书编委会

主　任：符国群（北京大学）
副主任：景奉杰（华东理工大学）
　　　　龚艳萍（中南大学）
　　　　刘志彬（清华大学出版社）
委　员（按姓氏笔画排序）：

马宝龙（北京理工大学）	王　毅（中央财经大学）
王永贵（浙江工商大学）	王建明（浙江财经大学）
王海忠（中山大学）	牛全保（河南财经政法大学）
孔　锐 [中国地质大学（北京）]	白长虹（南开大学）
吕　亮（北京邮电大学）	朱翊敏（中山大学）
孙国辉（中央财经大学）	李　季（中央财经大学）
李东进（南开大学）	李先国（中国人民大学）
连　漪（桂林理工大学）	肖　艳（宿迁学院）
肖淑红（北京体育大学）	何佳讯（华东师范大学）
汪　涛（武汉大学）	沈俏蔚（北京大学）
张　闯（大连理工大学）	金晓彤（吉林大学）
官翠玲（湖北中医药大学）	胡左浩（清华大学）
柯　丹（武汉大学）	侯丽敏（华东理工大学）
费显政（中南财经政法大学）	费鸿萍（华东理工大学）
姚　凯（中央财经大学）	贺和平（深圳大学）
袁胜军（桂林电子科技大学）	聂元昆（云南财经大学）
郭　锐 [中国地质大学（武汉）]	黄　静（武汉大学）
彭泗清（北京大学）	蒋青云（复旦大学）
舒成利（西安交通大学）	曾伏娥（武汉大学）
滕乐法（江南大学）	戴　鑫（华中科技大学）

丛书编辑部

主　任：景奉杰（中国高等院校市场学研究会）
副主任：刘志彬（清华大学出版社）
成　员（按姓氏笔画排序）：
　　　　朱晓瑞（清华大学出版社）
　　　　严曼一（清华大学出版社）
　　　　张希贤（中国高等院校市场学研究会）
　　　　郑　敏（中国高等院校市场学研究会）
　　　　徐远洋（清华大学出版社）

《医药市场营销学》编委会

主　编：官翠玲

副主编：刘永忠　丰志培　段桂敏　潘小毅　蒲晓芳　高　翔

编　委：（以姓氏拼音为序）

段桂敏	成都中医药大学	段金利	三明学院
范广伟	沈阳药科大学	丰志培	安徽中医药大学
冯居君	陕西中医药大学	高　翔	广州医科大学
官翠玲	湖北中医药大学	李　昂	黑龙江中医药大学
李瑞风	山西中医药大学	刘永忠	江西中医药大学
潘小毅	湖北中医药大学	蒲晓芳	山东中医药大学
田　娟	南京中医药大学翰林学院		
汪筱兰	浙江中医药大学	王　辉	湖南中医药大学
王希泉	南京中医药大学	魏利平	内蒙古医科大学
吴红艳	桂林医学院	昝　旺	成都医学院
张天懿	天津中医药大学	郑秋莹	北京中医药大学

丛 书 序

早在20世纪30年代，市场营销作为一门课程被引进我国，但受制于当时商品经济不发达，以及后来我国长期处于"短缺经济"状态，作为市场经济产物的市场营销并没有在中国"开枝散叶"。改革开放以后，伴随着我国社会主义市场经济的发展，经济学和管理学逐渐成为"显学"，作为管理学科重要组成部分的市场营销，不仅作为一门课程，还作为一个专业被众多大学开设。据不完全统计，目前我国有700余所高校开设了市场营销本科专业，每年招收的本科学生数以万计。不仅如此，作为商科知识的重要部分，几乎所有经济与管理类专业的学生都需要了解和学习市场营销知识，因此，社会对市场营销相关的教材和书籍有着巨大的需求。

有需求，就会有供给。早期的市场营销教材几乎是原封不动地对美国同类教材的翻译和"引进"，以至菲利普·科特勒的教材长时期成为我国学生接触、了解市场营销的启蒙读物。时至今日，我国绝大部分营销专业相关教材，都是以西方尤其是美国教材为基础加以改编或删减，真正立足于本土营销实践和具有中国理论特色的教材可谓凤毛麟角。这固然与中国营销学术总体上仍处于追赶阶段有关，也与我国一段时间营销学术界过于追求发表学术论文，对编写教材不甚重视有莫大关系。可喜的是，最近几年伴随国家对高校考核政策的调整，教材编写工作日益受到重视，一些优秀学者开始把更多的精力投入到教材建设中。

鉴于目前营销专业教材良莠不齐，众多高校教师在选用教材时面临难以抉择的窘境，中国高等院校市场学研究会（以下简称"学会"）决定组织全国营销领域知名学者编写一套具有本土特色、适应市场营销本科专业教学的高水平教材，以此推动营销学科建设和营销人才培养。本套教材力图博采众长，汇聚营销领域的最新研究成果及中国企业最新营销实践，以体现当前我国营销学术界在教材编写上的最高水准。为此，学会成立了专门的领导机构和编委会，负责每本教材主编、副主编遴选，同时要求主要撰稿者具有重要的学术影响和长期的一线教学经验。为确保教材内容的深度、广度和系统性，编委会还组织专家对教材编写大纲做了深入、细致的讨论与审核，并给出建设性修改意见。可以说，本套教材的编撰、出版，凝聚了我国市场营销学术界的集体智慧。

目前规划出版的教材共计33本，不仅涵盖营销专业核心课程教材，而且包括很多特色教材如《网络营销》《大数据营销》《营销工程》等，行业性教材如《旅游市场营销》《农产品市场营销》《医药市场营销学》《体育市场营销学》《珠宝营销管理》等。由于各高校在专业选修课甚至一些专业核心课程的开设上存在差异，本套教材为不同类型高校的教材选用提供了广泛的选择。随着社会、科技和教育的发展，学会还会对丛书书目进行动态更新和调整。

我们鼓励主编们在教材编写中博采众长，突出中国特色。本套教材在撰写之初，就提出尽量采用中国案例，尽可能多地选用本土材料和中国学者的研究成果。然而，我们也深知，市场营销这门学科毕竟发端于美国，总体上我国尚处于追赶者的地位。市场营销是一门实践性和情境性很强的学科，也是一门仍在不断发展、成长的学科，远未达到"成熟"的地步。更何况，发展中国本土营销学，既需要中国学者长期的研究积淀，也需要以开放的心态，吸收国外一切有益的优秀成果。在教材编写过程中，一味地排斥外来材料和成果，牵强附会地引用所谓"本土"材料，不仅是狭隘的，也是应当予以摈弃的。当然，在选用外来成果和材料时，需要有所甄别，有所批判和借鉴，而不是囫囵吞枣式地对所谓"权威材料"全盘接受。

本套教材的编写，在学会的发展史上也是一个里程碑式的事件。为了保证教材的编写质量，除了邀请在各领域的资深学者担任编委会成员和各教材的主编，还要求尽量吸收各领域的知名学者参与撰稿。此外，为方便教材的使用，每本教材配备了丰富的教辅材料，包括课程讲义、案例、题库和延伸阅读材料等。本套教材出版方清华大学出版社具有多年新形态教材建设经验，协助编者们制作了大量内容丰富的线上融媒体资源，包括文本、音视频、动漫、在线习题、实训平台等，使丛书更好地适应新时代线上线下结合的教学模式。

教材编写组织和出版过程中，众多学者做出了努力，由于篇幅所限，在此不一一致谢。特别要感谢学会副会长、华东理工大学景奉杰教授，从本套教材的策划、组织出版到后期推广规划，他尽心尽力，做出了非凡的贡献。清华大学出版社经管与人文社科分社刘志彬社长也是本套教材的主要策划者和推动者。从 2019 年 9 月清华大学出版社和学会达成初步合作意向，到 2020 年 12 月学会教学年会期间双方正式签署战略合作协议，再到 2021 年 4 月在北京召开第一次编委会，整个沟通过程愉快而顺畅，双方展现出充分的专业性和诚意，这是我们长期合作的坚实保障。在此，我代表学会，向所有参与本系列教材撰写、评审和出版的专家学者及编辑表示感谢！

教材建设是一项长期的工作，是一项需要付出智慧和汗水的工作，教材质量高低最终需要接受读者和市场的检验。虽然本套教材的撰写团队中名师云集，各位主编、副主编和编者在接受编写任务后，精心组织、竭忠尽智，但是由于营销专业各领域在研究积累上并不平衡，要使每本教材达到某种公认的"高水准"并非易事。好在教材编写是一个不断改进、不断完善的过程，相信在各位作者的共同努力下，经过精心打磨，本套教材一定会在众多同类教材中脱颖而出，成为公认的精品教材！

北京大学光华管理学院教授、博士生导师
中国高等院校市场学研究会前会长

前言

进入 21 世纪后,市场营销的理论和观点在不断演进和创新,中国的医药卫生行业在不断变革。我们在中国高等院校市场学研究会和清华大学出版社的支持下,编写市场营销本科新形态教材《医药市场营销学》。

医药市场营销学是一门以经济学、行为学、管理学和医药学为基础,研究以满足顾客需求为中心、以管理顾客价值为主要内容的医药市场营销活动及其规律的综合性应用科学。本书在系统阐述市场营销理论的基础上,探索医药市场营销的规律、方法和技巧,具有系统性、行业性、实用性和思政性。

1. 系统性

本书结合菲利普·科特勒(Philip Kotler)从社会、管理两个角度所下的定义,认为:医药市场营销是个人和医药组织通过创造并同他人交换医药产品和价值以满足需求的一种社会管理过程。在内容设计方面,以医药市场营销管理过程和顾客价值管理为主线展开论述,全面介绍医药市场营销的基本理论、战略、策略和市场分析方法。全书共分五篇十四章。

第一篇为基础理论:认识医药营销管理。包括第一、二章,通过介绍医药市场营销、医药市场营销学和医药市场营销管理哲学等基础理论,帮助读者认识医药营销管理。

第二篇为分析医药市场:评估顾客价值。包括第三、四、五章,通过分析医药市场营销环境、医药市场购买行为,介绍医药市场营销调研及需求预测的内容和方法,达到分析医药市场、评估顾客价值的目的。

第三篇为规划医药营销战略:选择顾客价值。包括第六、七、八章,通过规划医药企业总体战略、医药企业竞争战略和医药企业目标市场营销战略,选择为顾客提供的价值。

第四篇为制定医药营销策略:创造、传递和传播顾客价值。包括第九、十、十一、十二章,通过制定并实施医药产品策略、医药产品的定价策略、医药产品的渠道策略和医药产品的市场沟通策略,为顾客创造、传递和传播价值。

第五篇为拓展医药营销:延伸顾客价值。包括第十三、十四章,通过开展医药国际市场营销,将顾客价值从国内延伸到全球范围;开展服务营销、文化营销、体验营销、在线营销和大数据营销,将顾客价值范畴进一步扩大。

2. 行业性

医药行业专业性强,医药产品作为特殊的商品,其营销方式与普通产品相比,既有共性,又存在着明显的行业特色。因此,本书注重一般营销理论与医药行业实际相结合,在全面阐述市场营销完整理论体系的基础上,结合政策法规总结医药市场营销的特点和规律,将营销理论与医药营销实践有机结合。一方面,本书引入医药行业的改革实践成果，将基本药物制度、医保制度、两票制、零差价、带量采购、医保目录调整与谈判、仿制药一致性评价、《医药行业合规管理规范》《医药代表备案管理办法（试行）》等最新医药政策法规融入教材中；另一方面，以引导案例、营销视野、视频、综合案例等形式介绍中外（主要是中国医药行业）营销实践，为在校学生和医药营销人员提供理论和实践指导，具有较强的医药行业特色。

3. 实用性

本书创新性地引入新形态教材的理念和方法，以线上线下结合的形式呈现丰富的教学资源，方便学与教。每章内容丰富，包括学习目标、课程思政、引导案例、正文、本章小结、关键术语、课后习题、综合案例八大模块。同时，文中加入五种教学辅助资料——包括扩展阅读、营销视野、视频、即测即练、综合案例分析思路，以二维码的形式体现。另外，本书附有五种教辅资源——PPT讲稿、教学大纲、学科知识点体系、试题库、期末模拟题。

4. 思政性

"育人"先"育德"，本书注重传道授业解惑与课程思政育人的有机统一，坚持思政进教材的理念。通过增设课程思政栏目、精选医药营销案例等，将政治认同、国家意识、文化自信、人格养成等思想政治教育导向与本门课程固有的理论、知识、技能等有机结合，实现显性与隐性教育的统一，积极引导学生树立正确的国家观、民族观、文化观、法治观、义利观、职业观等，促进学生全面发展，增强学生建设社会主义现代化强国和实现中华民族伟大复兴的使命感，充分发挥教书育人作用。

本书由来自20所高等院校的21名一线教师参与编写，编写分工如下：第一章由官翠玲编写；第二章由李昂编写；第三章由魏利平、潘小毅编写；第四章由范广伟、丰志培编写；第五章由李瑞风编写；第六章由高翔编写；第七章由段桂敏编写；第八章由段金利、刘永忠编写；第九章由田娟、昝旺编写；第十章由冯居君、吴红艳编写；第十一章由王辉编写；第十二章由蒲晓芳、张天懿编写；第十三章由汪筱兰编写；第十四章由郑秋莹、王希泉编写。编委交叉校对书稿，副主编分工再校对。湖北中医药大学博士研究生陈阳协助校对和整理，为成书做出了贡献。最后，由官翠玲负责统稿。

本书的编写得到中国高等院校市场学研究会、清华大学出版社、湖北中医药大学管理学院，以及湖北省高校人文社科重点研究基地"中医药发展研究中心"的关心和支持，此外，清华大学出版社的刘志彬和朱晓瑞为本书的编辑出版花费了许多心血。本书参考和借鉴了国内外市场营销学者的大量最新研究成果，除注明出处的部分，限于体例未能一一说明，在此一并致以诚挚的谢意。

由于编者水平有限，本书若有不足之处，恳请有关专家学者及广大读者指正，不吝赐教。

官翠玲

2024年5月

目　录

第一篇　基础理论：认识医药营销管理

第一章　医药市场营销和医药市场营销学 ... 3
第一节　医药产品和医药市场 ... 5
第二节　市场营销和医药市场营销 ... 9
第三节　医药市场营销学的性质和发展 ... 16

第二章　医药市场营销管理哲学 ... 20
第一节　以企业为中心的观念 ... 21
第二节　以顾客为中心的观念 ... 23
第三节　以社会长远利益为中心的观念 ... 25
第四节　全方位营销观念 ... 28

第二篇　分析医药市场：评估顾客价值

第三章　医药市场营销环境 ... 37
第一节　医药市场营销环境概述 ... 39
第二节　医药市场宏观营销环境 ... 40
第三节　医药市场微观营销环境 ... 45
第四节　医药市场营销环境分析及趋势 ... 48

第四章　医药市场购买行为分析 ... 54
第一节　医药消费者市场购买行为分析 ... 55
第二节　医药组织市场购买行为分析 ... 67

第五章　医药市场营销调研和需求预测 ... 86
第一节　医药市场营销信息系统 ... 87
第二节　医药市场营销调研 ... 89
第三节　医药市场需求预测 ... 98

第三篇 规划医药营销战略：选择顾客价值

第六章 医药企业总体战略 ······ 107
第一节 医药企业战略 ······ 108
第二节 医药企业总体战略规划 ······ 118

第七章 医药企业竞争战略 ······ 131
第一节 医药企业竞争者分析 ······ 133
第二节 医药企业竞争定位战略 ······ 136
第三节 医药企业竞争地位战略 ······ 142

第八章 医药企业目标市场营销战略 ······ 153
第一节 市场细分 ······ 155
第二节 医药目标市场选择 ······ 161
第三节 医药市场定位 ······ 166
第四节 医药市场营销组合和计划 ······ 173

第四篇 制定医药营销策略：创造、传递和传播顾客价值

第九章 医药产品策略 ······ 183
第一节 医药产品的整体概念 ······ 184
第二节 医药产品组合 ······ 186
第三节 医药产品品牌 ······ 189
第四节 医药产品包装 ······ 195
第五节 医药新产品开发 ······ 199
第六节 医药产品生命周期 ······ 203

第十章 医药产品的定价策略 ······ 211
第一节 医药产品定价的影响因素 ······ 213
第二节 医药产品的基本定价方法 ······ 218
第三节 医药产品的定价策略 ······ 223
第四节 医药产品的价格变动与调整 ······ 228

第十一章 医药产品的渠道策略 ······ 235
第一节 医药产品渠道概述 ······ 237
第二节 医药零售商和批发商 ······ 240

第三节　医药产品渠道的类型、设计与管理 ······················· 244
　　第四节　我国医药产品渠道的发展 ······························· 252

第十二章　医药产品的市场沟通策略 ································· 260
　　第一节　医药产品的市场沟通概述 ······························· 262
　　第二节　医药产品的人员推销策略 ······························· 266
　　第三节　医药产品的广告策略 ··································· 270
　　第四节　医药产品公共关系 ····································· 275
　　第五节　医药产品营业推广 ····································· 279
　　第六节　医药产品的口碑营销策略 ······························· 282

第五篇　拓展医药营销：延伸顾客价值

第十三章　医药国际市场营销 ······································· 289
　　第一节　医药国际市场营销概述 ································· 291
　　第二节　医药国际市场营销过程 ································· 293

第十四章　医药市场营销的延伸与新发展 ····························· 305
　　第一节　医药服务营销 ··· 306
　　第二节　医药文化营销 ··· 310
　　第三节　医药体验营销 ··· 312
　　第四节　医药在线营销 ··· 316
　　第五节　医药大数据营销 ······································· 319

主要参考文献 ··· 323

第一篇

基础理论：
认识医药营销管理

第一章

医药市场营销和医药市场营销学

学习目标

1. 掌握医药产品和医药市场的含义、特点；
2. 理解市场营销和医药市场营销的关系；
3. 重点掌握医药市场营销的含义、特点及其相关概念；
4. 理解医药市场营销管理的实质、任务和过程；
5. 了解医药市场营销学产生和发展的过程；
6. 掌握医药市场营销学的性质和研究内容。

课程思政

通过学习本章，应当在理解医药市场营销和医药市场营销学的基础上，了解开展医药市场营销的重要意义，提升学习医药市场营销学的兴趣，增强作为医药营销者的使命感和自豪感。医药产品关系到民众的生命健康安全，作为医药营销者要有强烈的社会责任感、诚信守法的经营思想、让顾客满意的服务意识，以及高水平的营销知识技能和创新精神，致力于为健康中国贡献力量。

引导案例

振东制药由"钙"到"发"

随着消费者的健康观念加强，近年来母婴补钙的观念被广泛接受。与此同时，国内人口生育政策放开，在需求升级和政策红利的双轮驱动下，未来可能出现的新生婴儿增量有望促使钙制剂的需求量大幅提升。数据显示，2019 年中国钙制剂销售额达 170 亿元，年复合增长率为 4.7%。其中，儿童及幼儿钙制剂市场占比达 36.7%，已成为第二大市场，而孕妇钙制剂市场也成长良好，需求增长率高达 39.7%。预计 2025 年我国钙制剂销售额将达到 214 亿元。

面对钙制剂市场需求持续放量，振东制药先发布局，力排众议于 2015 年耗资 26.5 亿元成功收购北京康远公司（后更名为北京振东朗迪制药有限公司），并将"朗迪钙"打造成为布局非处方药（over-the-counter drugs，OTC）零售市场的王牌产品。自收购以后，该产品营收节节攀高，2016—2020年终端销售额分别为24亿元、31亿元、37亿元、39亿元、43亿元，年复合增长率高达15.7%。朗迪钙自2016年起稳居钙制剂医疗机构市场第一，2019年已荣升全终端销售排名第一，2020年的终端销售额在振东制药总营收中占到了88%，确立了"中国钙王"的位置。

朗迪钙业绩表现亮眼的背后除了振东制药具备前瞻性战略发展思维外，还掌握了对产品的品质打磨及营销创新等。据了解，振东制药围绕生产专属国人钙产品的发展理念，于2018年联合中国营养学会成立了振东国人体质基金并着手中国人体质研究。依托科研数据，公司最终以"500毫克元素钙：200IU维生素D3"的科学配比，精选打造了一款更适合中国人体质的钙。紧接着，振东制药加大对朗迪钙的终端营销布局，聚焦终端，将产品覆盖至全国34.2万家药店，5981家医院。面对线上经济转型发展，公司积极加速将朗迪钙的临床渠道销售转向零售/电商销售，并实现了良好的业绩转化，2020年朗迪钙电商销售额突破1.2亿元，是同比增速为矿类目第一名。

2021年8月18日，振东制药宣布，考虑到未来在脱发产品及创新药物等领域的资金投入需求和降低负债等因素，以58亿元出售全资子公司——北京振东朗迪制药有限公司100%股权。据报道，2019年钙制剂市场的销售额约170亿元，振动制药已经做到头部，进一步扩张将面临管理和资金投入的制约，与公司其他业务的协同也相对有限，而医美市场有巨大的规模，美发、护发、生发、植发市场超千亿元。从长远发展考虑，振动制药决定实施战略转移，基于脱发市场打造医美产品系列，聚焦医美市场、深耕肿瘤领域，减少多元发展。

未来，振东制药仍将秉承"与民同富、与家同兴、与国同强"的价值理念，积极承担社会责任，凝心打造国际企业，倾力助推跨越发展，争创中国医药健康产业最佳品牌。

资料来源：中国经济新闻网. 生育政策放开刺激钙制剂市场 振东制药朗迪钙稳健增长[EB/OL]. [2021-03-04]. https://www.cet.com.cn/xwsd/2786872.shtml；同花顺财经. 疫情之下大健康产业爆发在即 振东制药朗迪钙"大展拳脚"正当时[EB/OL]. [2020-03-06]. https://baijiahao.baidu.com/s?id=1660406003239588704&wfr=spider&for=pc；姚倩，黄雅慧. 58亿元出售"中国钙王"，振东制药弃"钙"从"发"，还想发力创新药[N/OL]. 北京商报，[2021-08-18]. https://baijiahao.baidu.com/s?id=1708429985795944039&wfr=spider&for=pc.

伴随着综合国力的提升，民众对健康需求的水平不断提高，中国医药市场得到了快速发展。医药行业在投资界拥有"永不衰落的朝阳产业"美誉，当下中国医药行业面临四件大事：产业整合、国际化、规范化和营销革命，这四件事实质上是医药企业在比拼产品力和创新力。在竞争日益激烈的医药市场上，众多契合市场需求的医药产品层出不穷，中国医药企业如何在迅速变化的市场中创造顾客价值和建立营利性顾客关系，需要引入现代营销理念，运用创新营销策略开拓市场，才能在满足民众需求的同时，赢得理想的经济效益和社会效益。

第一节　医药产品和医药市场

一、医药产品

（一）医药产品的界定

1. 产品的含义

从广义的角度看，产品是能够提供给市场以满足人类某种需要或欲望的任何东西，包括有形产品、无形服务、事件、体验、人物、地点、财产权、组织、信息和理念等方面。从狭义的角度看，产品仅指有形产品。

2. 医药产品的含义

《医药行业合规管理规范》认为医药产品包括药品（含疫苗）和医疗器械（含设备、耗材）等医疗相关产品。本书医药产品主要指药品，少数案例中涉及医疗器械和医疗服务。《中华人民共和国药品管理法》对药品的定义为："是指用于预防、治疗、诊断人的疾病，有目的地调节人的生理机能并规定有适应症或者功能主治、用法和用量的物质，包括中药、化学药和生物制品等。"

（二）医药产品的分类

医药产品种类繁多，性质复杂。结合医药市场营销活动，下面介绍几种较为典型的分类。

1. 按医药产品产生的历史背景分类

（1）现代药与传统药。现代药指19世纪以来发展起来的化学药、生物制品，是用合成、分离、提取、化学修饰、生物工程等现代科学方法得到的物质，并且是用现代医学理论和方法筛选确定其药效的。因为这类药最初在西方国家发展起来，后传入中国，所以被称为西药。

（2）传统药指各国历史上流传下来的药物，主要有动、植物药和矿物药。在中国主要是中药，还包括各民族药，如藏药、蒙药、苗药等。中药在经营形式上分为中药材、中药饮片和中成药三大类。通常把从自然界中采集、未经加工的原药称为中药材；中药材经过加工处理成的片、段、丝、块等称为中药饮片；中药经过加工制成一定的剂型后便被称为中成药。

2. 按医药产品的管理制度分类

目前，按照医药产品的管理制度进行分类主要有三种。

（1）根据药品品种、规格、适应症、剂量及给药途径不同，对药品分别按处方药与非处方药进行管理。

处方药（prescription drugs，简称 Rx 药），指必须凭执业医师或执业助理医师处方方可调配、购买和使用的药品。这类药通常都具有一定的毒性及其他潜在的影响，用药方法和时间都有特殊要求，必须在医生指导下使用。被列为处方药的有：疫苗、血液制品、麻醉药品、精神药品、医疗用毒性药品、放射性药品、药品类易制毒化学品等国家实行特殊管理的药品；因使用方法规定用药时有附加规定的药品；患者自行使用不安全，需在医务人员指导下使用的药品；新化合物或新药。

非处方药指不需要凭执业医师或执业助理医师处方即可自行判断、购买和使用的药品。这类药毒副作用较少、较轻，而且也容易被察觉，不会引起耐药性、成瘾性，与其他药物相互作用也小，在临床上使用多年，疗效得到肯定。这些药品大多用于多发病、常见病的自行诊治，如感冒、咳嗽、消化不良、头痛、发热等。根据安全性，非处方药分为甲、乙两类。甲类非处方药一般在有《药品经营许可证》的零售药店出售，乙类非处方药还可以在经审批的其他商店零售。

在实行处方药和非处方药分类管理制度的国家，公开发售的非处方药绝大多数是从原有的处方药转变而来的。从严格意义上讲，某种药品被批准为非处方药，只是获得了非处方药的身份，经法规许可放宽其出售和使用的自由度，并不是说这种药品只能作为非处方药使用，也不代表这种药品在任何情况下都无须医师处方便可自由使用。事实上，有些药品既有处方药身份，又有非处方药身份。例如，氢化可的松作为非处方药时只是用于治疗皮肤过敏的外用软膏剂，而用于急性炎症、风湿性心肌炎、类风湿关节炎及支气管哮喘等其他疾病的氢化可的松制剂（如片剂和注射剂）则必须凭医师处方才能出售和使用，而且使用过程需要医药专业人员进行监护。

（2）按是否为国家基本药物分类，可分为国家基本药物和非国家基本药物。国家基本药物指列入国家政府制定的《国家基本药物目录》中的药品，即适应基本医疗卫生需求，剂型适宜，价格合理，能够保障供应，公众可公平获得的药品，主要特征是安全、必需、有效、价廉。国家基本药物目录是医疗机构配备使用药品的依据，被列入国家基本药物的品种，国家要保证其生产和供应。在保持数量相对稳定的基础上，国家基本药物目录实行动态管理，原则上每三年调整一次。非国家基本药物指不包括在《国家基本药物目录》中的药品，其报销比例小于国家基本药物或完全由患者自费购买。

扩展阅读 1.1　国家基本药物制度的实施

（3）按是否为基本医疗保险药品分类，可分为基本医疗保险药品和非基本医疗保险药品。基本医疗保险药品是录入《国家基本医疗保险、工伤保险和生育保险药品目录》的药品。确定目录的原则为：临床必需、安全有效、价格合理、使用方便、市场能够保证供应、医疗保险能支付得起。既要考虑临床治疗的基本需要，也要考虑地区间的经济差异和用药习惯，中西药并重。目录分甲类目录和乙类目录。甲类目录是在《国家基本药物目录》的基础上遴选，由国家统一颁发，是全国通用的临床治疗必需药品，使用广泛、疗效好，且同类药品中价格低的药品。乙类目录是在《国家基本药物目录》的基础上遴选，可供临床治疗选择使用，疗效好，同类药品中比甲类目录药品价格略高的药品，由国家制定颁布，各省、自治区、直辖市可根据当地经济水平、医疗需要

扩展阅读 1.2　国家医保药品目录调整　治疗新冠肺炎药品列入

和用药习惯增加和减少的品种,但总数不超过国家制定的乙类目录药品总数15%的范围。非基本医疗保险药品是未纳入《国家基本医疗保险、工伤保险和生育保险药品目录》的药品,需要患者自付药费。

(三)医药产品的特点

医药产品与一般产品相比较,是特殊产品,其特点主要表现为五个方面。

1. 种类复杂性

医药产品的种类复杂、品种繁多。具体品种,全世界有20 000余种,我国中药制剂有5000余种,西药制剂有4000余种。

2. 医用专属性

医药产品与医学紧密结合,对症治疗,患什么病用什么药。患者只有通过医生的检查诊断,并在医生与执业药师的指导下合理用药,才能达到防治疾病、保护健康的目的。

3. 效用两重性

医药产品既有防病治疗的一面,也有不良反应的一面。用之得当,可以治病;用之不当,失之管理则危害健康,甚至致命。例如,盐酸吗啡,使用合理是镇痛良药;管理不善,滥用就是成瘾毒品。

4. 质量严格性

医药产品是治病救人的物质,只有符合法定质量标准的合格产品才能保证疗效。医药产品只有符合规定与不符合规定之分,不能像其他产品一样可分为一级品、二级品、等外品和次品。符合规定的医药产品才被允许销售,否则不得销售。医药产品的质量特性表现为:有效性、安全性、稳定性和均一性。国家制定了《中华人民共和国药品管理法》等法规,严格监督管理,以保证药品的质量特性。

5. 使用时限性

人们只有防病治病时才需要用医药产品,但医药产品生产、经营企业平时应有适当数量的生产和储备,只能药等病,不能病等药。医药产品均有有效期,一旦有效期到达,即行报废销毁;有的医药产品有效期很短,且用量少无利可图,也要保证生产、供应、适当储备,以防急用。

二、医药市场

(一)市场的含义

市场是商品经济的范畴,哪里有社会分工和商品生产,哪里就有市场。同时,市场又是一个历史范畴,市场的概念随着市场活动的发展和市场范围的扩大而变化,下面从三个角度界定市场概念。

1. 市场是买者和卖者进行商品交换的场所

这是市场的场所概念,也是市场的原始概念,典型的为"集市",如中药材批发市场、农贸大市场就是这种意义的市场。

2. 市场是商品交换关系的总和

这是市场的经济学概念。市场不仅指具体的交易场所，而且指所有卖者和买者实现商品交换的各种关系总和。

3. 市场是对某种产品现实和潜在需求的总和

这是从市场营销学角度理解和界定的市场概念。在市场营销学的范畴，"市场"往往等同于需求。例如，"随着三孩政策的全面放开，我国的儿童药品市场很大"，指的就是儿童对相关医药产品的需求很大。

（二）医药市场的含义

从市场营销学角度讲，医药市场指个人和组织对某种医药产品现实和潜在需求的总和。医药市场由人口、购买力和购买欲望三种要素构成，这三种要素相互影响、缺一不可，只有三者结合起来才能构成市场，才能决定医药市场的规模和容量。

（三）医药市场的分类

对市场进行分类，有利于营销者更充分认识和了解某一特定市场。关于医药市场的分类主要有以下四种。

1. 按医药产品的形态分类

医药市场按医药产品的形态分，有药品市场、医疗器械市场和医疗服务市场等。本书所研究的主要是药品市场。

2. 按购买者及其购买目的分类

医药市场按购买者及其购买目的可分为消费者市场和组织市场。按照这种分类方法进行研究可以更好地体现以顾客为中心的指导思想，本书的市场分析主要采取这种分类方法。

3. 按营销区域分类

医药市场按营销区域可分为国内市场和国际市场。国内市场又可分为城市市场和农村市场，沿海市场、中部市场和西部市场等。国际市场按区域又可分为北美市场、南美市场、欧洲市场、澳洲市场、非洲市场、亚洲市场等。

4. 按营销环节分类

医药市场按营销环节可分为批发市场和零售市场。医药批发市场是为零售企业、生产企业或其他商品转卖者提供大宗医药产品交易的市场。医药零售市场是为个人、家庭和公共团体非生产性消费需求提供零星医药产品交易的市场。

（四）医药市场的特点

企业营销活动的开展离不开市场，不同类别的市场因为运作对象的性质和活动规律不同而具有不同的特点。正是因为医药产品的特殊性，使医药市场与其他产品市场相比较具有不同的特点。

1. 相关群体主导性强

这是与其他商品市场有着本质区别的特点，主要由医药产品的医用专属性和效用两重性决定。医药产品的使用关系到患者的生命、健康和安全，需要对症使用，但是患者往往对于医药产品的适应症、疗效、性能、毒副作用等缺乏专业了解，不敢自行决策，需要医生或药师给予指导和决策，即使是非处方药品，大部分消费者仍会在咨询医生或药师后才会放心购买所需医药产品。在销售或使用时，消费者往往处于被动状态，缺乏自己选择医药产品的能力，其选择权掌握在处方医生或驻店药师这些相关群体手中，他们对医药产品的购买和使用有很大影响。

2. 需求缺乏弹性

医药市场的需求缺乏弹性指消费者对医药产品的价格变动不是很敏感，整个市场的需求受市场价格变动的影响较少。对患者来说，生命是最重要的，只要能挽救生命，可以不惜一切代价。因此，医药产品的价格提高，一般不会引起整个消费需求的明显减少，尤其是用于治疗危重疾病的医药产品，其需求的价格弹性更小。

3. 需求波动大

医药市场需求波动大这一特点主要是由于突发性、流行性疾病等造成的。突发性、流行性疾病会使相关的医药产品在一定时期、一定区域的需求量迅速增加，呈现大幅波动。如新冠肺炎蔓延期，相关治疗药物和疫苗需求量大。

4. 公共福利性强

由于医药产品关系着人类健康，为了保证民众能买得起药，买得到药，国家逐步建立健全基本医疗保险制度和国家基本药物制度，医药费用一般由政府、社会、保险和个人共同承担。医药产品防治疾病的功能要求医药企业以社会责任为己任，不能单纯追求经济利益，即使是微利产品或是无利产品，一旦民众需要，也应该组织生产销售。

视频 1.1 分分计较：一粒抗糖药的谈判过程

第二节 市场营销和医药市场营销

在市场经济体系中，医药企业存在的价值在于它能否有效地提供满足顾客需求的医药产品。彼得·德鲁克（Peter Drucker）认为，顾客是企业赖以生存的基础，企业的目的是创造顾客，任何组织若没有营销或营销只是其业务的一部分，则不能称之为企业。企业的基本职能只有两个，这就是市场营销和创新，其中市场营销是企业的首要核心职能。

一、市场营销含义的界定

市场营销有宏观和微观之别。当把它理解为是一种社会经济活动过程时，是宏观市场营销，其目的在于满足社会和人类需要，实现社会目标；当把它理解为一种个人或组织活动时，则是微观市场营销，其目的在于满足目标顾客的需求，实现个人或组织目标。本书所研究的主要是微观市场营销，即个人和医药组织从事的市场营销活动。

人类对市场营销的认识是不断发展的，营销学者从不同角度对"市场营销"下过多种定义。下面介绍美国市场营销协会（American Marketing Association，AMA）、美国营销管理学派代表人物菲利普·科特勒和欧洲关系营销学派代表人物克里斯廷·格罗鲁斯（Christian Grönroos）给出的几种经典定义。

AMA（1960）：市场营销是将货物和劳务从生产者流转到消费者过程中的一切企业活动。

AMA（1985）：市场营销是通过对货物、劳务和策略的构想、定价、分销、促销等方面的计划和实施，以实现个人和组织的预期目标的交换过程。

克里斯廷·格罗鲁斯（1990）：从关系角度看，市场营销是在一种利益之下，通过相互交换和承诺，建立、维持、巩固与消费者及其他参与者的关系，实现各方的目的。

AMA（2008）：市场营销是一项有组织的活动，包括创造、传播和交付顾客价值和管理顾客关系的一系列过程，从而使利益相关者和企业都从中受益。

菲利普·科特勒（2009）：菲利普·科特勒分别从社会和管理的角度对市场营销进行了界定。从社会角度看，市场营销是个人和组织通过创造、提供出售并同别人自由交换产品和价值，来获得其所需所欲之物的过程。从管理角度看，市场营销是计划和执行有关商品、服务和创意的观念、定价、促销和分销，以创造符合个人和组织目标的交换，它需要选择目标市场，通过创造、传递和沟通卓越的顾客价值来获得、保持与增加顾客。

扩展阅读 1.3　现代营销之父——菲利普·科特勒（Philip Kotler）

这些定义在一定程度上反映了市场营销概念的演进。

营销主体的变化：企业——一切面向市场的个人和组织。

营销客体的变化：货物和劳务—货物、劳务和计谋—产品和价值。

营销对象的变化：消费者—利益相关者。

营销内容的变化：销售活动—计划和实施货物、劳务和计谋的构想、定价、分销、促销—建立、维持、巩固与消费者及其他参与者的关系—创造、传播、传递顾客价值，管理顾客关系—创造、提供出售并交换产品和价值，管理顾客关系。

本书结合菲利普·科特勒从社会、管理两个角度下的定义认为：市场营销是个人和组织通过创造并同他人交换产品和价值以满足需求的一种社会管理过程。

二、医药市场营销

（一）医药市场营销的含义

结合产品研究法可以将市场营销分为：医药市场营销、农产品营销、汽车营销、保险营销、旅游营销、房地产营销和金融营销等。其中，医药市场营销是市场营销的重要组成部分，因此我们认为：医药市场营销是个人和医药组织通过创造并同他人交换医药产品和价值以满足需求的一种社会管理过程。可以从以下五个方面理解医药市场营销的含义。

1. 医药市场营销的主体是个人和医药组织

现代市场营销的主体包括一切面向市场的个人和组织，既包括工商企业等营利性组织，又包括政府、医院、学校等非营利性组织，还包括一些通过交换获取产品和价值的个人。医药市场营销的主体为个人和医药组织。医药组织包括药品上市许可持有人（指取得药品注册证书的企业或者药品研制机构等）、药品生产企业、药品经营企业和医疗机构。在本书中医药组织更多指药品生产企业和药品经营企业。

2. 医药市场营销的客体是医药产品和价值

医药市场营销不仅是医药产品的交换，而且更加强调价值的交换。这里的价值主要指顾客价值。市场营销学主要研究顾客的认知价值，即顾客从购买和消费某种产品中所获得的利益与所付出的成本之差，反映了顾客对利益和成本的比较认知。顾客一般会选择他们认为可以带来最大价值的医药产品，因此，医药营销者应该适度提高医药产品的价值，让顾客满意。

3. 医药市场营销的核心是交换

交换是医药市场营销的核心，交换是通过提供他人所需所欲之物来换取自己所需所欲之物的过程。只有通过交换，才能产生营销活动。交换过程是一个主动、积极寻找机会，满足双方需求的过程，也是一个创造价值的过程。交换过程能否顺利进行取决于营销者提供的产品、价值满足顾客需求的程度和交换过程的管理水平。

4. 医药市场营销既是一种社会过程，又是一种管理顾客价值和顾客关系的过程

医药市场营销是由一系列社会活动构成的，包括分析市场、规划营销战略、制定并实施营销策略等活动，通过这些活动实现产品和价值的交换。整个过程也是一种管理顾客价值和顾客关系的过程，个人和医药组织通过分析市场评估顾客价值，通过规划营销战略选择顾客价值，通过制定并实施营销策略创造、传递和传播顾客价值。结合 AMA（2008）给市场营销所下的定义，我们可以把市场营销看作是企业为获得利益回报而为顾客创造价值并与之建立稳固关系的过程。

5. 医药市场营销的最终目的是有利益地满足需求

个人和医药组织开展市场营销是通过满足顾客及其他相关利益者的需求来实现自身利益，达到多赢，即"满足别人并获得利益"。其中满足顾客需求是医药市场营销的中心。

（二）医药市场营销的相关概念

1. 医药市场营销者（pharmaceutical marketer）

在医药产品的交换过程中，积极寻求交换的一方为医药市场营销者，简称医药营销者，另一方则称为潜在顾客。医药市场营销者可以是卖方，也可以是买方。在交换过程中如果双方都表现积极，则双方都是医药营销者。在现代医药营销活动中，一般是卖方为医药营销者，包括医药产品的生产者、经营者及其营销人员等。

2. 价值（value）

价值是一个重要的营销概念。从经济学的角度讲，价值是凝结在商品中无差别的人类劳动。市场营销学主要研究顾客的认知价值，反映了顾客对利益和成本的比较认知。

3. 需要、欲望和需求（needs、wants、demands）

这三个概念是医药市场营销学需要研究的最基础的概念，是医药市场营销活动的基本依据，它们既密切相关又有明显的区别。

（1）需要。需要是人们没有得到满足而产生的客观感受。这种感受是客观存在的，不以人的意志为转移的。因此，人们不可能创造需要，只能调查、发现、了解它的存在，并设法满足它。

（2）欲望。欲望是人们为了得到满足而对具体物品的需要。欲望是多种多样的，无限制的。人们由于文化及所处社会环境等的不同，为满足相同的需要会产生不同的欲望。

（3）需求。需求指人们对有能力购买的某种具体产品的欲望。欲望是无穷的，只有有支付能力的欲望才是需求。因此，营销者不仅要了解有多少顾客愿意购买其产品，还要了解他们是否有支付能力。

综上所述：需求是一定条件下的欲望；欲望是需要的具体化；需要是客观存在的，医药营销者不能创造需要，可以发现需要。但是医药营销者可以影响人们的欲望和需求，医药企业既可以开发适当的医药产品满足人们的欲望和需求，又可以通过营销活动去创造和引导适当需求，变潜在需求为现实需求。例如，羚锐制药的明星产品——通络去痛膏跨界联合当红国风 IP《唐宫夜宴》和洗脑神曲《达拉崩吧》，以"想通咯就好了"为主题理念，直击上班族腰椎颈椎疼痛问题，打造了一支诙谐幽默又解压的《全民想通舞》。舞蹈 MV（music video）在微信、微博、B 站、抖音四大平台依次上线，通过带话题、各领域关键意见领袖（key opinion leader，KOL）花式模仿、抖音挑战赛等一系列活动，引发 Z 世代（指新时代人群，即 1995—2009 年出生的一代人）的火热关注，形成破圈传播，引爆"想通生活"的新概念。凭借这一套"营销组合拳"，羚锐实现了爆款出圈，建立起消费者对通络去痛膏的需求和对羚锐品牌的深度认同。

视频 1.2　唐宫夜宴全民想通舞

（三）医药市场营销与推销

在市场经济不发达时期，由于竞争不激烈，在医药领域里，买方市场尚未形成，医药企业生产出来的产品只要设法卖出去就可以生存并发展，企业的市场营销活动主要是加强推销。因此，市场营销（marketing）与推销（selling）之间没有根本区别。

随着市场经济的发展和买方市场的形成，医药市场竞争日趋激烈，推销与市场营销的区别日益明显。在发达市场经济条件下，推销仅仅是市场营销的一部分，而且是不太重要的一部分。正如菲利普·科特勒所说：推销只不过是营销冰山上的顶点。美国著名管理学家彼得·德鲁克曾经指出：营销的目的就是要使推销成为多余。可见：在经济不发达时期，医药市场营销从某种意义上说就是推销；在经济发达时期，推销只是医药市场营销的职能之一。

（四）医药市场营销的特点

1. 营销人员专业化

医药产品的特殊性对医药营销人员提出了特殊要求。与一般产品营销相比，医药市场营销要求医药营销人员除了掌握营销管理知识以外，还必须具备一定的医药专业化知识，掌握所营销医药产品的适应症、用法用量、配伍禁忌、不良反应等，了解医药行业的发展状况和相关政策法规等。

2. 营销对象双重化

一般企业在从事营销时，其主要的营销对象是顾客。在医药产品的购买决策过程中，由于顾客尤其是患者对于相关群体（医生、执业药师等）有较强的依从性，需要医生或执业药师提供指导和帮助决策，医生或执业药师在医药消费决策中具有很强的主导性。因此，医药企业在开展营销时，必须面对双重对象：顾客和相关群体（医生、执业药师等）。

3. 营销终端多元化

一般产品的营销终端为一种类型，即各种形式的商店。但是，医药营销的终端表现为两种类型：一是同时提供医疗服务和医药产品的医疗服务机构，包括公立医疗机构、民营医疗机构；二是提供医药产品的零售商，包括药店和网络平台。由于医疗服务机构与零售商履行的职能不一样，它们对医药产品的需求会不同，因此这为医药市场营销带来了更多的复杂性。

4. 营销活动法规管制多

医药产品关系到人的生命、健康和安全。为加强监督管理，保证药品质量，保障人体用药安全，维护人民身体健康和用药的合法权益，国家层面制定了《中华人民共和国药品管理法》《中华人民共和国药品管理法实施条例》《中华人民共和国中医药法》等法规，对于药品的研制、注册、生产、经营、使用和监督管理，以及中医药管理等方面，都作出了明确规定。如《中华人民共和国药品管理法》规定："疫苗、血液制品、麻醉药品、精神药品、医疗用毒性药品、放射性药品、药品类易制毒化学品等国家实行特殊管理的药品不得在网络上销售。"行业层面上，中国化学制药工业协会发布了《医药行业合规管理规范》，从反商业贿赂、反垄断、财务与税务、产品推广、集中采购、环境、健康和安全、不良反应报告、数据合规及网络安全等领域对医药行业内的企业进行全面规范，对企业合规管理提出了更加严格的要求。因此，政策法规对医药营销活动而言十分重要，医药组织必须严格遵守。

三、医药市场营销管理

（一）医药市场营销管理的实质

医药市场营销管理指医药企业为了实现其目标，创造、建立并保持与目标市场之间的互利交换关系而进行的分析、计划、执行与控制过程。其基本任务就是管理目标市场的需求水平、时机和构成,以管理顾客价值,从而实现企业目标。可见,营销管理的实质就是需求管理。

(二)基于需求的医药市场营销管理任务

一般认为医药营销者的工作就是刺激和扩大需求。事实上,市场上存在着各种形态的需求,医药营销管理者的任务除了刺激和扩大需求,同时还包括调整、减缩和抵制需求等。医药营销者应根据不同的市场需求形态,采取不同的营销措施。

1. 扭转性营销

扭转性营销是针对负需求实行的。负需求,亦称否定需求,指目标市场对医药企业提供的产品感到厌恶,甚至付出一定代价回避它们。对于负需求,医药企业的营销任务是分析目标市场不喜欢此产品的原因,然后通过重新设计产品、降低价格、积极促销来改变目标市场的信念和态度,以转换需求,使其成为现实顾客。

2. 刺激性营销

刺激性营销是在无需求的情况下实行的。无需求指目标市场对医药企业的产品不感兴趣或者漠不关心的需求状况。产生无需求的主要原因在于消费者不能正确地认识医药产品的功效与需求之间的关系。例如,人们普遍认为中药主要用于治疗慢性病,因此,许多感冒患者对中药汤剂存在无需求。对于无需求,医药企业的营销任务在于刺激需求,通过有效的促销手段,设法把医药产品利益同人们的自然需求联系起来,使无需求的消费者产生需求。

3. 开发性营销

开发性营销是与潜在需求相联系的。潜在需求指多数消费者对现实市场上还不存在的某种产品或服务有需求。例如,人们对于能彻底治愈癌症的医药产品有着强烈的潜在需求。潜在需求随处可见,这是医药企业挖掘不止的大市场,为医药企业的发展提供了广阔空间。面对潜在需求,医药企业的营销任务是实现需求,开发新产品,发掘老产品的新功效来满足这些需求。

4. 恢复性营销

对于下降需求,营销者的任务是恢复性营销。下降需求指市场对某种医药产品的需求呈下降趋势的情况。很多下降需求不是产品落后造成的,大多数是由于时尚的变化、新产品的替代而发生的。近年,由于西药品种不断增加而降低了对中药的需求,由于中成药品种的不断增加而降低了对中药饮片的需求,但是中药和中药饮片却存在着西药、中成药无法替代的优越性。因此针对下降需求,医药企业的营销任务是恢复需求,通过了解顾客需求下降的原因,改变产品的特色,采用更有效的沟通方式,或寻求新的目标市场,以扭转需求下降的局面。

5. 协调性营销

当出现不规则需求时,需要实施协调性营销。不规则需求指市场对某些产品的需求在不同时间呈现出很大波动。对于不规则需求,医药企业的营销任务是协调需求,通过灵活的定价、促销及其他激励因素设法调节需求与供给的矛盾，使二者达到协调同步。

6. 维持性营销

在饱和需求的情况下，应实行维持性营销。饱和需求指某种医药产品的需求水平和时间与预期相一致的需求状况。这是企业最满意、最理想的一种需求形态。在饱和需求的情况下应努力维持现有的需求水平，主要策略是改进产品质量、保持合理售价、稳定推销人员、严格控制质量和成本等。

7. 限制性营销

当某种医药产品需求过度时，应实施限制性营销。过度需求指顾客对某种医药产品的需求超过了企业的供应能力，产品供不应求。这可能是由于原材料不足导致缺货，也可能是由于产品或服务长期过分受欢迎所致。例如，国际市场对于我国片仔癀的过度需求，就是因为麝香这种原料供应受限制而造成的。对于过度需求，应该实行限制性营销，即通过提高价格、减少促销或服务等方式使需求减少。限制性营销的目的不是破坏需求，而是暂时降低需求水平。

8. 抵制性营销

抵制性营销是针对有害需求实施的。有害需求指消费者对于有害于个人或社会的医药产品的需求。就医药产品而言，人们对于治疗目的之外的麻醉药、兴奋剂等需求都属于有害需求。对于有害需求，医药企业的营销任务是通过抵制性营销措施限制这类需求，以保障人民健康为己任，把社会效益放在首位。

针对上述各种需求状况，医药营销管理者必须掌握一定的营销理论和方法，通过系统的营销调研、计划、实施与控制等活动来完成营销任务。

（三）基于医药市场营销管理过程的营销管理任务

1. 医药市场营销管理过程

医药市场营销管理过程指医药企业通过对市场营销机会的研究和分析，选择目标市场，制定适当的市场营销组合和营销预算，执行和控制营销计划以适应外部环境变化的要求，实现企业目标的过程。这个过程包括四个步骤。

（1）分析市场机会，评估顾客价值。市场机会就是未满足的需要。寻找、分析市场机会，评估顾客价值是市场营销管理人员的主要任务，也是市场营销管理过程的首要步骤。企业营销管理人员对于已发现的市场机会，要结合企业的目标和资源进行分析评估，找出企业可以利用的营销机会，分析无法避免的有关威胁，制定战略。

（2）选择目标市场，选择顾客价值。在分析市场机会的基础上，选择目标市场。主要做好市场细分、选择目标市场和市场定位三项工作，并在此基础上选择为顾客提供适当的价值。

（3）实施市场营销组合，创造、传递和传播顾客价值。市场营销组合是企业为了进占目标市场、满足顾客需求，加以整合、协调、使用的可控制因素。主要由产品、定价、分销、促销（市场沟通）四种策略组成，它是进行市场营销活动的主要手段。实

营销视野 1.1　营销人员经常问的 14 大问题

施市场营销组合的过程，也是创造、传递和传播顾客价值的过程。

（4）控制市场营销活动，管理顾客价值。在开展市场营销的过程中，全程监控，管理顾客价值，进行顾客关系管理，让顾客满意，即建立以价值为基础，能为企业带来利润的关系。

2. 基于医药市场营销管理过程的营销管理任务

基于医药市场营销管理过程，营销管理也有八大任务：制定营销战略和规划；获取营销洞见；与顾客联系；创建强势品牌；创造价值；传递价值；传播价值；负责任地营销以实现长期成功。

第三节　医药市场营销学的性质和发展

市场营销学在20世纪初产生于美国，现代市场营销学形成于20世纪50年代，医药市场营销学是随着市场营销学的发展而发展起来的，并且在中国得到了广泛传播和应用。

一、医药市场营销学的性质

医药市场营销学是一门以经济学、行为学、管理学和医药学为基础的，研究以满足顾客需求为中心、以管理顾客价值为主要内容的医药市场营销活动及其规律的综合性应用学科。其研究对象是医药市场营销活动及其规律。随着市场营销理论在医药企业经营活动中的应用，医药市场营销活动的特殊性日益凸显，并引起了营销学者和医药营销管理者的关注和深入研究，使医药市场营销学形成了自身的理论体系，成为市场营销学的一个新型分支学科。

医药市场营销学是对医药企业营销活动规律的总结和概括，有自己的概念、核心理论和研究方法。医药市场营销学具有综合性特点，在其发展过程中充分吸收经济学、行为学、管理学和医药学等相关学科的概念、理论和方法，经历了一个博采众长的跨学科演变过程。医药市场营销学具有应用性特点，它在实践中指导医药企业的营销活动，同时在实践运用中不断得到发展。

二、医药市场营销学在中国的传播和运用

在计划经济体制下，我国医药企业根据上级主管部门的计划安排进行生产活动，由政府部门统购包销，致使生产流通与市场分开，医药产品短缺，医药企业只愁产不愁销，医药企业不具备确立市场营销观念的条件。随着社会主义市场经济体制的建立，20世纪80年代末一些医药产品出现了供过于求的局面，竞争比较激烈，一些医药企业开始注重销售。但是没有把市场营销学与推销区分开来，在推销观念的指导下，使用大量的医药推销人员把产品硬推给顾客。

产生和应用市场营销的客观条件为高度发达的市场经济、全面形成的买方市场、充分竞争的市场环境，以及统一的国内市场和日益扩大的世界市场。20世纪90年代末期，

我国医药市场基本上结束了供不应求的局面，买方市场全面形成；同时由于国际竞争者的加入，使竞争更加激烈，致使我国医药企业必须在把握市场需求变化的基础上，发挥营销功能来满足市场需求。因此，我国医药企业开始关注市场营销，纷纷树立市场营销观念，将市场营销原理与方法用于实践，产生了很好的绩效。

但是，由于医药产品和医药市场的特殊性，使医药市场营销活动呈现出不同于一般营销活动的特殊性。医药企业迫切需要医药市场营销学理论指导医药市场营销活动。一些营销学者和医药营销管理者开始涉足医药市场营销学的研究，并取得了许多成果，医药市场营销学作为市场营销学的分支学科开始独立出来。现在，我国医药院校已经普遍开设医药市场营销学课程，部分医药院校还设置了医药市场营销专业，医药企业积极引入营销理念和营销人才开展营销活动，医药市场营销学在我国得到广泛研究和运用。

本章小结

从广义的角度看，产品是能够提供给市场以满足人类某种需要或欲望的任何东西。本书中的医药产品主要指药品。医药产品的分类方式很多，可以按其产生的历史背景、管理制度等进行分类。医药产品的特殊性表现为种类复杂性、医用专属性、效用两重性、质量严格性和使用时效性。

医药市场指个人和组织对某种医药产品的现实和潜在需求的总和，由人口、购买力和购买欲望三种要素构成。医药市场的分类主要有：按医药产品的形态分，有药品市场、医疗器械市场和医疗服务市场；按购买者及其购买目的可分为消费者市场和组织市场；按营销区域可分为国内市场和国际市场；按营销环节可分为批发市场和零售市场。医药产品的特殊性决定了医药市场具有不同于其他产品市场的特点：相关群体主导性强、需求弹性缺乏、需求波动大、公共福利性强。

医药市场营销是个人和医药组织通过创造并同他人交换医药产品和价值以满足需求的一种社会管理过程，其核心是交换。医药市场营销具有四个特点：营销人员专业化、营销对象双重化、营销终端多元化、营销活动法规管制多。医药市场营销的相关概念主要有医药市场营销者、价值、需要、欲望、需求等。医药市场营销是医药企业的基本职能，不同于推销。

医药市场营销管理的实质是需求管理。营销管理的任务可以基于需求形态和营销管理过程两个视角开展分析。医药市场营销管理包括四个步骤：分析市场机会，评估顾客价值；选择目标市场，选择顾客价值；实施市场营销组合，创造、传递和传播顾客价值；控制市场营销活动，管理顾客价值。

市场营销学在 20 世纪初产生于美国，现代市场营销学形成于 20 世纪 50 年代。医药市场营销学是伴随着市场营销学的发展而发展起来的，并且在中国得到了广泛传播和应用。医药市场营销学是一门以经济学、行为学、管理学和医药学为基础的，研究以满足顾客需求为中心、以管理顾客价值为主要内容的医药市场营销活动及其规律的综合性应用科学。

关键术语

医药产品（pharmaceutical products）　　医药市场（pharmaceutical market）
医药市场营销（pharmaceutical marketing）　　医药营销者（pharmaceutical marketer）
顾客价值（customer value）　　交换（exchange）
需要（needs）　　欲望（wants）
需求（demands）
医药市场营销管理（pharmaceutical marketing management）

课后思考题

1. 简述医药产品的含义、分类和特点。
2. 试从营销角度理解医药市场的含义及特点。
3. 简述医药市场营销的含义及其特点。
4. 医药市场营销管理的实质和任务是什么？包括哪些管理过程？
5. 医药市场营销学是怎样产生和发展的？
6. 简述医药市场营销学的性质、研究对象和研究内容。

即测即练

自学自测　　扫描此码

综合案例

仲景"三分钟讲透经典"荣获 2021 中国医药十大营销案例奖

工业企业由药品生产商向品类服务商转变，是当下医药行业的大趋势。为更好地服务终端，赋能客户员工，打造门店中药品类人才，弘扬中医药文化，2020 年 8 月仲景宛西制药重磅推出"三分钟讲透经典"项目，从员工端、客户端、消费者端三大主线逐步宣传和推广经典中药，带领仲景宛西制药的内部员工构建更全面的知识体系，帮助连锁店员提升专业服务能力，鼓励医生研究、了解、信任、宣传、处方药品，协助消费者获取更多中医药养生常识及用药知识。

在员工端，仲景宛西制药开始员工端全国巡讲，用 94 天时间，横跨中国 9 个城市，共开展了 11 场巡讲，覆盖 1000 余名员工。

在客户端，仲景宛西制药以合作伙伴作为巡讲基地，分线、分层次、分区域展开讲经典活动。面对医生群体：组织"三分钟讲透经典"论坛，邀请国医大师、中医药名家等共同研讨经典名方，百家齐聚讲经典；开展"中医青年说"短视频大赛，全网征集千名医生，拍摄富有传播性、趣味性的中医短视频。面对药店：开展"三分钟讲透经典"

健康养生全国药店行，联合中国药店"药店演说家"推出"三分钟讲透经典"推广大使活动；联合中康资讯为合作连锁药店作"妇科品类辨析"专场培训；通过大课堂、直播等形式，举办宣讲1000余场，直接覆盖客户各级人员10余万人。

在消费者端，既有传统的线下小课堂，也有当下流行的中医快闪店、线上直播等宣传形式，还与客户一同发起"仲景健康节"，开展中医药文化传播全国高校行等，引导消费者形成关于健康的科学消费理念。

2021年9月，该项目获得国家级认可，被列为中华中医药学会全国性项目。在中华中医药学会的指导下，仲景宛西制药将把"三分钟讲透经典"项目打造成科学化、科普化、生动化的全国性公益活动，做到"百家讲经典、千医传经典、万众学经典"。

项目自2020年8月正式启动以来，通过新闻及科普传播累计影响近300万人次，获得了主流媒体及行业专业媒体的关注支持，形成了独特的中医药文化传播现象，成为仲景宛西制药"药材好，药才好"之后的又一传播亮点。在企业整体销售保持在20%以上增长的同时，也为终端客户带来巨大价值。2021年12月，该项目成功入选"2021中国医药十大营销案例"。

中医药是中华民族传承几千年的瑰宝，而在当今社会却屡屡被质疑、被诋毁，究其原因，是因为中医药产业内存在乱承、乱传、乱造的各种乱象，动辄阴阳虚实、君臣佐使，晦涩的语句令人难以听懂；过度宣传中医药，号称包治百病；由于讲者局限，而导致门户博弈，相互打击；中医药过度衍生，导致各种粗制滥造……若要推动中医药的快速发展，则必须正本清源、去伪存真，打破产业乱象，帮助受众正确认识中医药、正确信任中医药、正确选择中医药。这正是仲景宛西制药开展"三分钟讲透经典"项目的初衷，希望通过理论梳理、模型研究，采用易懂、易记、易用的科普让医生和消费者更加了解中医药、信任中医药，从而选择中医药。

资料来源：站长之家. 仲景"三分钟讲透经典"荣获2021中国医药十大营销案例奖[EB/OL]. [2021-12-22]. https://www.chinaz.com/2021/1222/1344394.shtml；中国中医药网. 仲景"三分钟讲透经典"被列为中华中医药学会主办项目[N/OL]. [2022-01-06]. http://www.cntcm.com.cn/news.html?aid=189622. （有改编。）

讨论题：请结合案例讨论并分析医药市场及医药市场营销活动的特点。

综合案例分析思路1.1

第二章

医药市场营销管理哲学

◆ **学习目标**

1. 熟悉医药市场营销管理哲学的基本概念及其演变各阶段的内容；
2. 掌握市场营销观念和大市场营销观念的具体内容；
3. 理解顾客满意、顾客忠诚及其关系；
4. 了解全方位营销的含义与构成。

◆ **课程思政**

通过学习本章，我们应该明确医药企业在市场营销活动中的地位，应正确处理企业、顾客和社会三者的利益，把满足需求、实现企业利润目标和增进社会福利三个方面有机结合起来，在社会市场营销观念的指导下，企业在满足顾客需求、实现利润目标的同时，要为增进社会福利作出贡献。

◆ **引导案例**

同仁堂健康药业联合京东健康启动战略合作升级发布会

2021年7月8日，同仁堂健康药业与京东健康共同启动战略合作升级发布会。同仁堂集团公司副总经理表示，健康药业将顺应市场的趋势以及消费者对大健康的高要求，加速大健康产业布局。京东健康CEO提到，本次京东健康与健康药业的战略合作升级是希望在全面服务家庭医疗保健的基础之上，进一步满足消费者新的健康养生需求，联合健康药业成为更值得信赖的国民健康管家。发布会上，双方共同宣布将通过合作定制化及联名产品，让消费者能够以更便捷的方式，购买到高品质、高性价比、可信赖的滋补好物，从而带动整个滋补品类线上的发展，带来更丰富的一站式养生自由体验。同时，依托健康药业全球十余个生产基地，提供更深入的供应链支持，全心服务家庭健康医疗保健。

资料来源：同仁堂健康药业联合京东健康启动战略合作升级发布会[EB/OL]. [2021-07-14]. https://mp.weixin.qq.com/s/yMAs5S7Ha-8eVHsi7CR9Og.

医药市场营销管理哲学是医药企业在市场营销活动中，处理企业、顾客和社会三者利益方面所持有的态度、思想和意识，也称为医药市场营销管理观念。其内涵和实质在于确立以什么为中心思想指导企业各类人员开展生产经营活动，确立自己的经营行为。市场营销观念正确与否，以及其是否符合市场营销环境的客观实际，直接影响着市场营销活动的效率和效果。医药市场营销管理哲学不是固定不变的，是随着医药企业市场营销活动和实践的发展而发展，不同的市场经济环境形成了不同的市场营销管理哲学，大体上经历了以企业为中心的观念、以顾客为中心的观念、以社会长远利益为中心的观念和全方位营销观念。

第一节 以企业为中心的观念

以企业为中心的观念是以企业利益为根本取向和最高目标来处理营销问题的观念，包括生产观念、产品观念和推销观念，这三种观念统称为传统市场营销观念。

一、生产观念

生产观念（production concept）是指导卖方行为的最古老的观念之一，产生于19世纪末20世纪初。生产观念是在生产力水平较为低下，有效供给严重不足，市场需求旺盛，竞争尚不激烈，产品不愁销路的卖方市场条件下产生的一种经营思想。市场产品供不应求，选择甚少，只要价格合理，消费者就会购买。市场营销的重心在于大量生产，解决供不应求的问题，消费者的需求和欲望并不受重视。这种观念的基本内容是：生产是企业经营中的决定因素，只要生产出来就不愁卖出去，认为顾客喜欢那些可以随处得到的、价格低廉的产品，具体表现为"我们能生产什么，就卖什么，顾客就买什么"，重点放在提高劳动生产率，增加产品供给量，降低成本，获取赢利。这种观念的基本经营方式是等顾客上门，通过大量生产来获得利润，而不必考虑市场调研、销售促进等活动。

生产观念虽然是卖方市场的产物，但它却时常成为某些公司的策略选择。例如，一个公司以生产观念作为指导，大力推行批量性的标准化生产，以提高生产效率，降低生产成本，最后达到以低价为竞争基础的市场扩张的策略目的。不过以生产观念为指导的企业只能在市场上的产品质量基本相同的情况下有一定的竞争力，一旦供不应求的市场状况得到缓和，消费者对产品质量产生了不同层次的需求，企业就必须运用新的观念来指导自己的竞争。生产观念的问题在于：假定需求完全是被动的，由生产左右并决定，完全没有顾客选择的概念，这只适用于供给严重不足或完全由计划分配产品的情况。而在一个竞争的市场中，在生产观念下经营的企业只有在它的产品碰巧与顾客需求相一致时才可能侥幸成功；否则，很可能是生产得越多，积压越多，亏损越多。

二、产品观念

产品观念（product concept）认为，顾客最喜欢高质量、多功能和具有某些特色的产品。因此，在产品观念下经营的企业中心任务是生产质量优异的产品并不断改进其性能和特色，但在设计产品时经常不让或很少让顾客介入。事实上，这种观念与生产观念一样，都无视消费者的需求和欲望。所谓优质产品往往是工程师在实验室里设计出来的，这些产品上市之前没有征求消费者的意见。企业相信自己的工程师知道该怎样设计和改进产品，甚至不考虑竞争者的产品。这种观念会导致"营销近视症"（marketing myopia），即把注意力放在产品上，而不是放在需求上。这些企业将自己的注意力集中在现有产品上，即集中主要的技术、资源进行产品的研究和大规模生产。而看不到消费者需求的不断发展变化，以及对产品提出的新要求；看不到新的需求带来的产品的更新换代；看不到在新的市场形势下，营销策略应随市场情况的变化而变化。营销近视症是西奥多·李维特（Theodore Levitt）于1961年提出，指企业在营销活动中缺乏远见，只注重产品质量，而忽视市场需求及企业长远发展。营销经理总是认为自己的产品好，忽视了顾客的需要、利益和价值，导致企业的产品渐渐偏离市场，最终使企业处于困难的境地。

产品观念在市场营销上至少有两个缺陷：第一，工程师们在设计产品时并不知道消费者对其产品的价值衡量标准，结果生产出来的产品很可能低于或不符合消费者的预期价值，从而造成滞销；第二，一味追求高质量往往会导致产品质量和功能的过剩，高质量、多功能往往附带着高成本，消费者的购买力并不是无限的，如果产品质量过高，客户就会拒绝承担这些额外的高质量所增加的成本，从而转向购买其他企业的产品。产品观念和生产观念的相同之处在于都是重生产、轻营销，并从生产角度出发，把市场看作生产过程的终点，而不是从消费者出发，把市场看作生产过程的起点，忽视了市场需求的多样性和动态性。生产观念是"以量取胜"，而产品观念是"以质取胜"。

三、推销观念

在激烈的市场竞争中，许多企业的管理思想开始从生产观念或产品观念转移到了推销观念。推销观念（selling concept），也称为销售观念，是生产观念的发展和延伸，盛行于20世纪20年代后期到20世纪40年代之间。推销观念是假设企业如果不大力刺激消费者的兴趣，消费者就不会购买或不会大量购买该企业的产品。推销观念认为，顾客只有在企业促销活动的刺激下才会购买。企业要销售已生产出来的产品，必须大力开展推销活动，千方百计地吸引顾客，使他们对产品产生兴趣，进而使他们购买产品，企业产品的销售量总是和企业所做的促销努力成正比。推销观念与生产观念的区别是：后者以抓生产为重点，通过增加产量、降低成本来获利；前者以抓推销为重点，通过开拓市场，扩大销售来获利。从生产导向发展为推销导向是经营思想上的一大进步，但基本上仍然没有脱离以生产为中心、"以产定销"的范畴。因为它只是着眼于既定产品的推销，只顾想方设法把产品推销出去，至于销出后消费者是否满意，以及如何满足消费者，达到消费者完全满意，则未能给予足够的重视。

在推销观念的指导下，企业特别关注产品的推销和广告，重视运用推销和广告，刺激或诱导顾客购买，奉行"我卖什么，顾客就买什么"的观念，与生产观念和产品观念没有本质的区别，都是先有产品，后有顾客，只是从生产观念发展到推销观念，提高了销售工作在企业经营管理中的地位，并使企业更多地了解市场状况，为企业转变市场营销观念创造了条件。大多数企业在产品过剩时，常奉行推销观念。企业的近期目标是销售其能够生产的东西，而不是生产能够出售的新产品。著名管理学家彼得·德鲁克曾经说："可以设想，某些推销工作总是需要的，然而营销的目的就是要使推销成为多余。营销的目的在于深刻地认识和了解顾客，从而使产品或服务完全适合他们的需求而形成产品自我销售。"因此，推销要变得有效，必须以其他营销功能作为前提，如营销调研、需求评价等。如果营销者把认识消费者的各种需求，开发合适的产品以及定价、分销和促销等工作做得很好，这些产品就会容易被销售出去。

第二节　以顾客为中心的观念

以顾客为中心的观念强调满足顾客需求，通过让顾客满意获得长期利益，主要包括市场营销观念和大市场营销观念。市场营销观念关注了解并满足顾客需求，大市场营销观念是对市场营销观念的发展，是在引导、创造需求的前提下，满足顾客需求。两者都强调满足顾客需求，通过让顾客满意达到顾客忠诚，进而获得长期利益。贯彻以顾客为中心的观念就是让顾客满意。

一、市场营销观念

市场营销观念（marketing concept）是作为对上述观念的挑战而出现的一种企业经营哲学，其核心原则直到20世纪50年代中期才基本定型：是以顾客需求为中心，以研究如何满足市场需求为重点的营销观念。市场营销观念认为，实现企业目标的关键在于正确确定目标市场的需求，并且比竞争对手更有效、更有利地传送目标市场所期望满足的东西，具体表现为"顾客需要什么，我就生产什么"。企业的经营指导思想从过去的"一切从企业出发"转变为"一切从顾客出发"，企业的一切活动都围绕着满足顾客需求来进行，这一观念上的转变是市场营销学理论上的一次重大变革，企业开始从以生产者为重心转向以消费者为重心，从此结束了以产定销的局面。推销观念注重卖方需要，而市场营销观念注重买方需要，推销以卖方需要为出发点，考虑如何把产品变成现金；而营销则考虑如何通过产品以及和最终消费产品有关的服务，来满足顾客的需求，实现企业目标。推销观念的出发点是企业现有产品，市场营销观念的出发点是企业的目标顾客以及他们的需求。从本质上说，市场营销观念是一种以顾客的需求为导向，并以满足需求和实现企业目标为目的的更高层次的营销观念。市场营销观念的基本内容主要包括：以目标市场为出发点；以顾客需求为中心；以整体营销为手段；以谋求长远利益为目标。

在市场营销观念的指导下，消费者的需求是市场营销活动的起点和中心，企业需遵循以下几个基本宗旨：第一，顾客是中心。企业的一切努力在于满足、维持及吸引顾客。第二，竞争是基础。企业必须不断地分析竞争对手，把握竞争信息，充分建立和发挥本公司的竞争优势，以最好的产品或服务来满足顾客需求。第三，协调是手段。市场营销的功能主要在于确认消费者的需要及欲望，将与消费者有关的市场信息有效地与公司其他部门相沟通，并通过与其他部门的有机协作，努力达到满足及服务于消费者的目的。

第四，利润是结果。利润不是企业操作的目的，企业操作的目的是极大地满足顾客，而利润是在极大地满足顾客后所产生的结果。

市场营销观念认为，得到顾客的关注和顾客价值才是企业获利之道，因此必须将旧观念下企业"由内向外"的思维逻辑转向"由外向内"。它要求企业贯彻"顾客至上"的原则，将营销管理重心放在首先发现和了解"外部"的目标顾客需要，然后再协调企业活动并千方百计去满足顾客，使顾客满意，从而实现企业目标。因此，企业在决定其生产、经营时，必须进行市场调研，根据市场需求及企业本身的条件，选择目标市场，组织生产经营。其产品设计、生产、定价、分销和促销活动，都要以消费者需求为出发点。

二、大市场营销观念

大市场营销观念（mega marketing concept）是对市场营销观念的发展，都强调满足顾客需求，通过让顾客满意达到顾客忠诚，进而获得长期利益。大市场营销观念是在引导、创造需求的前提下，满足顾客需求。在大市场营销观念指导下，企业为了成功地进入特定市场，并在那里从事业务经营，在战略上协调使用经济的、心理的、政治的和公共关系的手段，以获得各有关方面如经销商、供应商、消费者、市场营销研究机构及宣传媒介等的合作与支持。大市场营销与一般营销相比：首先，对市场环境的认识不同，一般的市场营销观念强调企业要适应和顺从企业外部环境和市场需求，而大市场营销观念则强调企业要主动地改变和影响企业外部环境和市场需求；其次，市场营销手段不同，大市场营销采用的营销手段除一般市场营销组合（4P）外，还应当包括政治权力和公共关系两个方面；最后，涉及的参与者不同，大市场营销涉及的参与者除了一般介入者外，还包括公共利益团体等，参加的人员不再仅是营销人员，还包括公共关系和公共事务部人员等。

三、以顾客为中心观念的贯彻

（一）顾客满意

为顾客提供更大的顾客认知价值，是企业建立顾客关系的基石。菲利普·科特勒认为"满意是一种感觉状态的水平，它来源于对一件产品所设想的绩效或产出与人们的期望所进行的比较"。顾客对产品或服务的期望来源于其以往的经验、他人经验的影响以及营销人员或竞争者的信息承诺。而绩效来源于由产品价值、服务价值、人员价值和形象价值构成的整体顾客价值与整体顾客成本之间的差异，整体顾客成本包括货币成本、时间成本、体力成本和精力成本。顾客在购买产品时，总是希望有较高的顾客购买总价值和较低的顾客购买总成本，以便获得更多的顾客认知价值，使自己的需求得到最大限度的满足。因此，顾客在做购买决策时，往往从价值和成本两个方面进行比较分析，从中选择出那些期望价值最高、购买成本最低，即"顾客认知价值"最大的产品作为优先选购对象。但是，顾客获得了认知价值最大的产品也不一定会感到满意。所谓顾客满意，指顾客将购买产品后所获得的顾客认知价值与最初的顾客期望水平进行比较之后所形成的感觉状态。顾客最终是否满意，取决于其购买后所获得的顾客认知价值与顾客期望（顾客认为应当达到的绩效）的差异：若顾客认知价值低于顾客期望，顾客会不满意；若顾客认知价值与顾客期望相当，顾客会满意；若顾客认知价值远远高于顾客期望，顾客会十分满意进而实现顾客忠诚。

尽管顾客满意是顾客的一种主观感觉状态，但这种感觉状态的形成是建立在"满足需要"的基础上的，是从顾客角度对企业产品和服务价值的综合评估。研究表明，顾客满意既是顾客本人再购买的基础，也是影响其他顾客购买的要素，对企业来说，关系到能否保持老顾客和吸引新顾客。因此，使顾客满意，是企业赢得顾客，占有和扩大市场，提高效益的关键。

医药产品消费者期望值形成的基础包含：药店药师或医院医师的建议、过去的购买经验、亲友同事的相关评论、销售者和竞争者的信息以及经营者的承诺等。如果医药企业最初就使顾客的期望值过高，但实际获得的认知价值一般，则容易引起购买者的失望，降低顾客满意度。但是，如果医药企业把期望值定得过低，虽然能使买方感到满意，但难以吸引大量的购买者。所以，医药企业在广告中应当客观、真实地向消费者传递医药产品的功效作用，避免夸大功效，否则只能短期内提高销量，而且会丧失顾客对企业的信任，难以建立长期顾客忠诚。

（二）顾客忠诚

"忠诚"与"满意"是两个不同的概念，满意度不断增加并不代表顾客对你的忠诚度也在增加。满意本身具有多个层次，声称"满意"的人们，其满意的水平和原因可能是大相径庭的：其中有些顾客会对产品产生高度的满意，如惊喜的感受，并再次购买，从而表现出忠诚行为；而大部分顾客所经历的满意程度则不足以产生这种效果。因此，顾客满意先于顾客忠诚并且有可能直接形成忠诚。

视频 2.1　口溶膜，你听说过吗？

顾客忠诚指顾客在满意的基础上，进一步对某品牌或企业作出长期购买的行为，是顾客一种意识和行为的结合。顾客忠诚主要表现为四点特征：第一，再次或大量地购买同一企业该品牌的产品或服务；第二，主动向亲朋好友和周围的人员推荐该品牌产品或服务；第三，几乎没有选择其他品牌产品或服务的念头，能抵制其他品牌的促销诱惑；第四，发现该品牌产品或服务的某些缺陷，能以谅解的心情主动向企业反馈信息，求得解决，而且不影响再次购买。高度忠诚的顾客是企业最宝贵的财富。研究表明，吸引新顾客要比维系老顾客花费更高的成本。因此，在竞争激烈的市场上，建立顾客忠诚非常重要。企业必须非常重视创建、保持和提升顾客的满意度，努力争取更多高度满意的顾客，从而建立高度的顾客忠诚。

第三节　以社会长远利益为中心的观念

随着全球环境恶化、资源短缺、就业和通货膨胀压力加大，社会福利的提高被一些人忽视，以及社会经济的可持续发展日益受到挑战和引起社会高度关注，社会要求企业顾及消费者整体与社会长远利益的呼声越来越高，而市场营销观念难以应对这些问题。人们对市场营销观念的主要质疑在于：尽管一个公司最大利益的获取是建立在极大地满足顾客的基础上，但该公司很可能在满足自己的顾客和追求自己最大利益的同时损害他人以及社会的利益。客观上要求有一种新的观念来进一步完善市场营销观念，在这个背景下，以社会长远利益为中心的观念，即社会市场营销观念应运而生。

一、社会市场营销观念的含义

社会市场营销观念（societal marketing concept）产生于20世纪70年代，是在市场营销观念的基础上，把满足需求、实现企业利润目标和增进社会福利三个方面有机结合起来。在社会市场营销观念的指导下，企业在满足顾客需求，实现利润目标的同时，要为增进社会福利作出贡献。企业不仅要满足消费者的需要和欲望并由此获得企业的利润，而且要符合消费者自身和整个社会的长远利益，要正确处理消费者欲望、企业利润和社会整体利益之间的矛盾，统筹兼顾，求得三者之间的平衡与协调。企业不能只顾满足消费者眼前的生理上或心理上的某种需要，还必须考虑个人和社会的长远利益，例如，是否有利于消费者身心健康，是否可防止环境污染和资源浪费，是否有利于社会的发展和进步等。社会市场营销观念要求企业承担社会责任，践行商业道德，也要求管理和服务企业的政府管理部门、行业协会承担更多的社会责任和职业道德。国内外的营销活动证明，奉行社会市场营销观念，才能在国内外市场上更好更快的持续发展。

扩展阅读 2.1 七大指标量化近 300 家医药上市公司 阵痛转型中如何重塑企业社会责任

社会市场营销观念的决策主要有四个组成部分：用户的需求、用户利益、企业利益和社会利益。事实上，社会市场营销观念和市场营销观念并不矛盾。问题在于一个企业是否可以把自己的短期行为和长期利益结合起来。一个以市场营销观念为指导思想的企业，在满足目标市场需求的同时，应该考虑到自己的长期利益目标和竞争战略，把用户利益和社会利益同时纳入决策系统。只有这样，这个企业才会处于不败之地。现代市场营销活动不仅涉及商业活动，也涉及非商业活动；不仅涉及个人，也涉及团体；不仅涉及实物产品，也涉及无形产品和思想观念。

二、社会市场营销观念的贯彻

在社会市场营销观念的指导下，企业需要开展绿色营销和道德营销，切实承担社会责任。

（一）绿色营销

绿色营销（green marketing）指企业在生产经营过程中，将企业自身利益、消费者利益和环境保护利益三者统一起来，以此为中心对产品和服务进行构思、设计、销售和制造。企业实施绿色营销，指企业以环境保护为经营指导思想，以绿色文化为价值观念，以消费者的绿色消费为中心和出发点的营销观念、营销方式和营销策略。它要求企业在经营中贯彻自身利益、消费者利益和环境利益相结合的原则。由于绿色营销的核心是按照环保与生态原则,来选择和确定营销组合的策略,因此,绿色营销是建立在绿色技术及绿色市场和绿色经济基础上的、对人类的生态关注给予回应的一种经营方式。实施绿色营销的企业,对产品的创意、设计和生产,以及定价、分销与促销的策划和实施,都要以保护生态环境为前提,力求减少和避免环境污染,保护和节约自然资源,维护人类社会的长远利益,实现经济与市场的可持续发展。绿色营销是一个导向持续发展、永续经营的过程,其最终目的是在化解环境危机的过程中获得商业机会,在实现企业利润和消费者满意的同时,达成人与自然的和谐共处、共存共荣。

(二)道德营销

道德营销(moral marketing)指以需求为导向,以符合社会道德和公众利益的要求为前提,通过整体营销活动,创造顾客满意,推动社会进步的企业经营理念。具体讲就是企业的营销活动不仅要坚持需求导向的原则,而且要符合社会道德标准和公众的最大利益。道德营销是企业的责任,企业应通过合乎法律和伦理的方式谋求自身利益。也就是说,企业的目的是通过合乎法律和伦理的方式,提供具有竞争力、能增进社会福利的产品或服务,从而实现自身的生存和发展。企业在创造利润,对股东负责的同时,还应承担起对劳动者、消费者、环境、社会等利益相关方的责任。企业是社会整体的重要构成单元,由于其利益与整个社会浑然一体,同时,企业行为在客观上会影响他人,因此,必然要求接受社会的整体约束,这就决定了企业必须承担一定的社会责任。医药企业是医药产品的供给主体,承担着保障消费者生命健康的特殊使命,在经济社会发展中扮演着重要角色,因此与生俱来地承担着重大社会责任。

道德营销包括五个层次的内容:第一,提供产品或服务。这是作为企业的基本职责或使命,明确了赚钱不是企业的根本目的。第二,能增进社会福利。企业应努力提供有利于社会的产品和服务。第三,具有竞争力。企业在提供对社会有利的产品和服务的同时也应注重产品的竞争力。第四,合乎法律和伦理。企业在产品和服务的生产、提供过程中既要遵守法律,又要遵守基本的伦理规范。道德可以引导人们尊重和信守法律,法律可以用来制止已经发生的违法和严重不道德的行为。道德、法律、市场机制是规范企业经营行为的三个必要手段。第五,道德营销也是企业利益。不遵守道德的企业势必要为此付出代价,从长期看,讲道德对企业利大于弊。道德营销具有以下特点。

营销视野 2.1 如何让品牌长盛不衰

1. 道德营销是对经营理念的变革和发展

道德营销观念并不排斥顾客导向,但二者却有着本质的区别。一般营销在理念上强调的只是单纯的需求导向和顾客满意,企业通过整体营销活动,可能满足某个人或某一群人的需要,但却损害了更多人的利益。而道德营销强调的是顾客需求与公众利益的一致性,强调需求与道德的双重标准,这就在逻辑上排斥了以损害公众利益为结果的营销行为产生的可能性,使企业在引导消费、传递新的生活标准的同时,也引导着社会道德风尚,向消费者传递新的价值准则,最终使营销成为社会文明进步的促进力量。

2. 道德营销使整体营销的内涵更加丰富

道德营销离不开整体营销活动，但道德营销要求将社会的最大利益和社会伦理规范融于企业的每一项具体营销活动中去。企业制定战略时，发展目标应包括道德发展目标、职工道德观的教育和道德水平的提高，将道德目标的制定与实现作为企业发展战略中的重要内容。在市场定位、目标市场的选择和产品策略等制定的过程中，都应贯彻道德营销观念。

3. 道德营销对企业识别（corporate identity）活动提出更高的要求

20 世纪 80 年代后期，激烈的竞争使许多公司开始探索如何塑造企业形象进而提高产品销售。有的从外部宣传入手，试图通过长时间的产品广告来增进公众的了解；有的从公益活动入手，试图通过改善企业与社会各界的关系来获得社会公众的了解和支持，从而树立良好的企业形象。但这些活动是不系统、不全面的，虽然有一定的效果，但不能达到理想的状态。道德营销要求在企业识别活动中要充分考虑道德价值观在定位、理念识别和行为识别中的作用。

企业在开展营销活动中必须讲求营销道德，实施诚信营销。遵循营销道德的营销行为，使营销人员个人、企业和顾客利益保持一致，从而有利于企业的经济效益和社会效益。违背营销道德的营销行为，使企业的利益与顾客的利益相悖，虽使企业一时受益，但不利于企业的长远发展，更有损社会公众的利益。因此，使营销行为沿着营销道德的轨道进行，对企业和社会双方都是大有裨益的。

第四节　全方位营销观念

营销观念在一百多年的历史演进中经历了多个阶段、多种类型。企业逐渐认识到有必要采用超出传统营销观念的，更加整体化、更具一致性的策略。一方面，企业的营销能力仅靠营销部门能力的提升是远远不够的，应该由企业各部门的合力提升才能奏效；另一方面，企业营销能力不仅存在于企业内部，更重要的是存在于企业外部，即取决于企业能否与市场、与顾客、与竞争对手和谐共存。企业管理者们的这些关注催生出一种新的营销观念，那就是全方位营销观念。

一、全方位营销观念的含义

全方位营销观念（holistic marketing concept）是以对营销项目、过程、活动的开发设计及实施的范围和相互关系的了解为基础，力图认识并调和营销活动的边界与复杂性。全方位营销（holistic marketing）是将产品、技术、管理、销售、服务等公司经营的各个方面都视为营销的一个环节，由这些环节构成一个满足客户需要的、完整的、有机的营销整体，同时企业能与市场环境相契合，共生共荣。人们往往有意无意地将营销视为企业营销部门的事，最多也只是产品设计、促销分销和价格制定等业务环节的事；而全方位营销认为，企业的一切经营活动都应从客户的需要出发，最大限度地满足客户的需求，才能获得良好的经济效益和社会效益。全方位营销认为"所有事务都与营销相关",因此需要有一种广泛的、整合的观念。

二、全方位营销观念的贯彻

全方位营销的核心观念仍然是企业整个经营活动都要以顾客满意度为指针,从顾客的角度而不是企业本身的利益和观点出发考虑问题。在这个基础上,企业营销目标的实现就有赖于全方位营销活动的开展。在产品设计、使用和成本上,在促销分销环节上,在价格制定过程中,在提高售后服务水平方面,以及经营、财务和技术等传统市场营销认为与营销关系不大的活动上,竭力为顾客着想,最大限度使顾客感到满意,并通过老顾客的满意,为企业树立良好的形象,扩大顾客队伍。从范围上看,全方位营销要求企业的各个部门,包括产品开发部门、技术服务部门和财务管理部门等,都参与到企业的营销活动中来;同时,全方位营销观念要求企业不仅要整合企业内部营销力量,而且要求企业眼光向外,要与合作伙伴、竞争对手、顾客共同努力建立与打造一个和谐的市场,而要做到这一点,企业必须要有社会责任的约束。全方位营销包括关系营销、整合营销、内部营销和绩效营销四个组成部分。

(一)关系营销

关系营销观念(relationship marketing concept)是在交易营销观念的基础上形成的,是市场竞争激化的结果。传统的交易营销观念的实质是卖方提供一种商品或服务以向买方换取货币,因而,实现商品价值,是买卖双方价值的交换,双方是一种纯粹的交易关系,交易结束后不再保持其他关系和往来。在这种交易关系中,企业认为卖出商品赚到钱就是胜利,消费者是否满意并不重要。而事实上,消费者的满意度直接影响到重复购买率,关系到企业的长远利益。由此,从20世纪80年代起,以维护现有顾客为主导思想的关系营销应运而生。关系营销观念认为,随着市场逐渐成熟和竞争逐渐加剧,企业营销关注的焦点应当由与顾客的单次交易转变为与顾客建立长期的业务关系,并通过这种长期的业务关系实现企业的目标;建立、维持并增进顾客与企业的关系,保留老顾客是企业获得持久竞争优势的关键。

关系营销(relationship marketing)是以系统论为基本指导思想,将企业置于社会经济大环境中来考察其市场营销活动,认为营销是一个企业与消费者、竞争者、供应商、分销商、内部员工、政府及社会组织等发生互动作用的过程。一旦成员的身份确立,企业就能够与成员共同发展。成员会在他们认为合适的时机替企业宣传产品,并鼓励他人购买,在企业的利益受损时站出来自觉维护企业的利益。实现顾客身份到成员身份的转变,需要企业开展卓有成效的关系营销。关系营销需要企业将目光放得更远,重视顾客的维护与培养,通过长期的努力实现企业与顾客的共同发展,不同于以往交易营销只关注企业的短期利益最大化。

关系营销观念的基础和关键是"承诺"与"信任"。"承诺"指交易一方认为与对方的相处关系非常重要,而去全力以赴地保持这种关系,即它是保持某种有价值关系的一种愿望和保证。"信任",是当一方对其交易伙伴的可靠性和一致性有信心时产生的,它是一种依靠其交易伙伴的愿望、承诺和信心的存在,可以鼓励营销企业与伙伴致力于关系投资,并抵制一些短期利益的诱惑,而选择保持发展与伙伴的关系从而去获得预期的长远利益的心理与行为。因此,达成"承诺—信任",然后着手发展双方的密切关系,是关系营销观念的核心。

关系营销与交易营销相比,优点更多、理念更先进,但两者各自有适用的限度,因为企业进行的每一项活动都有成本。一方面,企业投入资源维系与重要顾客的关系,提高他们的忠诚度,形成较为稳定的收入流;另一方面,企业投在该活动上的资源有其成本,只有当企业从长期顾客身上取得的收益大于其投入资源的成本时,企业进行的关系营销活动才是合适的。市场中,顾客的构成复杂,不同顾客的价值导向并不相同,这就决定了企业要同时面对两种不同类型的顾客:一类顾客重视短期收益,容易被竞争对手的营销活动影响,从而转向其他企业进行交易;另一类顾客则重视与企业建立长期稳定的关系,能够更好地获取企业所提供的价值。对不同类型的顾客,企业采取的营销手段也不相同,面对第一类顾客,企业更多地采取交易营销的方法,而面对第二类顾客,关系营销的方法更为有效。关系营销具有以下几方面的特征。

1. 关系营销关注的范围更广泛

关系营销扩大了企业视线,从传统的目标顾客扩大到竞争者、供应商、分销商、内部员工、政府等多个利益相关者,各种关系交叉形成了营销网络。

2. 关系营销以互惠互利为目的

在营销活动中,企业要遵循合作的原则,互惠互利,实现双赢,不能以对一方的伤害为基础来达到自己的目的。

3. 关系营销是以承诺、信任、双向信息交流为基础的合作过程

企业要想持续发展,就要和自己的利益相关者相互信任、充分沟通,并建立稳定的长期关系,这样才能形成优势。

4. 关系营销是以真诚为基础的情感交流

在竞争激烈的社会,人们越来越重视情感。在关系营销中,合作的双方不仅要实现物质上的互惠,还应该注重友谊的建立。

5. 关系营销更加注重顾客服务

关系营销强调的是高度的顾客参与和紧密的顾客联系,并且,关系营销的一些核心理念来自服务营销,所以对顾客服务更加重视。

关系营销的基本模式是发现正当需求,满足需求并保证顾客满意和营造顾客忠诚。在这个基础上,贝瑞和帕拉苏拉曼归纳了三种建立顾客价值、营造顾客忠诚的方法:一级关系营销(频繁市场营销或频率营销),即维持关系的重要手段是利用价格刺激目标顾客增加财务利益,简单来说,就是一种为顾客省钱的策略,一种让顾客以更低价格享受更好服务的策略。频繁营销是通过向那些稳定的、频繁的购买者提供价格折扣的方式来强化和顾客的关系。二级关系营销,即在建立关系方面优于价格刺激,增加社交利益,同时也附加财务利益,主要形式是建立顾客组织,包括顾客档案,建立正式的、非正式

的俱乐部以及顾客协会等。企业可以通过为顾客提供个性化和私人化的服务来增加顾客的社交利益，通过实施顾客关注，尽可能了解顾客信息，提供满足顾客需求的产品与服务，达到实现和超越顾客期望的目的；企业也可以建立顾客社区，建立顾客之间以及顾客与企业间交流情感和意见的网络社区或线下活动，通过将顾客聚集在一起来增加他们的社交利益。三级关系营销，即增加结构纽带，同时附加财务利益和社交利益。通过为顾客提供从别处无法轻易获得的有价值的服务，来与顾客建立一定关系的业务活动，是服务传递系统中基于技术的一种设计。主要瞄向"顾客转换成本"，与客户建立结构性关系，它对关系客户有价值，但不能通过其他来源得到，可以提高客户转向竞争者的机会成本，同时也将增加客户脱离竞争者而转向本企业的收益。这种增加结构性利益的策略在组织市场上更为常见。以技术为依托，企业提供给顾客的不仅是产品，还是渗透到顾客生产、管理各个环节的优秀解决方案。企业将自己的产品与服务整合到顾客组织内部，成为顾客组织的一部分，顾客通过这种解决方案可以提高生产管理效率，还能及时针对方案提供反馈信息，从而有利于企业进一步优化产品与服务，实现企业与顾客的双赢。

关系营销在各方之间建立起强大的经济、技术和社会纽带关系，这就要求与正确的关系团体建立正确的关系，最终的结果是建立公司的独特资产——营销网络。营销网络由公司和与其建立了互惠商业关系的利益方组成。竞争不再仅仅是在公司之间，而是在不同的营销网络之间进行，具有更好的营销网络的公司将获得市场优势。

（二）整合营销

整合营销（integrated marketing）指企业以顾客为中心，整合企业内外部所有资源，使所有的营销手段、企业部门都为顾客提供协调一致的服务，以提高顾客服务水平和满意度。整合营销方式下，营销者的任务是设计营销活动并整合营销项目来最大化地为顾客创造、传播和传递价值。整合营销包括两方面：一方面是许多不同的营销活动能够沟通和交付价值；另一方面是在有效协调的情况下，实现各项营销活动的综合效果的最大化。营销者在设计和实施任何一项营销活动时都应全盘考虑。整合营销强调各种要素之间的关联性，要求各种营销要素的作用力统一方向，以形成合力，共同为企业的营销目标服务。

（三）内部营销

内部营销（internal marketing）指培养公司的经理和雇员都树立以顾客为中心的观念，在企业或组织内创造一种营销文化，成功地雇用、培训和尽可能激励员工为顾客服务。内部营销可以确保组织中的所有成员都坚持适当的营销准则，尤其是高层管理人员。通过内部营销，使得营销更像是一种企业导向，而不仅是一个企业部门。营销者如果可以让所有的员工都意识到他们的工作是创造、服务和满足顾客时，则有助于同顾客建立满意的长期关系。企业管理者已经认识到内部营销与外部营销是同样重要的，有时甚至比外部营销更为重要。

通常，企业必须在两个层面上开展内部营销活动。一方面，不同营销职能之间必须通力合作，如产品管理、销售人员、广告和市场调研等；另一方面，营销部门需要其他部门的支持，其他部门也必须关注市场营销，考虑顾客的利益。例如，生产部门要了解顾客是如何使用公司产品的，然后不断寻找更好的方法、更低的成本来生产产品，如果有可能，还要满足顾客的定制化要求等。内部营销需要高层管理人员的垂直协调与领导，也需要与其他部门之间的横向协同。企业的每个人都需要认识、理解并支持营销活动。

（四）绩效营销

绩效营销（performance marketing）是全方位营销的必要部分，既了解从营销活动和营销方案获得的商业回报，又更广泛地关注营销对法律、伦理、社会和环境的影响与效应。最高管理者除了检查销售收入外，还应了解市场份额、顾客流失率、顾客满意度和其他指标的情况。营销者不仅要从品牌建立和客户群增长方面，还要从财务和赢利能力等方面，向高层管理者证明其营销投资的正确性。因此，营销者需要使用财务指标评估其营销努力创造的直接价值和间接价值。同时，营销者也应该意识到，公司的市场价值大部分来自无形资产，如品牌、与分销商和供应商的关系以及客户群等。营销者还应该仔细考虑更广泛的角色及其活动的道德、环境和社会背景。绩效营销要求企业比竞争者更有效地满足目标市场的需求、需要和利益，但是这一切应该以保持和强化消费者与社会福利的方式进行。

本章小结

医药市场营销管理哲学不是固定不变的，随着医药企业市场营销活动和实践的发展而发展，不同的市场经济环境形成了不同的市场营销管理哲学，大体上经历了以企业为中心的观念、以顾客为中心的观念、以社会长远利益为中心的观念和全方位营销观念。以企业为中心的观念包括生产观念、产品观念和推销观念。以顾客为中心的观念主要包括市场营销观念和大市场营销观念。在社会市场营销观念的指导下，企业需要开展绿色营销和道德营销，切实承担社会责任。全方位营销观念由关系营销、整合营销、内部营销和绩效营销构成。

关键术语

医药市场营销管理哲学（pharmaceutical marketing management philosophy）
生产观念（production concept）　　　　产品观念（product concept）
推销观念（selling concept）　　　　市场营销观念（marketing concept）
大市场营销观念（mega marketing concept）　顾客满意（customer satisfaction）
顾客忠诚（customer loyalty）
社会市场营销观念（societal marketing concept）
绿色营销（green marketing）　　　　道德营销（moral marketing）
全方位营销观念（holistic marketing concept）　关系营销（relationship marketing）
整合营销（integrated marketing）　　　内部营销（internal marketing）
绩效营销（performance marketing）

课后思考题

1. 传统营销观念包括哪些观念?
2. 简要解释绿色营销的主要观点。
3. 简述全方位营销的概念及其主要组成部分。

即测即练

自学自测　扫描此码

综合案例

风雨同担 "豫"爱同行——天士力援豫行动,持续进行中!

2021年7月,河南省多地罹受连日强降雨灾害,汛情严峻。郑州、新乡等地降雨量突破历史极值,原本静美祥和的中原大地汪洋一片,满目疮痍。

灾情就是命令。听闻汛情,天士力第一时间吹响了驰援河南的集结号。天士力公益基金会紧急联合国台酒业公司、天士力医药商业公司,连夜调拨125箱藿香正气滴丸、120箱穿心莲内酯滴丸、30箱柴胡滴丸及10 500箱C胞活力小分子矿泉饮品等物资,日夜兼程,火速驰援受灾一线。7月22日,满载着爱心与希望的天士力首批救援物资运抵河南。

郑州、新乡作为此次受灾最为严重的两地,都面临着缺水少药的紧迫情况。为了让救援物资更快地送达受灾群众手中,除了捐赠红十字会的物资外,国台酒业与天士力医药商业公司还出动近百名骨干员工与经销商志愿者,将物资直接送往灾区一线有需要的医药医疗机构、公安交警部门、社区、村庄等。经过5个昼夜的不停奔忙,截至27日,首批救援物资已经全部发放完成!

同时,国台酒业也与河南省经销商们并肩携手、共渡难关:不但承诺对此次因暴雨灾害造成的产品包装损坏给予免费更换,更专门制定了一系列帮扶措施,全力驰援受灾经销商。

在天士力的感召下,国台酒业经销商在积极自救的同时也纷纷伸出援助之手。34家经销商伙伴自发向灾区捐助价值1000余万元的款项及C胞活力水等生活物资,为保障灾民生活尽一份力量。

天灾无情,人间有爱。灾情面前,天士力因爱而动,与河南人民同心协力,共克时艰。风雨同担,"豫"爱同行。相信在各方的援助下,河南一定能够渡过难关。风雨之后,再见彩虹!

资料来源:风雨同担"豫"爱同行——天士力援豫行动,持续进行中![EB/OL]. [2021-07-27]. https://www.tasly.com/jtdt/41473.jhtml.

讨论题: 案例中体现了哪些营销管理哲学?阐述这些营销管理哲学的含义,以及对医药企业的影响。

综合案例分析思路 2.1

第二篇

分析医药市场：
评估顾客价值

第三章

医药市场营销环境

学习目标

1. 掌握医药市场营销环境的含义及分类;
2. 了解市场营销环境的因素构成及特点;
3. 理解各种宏观营销环境与微观营销环境对医药市场营销活动的影响;
4. 掌握市场机会和环境威胁的分析方法及其应对策略;
5. 了解医药市场营销环境的发展趋势。

课程思政

通过学习本章,学生可以了解医药市场营销环境的重要意义,提升认识和分析客观环境的本领。医药市场营销环境分析,直接关乎如何正确认识我国新时代的医药市场环境。在分析市场环境,寻找市场机会,规避市场威胁的过程中应重点关注我国传统文化因素,特别是我国传统中医药文化,逐步建立文化自信。

引导案例

跨国药企进军中医药产业

在博鳌亚洲论坛2022年年会上,成都与阿斯利康举行阿斯利康中医药创新产业基地线上签约仪式,标志阿斯利康专注于中医药领域的创新基地正式落户成都。这也是阿斯利康与绿叶集团达成血脂康的推广合作后,在中医药产业的又一重要尝试。

2019年,阿斯利康宣布与绿叶制药集团签署协议,正式宣布获得血脂康胶囊产品在中国大陆地区的独家推广权。这是大型跨国药企首次在华获权推广由中国药企自主研发的创新中成处方药。

此次参与中医药创新产业基地的建设,可以看出阿斯利康已经不满足于仅参与中成药的推广工作,而是要进一步深入到中成药的研发过程中。其商业平台将继续为寻找下一个中药产品开展全面的商业代理合作,进一步布局中药重点品种孵化。阿斯利康计划在心衰、脑卒中、慢性肾病等阿斯利康深耕的治疗领域中,引入更多高品质中成药。

实际上阿斯利康并不是第一家布局中医药产业的跨国药企。葛兰素史克、赛诺菲、勃林格殷格翰也曾涉足中医药产业。业内一般认为，跨国药企进军中医药领域，主要是为了在产品专利即将到期和带量采购加大业绩压力的背景下寻求业绩增长的突破。此外，从现实角度来看，近年我国对中医药产业的扶持力度越来越大，尤其是2017年《中华人民共和国中医药法》颁布以后，中成药产品在市场竞争中享受一定政策红利，中成药市场潜力较大，本身对跨国药企来说也有一定的吸引力。

2021年12月30日，国家医疗保障局（以下简称"国家医保局"）、国家中医药管理局发布了《关于医保支持中医药传承创新发展的指导意见》；2022年3月29日，国务院办公厅又印发《"十四五"中医药发展规划》，明确"十四五"时期中医药发展的目标任务和重点措施，一如既往地支持中医药。

从结果来看，跨国药企在发展中医药产业方面存在一定的优势，并取得了相应的成果。有数据显示，自2019年阿斯利康获得血脂康的独家推广权以来，截至2021年年底，血脂康实现了近120%的增长，在整体他汀和降脂类中成药市场中，血脂康的份额从1.3%攀升至5.6%，成为第三大降脂品牌。

总体上，跨国药企布局中医药产业有以下优势：首先有资金优势，其相较本土药企资金雄厚；其次是有强大的品牌优势，一般来说跨国药企的产品质量受认可度比较高；再次是销售优势，跨国药企销售团队较为庞大；最后，跨国药企还存在专家资源优势，外资药企在中国用药市场经营多年，学术推广能力强，全国知名的三甲医院的专家对外企产品认可度较高，因此推广起来接受度也相对较高。然而，跨国药企发展中医药产业，仍需要面对和本土药企的竞争，选择合适的产品至关重要。

跨国药企在选择中药相关投资项目时可能首先会偏向成熟产品，如六味地黄丸、乌鸡白凤丸等，虽然这些知名产品的市场已经相对成熟、市场竞争激烈，但老百姓对产品的认可度和接受度比较高，市场基础好。另一个容易受到外企青睐的产品是科技含量高的产品。例如，2021年获批上市的桑枝总生物碱片，该产品科研的基础很全面，是国家2021年新批准的中药新药；桑枝总生物碱片具有很好的降糖效果，产品市场容量也很大，类似的产品也可能会是外资企业切入中成药市场的另一个选择。

除了产品选择有侧重以外，外资企业进入中成药领域，其推广模式也要和以往的化学药推广模式有所不同。首先，中成药产品的生命周期曲线和化学药的产品生命周期曲线是不一样的，化学药由于成分清晰、机理明确，往往在起步时销量增长比较快，但生命周期比较短，一般很少超过10年，超过20年的寥寥无几；中成药却不同，在产品推广起步期时可能销量增长的比较缓慢，但是它的生命周期非常长，有的药可以卖到30年、50年，甚至100年、200年，如乌鸡白凤丸、安宫牛黄丸等这些产品，都是畅销几百年且目前还被市场认可的产品。其次，在产品推广方面，化学药和中成药也有不同的特点，中成药长期存在的成分、作用机理、中医理论这"3个说不清"，对西医大夫来说接受起来比较困难。因此，外资企业要想推广好中药，即使有庞大的资金实力和团队优势，也还需对现有团队进行系统的培训，打造出一支"会推广中成药"的营销团队，才算真正的成功。

资料来源：重磅！阿斯利康全面进军中医药[EB/OL]. [2022-04-28]. https://www.cn-healthcare.com/articlewm/20220428/content-1345788.html.

第一节　医药市场营销环境概述

任何组织和个体总是生存在特定的环境之中，企业的营销活动不可能脱离环境而单独运行，医药企业亦是如此。对企业所处营销环境进行分析，是制定市场营销战略的依据，是医药企业市场营销活动的基础。

一、医药市场营销环境的含义

医药市场营销环境是医药企业市场营销活动的重要组成部分。按照美国著名营销学家菲利普·科特勒的定义，市场营销环境（marketing environment）是影响企业和营销活动的不可控制的参与者和影响力。具体地说，市场营销环境是影响企业市场营销的管理能力，使其能卓有成效地发展和维持与目标顾客交易及关系的参与者和影响力。因此，医药市场营销环境指影响医药企业市场营销活动的不可控制的各种参与者和影响力，是影响、制约医药企业生存和发展的一切内、外部因素和条件的总和。

二、医药市场营销环境的分类

医药市场营销环境的分类方法有很多种，根据医药企业的营销活动受制于营销环境的紧密程度划分，可分为微观环境和宏观环境，这是最为常见的，也是最为重要的划分方法。下面就从医药市场营销的宏观环境、微观环境两个方面来做具体阐述。

（一）医药市场营销宏观环境

医药市场营销宏观环境，指在一定的国家或地区范围内对医药产业部门和医药企业都将产生影响的各种因素或力量，间接影响企业营销活动的巨大社会力量，包括人口、经济、自然、科学技术、政治法律及社会文化等宏观因素，是企业无法控制而只能去适应的，但在某些情况下，企业可以对其施加一定的影响。宏观环境在给企业提供发展机遇的同时，也会给企业的发展带来威胁，企业管理者必须对宏观环境进行深入调研，以便发现未来的机会和威胁，进而采取相应的对策措施。

（二）医药市场营销微观环境

医药市场营销微观环境，指与医药组织关系密切，直接影响企业营销能力的各种参与者，并且为目标市场顾客服务的各种因素。如医药企业内部各部门、供应商、营销中介组织、消费者、竞争者及社会公众，他们与企业形成了协作、服务、竞争与监督的关系。

三、医药市场营销环境的特征

医药市场营销环境是一个多因素、多层次而且不断变化的复合体。所以医药市场营销环境具有如下特征。

（一）客观性

医药企业总是在特定的社会、经济和其他外界环境条件下生存发展的。医药企业只要从事市场营销活动，就必须面对宏观及微观环境，也必须受到各种各样环境因素的影响和制约。因此，医药企业必须主动适应，科学分析，及时准确地制定市场营销战略及策略，并依据环境变化不断调整，才能使医药企业不断发展进步。

（二）相关性

医药市场营销环境是一个系统，其中各影响因素之间相互依存、相互影响和相互制约。总体上看，每个企业自身的组织内部环境都应该与社会的宏观环境相互平衡。一旦环境发生变化，平衡就会被打破。例如，医药产品价格不但受到自身成本的影响，市场供求关系的影响，还受到国家价格政策以及科学技术和社会文化的影响，同时也受到国家医疗保险制度改革和卫生政策的影响，所以医药企业在进行产品定价及价格调整的过程中，必须考虑多方面因素的影响和制约。

（三）差异性

不同国家和地区的医药政策、社会经济发展水平、风俗文化等都不尽相同，所以，医药企业所面临的环境都存在差异性。医药企业在制定营销战略及策略时，要根据具体环境进行分析。

（四）动态性

无论宏观环境还是微观环境都不是静止的、一成不变的。相反，这些环境因素始终处于不断变化的过程中，是一个动态的概念。市场营销环境的变化，也是社会发展的一种标志。国家医药政策、医药科技水平、经济发展水平和消费者的健康观念等都在变化，医药企业需要根据动态的环境变化，建立动态的营销决策。例如，我国医药消费者的消费意愿正从以治疗为目的，向以治疗、预防、养生、保健等综合追求转变，消费者的消费心理日趋成熟，这无疑将对医药企业的营销活动产生根本的影响。因此，医药企业要依据市场营销环境的动态性，不断地修正和调整自己的营销策略，使企业的市场营销活动主动适应环境的变化。

（五）可利用性

"适者生存"既是自然界演化的法则，也是医药企业在营销环境中生存的法则。强调企业对所处营销环境的反应和适应，并不意味着企业对于环境是无能为力或束手无策的，只能消极地、被动地改变自己以适应环境。相反，企业可以运用自身的资源去影响、改变和利用营销环境的各种因素，为企业创造更为有利的发展机遇，规避可能遇到的风险。

第二节 医药市场宏观营销环境

医药市场宏观营销环境指整个国家的政治、经济、社会文化及其发展变化的状况，是宏观的社会约束力量。医药市场的宏观环境随时随地影响和制约着微观环境。具体来说，医药市场宏观营销环境包括影响医药企业生产经营的人口环境、经济环境、自然环境、科学技术环境、政治法律环境、社会文化环境六个方面。

一、人口环境

人口环境指人口的规模、密度、地理分布、年龄、性别、家庭、民族类别、职业及其他有关情况。医药市场是由具有购买欲望与购买能力的人所构成的，人口环境的变化，将对市场规模产生直接的影响。下面主要分析人口环境中人口的规模、人口的年龄结构和人口的分布。

（一）人口的规模

人口是医药市场宏观环境中最重要的因素之一。在发病率和收入一定的条件下，人口规模的大小，决定了医药市场容量的大小。一个医药企业判断一个地区或国家市场规模的时候，应从该地区或国家的人口规模入手进行分析，在发病率一定的条件下：人口规模越大，则患某种疾病的人数就越多，该市场的规模就越大；反之人口规模越小，则医药市场的规模就越小。人口规模对医药产品的市场具有决定性的影响。2021年我国公布了第七次全国人口普查主要数据，全国总人口超14.11亿人，与2010年第六次全国人口普查相比，增加7205万人，增长5.38%，年平均增长率为0.53%。中国人口目前虽然增速放缓，但是人口规模大，预示着中国的医药市场有极大的发展潜力。

（二）人口的年龄结构

不同年龄结构的消费者对医药产品的需求差异较大。2021年公布的第七次人口普查数据显示：全国人口中，0~14岁人口占17.95%，15~59岁人口占63.35%，60岁以上人口占18.70%，其中65岁以上人口占13.50%。与2010年的第六次人口普查数据相比，60岁以上人口占比提高5.44个百分点，65岁以上人口占比提高4.63个百分点。年龄结构年龄层次不同的人，对医药市场的需求有着很大的不同。如少年儿童市场，对医药产品的需求，主要集中在上呼吸道感染、清热解毒及消化不良、腹泻等方面，对保健食品的需求则集中在增进食欲、增强体质、促进身体的生长发育及改善智力等方面，如化积消食、补钙、补铁、补各种微量元素等。中青年身体强壮，生病的概率相对较小，对医药产品的需求较少。而老年人则与之相反，对医药产品的需求较多。中老年市场对医药产品的需求主要集中在心脑血管系统的疾病方面，对保健食品的需求集中在抗衰老、益寿延年等方面。因此，随着生育三孩政策的实行，以及老龄化情况越来越严重，努力开发儿童用药市场及老年人保健所需要的医药产品市场，是医药企业发展的一个机遇。

（三）人口的分布

人口的分布指人口在一国或一个地区的地理分布。人口地理分布与医药企业的经营决策，尤其是渠道决策有着密切的关系。人口的地理分布表现为农村与城镇、东部与西部、南方与北方、热带与寒带、山区与平原等，不同地理环境的人口由于自然条件、经济、生活习惯等差异，其消费需求方面有着显著差异，导致对医药产品需求的种类和数量不同。这就要求企业根据不同地域的消费差别，提供不同的产品和服务。根据第七次人口普查数据，2021年中国的城镇人口为9亿人，城镇化率为63.89%，较2010年上升了14.21个百分点。因此，在未来一段时间，不断开发城镇医药市场是医药企业营销决策的重点。

二、经济环境

经济环境指影响医药营销活动的各种经济因素，又可分为宏观经济环境和微观经济环境两大类。其中宏观经济环境主要包括国民收入、市场的供求状况、产业结构状况、财政金融政策、外贸管理制度等。微观经济环境指一个具体的组织所面临的与组织运营有关的特殊的经济环境，包括企业所在地区或所需服务地区消费者的收入水平、消费偏好、储蓄情况、就业程度等。

经济环境对医药企业的经营活动影响较大。近年来，随着经济的发展，居民消费结构不断升级，健康意识不断增强，对医药产品的需求也逐步呈现多元化的局面，在治疗性用药类等刚需药品需求量不变的情况下，预防保健类药品的需求量逐年增多。当前阶段，由于人口老龄化、三孩政策的实施、居民预防保健意识不断增强等多方面影响，未来我国医药市场增长幅度依然很大。

三、自然环境

医药市场营销的自然环境，指影响医药企业生产和经营的物质因素。自然环境的发展变化会给医药企业造成一些"环境威胁"，或创造一些"市场机会"，所以医药企业要不断分析和认识自然环境变化的趋势，来避免由自然环境带来的威胁，尽可能地抓住自然环境变化所带来的机会。医药市场营销的自然环境主要包括地理位置、气候状况及资源状况等因素。

（一）地理位置

地理位置是制约医药企业经营活动的重要环境因素，一些世界医药企业巨头在我国的公司总部和营销中心一般都是选择北京、上海这些经济发达、交通便利的大都市。地理位置也会影响到医药企业的生产布局，一些地区因地域优势，形成了医药产业集群。

（二）气候状况

气候状况不仅影响人们的生活，而且还会造成一些疾病的滋生，形成了某些医药产品销售的季节性变化。如慢性气管炎、肺心病、哮喘、心肌梗死、肺炎、感冒、精神病等在隆冬季节为发病高峰期，这与持续低温有关。有的则是在秋末冬初和春季两个发病高峰期。在秋末冬初和春季是大气环流大规模调整和转换的时期，天气变化比较急剧，冷空气活动频繁，致使疾病多发。因此，医药企业要根据气候变化，及早做好市场营销计划，在疾病高发期加大营销力度。

（三）资源状况

对于医药企业来说，资源状况也是重要的环境因素。资源丰富，获取原材料便利，对医药企业的生产就会比较有利。如果资源短缺，医药企业的生产成本就会增加，这将推高医药产品的市场价格,从而影响产品的市场竞争力。如某些中药资源的紧缺严重影响着中医药企业的发展。近年来,随着人民生活水平的提高,"回归自然"的趋势日渐明显,在许多产品方面都追求天然、健康。在医药领域,由于人口迅速增长及许多消费者更加偏爱副作用较小的中成药,所以消费者对中成药的需求有逐渐增长的趋势,中药资源除了用于医药生产外,还被广泛用于食品、化妆品、杀虫剂、香精等行业,使得某些中药资源紧缺,特别是一些野生动物药材,更为突出。自然界野生中药材的产量远远不能满足人类对中药材的需求,而且,由于各种自然灾害(如旱灾、水灾、病虫害等)对中药材的产量和价格产生了巨大的影响,从而对许多制药企业的生存和发展构成了严重的威胁。

四、科学技术环境

科学技术是企业将自然资源转化为符合人们需要的物品的基本手段,是第一生产力。作为营销环境的一部分,科学技术环境不仅直接影响医药企业的生产和经营,还同时与其他环境因素互相依赖、相互作用,特别是与经济环境、文化环境的关系更紧密。尤其是新技术革命,既给医药企业的市场营销不断造就机会,又带来新的威胁。如果企业不及时跟上科学技术的发展,就有可能被淘汰。医药企业必须注意了解新技术,学习和掌握对医药行业直接产生影响的新技术,用好新技术这种"加速的推动力",生产出更多疗效更好的医药产品来满足消费者的需求。

(一)新技术引起的医药企业经营管理的变化

新技术革命为医药企业的高效率管理提供了物质基础,并迫使企业转变传统的管理观念。目前,许多医药企业都在使用信息系统进行管理,使企业随时都可掌握销售情况。由于采用了管理信息系统,因此大大减少了财务人员、销售人员等,提高了医药企业经营管理的效率。

在医药物流方面,由于先进技术的引进,比如电子分销、计算机全程控制配送中心、条形码自动识别系统、客户管理数据库、利用电子数据交换系统进行订单处理和公路运输的卫星追踪等,使得不少医药企业物流工作的效率大大提高,销售范围不断扩大,不仅节省了大量的人力,而且费用也有了明显下降。

(二)新技术引起的医药企业市场营销策略的变化

1. 产品策略的变化

科学技术的迅速发展,对医药新产品的研发起了极大的推动作用。如药品资源从野生、栽培发展到组织培养,使药品生产资源更加丰富,质量更加稳定。药品粉针剂、喷雾剂、微囊的开发,使中成药起效更快,刺激性更小。因此,医药企业营销人员必须不断寻求新市场,预测新技术,从而开发出更加有效、更加安全、更加方便、价格低廉、质量可控的新药。

2. 价格策略的变化

由于新技术的采用,一方面使医药企业降低产品成本,给价格下调带来了空间;另一方面又使医药企业能够通过信息技术及时了解市场价格走势,从而充分发挥价值规律、供求规律、竞争规律的作用,来制定和修改价格策略。

3. 渠道策略的变化

由于科学技术的迅速发展,人们的消费观念有了很大的变化。随着全球互联网络的建立,电子商务的发展,将部分改变人们现行的到医院诊治疾病,并在医院或药店购药的习惯做法。人们如果想治病,可以在家通过网络,请自己选定的专家进行远程诊断、治疗,通过网络将医生开的处方药包邮到家。因此,医药企业应随之对营销渠道的策略加以调整及改变。

扩展阅读 3.1 数字科学技术与市场营销的未来!

4. 促销策略的变化

科学技术对促销策略的最主要影响是广告媒体的多样化,尤其是社交媒体的运用,使广告宣传有可能克服传统广告只能单向传递的弊端,促销成本有可能降得更低,而信息沟通的效率则会进一步提高。

五、政治法律环境

政治法律环境指环境因素中有关的政治制度和法律规定,包括一个国家的社会制度、执政党性质、政府方针、政策、法令等。医药企业的营销活动是整个社会经济活动的组成部分,不可避免地受到政治法律环境的影响和制约。从国内看,主要指国家的方针、政策、法令、法规及其调整变化对医药行业和医药市场的影响。从国际看,主要指国际惯例、国际法及政治权力与政治冲突对医药企业营销活动的影响。

(一)政治因素

1. 政治体制和经济管理体制

从宏观角度来看,与医药企业密切相关的突出问题在于政府机构是否精简,政府行为是否规范,是否能够切实为企业发展保驾护航,是否能够实现政企分开等方面。随着中国经济体制、政治体制改革的逐步深入,中国医药企业将在一个更为开放的政治环境中运行。

2. 政府的方针政策

国家的方针、政策可以引导市场的需求,改变资源的供应,影响生产条件、产品质量,如药品集中带量采购的实施,会鼓励或限制某些医药企业的生产和销售。值得注意的是,方针政策具有可变性,会随着世界政治经济形势的变化而不断作出调整,企业只有密切关注方针政策变动的趋势,才能够不断迎合市场环境变化,获得成功发展。

(二)法律因素

法律是任何一个国家政治力量强制性的一种表现。对医药企业营销活动产生影响的法律法规主要有三方面:一是有关经济方面的法律,如《中华人民共和国公司法》《中华人民共和国商标法》《中华人民共和国专利法》《中华人民共和国广告法》《中华人民共和国反不正当竞争法》《中华人民共和国证券法》《中华人民共和国票据法》《中华人民共和国进出口商品检验法》《中华人民共和国消费者权益保护法》等；二是有关医药产品生产、销售的法律法规，如已出台的《中华人民共和国药品管理法》《药品零售连锁企业有关规定》《药品经营质量管理规范》《医疗广告管理办法》《进口药品管理办法》《中华人民共和国中医药法》等；三是有关对患者利益进行保护的法律法规，如《中华人民共和国产品质量法》《药品不良反应监测管理办法》等。

中国现在的法律环境正在日趋完善和健全，每一项新的法律、法规的颁布实施，或者原有法律、法规的修改，都会对医药企业的营销活动带来影响。医药企业应该严格遵守相关的法律法规，密切关注法律环境的变化，根据变化及时调整自己的营销战略和策略。

值得注意的是，当医药企业涉及跨国经营时，还应特别注意他国相关的法律法规，尤其在许多发达国家，有关医药产品生产、销售等方面的立法非常严格。

六、社会文化环境

社会文化环境包括一个国家或地区的居民教育程度、文化水平、风俗习惯、审美观念、价值观念等。文化水平会影响居民的需求层次；风俗习惯会禁止或抵制某些活动的进行；审美观念则会影响人们对企业的活动内容、活动方式及活动成果的态度；价值观念会影响居民对企业目标、企业活动及企业存在的态度。社会文化是人类在创造物质财富过程中所积累的精神财富的总和，它集中体现了一个国家的文明程度，是人类创造社会历史的发展水平、程度和质量的状态。作为一个社会历史范畴，社会文化的涵盖面很广，主要指一个国家、地区或民族的传统文化，如风俗习惯、道德法规、审美观念、价值观念等。在宏观环境诸多因素中，社会文化环境是较为特殊的一个因素，它不像其他因素那样显而易见，但它却无时无刻不在影响着医药企业的营销活动。无数事例说明，忽略社会文化环境的医药企业经营活动必然会陷于被动或归于失败。

就医药行业而言，不同的社会文化环境会对患者的观念、态度和行为产生不同的影响。如文化水平高的人，用药行为就会更理性；价值观念和伦理道德观念不同，人们的就医心理和行为也会有很大的差别。因此，医药企业在制定营销策略时，一定要综合考虑各种社会文化因素，以适应不同人群的医疗需求。

第三节　医药市场微观营销环境

一、医药企业内部因素

在内部各环境因素中，人员是企业营销策略的确定者与执行者，是企业最重要的资源；企业管理水平的高低、规章制度的优劣决定着企业营销机构工作效率的高低；资金状况与厂房设备等条件是企业进行一切营销活动的物质基础。此外，企业文化和企业组织结构是两个需要特别注意的内部环境因素。

企业文化是近年来日益受到重视的企业内部因素。所谓企业文化，指企业的管理人员与员工共同拥有的一系列思想观念和企业的管理风貌，包括企业愿景、文化观念、价值标准、经营哲学、管理制度、思想教育、行为准则及企业形象等。企业文化在调动企业员工的积极性，发挥员工的主动创造力，提高企业的凝聚力等方面有极其重要的作用。

> **营销实践**
>
> **知名医药企业的企业文化**
>
> 扬子江：高质、创新、惠民、奋进。
> 正大天晴：诚实做人，健康发展。
> 西安杨森：强调"信条为本、止于至善"；倡导"因爱而生"，传播关爱；弘扬奥运精神，激励自己和社会大众"更快、更高、更强"。
> 辉瑞：客户至上、社区精神、尊重他人、力争上游、团队精神、领导才能、道德观念、追求品质、革新创造。

视频 3.1 了解国内知名医药企业

医药企业内部环境的另一个重要因素是企业的组织结构、各部门之间的相互关系和协调机制。营销部门在整个企业组织中的地位影响到营销活动能否顺利进行。营销管理层在制订营销计划时，必须考虑到与公司其他部门的协调，如与最高管理层、财务部门、研发部门、采购部门、制造部门、会计部门等部门的协调，如图 3-1 所示。

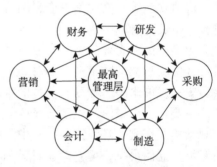

图 3-1 企业内部组织结构

二、供应商

供应商指向医药企业提供生产产品和服务所需资源的企业或个人。如果没有供应商提供的资源作为保障，组织就无法正常运转。因此，医药企业的所有供货单位构成了对企业营销活动最直接的影响和制约力量，主要表现在：供货的稳定性与及时性、供货的价格变动、供货的质量水平等方面。

三、营销中介

营销中介指协助医药企业将其产品促销、销售和配送给最终购买者的企业或个人，包括中间商、营销中介机构和财务中间机构等。通过它们的协助，医药企业的营销活动才能顺利进行，产品才能够顺利到达目标顾客的手中。

（一）中间商

中间商指协助医药厂商销售其产品给最终购买者的机构，一般包括医药批发商和医药零售商。

（二）营销中介机构

营销中介机构包括营销服务机构和物流公司。营销服务机构包括市场调研机构、营销咨询机构、广告与公关公司等；物流公司又称实体分配机构，具有协助医药厂商储存货物并将其运送至目的地的职能。

（三）财务中间机构

财务中间机构包括银行、信托、保险等金融机构，这些金融机构是协助医药厂商融资或保障货物购销储运风险的机构。它不直接从事商业活动，但对医药企业的日常生产经营起着至关重要的作用。

四、顾客

医药企业的一切营销活动都是以满足顾客需求为中心的，因此，顾客是医药企业最重要的环境因素。顾客是医药企业服务的对象，也就是医药企业的目标市场。顾客市场一般可以分为六种，如图 3-2 所示。不同的顾客市场，对医药产品的需求特点、购买动机、购买行为也不同，需要企业认真研究，采用不同的营销组合策略，才能使顾客满意。

图 3-2　医药企业顾客市场

五、竞争者

任何医药企业都难以独占市场，都会面对形形色色的竞争者。在竞争激烈的医药市场上，除来自本行业的竞争者外，还有来自替代品生产者、潜在加入者、原材料供应者和购买者等多种力量的竞争。企业要成功，必须在满足消费者需求和欲望方面比竞争对手做得更好；必须加强对竞争者的研究，深入了解对本企业形成威胁的主要竞争者及其策略，知己知彼，扬长避短，方能在竞争中取胜。

六、公众

公众指对企业市场营销活动产生影响的组织、群体或个人，包括政府、媒体、群众团体、企业内部公众等。

（一）政府

政府包括药品监督管理部门、环保部门、工商行政管理部门、税务部门等。各级政府部门所制定的政策对医药企业的营销活动都具有直接或潜在影响。医药企业需要及时了解政府相关的政策状况并预见未来的发展趋势，从而制定具有可持续性的营销方案。

（二）媒体

媒体包括报纸、杂志、广播、电视、网络等。媒体具有广泛的社会联系，能直接影响社会舆论对医药企业的认识和评价。医药企业要与这些媒体建立良好的关系，发挥其积极作用。

（三）群众团体

群众团体主要指与医药企业营销活动有关的非政府机构，包括消费者权益组织、环境保护组织、少数民族组织、医药行业协会等。医药企业营销活动涉及社会各方面的利益，群众团体的意见、建议对企业的营销活动有重要的影响。例如，目前药品价格、药品安全、药品广告等都是消费者权益保护组织重点关注的领域。

（四）企业内部公众

企业内部公众包括股东、管理人员、职工等。内部公众是塑造企业组织形象的重要途径之一，内部公众的态度会影响企业外部的公众。企业的营销活动也离不开内部公众的参与，医药企业要处理好劳资关系，并协调好员工内部的关系，调动他们的积极性和创造性，让他们主动参与和支持企业的市场营销工作。

公众对医药企业的市场营销活动举足轻重，他们对医药企业的市场营销活动有着实际或潜在的兴趣或影响。公众可以成就一个医药企业，也可以毁掉一个医药企业。所以，医药企业应认真分析公众环境，考虑医药企业的每一个行动在公众中可能引起的反应，以及这些反应可能给医药企业带来的后果。一般来说，医药企业通过自身的市场营销活动尤其是产品形象和企业形象来取得公众的理解和支持，保持并发展与他们之间的良好关系。

第四节　医药市场营销环境分析及趋势

医药企业是在客观存在的环境中求生存和发展的，这些不断变化的环境因素，有可能给企业带来意想不到的甚至是致命性的打击，但是又有可能给企业带来无限的机遇。企业必须经常对自身系统进行调整，才能适应外部环境的变化，这正像生态学中生物体与外界环境的关系一样，也遵循"适者生存，优胜劣汰"的法则。

一、医药环境威胁与市场机会

（一）环境威胁与市场机会

医药环境威胁指对医药企业营销活动不利或限制医药企业营销活动发展的因素。这种环境威胁，一般表现为两方面：一方面是环境因素直接威胁着医药企业的营销活动，如政府颁布有关药品生产、流通等方面的政策、法律、法规，诸如带量采购，它对一些小型医药生产企业来说，就构成了巨大的压力和威胁；另一方面是企业的目标、任务及资源同环境机会相矛盾，比如因为化学药品的成本增加，毒副作用越来越明显，人们对化学药品的需求转为对中医药的需求，使化学药品企业的目标、资源与环境机会不一致。

市场机会的实质指市场上存在着"未满足的需求"，它既可能来源于宏观营销环境，也可能来源于微观营销环境。随着消费者需求不断变化和产品生命周期的缩短，致使旧产品不断被淘汰，要求开发新产品来满足消费者的需求，从而市场上出现了许多新的机会。但是环境机会对不同企业是不相同的，同一个环境机会对一些企业可能非常有利，而对另一些企业却可能造成威胁。环境机会能否成为企业的机会，要看此环境机会是否与企业目标、资源及任务相一致，企业利用此环境机会能否获得比其竞争者更大的利益。

（二）医药环境威胁与市场机会分析

企业在面对威胁程度不同和市场机会吸引力不同的营销环境时，需要通过环境分析来评估环境机会与环境威胁。可以利用威胁与机会分析矩阵分析环境威胁和市场机会。对于环境威胁，可按其威胁的严重程度和它出现的概率高低列成环境威胁矩阵图加以分析和评价，如图3-3所示；研究营销环境机会应从潜在的吸引力和成功的概率两方面进行分析，如图3-4所示。

威胁和机会往往是同时并存的，且在一定条件下可相互转化，从而增加了环境分析的复杂性。企业可以运用威胁—机会分析图加以综合分析和评价，以便能更清晰地认识企业在环境中的营销状况，如图3-5所示。

影响程度	出现概率	
	大	小
大	Ⅰ	Ⅱ
小	Ⅲ	Ⅳ

图3-3 环境威胁分析矩阵

吸引力	成功概率	
	大	小
大	Ⅰ	Ⅱ
小	Ⅲ	Ⅳ

图3-4 市场机会分析矩阵

机会	威胁	
	低	高
高	Ⅰ	Ⅱ
低	Ⅲ	Ⅳ

图3-5 威胁—机会分析矩阵

Ⅰ为理想业务。威胁程度低，机会水平高，是最佳的状态，处于这种环境的业务是最理想的。

Ⅱ为冒险业务。威胁程度和机会水平同样高，处于这种环境的业务具有一定的风险性。

Ⅲ为成熟业务。威胁程度低，机会水平也低，处于这种环境的业务是成熟的。

Ⅳ为困难业务。威胁程度高，机会水平低，是最坏的状态，处于这种环境的业务是很困难的。

二、面对环境威胁和市场机会的营销对策

（一）面对环境威胁的市场营销对策

面对环境威胁，医药企业常用的对策有三种。

1. 对抗策略

对抗策略也称抗争策略，即医药企业试图通过努力限制或扭转环境中产生威胁的不利因素。如通过各种方式促使（或阻止）政府通过某种法令或有关权威组织达成某种协议，用来抵消不利因素的影响。

2. 减轻策略

减轻策略也称削弱策略，即企业在对抗策略不能实行或无效时，调整营销组合，加强对环境的适应，以减轻环境威胁的严重性和危害性。例如，针对进口国严格的药品质量检验标准，医药企业对产品进行适应性改进，以便顺利地进入目标市场。

3. 转移策略

转移策略也称转变或回避、放弃策略，指企业在无法反抗或减轻的情况下，通过放弃或转移、调整某项业务，避免环境变化对企业的威胁。通常包含以下不同的"转移"：第一，企业原有销售市场的转移；第二，企业依据营销环境的变化，放弃自己原有的主营产品或服务，将主要力量转移到另一新的行业。

（二）面对市场机会的市场营销对策

面对环境可能带来的机会，医药企业常用的对策有两种。

1. 利用

利用，即充分调动和运用企业的资源，利用市场机会开展营销活动，扩大销售，提高市场占有率，增加企业的经济效益。

2. 放弃

当市场机会的潜在吸引力很小、成功的可能性也小的情况下，企业可以放弃这一机会，将有限的资源投入到能够给企业带来更大效益的方面。

面对潜在吸引力很大的市场机会，企业作出营销决策时一定要特别慎重，要结合市场竞争的现状和发展趋势及企业的能力等各方面考虑成功的可能性。在很多情况下，许多企业只是看到了市场的吸引力，而忽视了企业要取得成功的其他决定因素，贸然做出进入决策，导致企业陷入经营困境。

三、医药市场营销环境的变化趋势

当今世界经济正以势不可挡的趋势朝着市场全球化、企业生存数字化、商业竞争国际化的方向发展，以互联网、知识经济、高新技术为代表，以满足消费者需求为核心的新经济迅速发展。从总体来讲，目前与医药企业联系最密切、对医药企业有直接影响的医药环境主要呈现以下变化趋势。

（一）竞争全球化趋势明显加快

医药是高技术、高风险、高投入、高回报的产业，长期以来一直是发达国家竞争的焦点。随着经济全球化的发展，国际竞争日趋激烈。跨国医药公司为了增强国际竞争力，通过大规模联合与兼并和国际资本市场运作，建立全球性的生产与销售网络，扩大市场份额。尤其是近几年，跨国公司对世界经济的影响越来越大，使我国医药行业的竞争对手变得空前强大,国内市场国际化和知识产权保护更加严格,使市场竞争变得更为直接和生死攸关。

(二)仿制药市场蓬勃发展

仿制药是与被仿制药具有相同的活性成分、剂型、给药途径和治疗作用的替代药品,具有降低医疗支出、提高药品可及性、提升医疗服务水平等重要经济和社会效益。全球仿制药行业发展历史悠久,起源于1983年食品药品监督管理局(Food and Drug Administration,FDA)通过的Waxman法案,法案允许仿制药企业在相关专利期满之前,在没有提交专利侵权声明之前,就可以提交申请和开展生物等效试验。此后,全球仿制药市场开始蓬勃发展。

近年来,我国各级政府陆续出台了多项政策,鼓励仿制药行业发展与创新,这些政策为仿制药行业的发展提供了明确、广阔的市场前景,为企业提供了良好的生产经营环境。据国家药品监督管理局统计,截至2019年,我国仿制药约占化学药市场的66%,占全部药品市场近半壁江山。根据中国医药工业信息中心数据,2019年中国仿制药市场规模约为8425亿元,较2018年增长4.19%。受国内慢性病患病率逐年上升、人口持续老龄化、医保控费等因素的驱动,预计未来我国仿制药市场规模仍将高速增长。

(三)居民健康素养水平不断提高

所谓健康素养,指个人获取和理解基本健康信息和服务,并运用这些信息和服务作出正确决策,以维护和促进自身健康的能力。基于"知识—行为—技能"的健康行为模式,健康素养水平包括基本健康知识和理念素养、健康生活方式与行为素养、基本技能素养三个方面。自2008年开始,原卫生部组织开展居民健康素养监测,根据2019年全国居民健康素养监测的结果,我国居民健康素养总体水平稳步提高。2019年全国居民基本健康知识和理念素养水平为34.31%,比2018年提升3.79个百分点;健康生活方式与行为素养水平为19.48%,较2018年提升2.44个百分点;基本技能素养水平为21.43%,较2018年提升2.75个百分点。其中,基本健康知识和理念素养水平提升幅度最大,这也反映出我国社会民众对健康的关注度日益提高,健康意识不断增强,同时也促使居民医疗保健支出占比不断上升,直接带动了医药产品消费市场的持续增长。

(四)人口老龄化日趋严重

老年人的寿命延长,老龄化水平大幅度上升。在计划生育政策背景下我国新生婴儿比例下降,少子老龄化逐渐成为当前社会人口发展趋势。第七次全国人口普查结果显示,截至2020年11月,我国60岁及以上人口的比重达到18.7%,其中65岁及以上人口比重达到13.5%。人口老龄化的主要特点表现为:一方面,老年人口规模庞大,我国60岁及以上人口有2.6亿人,其中65岁及以上人口有1.9亿人;另一方面,老龄化进程明显加快,2010—2020年,60岁及以上人口比重上升了5.44个百分点,65岁及以上人口上升了4.63个百分点,与上个十年相比,上升幅度分别提高了2.51个百分点和2.72个百分点。老年人口规模的不断扩增给社会保障系统、养老服务体系和老年人健康保障系统带来极大冲击,老龄群体的健康及其基本生活保障等方面的质量需求如何被满足,将成为社会发展的一大挑战。

（五）现代生物技术飞速发展

现代生物技术的飞速发展，将对医药工业产生革命性影响。对疑难疾病认识的深化，众多新型生物技术药物的问世，用生物技术改造传统产业等都将极大地改变医药工业面貌。同时，世界发达国家利用资金、技术、市场上的优势，垄断国际生物制药市场，表明我国医药界在生物技术领域同发达国家的新一轮的竞争已经展开。

本章小结

医药市场营销环境指影响医药企业市场营销活动的不可控制的各种参与者和影响力，是影响、制约企业生存和发展的一切内、外部因素和条件的总和。医药市场营销环境具有客观性、相关性、差异性、动态性和可利用性等特点。市场营销环境是企业经营活动的约束条件，分析营销环境是市场营销活动的前期工作。

根据医药企业的营销活动受制于营销环境的紧密程度来划分，市场营销环境可分为宏观营销环境和微观营销环境。宏观营销环境主要包括人口环境、经济环境、自然环境、科学技术环境、政治法律环境和社会文化环境。微观营销环境包括组织内部因素、供应者、竞争者、营销中介、顾客与公众等方面。

环境威胁是环境中不利于企业营销的因素，市场机会的实质是市场上存在着"未满足的需求"。常用的环境威胁和市场机会分析法是威胁与机会分析矩阵。面对营销环境对企业造成的威胁，企业常用的方法有对抗、减轻、转移三种策略；面对营销环境给企业带来的机会，医药企业通常采用利用、放弃两种策略。

医药企业应该充分重视当前面临的环境趋势：竞争全球化趋势明显加快；仿制药市场蓬勃发展；居民健康素养水平不断提高；人口老龄化日趋严重；现代生物技术飞速发展。

关键术语

市场营销环境（marketing environment）　　宏观营销环境（macro-environment）
微观营销环境（micro-environment）　　人口环境（demographic environment）
经济环境（economic environment）　　自然环境（natural environment）
科学技术环境（scientific and technological environment）
政治法律环境（political and legal environment）
社会文化环境（sociocultural environment）
威胁与机会分析（threat and opportunity analysis）

课后思考题

1. 简述医药市场营销环境的含义、分类和特征。
2. 简述医药市场营销宏观环境的含义及其分类。
3. 简述医药市场营销微观环境的含义及其分类。
4. 论述医药市场营销宏观环境和微观环境的关系。
5. 论述医药企业进行市场营销环境分析的意义。

6. 医药企业面对环境威胁和市场机会的营销对策有哪些，举例说明。
7. 论述医药市场营销环境的变化趋势。

即测即练

自学自测 扫描此码

综合案例

我国药品供销现状与趋势

2021年，国家"十四五"规划开局，医药产业迈向高质量发展新阶段。在国家高度重视数字经济发展的大潮下，网售处方药、线上问诊、快递配送、医保在线支付等话题迅速成为医药行业领域的热议话题。"互联网+"重塑药品供销格局，新格局下的营销战争悄然拉开序幕。

根据2021年7月30日商务部官网发布的《2020年药品流通行业运行统计分析报告》，我国药品流通行业四大类型企业的表现各有千秋：药品批发企业集中度持续提高，销售呈现回升态势；药品零售企业销售稳中有升，增幅高于行业整体水平；医药物流企业提升服务能力，推进供应链协同发展；医药电商销售增长，与线下融合进入发展新阶段。据不完全统计，2020年医药电商直报企业销售总额达1778亿元，占同期全国医药市场总规模的7.4%，相较于2017年的数据实现翻番。

互联网打破现有的资源流动壁垒，搭建直接自由流动的去中心化生态，盘活线上线下资源。药品的线上销售呈现爆发式增长，以惊人的速度飞速发展成为继医院、药店、基层医疗机构之外的第四大药品销售终端。据预测，2021年第四终端的规模将超过2200亿元，同比增长超过40%。

资料来源："第四终端"高速发展背后，医药零售的危与机[EB/OL]. [2021-10-10]. https://www.sohu.com/a/494325083_121101003；药品流通报告：四大类型企业各有千秋，药品零售企业增幅领跑！医药电商进入发展新阶段[EB/OL]. [2021-08-03]. https://www.sohu.com/a/481260639_99932987.

讨论题：请分析企业面对的医药市场营销中介环境的变化及其应对策略。

综合案例分析思路3.1

第四章

医药市场购买行为分析

学习目标

1. 了解医药消费者市场的概念、研究内容和特性;
2. 理解医药消费者购买行为的类型;
3. 熟悉影响医药消费者购买行为的因素;
4. 掌握医药消费者购买决策过程;
5. 了解医药组织市场的概念、类型和特点;
6. 理解医药组织市场的购买行为模式;
7. 熟悉医药组织市场购买的影响因素和决策过程;
8. 掌握医药生产者、中间商市场的购买行为类型;
9. 掌握医疗机构市场的购买决策过程。

课程思政

通过学习本章,我们将了解到国家为了人民的利益,采取切实可行的措施来规范药品经营渠道:实施"两票制"政策缩短了药品营销的中间环节,降低了药品营销成本;实施带量采购及医保药品目录谈判政策降低了药品价格;实施一致性评价政策保障了药品质量和疗效等。新政策实施的目的是促进医药行业优胜劣汰,倒逼企业创新发展,人才结构专业化,围绕国家大健康发展做好服务。我们要树立为大健康事业的发展提供优质服务的意识,用医药专业知识去服务于医药组织,宣传并执行国家医药政策,降低药品价格,让患者看得起病,用得上药,为创建和谐社会贡献自己的一分力量。

引导案例

以点带面　全面推进集中带量采购

2018年11月,《4+7城市药品集中采购文件》正式公布,采购目录共31个品种,多为慢病用药和常见用药。组织药品集中采购试点包括4个直辖市——北京、天津、上海、重庆和7个副省级城市——沈阳、大连、厦门、广州、深圳、成都、西安,共11个城市,业内称为"4+7"带量采购。2019年9月,国家组织20余个省份和地区形成联盟，开展跨区域联盟药品集中带量采购，"4+7"全面扩围，带量采购正式在全国铺开。

"带量采购"是在"集中采购"的基础上提出的，即在药品集中采购过程中开展招投标或谈判议价时，要明确采购数量，让企业针对具体的药品数量来报价。这次国家医保局主导的医药"带量采购"，也可以理解为以"国家"为单位进行药品"团购"，明确采购量，低价者中标。

视频 4.1 唇枪舌剑、分角必争！看医保谈判专家如何"灵魂砍价" 标清(270P)(6008617)来源：中央二台财经频道

2019 年 7 月，国务院办公厅印发《治理高值医用耗材改革方案》。不久，高值医用耗材集中带量采购先后在安徽省、江苏省破冰。2021 年 6 月，国家医保局等八部门联合发布《关于开展国家组织高值医用耗材集中带量采购和使用的指导意见》，全国集中带量采购从药品扩展到医疗器械领域。

2020 年 11 月，国家组织冠脉支架的集中带量采购在天津市开标，产生拟中选结果，拟中选产品 10 个，经过集采，支架价格从均价 1.3 万元左右下降至 700 元左右。与 2019 年相比，相同企业的相同产品平均降价 93%，国内产品平均降价 92%，进口产品平均降价 95%，按意向采购量计算，预计节约 109 亿元。这是国家医保局会同相关部门组织开展的首次高值医用耗材集中带量采购，冠脉支架是第一个品种。对患者来说，支架价格大幅降低将极大减轻患者的医药费用负担。专家预计，医保报销后，个人自付的费用非常少。同时，由于我国心脏支架均价较高，很多需要使用支架的患者放弃支架，价格下降后将惠及大量用不起心脏支架的患者，提高人群健康水平。

集中带量采购有效解决了药价虚高、医保控费的难题。以国家为单位进行集中采购，提升了议价能力，封堵了流通的灰色空间，使价格回到合理区间。价格大幅下降挤掉的主要是销售费用等水分，不影响企业发展，降价不降质。

资料来源：李红梅. 国家组织集中带量采购，均价大幅降低——心脏支架 超万元降至七百块[N]. 人民日报. 2020-11-12(12).

第一节　医药消费者市场购买行为分析

一、医药消费者市场概述

消费者市场是由为满足自身需要而产生购买行为的所有消费者组成的市场。消费者市场是市场的重要组成部分，与组织市场不同的是，它是由一个个消费者组成的。由于消费者是产品和服务流通的终点，因此消费者市场也被称为最终产品市场。因而，消费者市场是市场体系的基础，是起决定作用的市场。企业只有对消费者市场进行深入透彻的研究，才能制定有效的营销战略和策略，从而实现企业的发展目标。

（一）消费者市场研究的内容

消费者市场的研究通常是围绕"5W1H"展开的，分别是：谁是消费者（who）、为何购买（why）、购买什么（what）、何时购买（when）、在哪里购买（where）以及如何购买（how）。5W1H 是市场营销人员分析消费者市场时必须了解的基本内容，是企业进

行市场营销的前提和基础。

1. 谁是消费者

消费者是进行消费活动的主体，即购买与使用各种产品或服务的主体。消费过程是需求、购买和使用产品或服务的统一过程，这一过程有时会发生在同一个人身上，有时又会分解为不同人的行为，凡是参与这一过程的全部活动或部分活动的人，都可称为消费者。

根据消费者在消费活动中所承担的角色，可以将消费者分为：①发起者。首先提出或倡议购买某一商品或服务的人。②影响者。对购买者的动机、观念、购买行为等有一定影响的人。③决策者。在购买的时间、地点、品种、数量、规格等方面做出部分或全部决策的人。④购买者。实际购买商品或服务的人。⑤使用者。实际使用、消费商品或服务的人。比如，孩子生病了，爷爷奶奶建议孩子的爸爸妈妈赶紧带孩子去医院看病，妈妈觉得孩子只是小感冒，吃点感冒药就好了，于是孩子爸爸按照孩子妈妈的要求去附近药店购买某种品牌和规格的药品，最后孩子服用药品。在这个消费过程中，虽然孩子是产品的使用者，但全家人都参与了此项消费活动，他们都是消费者，只是在这个消费过程中扮演的角色不同而已。

2. 为何购买

任何一种商品或服务的购买都是为了满足消费者某些方面的需要，也就是说消费者购买任何商品或服务都是有一定原因的，即为什么购买。企业只有弄清楚消费者购买的原因，才能生产适销对路的产品。对医药消费者而言，一般自行购买的药品都是OTC药品，是为了治疗常见的疾病，如感冒、发烧、腹泻或轻微外伤等，也有的是购买治疗慢性病的药品或保健品等。医药消费者为什么购买某种药品？这是企业研究消费者市场的重要问题之一。比如，同样是感冒药，为什么有人购买康泰克，有人购买白加黑？这可能和消费者自身的体质和用药习惯等方面有关。有些工作繁忙的白领人士喜欢购买康泰克，觉得早晚服用比较方便；学生或上班族为了不影响学习或工作，所以买白加黑。

3. 购买什么

不同的消费者有不同的需求。同样是买药，药品的包装、外观、说明书、使用方便性、口感、疗效、毒副反应、起效速度、安全性、品牌等，都可能是消费者选择药品时比较注重的因素，当然不同的消费者关注的重点会有所不同。比如对于儿童用药，父母关心的主要是疗效和安全性，而药品的口感则是用药者——儿童是否配合服用的关键。因此医药企业要研究目标消费人群所重点关注的内容，在产品研发和生产时不仅要尽可能满足目标消费人群的多方面需要，还要突出目标消费人群重点关注的内容，这样生产出的产品才是受市场欢迎的。

4. 何时购买

大多数情况下，商品的销售都是有周期的，这个周期可以年为单位，也可以月或天为单位。在不同的周期，消费者购买商品的频率和数量是不同的。研究消费者何时购买对于企业提前做好生产销售计划是十分必要的。对于医药产品而言，我们通常很难预测消费者何时会购买，因为一个人何时会生病是很难预测的。但从医药市场消费总量来看，药品销售也具有一定的周期性，有旺淡季之分。比如，一年中的冬春季节就是感冒及呼吸道病症的高发期，这时候感冒类和呼吸道类药品的销售就会比夏季高出许多。掌握消费者在购买药品时可能存在的时间性规律，就可以在生产和经营上提前做好计划安排，从而把握最佳的销售时机，使企业获得更多的收益。

5. 在哪里购买

消费者有很多购买渠道，比如购买电器可以在超市购买，也可以在专卖店购买，还可以在网上购买。研究消费者在哪里购买，可以更好做好销售渠道的计划和管理。由于药品的特殊性，政府对药品销售渠道有着比较严格的管理规定。目前药品最基本的购买渠道是医院和药店，除此之外，一些商场、超市、便利店等商业主体在营业场所也可以设置乙类非处方药销售专柜。互联网的发展也为药品销售提供了一个很好的渠道，目前网上药品销售已成为重要的 OTC 药品和保健品销售渠道，处方药也已经开放网上销售渠道。对于医药企业来说，研究消费者的购买渠道并合理安排销售渠道，也是企业经营制胜的重要手段。

6. 如何购买

市场的成熟与发展为消费者提供了很多便利。消费者有多种购买方式和支付方式可选择：可以邮购、函购，也可以去商店购买；可以网购，也可以去实体店购买；可以自己买，也可以请人代购；可以现金支付，也可以延期付款、分期付款，等等。由于消费者购买方式多样化，因而企业应该提供多种便利消费者的购买方式。近几年医药零售企业 O2O 电子商务发展迅速。商家通

扩展阅读 4.1 线上复诊开药方 线下药店可拿药

过网店将商家信息、商品信息等展现给消费者，消费者在线上进行筛选并支付，线下进行消费验证和消费体验。

（二）医药消费者市场的特性

我国已参照国际通行的管理办法实施药品分类管理，根据药品的安全性、有效性原则，依其品种、规格、适应症、剂量及给药途径等的不同，将药品分为处方药和非处方药并做出了相应的管理规定。其中，非处方药品市场是医药消费者市场的重要构成部分。与其他消费者市场相比，医药消费者市场有比较明显的特性。

1. 医药产品的特殊性

由于医药产品关乎人的生命健康，因此世界上绝大多数国家对医药产品的介入程度都是很高的，在医药产品的生产、使用、销售以及管理等方面都有严格的规定。比如，我国规定处方药必须有具有处方权的医生开具的处方才能销售，特殊药品如毒、麻、精、放等实行专门管理，等等。医药产品的特殊性决定了医药产品的生产经营不可能像普通商品一样自由和随意，医药产品的生产经营要受到多方面因素的制约。

2. 医药信息的失衡性

医药产品作为专业性很强的产品，消费者无法充分掌握其信息，只能依靠专业人士代理消费。医生因为具有丰富的医学和药学知识，因而往往作为医药产品的消费代理人。以信息优势为基础的代理消费在其具体行为特征上会呈现出许多与普通消费行为不同的

特点。医药消费者在医药产品和服务方面的自主选择性也非常有限。医生拥有主导地位，以患者的代理人身份为其选择治疗方案、用药方案等。由于医药消费者处于信息失衡的不利位置，因此他们必须依靠专业人士来指导甚至决定他们的消费。

3. 医药需求的被动性和不确定性

除了仅占一部分比例的纯粹以保健为目的的医药消费外，绝大部分的医药消费发生的原因都是无法忍受伤病痛苦，因此医药消费的产生通常都不是主观意愿的。同时，由于医药产品在使用过程中需要相对多的专业知识，而大部分消费者无法达到这一要求，他们缺乏鉴别药品质量和疗效的能力，所以他们一般在用药的品种、数量和方式等方面听从医生等专业人士的建议，被动消费的特点十分明显。另外，由于个体对于什么时候患病、患什么病都是不确定的，因此医药消费需求又具有不确定性，即很难预测具体的患病时间、疾病的类型、严重程度和医药需求的类型与数量。

4. 费用支付的多源性

医药消费的支付具有多源性。在目前我国实施全民医疗保障的大背景下，医疗支付的多源性明显地改变了人们的医疗消费习惯。由于医疗保障的普及，医疗费用不再全部由个人负担，而是由个人、集体及国家分别负担不同比例的费用，消费者在进行医疗消费时只需要支付自己负担的部分，这样就在一定程度上影响了医药消费者的消费行为，最终带来了医药需求数量、质量和费用等方面的相应变化。

5. 消费目的的单一性

通常人们在消费普通商品和服务时，不仅注重其使用价值，还要求其能满足精神层面的需求。对医药产品和服务的消费不同于普通商品和服务的消费，人们消费的目的单一——就是防病治病，没有像对普通商品和服务消费的复杂的心理需求，因而在促销医药产品或服务过程中的"诉求点"就不能像一般商品或服务那样丰富。当然，由于医药消费者在经济收入、文化程度、风俗习惯、兴趣爱好、性别、年龄、职业等方面存在差异，因此不同的医药消费者在行为上也会有差异，有的关注价格，有的关注品牌，有的自己能够简单诊断并做出决策，有的完全听从别人的意见，等等。因此，医药企业也要根据不同消费群体采取相应的营销策略，更好地满足消费者的需求。

二、医药消费者购买行为及其影响因素

消费者购买行为指终端消费者为满足个人需求而购买产品和服务的行为。消费者购买行为是人类最基本的行为之一。虽然个体的购买行为会由于个体内在的、外在的因素而存在很大的差异，但正如其他人类活动一样，购买行为也同样存在一定的共性，是有规律可循的。同时，虽然消费者的购买行为表现多种多样，但在多样化的表象下面，也可以找到共同的特性，根据这些共同的特性对消费者的购买行为进行分类，并了解影响消费者行为的因素，可以为医药企业的服务提供依据和参考。

（一）医药消费者购买行为的类型

不同的消费者由于其购买态度、情感反应、个性、需求及购买目标的确定程度不同，

其购买行为也是不同的，甚至存在着很大的差异。了解消费者在购买行为上的差异，才能为消费者提供有针对性的服务。对消费者的购买行为进行分类，可以帮助我们更好地把握消费者的行为。以下内容主要适用于消费者购买 OTC 药品。

1. 按照消费者目标的选定程度进行分类

（1）确定型。此类消费者在购买之前已经有了明确的目标。他们或具备一定的相关知识，或介入程度较高，或对该商品及服务很熟悉并已形成习惯性的消费，因此他们直奔目标，且意志坚定不易受他人影响而改变决定。此类医药消费者一般有明确的求医或购买药品的意向，他们可能具备一定的医药专业知识，也可能得到了专业的指导，或久病成医，相信或依赖某医院医生或某种药物，或事先已做了深入的研究，掌握了充分的信息，做出了明确的决定，并坚信自己的决定是正确的，因此他们目标明确，不受他人影响，迅速完成购买过程。

（2）不确定型。此类消费者在购买前没有明确的目标。他们或缺乏相关商品及服务方面的知识，或介入程度较低对商品及服务不了解，或自己的需求还不够明确。这类消费者容易受他人影响而改变决定。这类医药消费者一般属于平时较少生病的类型，他们对求医问药没有经验，因此对怎么治疗、用什么药完全没有主意，容易接受甚至完全听从他人的建议。

（3）半确定型。此类消费者是介于确定型与不确定型之间的类型。他们在购买前有大致明确的目标，但不具体，或不坚定，因此也较易受外界因素的影响。此类医药消费者有一定的经验或事先了解了有关信息，但并没有足够的把握，一旦有人影响，则可能会改变主意。比如有人感冒了，原本打算买某种感冒药，但到药店后听店员说另一种药品效果更好，便改变了原来的购买目标，抱着试一试的态度购买了店员介绍的药品。

2. 按照消费者的购买态度与要求进行分类

（1）习惯型。习惯型的购买行为是由信任动机产生的。消费者由于经常购买或消费某一产品或服务，对该商品或服务非常熟悉甚至喜爱，从而产生信任，形成固定的消费习惯和偏好，购买时目标明确，不轻易改变态度。习惯型的医药消费者一般属于久病成医者，他们长期依赖某种药品，以至于养成了固定的消费习惯，没有特殊原因不会轻易改变习惯。

（2）感情型。也叫冲动型，消费行为往往是由于情绪引发的。该类型消费者感情丰富，易于冲动，容易受现场气氛、商品包装、广告宣传等因素的影响。但医药消费者较少有感情型，一般购药都是基于需要，较少受情绪影响。

（3）理智型。该类消费者惯于理性思考，在购买前对商品或服务有过认真的比较和考虑，做出决定不轻易改变。这类医药消费者一般是具备一定医药知识的专业人士，或事先做了较为充分的准备，收集了相关信息，经过比较和分析，对医药产品或服务的规格、疗效、适应症、价格等有所了解的消费者。他们一般较少听从他人的意见。

（4）经济型。该类消费者比较重视价格，价格合适的消费会带给他们心理上的满足。因此在购买过程中，价格因素的影响程度远远超过其他因素的影响。收入较高的医药消费者多喜欢到大医院就诊或购买进口药品、高价药品，认为这样才有保障；收入较低的医药消费者多倾向于到小医院或小诊所就诊，不到万不得已一般不去大医院，也倾向于购买价格便宜的医药产品。

（5）疑虑型。该类消费者往往性格多疑，谨慎细心，善于观察事物的细节，因此购买时反复思考、比较，难以决断，可能因为拿不定主意而取消购买计划，也可能在购买之后还不放心甚至反悔。疑虑型的医药消费者一般会出现在价格昂贵的药品、保健品或医疗器械购买过程中，由于价格昂贵，功能或疗效又不能明确掌握，因此就会出现反反复复、难以决断的表现。

（6）随意型。该类消费者光顾卖场的主要目的是娱乐和休闲，往往三五好友随意走走逛逛，看的时候多，买的时候少。没有明确的购买目的，但看到喜欢的商品也会购买。随意型的医药消费者较少。由于医药产品的特殊需求，随意型消费者几乎不存在。

（7）躲闪型。该类型一般在特殊商品或服务的消费中存在。比如，有人由于患有难以启齿的疾病，在购买医药产品或接受医疗服务的过程中，为避免暴露隐私而吞吞吐吐，遮遮掩掩。

3. 按照消费者在现场的情感反应分类

（1）活泼型。该类消费者在气质类型上往往属于多血质类型。他们性格开朗外向，易于与人接近，容易沟通，喜欢表达自己的愿望和观点，也易于接受他人的意见。

（2）沉着型。该类消费者在气质类型上多属黏液质类型。他们沉着冷静，慎于思维，做事稳重有主见，不易受他人影响。

（3）冲动型。该类消费者在气质上多属于胆汁质类型。他们比较冲动，易受强烈刺激的影响，情绪外露，喜欢表达，不易控制自己的情绪和行为，因此冲动性购买较多。

（4）温顺型。该类消费者在气质类型上多属抑郁质类型。他们比较温顺、敏感、脆弱、细腻、深刻，在购买中会仔细查看商品、反复比较，但又优柔寡断，比较容易受到销售人员态度和意见的影响。

4. 按照消费者在购买过程中的介入程度和品牌间的差异分类

不同的消费者在购买过程中的复杂程度是不同的，这与其在购买过程中的介入程度，以及对品牌的认知有着密切的关系。所谓购买介入程度指消费者对购买活动的关注度和参与度。商品的价格越高，消费者购买此产品的风险就越大，其介入程度就越高；反之，商品的价格越低，购买此商品的风险就越小，其介入程度就越低。同类商品不同品牌之间的差异也会影响消费者购买行为的复杂程度。如果品牌差异较大，价格又昂贵，消费者的购买行为就较为复杂；反之，品牌差异不大，价格也不高，则消费者的购买行为就较为简单。美国学者阿萨尔（Assael）根据购买者在购买过程中的介入程度与品牌差异程度，将消费者的购买行为划分为四类，如表 4-1 所示。

表 4-1 阿萨尔消费者购买行为分类

品牌差异程度	购买介入程度	
	高	低
大	复杂的购买行为	多样化的购买行为
小	减少失调的购买行为	习惯型购买行为

（1）复杂的购买行为。当商品的价格较高且消费者对该商品的认识有限，而且同类商品不同品牌间差异比较大，这时购买就带有较大的风险，消费者需要高度介入，对商品的品牌、价格、质量、规格等做充分的了解，然后才决定是否购买。这类购买行为属于复杂的购买行为。复杂的购买行为往往历时较长，需要搜集大量的信息，然后对这些信息进行研究，最后才能完成购买行为。比如家有瘫痪病人的，家人购买轮椅往往需要考虑很多因素，患者的身高、体重、病情状况及特殊需要，另外还要考虑价格、品牌知名度、厂家信誉、产品质量、售后服务等因素，最后才能确定购买目标，并且即使已确定目标，也可能会因为新信息的出现而改变购买计划。整个购买过程历时较长。

（2）减少失调的购买行为。商品的价格虽比较高，但品牌之间的差异并不显著，这时消费者也会谨慎购买，货比三家，对价格和功能等方面进行比较，但并不广泛搜集信息，能够较为迅速地完成购买行为，这种购买行为就是减少失调的购买行为。这种购买行为的主要目的是降低购买风险，减少失调。对于品牌差异不大但价格较高的医药产品，为降低购买风险，消费者也会多方比较，谨慎购买，尤其是通过比较价格和功效来确定购买目标，以避免或减少购买后可能产生的失调感。

（3）习惯型购买行为。对于一些常用的商品或商品之间差异较小、价格较低的商品，消费者一般介入程度较低，很少花时间去搜集信息进行研究，购买行为较为简单随意，往往按照自己以往的经验和习惯去购买。这类购买行为就是习惯性购买行为。通常消费者在购买价格不高、品牌差异不明显的医药产品或消费者具有一定的医药知识和用药经验时，一般属于习惯型购买类型。

（4）多样化的购买行为。对于品牌之间差异较大但价格不高的商品，消费者虽然并不具备相应的信息，但一般介入程度也不高，购买比较随意，喜欢变换不同的品牌购买。这类购买行为就是多样化的购买行为。通常医药消费者在购买保健品或用于治疗轻微症状的产品时，会因为对这些产品不熟悉或对其功效差异感觉不明显而不断变换品牌或品种。如患有鼻炎的消费者，由于所使用的药品疗效不明显，而治疗鼻炎类药品众多，因此便会尝试使用不同的品牌或品种。

对消费者的购买行为进行分类，可以更好地把握消费者的特征，为消费者提供有针对性的服务。但消费者的购买行为并非一成不变，需要根据具体情况灵活对待。

（二）医药消费者购买行为的影响因素

影响医药消费者购买行为的因素很多，有直接因素也有间接因素，有宏观因素也有微观因素。一般情况下，对医药消费者影响较大的是疾病情况和经济因素。但随着社会的发展，医药消费者的消费心理发生了巨大的变化，除上述因素外，还会受到文化因素、社会因素、个人因素等多方面的影响。

1. 文化因素

（1）文化。广义的文化指人类在社会历史实践中创造的物质财富和精神财富的总和；狭义的文化指社会的意识形态，以及与之相适应的制度和结构。每个群体或社会都有自己的文化，文化的力量是难以抵御的。在个体成长过程中，文化潜移默化其行为和心理。文化是一个人的需要和行为的最基本的动因，对消费者购买行为有着广泛而深刻的影响。

文化不仅影响着人们对特定商品的购买，还作用于个人的购买决策。

①价值观。价值观是在同一文化中被大多数人信奉和倡导的观念。价值观是社会文化的基本内容，是消费者评判和衡量商品价值的标准之一。在消费活动中，消费者是否购买某种商品，首先取决于他对商品的价值判断。就医药消费而言，随着经济的发展和健康意识的觉醒，人们对健康更加关注。拥有健康的生活方式、重视身心的保健以及疾病的预防，成为现代人追求的目标，在此情况下，各种养生保健消费需求也迅速增加。

②审美观。审美观是人们对事物美丑、好坏、善恶的基本评价。不同的审美观自然影响着消费行为。虽然医药产品的消费并不太多地涉及人们的审美需要，但药品的包装设计也会在一定程度上影响消费者对产品的选择和偏好，比如老年人喜欢深沉华贵、典雅肃静的包装，儿童则喜欢绚丽多彩的明快包装，在药品包装设计上考虑不同群体的审美偏好，也是医药产品的营销策略之一。

③风俗习惯。风俗习惯是人类在长期生产劳动中形成并世代相袭而成的习惯性行为方式的总称。一个地区的风俗习惯可以使这个地区的绝大多数消费者对某些商品产生共同的需求，也会导致其消费行为上的相似性。比如，民谚说"清明插柳，端午插艾"，端午节家家都要挂艾蒿、菖蒲两种植物。这两种植物是两味中药，艾蒿具有温经散寒、止血消炎、平喘止咳、抗过敏等作用，菖蒲具有化湿和胃、抗菌止痒、开窍宁神等功效。端午节正值春夏之交，各种细菌病毒滋生，这两味药正好可以帮助人们预防疾病，因此端午节挂艾蒿和菖蒲的风俗就保留了下来。

④宗教信仰。宗教是文化的重要组成部分。宗教信仰不仅对其教徒的价值观和人生观有巨大影响，对其生活方式也有重要影响。宗教信仰不同，在消费方式和消费内容上也有很大差异。许多教徒特有的消费活动都来自宗教信仰。另外，不同的宗教信仰有不同的禁忌，因此在有宗教信仰的地区销售一些商品时会受到限制。

除上述因素外，语言文字、民族性格以及社会流行等文化因素，都在一定程度上影响着消费者的行为。同时，消费者行为不仅带有某一社会文化的基本特性，而且还带有其所属亚文化的特性，比如年龄亚文化、性别亚文化、地域亚文化、民族亚文化等。综合考虑多种文化因素对消费者的影响，才能更准确地把握消费者的行为。

（2）亚文化。亚文化指存在于一个较大社会群体中的一些较小社会群体所具有的特色文化。所谓的特色表现为语言、信念、宗教、价值观、风俗习惯等的不同。许多亚文化群体都构成了重要的细分市场，比如，根据年龄亚文化，可以将医药消费者市场细分为中老年消费者市场、青年消费者市场和儿童消费者市场。就我国的情况而言，区域亚文化、民族亚文化是比较重要的亚文化。

①区域亚文化。不同地区有不同的气候特点、地理特征，这些自然特征赋予了所在区域人们不同的体质、性格、风俗习惯、饮食特点等，这些特点导致了人们在消费需求、购买习惯、决策方式等方面的差异。就医药消费而言，我国南北方有明显差异，比如：北方冬天天气寒冷，呼吸道疾病较多发生，因此对呼吸道类药品需求较大；南方气候湿热，有利于细菌和蚊虫等有害昆虫的繁殖，因此对抗菌类药品和预防及治疗蚊虫叮咬的外用药需求较大。

②民族亚文化。民族亚文化指由于民族信仰或生活方式不同而形成的特定文化。中国是一个统一的多民族国家，由于自然环境和社会环境的差异，不同的民族形成了不同的文化，不同民族在饮食、服饰、建筑、宗教信仰等方面都表示出明显的差异。民族文化在预测消费者行为习惯、消费偏好时是重要的参考依据。在医药消费方面，我国不少少数民族都有自己独特的传统医药，如藏药、蒙药等，少数民族也有自己的用药习惯，不少人习惯于使用自己民族的特色药品。

（3）社会阶层。社会阶层指一个社会中具有相对同质性和持久性的群体。社会阶层是按等级排列的。处于不同社会阶层的消费者在经济条件、教育程度、职业类型及社交范围等方面存在一定的差异，因此其消费差异十分明显。社会阶层对消费者行为产生影响的心理基础在于等级观和身份观。等级观和身份观会转化为更具有行为指导意义的价值观、消费观和审美观，从而直接影响消费者的消费行为。不同社会阶层的人们在消费信息获取、消费方式、消费内容等方面都存在着明显的差异。

2. 社会因素

（1）参照群体。参照群体是消费者在制定购买决策时用于参考、比较的群体。在医药消费中，群体的影响主要有两类：一类是医生群体的影响，这也是最主要的影响，因为医药商品或服务的消费必须在专业人士的指导下进行，消费者个体不具备自行选择的能力。另一类是久病成医的慢性病患者组成的各种非正式群体。这类群体由于患有某种慢性病，需要长期用药，同时由于疾病的困扰和折磨，他们也迫切需要交流和宣泄的途径，因此经常在一起交流病情和用药效果，甚至有些还自发组成病友会，定期组织活动进行交流，因此这些群体的影响也是不可小觑的。医药企业可以利用这些群体进行医药信息传播，并利用这些群体开展售后服务和跟踪。

（2）家庭。家庭是社会最基本的组织细胞，也是最典型的消费单位。不同规模的家庭有着不同的消费特征与购买方式，家庭的结构和规模直接影响着家庭成员的消费。不同家庭在进行购买决策时，决策方式会有一定的差异，这种差异会最终影响实际的购买行为。家庭购买决策大致有三种不同的类型：一人独自做主型；一人为主，全家参与型；全家共同决定型。在中国，一般小件商品和生活日用品主要由女性决策，大件商品主要由男性决策。值得关注的是，中国家庭中，孩子在家庭购买决策中的影响力是不可忽视的。

3. 心理因素

（1）感知觉。感知觉是消费者对直接作用于感觉器官的商品信息的反应。消费者购买商品总要通过直接的视觉、听觉、嗅觉、触觉或味觉等去感知商品的属性，再将这些信息输入大脑进行综合分析，最后才能决定是否购买。感知觉是消费者认识商品的第一步，消费者对商品产生的偏好，以及最后做出的购买决策，首先来源于最初对商品产生的感知觉。因此，商品信息，包括广告信息、商品包装、商品外观等，都要符合目标消费人群的需求和喜好才能够打动他们。

（2）需要与动机。需要与动机是消费者产生购买行为的基础。需要是个体由于缺乏某种东西而产生的生理或心理上的不平衡的状态。心理学家马斯洛把人的需要分成五种基本类型：生理需要、安全需要、归属与爱的需要、自尊需要和自我实现需要。健康需要属于生理需要和安全需要，是较低层次的需要，这种需要一旦出现，其被满足的迫切性较高层次的需要强烈得多。购买行为源于需要，但需要并不直接导致购买行为的发生，只有当需要达到一定强度，产生了购买动机，购买行为才会发生。对于医药消费者而言，防病治病是基本的需要，当个体感到身体不舒服或认为有必要预防某种疾病时，便会产生购买某些医药商品或服务的动机。

4. 个人因素

（1）年龄与性别。年龄与性别是消费者最为基本的个人因素。由于同一年龄阶段和同一性别的消费者在身体状况、人生经历等方面具有一定的相似性，因此他们的消费行为具有较大的共性特征。比如：年轻人大多身体健康，医药消费较少，且对价格不敏感；中年阶段身体机能开始下降，各种慢性疾病开始出现，因此这个阶段的人群对于慢性病药品的需求开始增加。在性别方面，男女在购买内容和购买方式上的差异也非常明显。家庭中一般购买大件耐用消费品及技术含量较高的商品往往由男性决策，而购买家庭日用消费品则多由女性决定；当购买商品时，男性一般购买决策时间较短、较少挑选，而大多数女性则习惯反复挑选。

（2）职业与教育。职业与教育实际上是社会阶层因素在个人身上的集中反映。受教育程度不同，以及从事不同职业的人在消费行为方面有明显的差异。受教育程度不同，关注的事物不同，对事物的理解也有差异；职业不同，社交群体不同，经济条件也有差异，这些都会在一定程度上影响人的消费行为。比如：很多从事脑力劳动的人因经常久坐不动造成颈肩疾病或心脑血管等疾病，因此对相关的医疗保健消费需求会比较大，而且由于有较好的医疗保健条件，因此对医药消费价格敏感度不高；而从事户外劳动的人就较少出现上述问题，他们可能对跌打损伤外用药品有一定需求，但由于医药保健条件有限，他们对价格敏感度较高。

（3）个性。个性是一个人身上表现出来的经常性、稳定性、实质性的心理特征。个性差别也将导致购买行为的不同。例如：外向型的消费者，一般喜欢与售货员交谈，表情容易外露，很容易了解其对药品的态度，这种人比较容易被劝说；内向型的人大多沉默寡言，内心活动复杂，不轻易表露。可见，消费者的个性也是影响消费者购买行为的一种重要因素。

（4）生活方式。生活方式是一个人的生活模式，通过其活动（工作、爱好、购物、运动和社交）、兴趣（食物、时尚、家庭和娱乐）、观点（自我、社会事件、商业和产品）表现出来。具有不同亚文化、社会阶层和职业的人可能有着很不同的生活方式，不同的生活方式下人们的消费行为具有很大的差异。由不良生活方式导致的疾病在现代社会十分常见，如不良的饮食习惯、酗酒、吸烟及精神压力过大等，都是健康的杀手。

三、医药消费者购买决策过程

消费者购买决策指消费者谨慎地评价某一产品、品牌或服务的属性并进行选择、购买能满足某一特定需要的产品的过程。由于产品或服务不同，消费者的购买决策过程会有一定差异。消费者的购买决策，表面看是"买"与"不买"的问题，事实上并非如此简单。消费者购买决策是一个复杂的过程，包括了从发现需要开始，到搜集信息、评价方案、实际购买以及评估疗效这五个阶段。事实上，消费者决策的过程在购买行为发生以前就已经开始，并且在购买商品以后并没有完结。消费者并不总是完全经历这五个阶段，他们可能跳过某些步骤，或顺序有所不同。医药消费者的决策过程如图 4-1 所示。

图 4-1　医药消费者决策过程

（一）发现需要

购买行为的产生来源于消费者自身的需要。当消费者产生并意识到了某种需要，就可能产生购买的动机并最终出现购买行为。也就是说，消费者首先要认识到有待满足的需要才能产生购买动机。消费者购买药品通常是发现有这样的需要，比如，身体产生不适的症状，需要用药缓解，或者疾病多发季节即将到来，需要提前预备药品，等等。医药消费者购买药品，都是为了满足某种需要或解决某种问题，购买行为的发生常基于以下几种情况。

1. 突发性需要

突发性需要是医药市场最常见的需要。对于消费者而言，由于疾病的发现在一般情况下都是没有规律的，所以消费者对药品的需要不具备预见性和预期性。大多数情况下消费者只有在身体产生某种不适后，才会产生购买某种药品的需要。

2. 经常性需要

经常性需要通常是由于个体患了某种慢性病，需要经常购买某种药品。消费者对这类药品的品牌、功效、价格都非常熟悉，一般不需花太多时间考虑。

3. 无意识需要

无意识需要表现在两个方面：一是患者本身已经存在某种病症或有某种保健需要，但由于一些原因没有引起注意，所以也没有产生购买动机；二是某种新药的宣传力度不够，消费者不知道这种药品的存在，所以也就没有产生购买需要。

（二）搜集信息

在确认了需要之后，消费者就开始进行信息搜集，以寻找能够满足自身需要的商品。信息搜集包括内部信息搜集和外部信息搜集。

1. 内部信息搜集

内部信息搜集就是消费者从自身记忆库中提取有效信息的过程。此时消费者会根据以往消费的有关经验对信息进行加工处理，找出有用的信息，帮助自己做出购买决策。比如，消费者感冒了，他会回忆以前用药的情况，曾经用过什么药？中药还是西药？什么牌子？什么剂型？疗效如何？等等，以此作为消费决策的依据或参考。

2. 外部信息搜集

外部信息搜集就是消费者从各种外来信息中提取有效信息的过程。此时，消费者会搜集各种与商品有关的信息，如商品的广告、他人的介绍、商品的试用体验等。对于企业来说，了解消费者信息来源的渠道，及时将商品信息通过相关的媒介进行传播，是企业争取消费者的重要手段。对于医药消费者而言，由于药品属于专业性商品，因此权威的媒介传播和专业人士的介绍是重要的外部信息来源。

（三）评价方案

医药消费者要对已经获得的医药产品信息进行比较、评价、判断和选择后，才能做出购买决策。比较评价是一个复杂的过程，消费者需要综合各种信息并对信息进行分析，然后才能做出最后的决定。在医药消费方面，除了消费者自身的因素如病情、经济条件、知识水平、身体状况等，影响消费者判断选择的因素还有以下几方面。

1. 药品方面

药品方面的因素包括药品质量、品牌形象、适应症、药品的疗效、价格、毒副作用等。

2. 服务方面

服务方面的因素包括药品零售网点的数量、所处位置、零售药店的形象、知名度、店堂布置、卖点（point of purchase，POP）广告等。另外，销售人员的服务态度和质量也会影响消费者对药品的选择。

3. 政策制度方面

受制于医疗保险政策的影响，消费者除考虑药品和服务质量外，还要考虑医疗政策尤其是医疗保险因素。不同的群体享受不同的医疗保障，消费者在进行医疗消费时，除了考虑医生或药师的建议外，还会考虑自己所享受的医疗保障相关规定，因此医疗政策制度也在一定程度上影响着消费者对医疗方案的评价和选择。

（四）实际购买

在进行比较评价后，消费者才能做出购买的决定并发生实际购买行为。在实际购买中，购买行为能否完成，除了消费者自己的判断选择外，还受以下因素的影响。

1. 他人态度

他人态度是影响实际购买的重要因素之一。他人的影响是不能被忽视的。他人包括家庭成员、直接相关群体、医生、药品零售人员等。他们与该消费者的关系越密切，对消费者的购买行为影响就越大，他们的意见有时候可以直接改变消费者原来的决定。

2. 风险因素

在消费过程中，由于未知的和不可控的因素存在，消费者会产生风险知觉，这些风险知觉有财务风险、功能风险、生理风险、心理风险、社会风险等。如果这些风险问题不能得到有效的解决，消费者就可能打消购买念头，取消购买计划。承诺最低价、无效退款等措施，就是很好地消除或降低消费者风险知觉水平的方式。

（五）评估疗效

拥有一定数量的忠诚顾客是企业可持续发展的重要保障。消费者的每一次消费活动都会成为其下次消费的参考和依据，一次的不满意可能就会永远失去这位消费者。因此，研究消费者的购买行为并非止于交易活动的完成，而是要延伸到交易后的评估，了解消费者交易后的感受和评价，了解消费者是否满意及原因何在。消费者只有满意了，才会产生重复购买的行为。消费者只有重复购买，企业才能可持续发展。对于医药消费者而言，由于消费目的比较单一，即防病治病是唯一目的，因此购后评估主要是疗效评估。当然服务质量、购买的便利性等也在一定程度上影响着消费者的购后评估。判断消费者的购后行为有三种理论。

1. 预期满意理论

消费者对产品的满意程度，取决于消费者预期希望得到实现的程度。如产品符合消费者的期望，购买后就会比较满意；反之，预期距离现实越远，消费者就越不满意。因此，企业对医药产品的广告宣传要实事求是，不能夸大其词，否则消费者的期望不能兑现，就会产生强烈的不满，不仅不会产生重复购买行为，企业的信誉也会受到影响。

2. 认识差距理论

消费者购买商品后都会引起不同程度的不满意感。原因是任何产品总有优点和缺点，消费者购买后往往较多地看到产品的缺点。而别的同类产品越是有吸引力，对所购产品的不满意感就越大。因此企业除了要向消费者提供货真价实的产品外，还要采取积极措施，消除消费者认识上的差距，从而消除或降低消费者的不满意感。

3. 实际差距理论

药品使用后的实际效果受很多具体因素的影响。药效既与药品有关，也与患者体质有关，它不可能与理论上或统计上的有效率完全一致。医药企业市场营销人员的任务是要指导消费者（有时甚至是专业医生）合理正确地评估药效，帮助其合理用药。

第二节 医药组织市场购买行为分析

一、医药组织市场概述

（一）医药组织市场的概念

韦伯斯特和温德将组织购买定义为：各类正规组织为了确定购买产品和劳务的需要，在可供选择的品牌与供应者之间进行识别。组织市场是以组织为购买单位的购买者所构成的市场，目的是生产、销售、维持组织运作或履行组织职能。根据购买目的划分，组织市场可以分为生产者市场、中间商市场、非营利组织市场和政府市场。

医药组织市场指医药企业或其他组织为了生产、销售、维持组织运作或履行组织职能而购买医药产品所形成的市场。医药组织市场的购买主体主要包括医药生产企业、医药批发企业、零售药店、医疗机构和政府等。

(二)医药组织市场的构成

按购买主体不同,医药组织市场分为:医药生产者市场、医药中间商市场、医疗机构市场和政府市场。

1. 医药生产者市场

医药生产者市场是医药生产企业购买医药原材料、半制成品或制成品,生产医药产品以供销售获取利润而形成的市场,购买目的是再生产。医药生产企业既可以是市场供给方也可以是需求方,如中药饮片企业将饮片出售给中成药企业和医疗服务组织,也从市场购进中药材、中药饮片加工设备等。

2. 医药中间商市场

医药中间商市场是处于医药产品生产者和消费者之间,专门从事医药产品流通经营活动的商业组织,转售以获取利润而形成的市场,购买目的是再销售。医药中间商市场的购买主体包括医药批发商和零售药店。由于医药产品的特殊性和相关法规的约束,从生产到消费的直接渠道并不存在,因此医药中间商市场对医药产品顺利地被使用和消费具有重要作用。

3. 医疗机构市场

医疗机构市场是医疗机构为消费者提供医疗服务进而购买医药产品而形成的市场。购买主体包括各级各类医疗机构,由于医疗机构购买医药产品主要是为消费者提供诊疗服务,因此这也是该类市场与其他组织市场的最大区别。

4. 政府市场

政府市场是政府为了履行其职能和满足公共医疗需要或为了满足自身从业人员的医疗需要,购买医药产品而形成的市场。政府既可以向医药中间商购买,也可以向医疗机构购买,必要时也可从医药生产企业进行直接调货,以应对紧急情况,如对战略储备药品、救灾药品的购买等。政府购买应遵循《中华人民共和国政府采购法》等相关法规,并受政府财政约束,接受社会公众监督,具有公开性,一般实行招标采购。随着国家对基本公共卫生服务投入的增加,政府市场应受到医药企业的重视。

5. 各医药组织市场之间的联系

医药生产者市场、医药中间商市场、医疗机构市场和政府市场之间通过信息流、资金流、物流等而相互联系,相互影响,如图4-2所示。

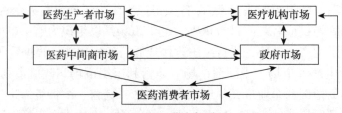

图 4-2 医药市场关系

资料来源:汤少梁. 医药市场营销学[M]. 北京:科学出版社,2007:72.

医药消费者市场是医药产品最终顺利实现商品价值的终点，但医药组织市场的发育完善程度也影响和制约着医药消费者市场的发展。同样，医药组织市场的四类市场之间通过医药产品的供给需求而发生类似的联系，从而产生相互影响。

（三）医药组织市场的特点

与医药消费者市场相比，医药组织市场表现出不同的特点。

1. 购买目的是再生产或销售

消费者购买医药产品是用于个人或家庭的消费；而医药组织市场的购买目的是再生产、再销售或实现组织职能。

2. 购买规模大

无论是从总体还是从个体看，医药组织市场的购买规模都比消费者市场大，同时医药组织市场的业务也比较稳定。

3. 购买者数量少

医药组织市场的购买主体不是自然人，通常是法人组织，购买者的数量相对较少且具体明确，购买规模较大，符合"二八法则"。

4. 购买者相对集中

一方面，组织市场的购买主体由于是单位组织，比消费者更加集中；另一方面，从医药组织市场自身而言，其分布和规模，因各地区的自然资源、经济发展水平和投资环境不同而具有较大的差异。

5. 购买需求具有派生性且价格弹性小

医药组织市场的购买最终取决于消费者市场的需求水平和结构，因此其需求具有派生性。另外，医药组织市场需求的价格弹性相对较小，这是由于组织市场通常对医药产品的规格、质量、性能、交货期和售后服务等更为看重，而价格往往不是决定购买的主要因素。

6. 购买程序复杂

医药组织市场购买的规模大、专业性强、质量要求高、参与购买决策的人较多、影响因素比较复杂，往往会成立一个"采购中心"，制定严格的采购程序。

二、医药组织购买行为及其影响因素

（一）医药组织市场购买行为模式

医药组织市场购买行为模式与约翰·沃森（John B. Watson）建立的刺激—反应模型类似，经历三个阶段。如图4-3所示。

1. 信息刺激阶段

医药组织市场的购买主体受到宏观或微观环境信息刺激，产生购买需求。

扩展阅读 4.2 行为心理学：刺激—反应模型

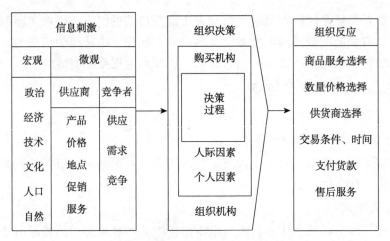

图 4-3　医药组织市场购买行为模式
资料来源：汤少梁. 医药市场营销学[M]. 北京：科学出版社，2007：73.

2. 组织决策阶段

医药组织市场的购买主体在分析外部信息的基础上，遵循组织购买程序，在购买者主体内部参与者的共同影响下，进行购买决策。

3. 组织反应阶段

组织决定购买后，具体则要确定采购商品选择、品牌选择、数量选择、价格选择、时机选择等。

（二）医药组织市场购买行为的影响因素

从医药组织市场购买行为模式可以看出，影响组织购买者的各种因素主要有：环境因素、组织因素、人际因素、个人因素。

1. 环境因素

医药组织购买者主要受当前经济环境或预期经济环境诸因素的影响，也受到科学技术、政治法律、药事法规、社会文化、自然环境等宏观环境的影响，以及供应商和竞争者等微观环境的影响。组织购买者需要收集环境信息，并密切注视上述环境如何影响采购者，并设法将问题转化为机会。

2. 组织因素

每一个医药组织购买者都有其具体目标、政策、程序、制度和机构系统等，其购买决策必然受到这些因素的制约。营销人员应当对购买者的组织内部有充分的了解，及时掌握采购领域的新变化，如招标采购、长期合同、流程变更等，并使营销活动符合组织机构的相关要求。

3. 人际因素

医药组织市场购买者内部相关参与者之间的人事关系构成人际因素。这些成员人数众多，在职权地位、业务能力、利益追求、购买偏好等方面都可能存在很大差异，相互之间的关系错综复杂且难以把握。营销者的行为在这些参与者中会产生怎样的反应，他们的意见是否会取得一致,他们之间的关系是否融洽,最后的决定权在谁手中,这些都影响最终的营销结果。营销者必须设法洞悉这些情况,尽量根据决策者的需要,制定相应的战略。人际因素常常是非常微妙的,难以深入辨析,这部分内容通常是营销者难以掌握的。

4. 个人因素

医药组织市场购买中的参与者在决策过程中,一方面会根据组织机构的相关制度和程序进行专业性的、理性的购买;另一方面,往往根据个人动机、直觉与偏好来选择医药产品。这与决策参与者的年龄、收入、教育、专业、个性、兴趣、爱好,以及风险意识和文化等因素密切相关。营销人员不仅要介绍产品知识,还要与购买参与者进行充分沟通,建立良好稳定的私人关系,这也是在组织市场中更多运用人员推销这一促销工具的重要原因。

三、医药组织购买决策过程

在环境、组织、人际和个人因素影响下,按照组织市场购买行为模式,组织做出了相应的购买反应。在此过程中,还会涉及以下三个问题:组织决策的参与者有哪些?组织购买有哪几种类型?组织决策过程是怎样的?下面将分别予以介绍。

(一)医药组织市场购买的一般决策过程

1. 医药组织购买过程的参与者

韦伯斯特和温德称采购组织的决策单位为采购中心,并下定义:所有参与购买决策过程的个人和集体,他们具有某种共同目标并一起承担由决策所引发的各种风险。采购中心的成员在购买决策过程中扮演以下角色中的一种或几种。

(1)使用者。指使用医药产品的人。使用者往往是最初提出购买决策的人,他们在计划购买产品的品种、规格中起重要作用。例如,临床医生就是医疗机构购买的使用者,根据患者用药需求,或因医疗科研的需要,结合药品临床疗效的判断,提出用药要求。

(2)影响者。指影响购买决策的人,他们常协助确定产品品种、规格,并提供方案评价的相关信息。作为影响者,技术人员尤为重要。在医疗机构中,医院药剂科、临床科室的相关业务人员都可能是影响者。

(3)决定者。指一些有权决定产品或供应商的人。在医疗机构中,医药产品的决定者为医院药剂科主任,或是分管药事的副院长或院长。医院设有药事委员会的,采购计划还要经过其审批。

(4)购买者。指实际完成采购任务的人员,其任务一般是选择供应商和安排购买条件。例如,医院的药剂科和政府采购中心,其主要任务是选择供应商和组织谈判。

(5)控制者。他们是有权阻止销售人员或信息与采购中心成员接触的人。例如,采购代理人、接待员等可以阻止营销人员与用户或决策者接触。

2. 医药组织购买类型

医药组织在进行一项采购时面临一整套决策,而决策的内容取决于购买类型,不同的购买类型的基本特征存在差异，因此对应不同购买类型时所采取的营销策略也不尽相同。如表 4-2 所示。

表 4-2 医药组织市场购买行为的主要类型

类型	特点	营销重点
直接重购	购买者依惯例向原有的供应商再订购产品	降低采购成本，尽力维护产品和服务质量，建立稳定的购销关系
修正重购	购买者修改产品规格、价格、其他条件或者供应商	了解购买者修正的原因，掌握新的采购标准，并主动调整适应，维持老客户或争取新客户
全新采购	购买者首次购买某一产品，购买决策程序多，时间长	全面研究购买决策过程及影响因素，尽力接触购买决策的参与者，运用整合策略获得订单

3. 医药组织购买决策过程

医药组织购买工作经过的环节，主要依据采购类型、采购主体、采购内容或政策法规而定。最复杂的医药组织购买是全新购买，需要经历八个阶段，当然，直接重购和修正重购可以省略其中的某些环节。

（1）认识需要。组织对需要的认识可能来源于内部因素，如医药生产企业推出一种新产品或工艺，而对设备产生新的需要等；也可能源于外部的营销刺激因素，如药品交易会、广告、推销介绍等。营销人员要充分了解组织市场的顾客需求，并积极向他们传播产品信息。

（2）确定需要。采购者要会同其他部门人员共同决定所需项目的总特征，包括可靠性、耐用性、价格及其他属性。这一阶段，营销者需要掌握购买方对产品要求的描述，从而能够准确满足组织购买的需要。

（3）说明需要。在确定了需要项目之后，就要具体确定产品规格。在这一过程中，采购组织将通过产品价值分析来实现。这一阶段，营销人员通过建立的人际关系渠道尽早帮助购买者进行价值分析，进而有针对性地介绍本公司产品，从而获得更大的市场机会。例如，2021 年 1 月 28 日国务院办公厅发布了《关于推动药品集中带量采购工作常态化制度化开展的意见》（国办发〔2021〕2 号），越来越多地通过一致性评价的国产仿制药将会被纳入带量采购。但对于后进入的国内厂商而言，其在产品推广、概念普及、医生教育方面相对原研药厂做得较少，所以市场上仍存在仿制药质量疗效差等刻板印象。国内药企需要及时向医疗机构传播自己公司产品的用药指南、安全性、有效性等相关信息。

（4）寻找供应商。组织购买者会利用各种媒体和信息渠道寻找供应商的信息，如通过网络、工商名录、参加展览会等。供应商需要通过制定一个强有力的促销方案，凭借在市场上的良好信誉等进入买方的备选名单。

（5）征求供应建议书。对复杂或花费大的项目，购买者会要求每一位潜在供应商提供详细的书面建议，要求对购买者提出的问题进行详细说明，提供详尽的产品目录资料和报价。供应商要认真填写供应建议书，并非常慎重地制定报价书。

（6）选择供应商。采购单位根据供应商的产品质量、规格、价格、信誉、服务和履约能力等进行比较，按其重要程度进行综合分析评价，择优选择，并就相关条款和价格进行谈判，最后选定的供应商可能是一家或多家。

（7）正式订购。最终供应商确定后，双方就要拟定和签订合同，并开始执行合同。一般而言，组织购买者倾向于签订长期有效的采购合同。

（8）绩效评估。医药组织购买者对各个供应商的合作态度、供货状况进行检查，看对方是否按时、按质、按量进行供货，根据检查结果对供货方进行评估，并将评估结果作为决定维持、修正还是中止合作关系的依据。

（二）医药生产者的购买决策过程

具体到某一类医药组织市场而言，购买决策的参与者、影响因素、决策过程或具体程序仍不尽相同。

对于医药生产者而言，购买的主要目的是再生产，因此采购的产品类型以原料药、医药半成品、中间体、辅料和制药机械设备、包装材料为主。医药生产者的购买类型、决策过程与基本内容并无明显不同，以下仅介绍购买决策的参与者与影响购买行为的因素。

1. 医药生产者购买过程的参与者

为保障生产顺利进行，降低采购成本提高采购质量，医药生产企业一般都设立专门的采购部门，配备专业的采购人员。医药生产企业采购的产品涉及原材料和机械设备等，其他如生产部门、质量部门、财务部门、企业高层管理人员也都参与采购决策，扮演以下五种角色。

（1）提出购买者。在医药生产企业中，提出购买的是使用生产资料的部门，通常是生产及其相关部门，如生产部、生产车间和设备管理与维护部门等。这些部门对所需产品提出具体要求。

（2）影响者。医药生产企业所需的生产资料，特别是原料药、辅料和包装材料等都需要符合国家相关质量标准，要履行进厂检验等相关程序，所以医药生产企业的质量监督和检验部门对采购会产生重要影响，而生产、财务和采购部门的具体业务人员也可能是影响者。

（3）决策者。采购决策者视产品类型、金额数量不同而不同。从产品类型看：原料药、辅料和包装材料等由生产部门决定；制药设备等可能由设备管理部门提出采购方案；金额较少的采购部门负责人就可以决定，但超过一定金额，分管业务的企业副职或正职管理者在综合生产、质量、财务、设备、采购等部门意见后做最后决定。

（4）采购者。实际完成医药生产企业采购任务的人员，在不同企业执行该任务的部门和归属不一定相同；即使在同一企业，由于采购产品类型不同，也会分属于不同部门，如采购部、生产部、物料部、设备部等。因此，这就需要充分了解企业的组织结构、采购程序和制度。而对于重复采购来说，采购者就是决策人。

（5）控制者。指阻止销售人员或信息与采购中心成员接触的人。如果通过采购代理人将产品销售给医药生产企业的，采购代理人可以阻止销售人员与用户接触；医药生产企业的接待员、采购部门的人员等都可能成为阻止接触的人。

2. 影响医药生产者购买行为的因素

医药生产者购买的影响因素同样表现为环境因素、组织因素、人际因素和个人因素等。环境的变化发展，会为医药企业提供市场机会，也会带来威胁。如：《中华人民共和国药品管理法》（2019）取消了药品生产质量管理规范（good manu-facturing practice，GMP）和经营质量管理规范（good supplying practice，GSP）认证发证，要求药品生产（经营）企业要符合《药品生产监督管理办法》（2021）、《药品检查管理办法（试行）》（2021）等的要求，都会对企业的生产条件、生产监督管理、质量管理规范等提出新要求，医药生产者就会有更新设备、提高工艺条件、加强监督管理的要求，因此可能就会修正重购、全新采购。

从微观环境因素看，供应商和竞争者是主要的影响因素。医药生产企业通过开展供应商审计以选择合格的供应商，供应商的产品质量、技术水平、响应能力直接影响医药生产者的采购水平、采购结构和采购成本。供应商和医药生产企业之间的谈判地位、议价能力等也会对采购的产品结构、价格水平、服务和支付条款等产生影响。竞争者生产条件的改善、技术水平和产品质量的提高、产品结构的变化等都会对医药生产者的购买行为产生影响，使之做出相应调整。

医药企业自身的组织结构、采购程序、采购目标、采购制度等，以及采购决策的参与者的人际关系及其个人因素都对企业购买行为产生影响。

（三）医药中间商的购买决策过程

在医药市场中，医药生产企业无论是面向消费者市场还是组织市场，一般都需要通过医药中间商。医药生产企业将本企业的医药产品出售给消费者，一般通过医疗机构和医药零售企业；医药产品进入医疗机构可以通过本企业所注册的销售公司，但更多的是通过医药批发商。因此，医药批发商和零售商有助于医药生产企业开拓市场、承担市场风险、顺利实现医药产品的销售。

1. 医药中间商的购买类型

根据购买主体不同，医药中间商市场可以分为医药批发商和零售商市场。

（1）医药批发商市场。医药批发商市场是医药批发企业大规模购买医药产品以转售获取利润而形成的市场。医药批发企业采购医药产品既可以直接向医药生产企业购买，也可以从其他医药批发企业调货。转售对象包括医药零售商、医疗机构、其他的医药批发商或其他医药生产企业。医药批发商市场具备医药组织市场的共性，同时医药批发企业无论是采购还是出售医药产品，所面对的一般都是组织市场；并且其购买的目的是再销售，购买规模大。

（2）医药零售商市场。医药零售商市场是医药零售企业从医药生产企业或批发企业购买医药产品通过零星出售给最终消费者，获得利润而形成的市场。医药零售企业包括各类综合性或专业性的连锁药店、单体药房等。医药零售企业直接面对医药产品的最终消费者，其购买直接受到消费者市场的影响。相对于医药批发企业来说，医药零售企业的购买数量较少，频次较高。

2. 医药中间商购买过程的参与者

一定规模的医药中间商也设立专门的采购部门，配备专业的采购人员。参与采购决策的人员，有以下四种角色。

（1）具体出售人员。医药批发企业中，是承担医药批发业务开发的具体业务人员。而医药零售企业中则是出售药品的营业人员。

（2）影响者。医药批发企业中，通常是分管业务经理。而医药零售企业中则是零售店的分管部门管理人员或店长。

（3）决策者。医药批发、零售企业的法人代表或是企业高级管理人员。

（4）采购者。医药批发、零售企业的采购部门的具体业务经办人。

3. 影响医药中间商购买行为的因素

医药中间商市场作为医药生产企业的下游市场，还有许多具体的因素影响其购买行为。

（1）医药供货商因素。一是要看供货主体的合法性，是否具有合法的经营资质，生产或经营是否符合国家法律和政策，企业的规模、信誉如何。二是供货商需要提供出售产品的详细资料，包括技术资料、商品质量、价格等的详细描述。三是要看供货商能提供多大程度的营销支持力度，其营销组合策略如何。

（2）下游购买者因素。医药中间商还要根据下游顾客，如医疗机构和消费者的需求情况和消费趋向，进而对采购提出新要求。

（3）竞争者情况。包括所采购的医药产品在市场上面临同类产品竞争时是否激烈；同行采购同种医药产品的情况如何；供货方之间的竞争是否激烈等。

（4）中间商自身因素。包括医药中间商的采购程序、组织机构、采购目标等因素，中间商企业的人际关系因素及采购相关人员的个人因素。

4. 医药中间商的购买决策

医药中间商的主要购买决策包括三个方面。

（1）供货产品组合决策。即中间商决定经营的医药产品的组合情况，根据经营的产品组合的宽度、深度和关联度，可以分为以下四种情况。独家配货，只经营一家医药企业的医药产品，如独家经销商和医药专卖店；专深配货，经营多家医药企业生产的同类医药产品；广泛配货，经营多家医药企业生产的多种医药产品；多元配货，经营的产品关联度小，既有药品、保健品，又有食品，还有家庭生活用品等，如零售药店的多元化经营。

（2）供货商组合决策。指中间商选择一家还是几家供货商。除独家配货外，中间商一般会选择多家供货商作为供货方。根据医药中间商对供货稳定性的要求，可以选择长期供货商、随机供货商、最佳交易供货商、创造性供货商。

（3）供货条件组合决策。指医药中间商对所供医药产品的品类、价格、渠道、促销的具体条件进行组合。如果中间商能承担较多的渠道、促销功能，可能会要求供货商提供较低的供货价格。

（四）医疗机构的购买决策过程

由于医药产品的特殊性，消费者对医药产品的选择权通常会转移到医生手中，因此，医疗机构市场是医药组织市场中最重要的市场。

1. 医疗机构的分类

医疗机构主要有三种分类：第一，根据所有权分类。医疗机构可以分为国有医疗机构、合资医疗机构、民营医疗机构、股份制医疗机构和个体诊所。第二，根据规模分类。分为大型医疗机构、中型医疗机构、小型医疗机构。第三，根据治疗范围分类。分为综合型医疗机构和专科医疗机构。

营销视野 4.1　药品流通领域"两票制"

由于医疗机构的多样性，不同类别的医疗机构，其经营的目标、购买的程序、采购医药产品的类别、批量大小、频次都有所不同。因此，必须要掌握目标市场中医疗机构的基本情况、购买的参与者及购买决策程序等。

2. 医疗机构购买的类型

（1）依据医疗机构购买活动的稳定性分类。可以分为直接重购、修正重购和全新购买。直接重购，如对《国家基本药物目录》范围内药品的采购。修正重购，主要是修正医院基本药品目录或调整供应商。全新购买，指不属于《国家基本药物目录》范围内的药品，虽然该类药品在国内已经上市，但在该医院尚无使用先例，或临床使用很少，或使用范围很小，需要启动全新购买程序。

（2）按医疗机构参与购买活动的权限分类。可以分为自主购买、集中招标采购和医药分开三种类型。

①自主购买。自主购买指完全由医疗机构单独完成医药产品的采购活动。

②集中招标购买。我国药品集中采购制度不断变革和完善，经过 20 多年的发展，药品集中采购的改革历程大致经历了四个阶段，包括尝试期—探索期—发展期—成熟期。

尝试期（2000—2004 年）：2000 年 2 月，国务院办公厅转发中华人民共和国国务院经济体制改革办公室（以下简称国务院体改办）等部门《关于城镇医药卫生体制改革的指导意见》（国办发〔2000〕16 号），提出了药品集中招标采购的基本框架。自此拉开了我国药品集中采购制度国家层面试点的序幕。

探索期（2005—2008 年）：2005 年以来，社会大众对"看病难"尤其是"看病贵"的反映日趋强烈。以医疗机构为主导、以全国制度统一为特征的药品集中采购制度在具体的执行过程中遇到了难题。相反地方对药品采购模式的积极探索热情高涨、五彩纷呈。据业内专家归纳统计，到 2008 年各地开展摸索的药品集中采购招标模式达 20 余种。其中以政府为主导、以省为单位、以非营利性网络集中采购平台为方向的采购模式逐渐成为这些探索中的亮点，被中央政府肯定并被不断介绍推广。

发展期（2009—2018 年）：2009 年我国实施基本药物制度后，要求基本药物采购必须通过省集中招标平台统一采购。同时，根据 2009 年中华人民共和国卫生部等六部门印发的《进一步规范医疗机构药品集中采购工作的意见》文件要求：县及县以上人民政府、国有企业（含国有控股企业）等所属的非营利性医疗机构，必须全部参加药品集中采购，以省为单位，全面推行网上集中采购。国内省级药品集中招标采购的框架形成。

成熟期（2019年至今）：在"4+7"试点取得成功的基础上，2019年9月，国家医保局等九部委发布了《关于国家组织药品集中采购和使用试点扩大区域范围实施意见》（医保发〔2019〕56号），将"4+7"试点中选的25个品种的采购范围扩展到全国。2021年1月，国务院办公厅发布《关于推动药品集中带量采购工作常态化制度化开展的意见》（国办发〔2021〕2号），我国药品集中带量采购进入常态化、制度化发展阶段。我国药品集中采购的制度已经成熟。

药品集中招标采购范围一般为城镇职工基本医疗服务的临床使用药品。常规使用及用量较大的药品必须实行药品集中招标采购。国家特殊管理的药品仍按有关规定采购供应。

③医药分开。2009年我国实施"新医改"，医药分开是深化医药卫生体制改革的指导思想之一。医药分开，指医疗机构只承担提供医疗服务的责任，而医疗机构的药品则由医药商业企业承担。目前这种新的购买方式，各地还在试验和探索阶段。

3. 医疗机构购买的参与者

按照医疗机构参与者在购买活动中所承担的任务不同，医疗机构购买的参与者共分为以下四种角色。

（1）医药产品的使用者。在医疗机构中，尽管医药产品是由患者消费，但实际使用某种医药产品从而提供医疗服务的，通常是临床医生和护士。他们有使用医药产品的临床经验、有自己的用药习惯，从而形成对某类医药产品的评价。因此通过一定程序进入医院，最终能否顺利实现销售，需要临床医生和护士去使用。

（2）医药产品采购的影响者。指在医疗机构中，对医药产品采购决策起影响作用的人员。如临床科室主任、药剂科主任等。他们会对医院拟购医药产品的目录、有效性、安全性、经济性等方面进行评价从而施加影响。

（3）医药产品采购的决策者。指在医药产品采购活动中，做出最终决策的人员。如药剂科主任、主管院长或副院长、药事委员会；其中药事委员会通常由院长或主管的副院长、药剂科主任、临床科室主任、知名专家和教授等组成。当然，对于不同的购买类型，决策者会有所不同。例如：对于直接重购，药剂科主任可能是决策者；对于修正重购，则可能需要医院领导决定；而对于全新采购和涉及医院医药产品采购的重大决策时，如医院基本用药目录的确定，则需要由医院药事委员会集体做出决定。

（4）医药产品采购的执行者。指医疗机构采购决策完成后，负责具体的采购工作，完成采购任务的人员。在医院通常由药剂科去完成具体的采购任务。

4. 影响医疗机构购买的因素

（1）宏观环境因素。宏观环境因素对医疗机构的医药产品采购产生硬约束，如国家基本药物制度实施后，就要求县及以下基层医疗机构必须配备基本药物。因此，医药生产和经营企业需要关注国家宏观环境的变化，研究环境变化对医疗机构采购的影响，从而及时调整营销策略。

（2）微观环境因素。影响医疗机构购买的主要微观环境因素有如下几个方面。

①供应商因素。医疗机构采购和中间商一样，对医药供应商的生产经营状况和产品情况等都比较重视，但医院对医药产品更加关注质量和疗效，当然也会考虑价格因素。如果医院通过集中招标采购的方式采购药品时，价格在产品中标时就确定了，医药供应商的相关资质在中标前也进行了审核。

②竞争因素。影响医疗机构采购的竞争性因素可以分为三类。其一，供应商的竞争。医疗机构采购的医药产品替代性越高，供应企业之间的竞争越激烈，医疗机构在谈判中越处于有利地位；如果产品的替代性低，医疗机构的选择性就小。其二，医疗机构之间的竞争。医疗机构为提高医疗服务水平也会产生竞争，由此也会积极使用疗效更好、质量更高的医药新产品。其三，消费者之间的竞争。由于医药产品需求具有一定的季节性、波动性，加上流行性疾病的产生，消费者在一定时期内，对某类医药产品的需求量增大，也影响到医疗机构采购量的增加。

③医疗机构内部因素。包括医疗机构的组织因素、人际因素和人员因素。不同的医疗机构其采购目标、组织结构、采购程序、采购制度等会有所不同。医疗机构中参与采购的人员涉及各临床科室、药剂科和医院领导，他们之间的人际关系也会影响到采购决策结果。参与购买的相关人员的职务地位、业务水平、个性特征、心理因素、文化水平也影响到他们对医药产品的态度。医药供应商必须弄清楚相关信息，从而采取相应的营销对策。

5. 医疗机构的购买决策程序

医疗机构的购买决策具体程序如图4-4所示。

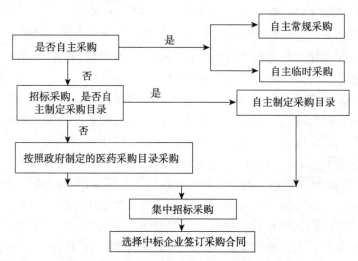

图4-4 医疗机构的购买决策程序

资料来源：官翠玲，李胜. 医药市场营销学[M]. 北京：中国中医药出版社，2015：78.

由于医疗机构的类型以及采购的医药产品种类不同，医疗机构在医药产品采购中的权限也会有所不同，可以分为自主采购和招标采购两大类。

（1）医院自主采购程序。具体如图4-5所示。

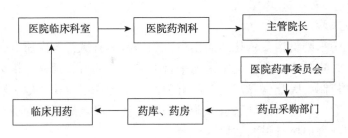

图 4-5　医院自主采购程序
资料来源：汤少梁. 医药市场营销学[M]. 北京：科学出版社，2007：83.

按照相关政策法规要求和发展趋势，越来越多的医疗机构的用药将纳入集中招标，但由于医疗机构的性质、用药种类不同，除按照规定需要统一招标外，医疗机构仍然可以自主采购，程序有如下几个方面。

第一，提出用药采购申请。医院各临床科室，根据医疗服务、教学和科研需要，以及临床用药经验，提出用药采购申请，提交医院药剂科。

第二，填写药品购买申请单。医院药剂科一般下设采购机构、药库、门（急）诊药房和住院药房等。由药剂科的采购部门根据临床科室的申请，结合药品的库存情况，填写药品购买申请单，由药剂科主任对拟采购的药品进行分类决策。如果是医院基本用药目录的药品采购，由药剂科主任做出决定后（直接重购、修正重购），采购部门便可直接采购；如果是新特药品的采购，或是新采购药品，药剂科还必须将采购信息再送达给主管进药的院长或副院长进行审批。

第三，采购审核。主管进药的院长或副院长根据临床科室和药剂科的采购申请，进行审核；医院如果设立了药事委员会，则必须上报给医院药事委员会共同决议。经院长或副院长（药事委员会）审核后，药剂科的采购部门便可进行采购。

第四，采购实施。采购计划经审核通过后，药剂科的采购部门便可进行采购、入库。

第五，入库管理。由药库对入库药品进行管理，并将根据用药需要将药品分发到门（急）诊药房和住院部药房。

第六，药品调配。门（急）诊药房和住院部药房根据医生处方要求，将药品调配给患者。

第七，临床使用。医生根据临床用药效果情况，从而做出继续使用、减少使用或拒绝使用的决策。

（2）药品招标采购程序。下面分别介绍集中招标采购和委托招标采购的程序。

①集中招标采购。为了保证药品质量、控制药价虚高、整顿购销秩序等，根据我国目前相关政策法规，如《关于推动药品集中带量采购工作常态化制度化开展的意见》（国办发〔2021〕2号），所有公立医疗机构（含军队医疗机构）均应参加药品集中带量采购，医保定点社会办医疗机构和定点药店按照定点协议管理的要求参照执行。按照保基本、保临床的原则，重点将基本医保药品目录内用量大、采购金额高的药品纳入采购范围，逐步覆盖国内上市的临床必需、质量可靠的各类药品，做到应采尽采。对通过仿制药质量和疗效一致性评价的药品优先纳入采购范围。符合条件的药品达到一定数量或金额后，

即启动集中带量采购。

省级药品集中采购机构要依托药品集中采购平台，省域范围内所有公立医疗机构应在本省（自治区、直辖市）药品集中采购平台上采购全部所需药品。推进构建区域性、全国性联盟采购机制，医疗保障部门会同有关部门指导或组织相关地区和医疗机构形成药品集中采购联盟，成立跨区域联合采购办公室，代表联盟地区医疗机构实施药品集中带量采购，组织并督促执行采购结果。

国家组织对部分通过一致性评价的药品开展集中带量采购，根据市场情况开展专项采购，指导各地开展采购工作。各省（自治区、直辖市）对本区域内除国家组织集中带量采购范围以外的药品独立或与其他省份组成联盟开展集中带量采购，并指导具备条件的地市级统筹地区开展采购工作。地市级统筹地区应根据所在省（自治区、直辖市）安排，就上级组织集中带量采购范围以外的药品独立或与其他地区组成联盟开展集中带量采购。

药品集中招标采购工作，主要涉及以下六个方面的工作。

第一，招标准备工作。具体工作如下。

制定集中招标采购实施方案。上下联动，分层推进。积极参加国家集中带量采购，确保国家组织药品集中带量采购中选结果第一时间落地惠民；常态化组织省级集中带量采购，积极探索区域药品联盟采购，原则上每年不少于一次；有序推进市级集中带量采购，有条件的市独立或联合省内其他市开展集中带量采购工作。如安徽省制定了《关于推动药品集中带量采购工作常态化制度化开展的实施意见》（皖医保发〔2021〕6号）、《安徽省公立医疗机构临床常用药品集中带量采购谈判议价实施方案》（皖医保秘〔2020〕104号）。

公布带量采购药品。国家组织药品集中采购对通过仿制药质量和疗效一致性评价的药品优先纳入采购范围。省（区、市）选择临床使用量大、采购金额较高、符合临床诊疗规范、竞争较为充分的临床常用未过评药品。优先选择国家基本药物和基本医疗保险药品目录内的药品。分类分批开展集中带量采购。

合理确定采购量。药品采购量基数根据医疗机构报送的需求量，结合上年度的使用量、临床使用状况和医疗技术进步等因素进行核定。约定采购比例根据药品临床使用特征、市场竞争格局和中选企业数量等合理确定。约定采购量根据采购量基数和约定采购比例确定，在采购文书中公开。

成立专门机构。由上海市医药集中招标采购事务管理所承担国家组织的药品联合采购办公室日常工作并负责具体实施。省级药品集中采购机构的成立是由省属、市公立医疗机构采购联合体牵头单位组成的省医药联合采购办公室，代表全省开展集中带量采购。联盟地区药品集中采购机构共同成立跨区域联合采购办公室，代表联盟地区医疗机构实施药品集中带量采购，组织并督促执行采购结果。

发布招标公告。上海市医药集中招标采购事务管理所一般依托上海阳光医药采购网发布招标公告，以及相关文件要求。省级药品集中采购机构一般依托省（区、市）药品集中采购平台网站发布招标公告，以及相关文件要求。

第二，审标。根据招标公告的要求，对投标企业的投标资质条件和申报资料进行审核，审核投标人的合法性和信誉，以及投标药品的相关批准文件和企业有关情况的文件证明。

第三，评标和议标。综合考虑质量可靠、供应稳定、信用优良、临床需求等因素，坚持招采合一、量价挂钩，抽取专家组通过竞价、议价、谈判、询价等方式，产生中选企业、中选价格、约定采购量和采购协议期。

第四，开标。确定中标企业并公布中标结果。

第五，签约。执行网上采购，采购主体、中选企业、中选企业确定的配送企业按中选价格签订三方购销协议。协议要明确品种、功能属性、数量、价格、供货时限、付款程序和时间、履约方式、违约责任等。

第六，履约。中标企业按照合同履行供货职责，保障药品供应。医院按购销合同及时与中标企业结算货款，保证按时回款。

②委托招标采购。对尚未纳入政府组织集中带量采购范围的药品，医疗机构可在省级药品集中采购平台上自主或委托开展采购。目前，医疗机构采购药品必须通过各省（区、市）政府建立的非营利性药品集中采购平台开展采购，实行统一组织、统一平台和统一监管。随着医药卫生体制改革的推进，医疗机构将来也可能通过依法设立、从事药品集中招标代理业务的社会中介机构来完成。医疗机构在委托招标前，要递交拟采购的药品品种、规模和数量计划。采购计划的确定，与医疗机构自主采购的确定程序相同。

本章小结

消费者市场研究是企业营销制胜的基础。消费者市场研究的基本内容是 5W1H，即谁是消费者、为何购买、购买什么、何时购买、在哪里购买，以及如何购买，只有弄清楚这些问题，才能够比较准确地把握消费者市场。

与其他消费者市场相比，医药消费者市场有着比较明显的特性，即医药产品具有特殊性，医药信息具有失衡性，医药需求具有被动性和不确定性，医药支出具有多源性，医药消费的目的具有单一性。

医药消费者的购买类型可以从不同角度划分：按照购买目的划分，可将医药消费者分为确定型、不确定型和半确定型；按照购买态度划分，可将医药消费者分为习惯型、感情型、理智型、经济型、疑虑型、随意型和躲闪型；按照在卖场的情绪反应划分，可将医药消费者分为活泼型、沉着型、冲动型和温顺型；按照在购买过程中的介入程度和品牌间的差异来划分，可将消费者行为分为复杂的购买行为、多样性的购买行为、减少失调的购买行为及习惯型购买行为。

影响医药消费者行为的因素有很多，有直接因素也有间接因素，有宏观因素也有微观因素。其中，对医药消费者影响较大的因素有文化因素、社会因素、心理因素、个人因素。在这些影响因素中，价值观、审美观、风俗习惯、宗教信仰、亚文化、社会阶层、参照群体、家庭状况、感知觉、需要、动机、性别与年龄、职业与教育、个性、生活方式等，都在一定程度上影响着医药消费者行为。

消费者购买决策是一个复杂的过程。医药消费者决策一般包括发现需要、搜集信息、评价方案、实际购买、评估疗效五个阶段。购买行为的产生来源于消费者自身的需要，在确认了需要之后，消费者就开始进行信息搜集，之后便是对已获得的信息进行比较、评价、判断和选择，然后做出购买决定并发生实际购买行为，最后是对疗效的评估。

医药组织市场在医药市场中占有重要地位。医药组织市场包括医药生产者市场、医药中间商市场、医疗机构市场和政府市场。医药组织市场与消费者市场相比，购买者的购买目的、规模、数量、地理分布、需求均有明显不同的特征。医药组织市场的购买都经历了信息刺激、组织决策和组织反应三个阶段。医药组织市场购买的影响因素、参与者、组织购买类型、组织决策过程具有相似性，但具体到医药生产者、医药中间商、医疗机构和政府在购买医药产品的过程中，各有不同的内容；其中医疗机构市场的购买程序相对复杂。

关键术语

消费者市场（consumer market） 社会阶层（social class）
参照群体（reference groups） 动机（motivation）
生活方式（lifestyle） 消费者购买决策（consumer purchasing decision）
采购中心（procurement center） 医药组织市场（pharmaceutical organization market）
组织市场购买行为模式（organizational market purchasing behavior patterns）
药品招标采购（pharmaceutical bidding and procurement）

课后思考题

1. 消费者市场研究的主要内容是什么？请举例说明。
2. 医药消费者市场有哪些特性？
3. 如何判断医药消费者行为是复杂的购买行为？
4. 影响医药消费者购买行为的因素有哪些？
5. 医药消费者的需要包括哪些类型？
6. 医药组织市场购买与消费者购买有哪些不同？
7. 影响医药组织市场购买的因素有哪些？
8. 试述医药组织购买的参与者、决策过程。
9. 影响医疗机构购买的因素有哪些？
10. 试述医疗机构药品招标采购的程序。

即测即练

自学自测　扫描此码

综合案例4.1

新医改背景下医药制造企业市场营销模式探索
——以海南H药业公司为例

一、H药业公司基本情况

H公司成立于2004年，于2016年被收购，成为集团化药业业务平台，在2019年中国医药工业百强排名中名列第54位。H公司以消化疾病药物质子泵抑制剂为核心产品，同时着眼长远布局未来，自主研发新药。

二、新医改背景下H药业公司市场营销环境分析

1. 外部环境PEST分析

（1）政策环境。2018年以来，新医改进入攻坚阶段，政策出台明显加快，国家医保局正式成立、两票制全面实行、4+7集中采购开始全国推广。2019年，健康中国路线图发布、医院实施药品耗材零差价、基药医保目录调整方案正式落地、分级诊疗和医保控费等一系列新医改政策的出台对制药企业产生了重大影响。

（2）经济环境。随着中国经济的发展和人均可支配收入的增长，中国人均医药消费有了较大的提升空间，中国的医药消费市场正逐年增长。在人口老龄化程度不断加深的背景下，医药行业将是一个长期稳定向上的行业，拥有着广阔的发展空间。

（3）社会环境。我国医保支付存在较大压力，医保控费导致的资金面偏紧依然会对医药行业的市场环境造成较大影响。随着我国网购比例逐步扩大，2018年国务院出台了《促进互联网医疗发展的意见》，指出要加快医药电商创新及智慧医疗服务，为互联网与医疗健康的融合提供支持，医药电商平台将迎来机遇。

（4）技术环境。仿制药在我国占比达到95%以上，新药科研能力弱，特别是拥有自主知识产权的高新技术药企少。传统仿制药和散装药技术含量低，缺乏竞争力，大而不强，在全球100强药企中，我国只有恒瑞医药排在第54位，药企在技术研发上投入不足。

2. 微观环境分析

（1）消化药行业分析。消化类疾病属于高发性疾病，在我国的市场规模不断扩大，在等级医院处方药市场中，2018年我国公立医院临床消化类药物的市值达到了187亿元。

（2）市场需求分析。质子泵抑制剂能够很好地抑制胃酸分泌，从而能够治愈溃疡，在临床治疗消化溃疡病时，是应用较多的药品。

（3）竞争者分析。中国前两名的扬子江药业、奥赛康药业的竞争产品分别占国内重点城市医院市场份额的6.65%和5.34%，其他的企业市场份额都偏低，目前，质子泵抑制剂通过一致性评价的只有扬子江药业一家。从总体上看，消化性溃疡治疗药物的龙头企业优势并不明显，H公司在质子泵抑制剂领域还有赶超机会。

三、H药业公司市场营销模式探索

1. 产品策略探索

（1）推进新药研发。在质子泵抑制剂领域，推进埃索美拉唑等产品的研发及上市。因埃索美拉唑有着独特的异构体，疗效更好，此产品生产厂家相对较少，所以有着更好

的操作空间，能够帮助 H 公司塑造该领域品牌。

（2）梳理调整产品结构。对现有药品的产品结构进行调整，将公司的产品聚焦在两个板块：一是消化治疗领域以质子泵抑制剂为主导的产品群；二是国家 685 基药目录的品种。

（3）积极参与一致性评价。成立项目组加快公司的兰索拉唑、注射用奥美拉唑钠等品种的一致性评价申报工作。

2. 价格策略探索

规划招投标价格，成立独立的招投标部门，来负责各省（区、市）的招投标价格的审核，确保不会出现局部省（区、市）低价格中标，保障公司产品价格体系的稳定。

3. 渠道策略探索

（1）构建电商销售渠道。组建网络销售平台，实现线上订单交易，采用线上线下相结合的销售模式。

（2）优选合作商业公司。在新医改的两票制及营改增政策影响下，有针对性地选择有资金实力的地方医药商业公司，达到双赢的结果。

（3）拓宽基层渠道。H 公司有两个重磅 685 基药品种，基层医药销售市场公司在产品生产计划及药品物流配送上加强配套，保障供应能力。

4. 促销策略探索

（1）开展学术化推广。基于当前产品的现状，加强学术人员配置，强化学术推广团队职能，把更多的资源放在医院终端上，通过大量的产品学术活动来增强产品影响力，为产品提供增值服务。

综合案例分析思路 4.1

（2）实施品牌战略。打造消化性溃疡药品专家品牌，在顾客心里形成一种印象和烙印，以此为基础，使医生及消费者产生消化溃疡治疗的联想。同时要着力打造企业形象、产品包装、售后服务、人员素养及企业文化等经营要素，为塑造品牌创造良好氛围。

资料来源：王伟. 新医改背景下 H 公司市场营销策略优化研究[D]. 郑州：河南工业大学，2020.

讨论题： 请结合案例，讨论并分析新医改背景下 H 制药公司营销模式探索及其对制药公司的启示。

综合案例4.2

财政部抽查77家药企，矛头直指销售费用

2019 年 6 月 4 日，财政部发布了加急文件，将会在 6 月至 7 月对 77 家医药企业开展会计信息质量检查，文件称将对销售环节进行"穿透式"的监管。消息一出，国内股市医药股普跌，有 175 家药企跌幅超过 1%，超过 500 亿市值蒸发。

为什么这些企业对此这么敏感、这样弱不禁风、一听说检查就跌落身价，甚至在 77 家企业中只有 27 家 A 股或港股上市公司，但最终却跌了 175 家？

原来，随着"两票制"的深入，会涉及企业许多财务行为，尤其是销售费用。包括

销售费用列支是否有充分依据、是否真实发生、是否存在通过专家咨询费、研发费、宣传费等方式向医务人员支付回扣等，都是检查范围。检查可延伸至关联方企业和相关销售、代理、广告、咨询等机构，必要时可延伸检查至医疗机构。所以这次"多年来从未有过"的检查，对许多药企来说是一次可能要露馅的检查。

医药企业的销售费用一直以来都处于畸高的状态。据同花顺数据统计，2018年，有34家企业的销售费用占总营收比例超过了50%，上市药企的销售费用总计超过2400亿元。例如：某制药企业，2018年年报显示，其营业收入为139亿元，而销售费用却超过80亿元，占比达58%以上，但研发费用却只有区区数百万元而已。再如：消化类药品行业的龙头企业在2018年的销售费用率高达61.78%，全年销售费用投入达到24.29亿元，但研发费用仅为2.9亿元，销售费用是研发费用的8.4倍。

目前我国大部分药企都是仿制，原研药企的占比很低。从统计数据整体来看，本次调查的药企研发投入占比大都不足5%。销售费都居高不下，一定会挤占其他的项目支出，包括研发费用。如果任其重销售轻研发，"仿制药大国"的帽子就很难摘掉。

这次财政部抽查77家医药企业只是一个开始，根据国务院办公厅印发的《深化医药卫生体制改革2019年重点工作任务》，2019年将会深化医疗、医保、医药联动改革，内容涉及仿制药、互联网诊疗收费、医用耗材、疾病防治等多个方面。这也意味着国家对医药行业的监管将会进一步加强，医药行业或面临新一轮的洗牌。

综合案例分析思路4.2

资料来源：李富永."双票制"倒逼药企重研发轻销售[N].中华工商时报.2019-06-11(3).

讨论题：请结合案例，讨论并分析我国全面推行实施两票制有什么意义？两票制的实施给医药流通行业带来哪些启示？

第五章 医药市场营销调研和需求预测

学习目标

1. 了解医药市场营销信息系统的含义与构成；
2. 熟悉医药市场营销调研的内容、类型和程序；
3. 掌握医药市场营销调研的方法和技术；
4. 熟悉医药市场需求预测的分类及基本方法。

课程思政

引导学生在医药市场调研实施中树立诚信原则，深刻理解中华优秀传统文化的时代价值，践行社会主义核心价值观；引导学生在专业知识模块的学习中，有意识地注重自身职业道德、职业素养的培育，强化以"创新"为核心的时代精神在市场调研与预测中的体现。

引导案例

呼吸系统用药市场调研

冷暖交替的秋冬季节，加上雾霾天气频发，极易引起易感人群呼吸系统疾病。而从近几年的市场来看，由于人口老龄化、空气污染、新病原与耐药病原等因素，导致呼吸系统疾病呈逐年上升的趋势。

国家卫生部统计数据显示，我国呼吸系统疾病的发病率占总体发病率的69.4%左右，全国每年有9200万人患有各种呼吸系统疾病。季节性咳嗽、哮喘、慢性阻塞性肺病、流行性感冒和急性鼻咽炎等五大类疾病占整个呼吸系统疾病的80%以上，其中40岁以上人群的慢性阻塞性肺病患病率为9.9%。

前瞻产业研究院发布数据显示，我国2017年呼吸系统用药市场规模为1530亿元，占中国药品市场的9%左右。其中，咳嗽和感冒用药是最大的细分子类，2017年的销售额为1020亿元，占据整个呼吸系统用药市场份额的七成左右。

扩展阅读5.1 儿童用中药未来需求潜力巨大

资料来源：中国产业调研网. 2017年版中国呼吸系统用药市场现状调

研与发展前景趋势分析报告[EB/OL]. [2017-08-22]. https://wenku.baidu.com/view/6cfdd5aa6394dd88d0d233d4b14e852458fb393e.html.（有改编。）

第一节　医药市场营销信息系统

复杂的市场状况，增加了医药企业市场营销的难度，企业营销决策要以市场需求为中心，就必须保持对市场变化的高度敏感。有效的医药市场营销信息系统不仅能帮助企业发现自身优势，洞察市场机会，而且还能够据此对医药市场需求进行预测。

一、医药市场营销系统的含义

（一）医药市场信息

市场信息是在一定时间和条件下，同市场商品交换以及与之相联系的各种社会经济活动有关的消息、情报、数据资料等的总称。从本质上讲，市场信息是对市场运行过程与状态的客观描述，是各种经济事物运动变化趋势及其相互联系的现实表现形式。

医药市场信息是在一定时间和条件下，与医药市场营销活动相关的各种消息、情报和数据资料等的总称。医药市场信息反映医药市场营销动态，包括消费者心理、竞争态势、市场供求状况等，是医药企业了解医药市场发展变化的趋势、提供能够满足市场需求的医药产品和服务的重要依据。

医药市场信息的特征主要有四点：第一为时效性，指在搜集市场信息时要注意速度和效率，迟到的信息几乎没有价值；第二为广泛性，医药市场信息量大、涉及面广，企业就需要广泛开辟信息搜集渠道，细致筛选，科学分析；第三为系统性，对医药企业而言，零散无规律的信息价值不大，系统地搜集信息才能为决策提供有效支持，医药企业必须连续多方面地搜集与加工信息，并找出信息之间的内在联系，才能使信息更有价值；第四为竞争性和保密性，有效的市场信息无疑是企业制定竞争策略的必要资源，特别是那些竞争情报，一经公开就会损害信息拥有者的利益，如行动方案、生产计划、库存等。

医药市场信息的功能主要有四个方面：第一，医药市场信息是医药企业经营决策的前提和基础；第二，医药市场信息是医药企业制定营销计划的依据；第三，医药市场信息为产品营销策略的制定提供充分依据；第四，医药市场信息是医药企业进行营销控制的必要条件。

（二）医药市场营销信息系统

营销信息系统是对能够客观展示企业生产经营管理状况，可以用于指导企业营销管理并且参与企业经营决策的软硬件系统的总称。企业为实现最终的经营目标，将企业内部环境中若干具有相对独立功能、相互联系、相互影响的数据在营销信息系统中进行整合。

医药市场营销信息系统是基于人员、计算机设备及程序构成的相互作用的人机结合的信息处理系统，它通过对信息的收集、整理、分析、评价和分配，最终为医药企业整体的管理和决策提供服务。医药市场营销信息系统既可以提供制订市场计划所需的信息，又可以通过计划实施的市场反馈信息，反过来评估市场计划的执行情况和整体效果。

医药市场营销信息系统是整合了营销、管理、决策相关理论后发展而成的一个系统，系统对所含子系统的信息通道进行打通，综合汇总子系统数据，如营销情报子系统、营销调研子系统、产品子系统等。通过对信息的整合分析和利用，指导企业的经营发展。

医药市场营销信息系统对企业的营销活动有着巨大的作用。第一，在企业内部它可以整合企业的财务、人力、上下游信息、资本等资源，促进和实现各部门合作，实现决策预警、决策辅助和决策监督。第二，医药市场营销信息系统可以对企业外部营销环境数据进行整理分析，使企业在竞争中处于有利地位，是企业营销决策者的好帮手，能够为企业节省资源，获得更多的投资回报。第三，医药市场营销信息系统可以使信息的处理更加方便快捷，使信息在组织内的共享更加完整有效，使企业的运营效率大大提高。

二、医药市场营销信息系统的构成

医药市场营销信息系统可以从功能上划为两个分系统——具有收集处理功能的分系统和具有执行功能的分系统。每个分系统又可以继续划分成更小的子系统。

（一）收集处理分系统

收集处理分系统一般由医药企业的内部报告子系统、营销情报子系统、营销调研子系统和营销分析子系统四个子系统构成。

1. 内部报告子系统

内部报告子系统以会计报告系统为基础，主要作用是报告医药企业的订货、库存、销售、费用、现金流及应收应付款等数据资料，主要工作内容是"订单—发货—收款"的循环。会计报告系统的完善将改进销售报告的时效性，并使销售报告符合主管部门的需要，这就避免了营销主管部门因接到过多或无用的报告而降低工作效率。

2. 营销情报子系统

营销情报子系统的主要作用是向市场营销决策部门提供外部环境发展变化的情报信息。系统由循环的五个阶段构成，即"情报的定向—情报的收集—情报的整理和分析—情报的传播和接收—情报的使用"。情报的收集途径有多种，包括：训练和鼓励本企业的销售人员去发现和报告新情报，利用中间商和其他伙伴来收集情报，向外界的情报供应商购买信息等。

3. 营销调研子系统

营销调研子系统的主要任务是根据企业营销工作面临的主要问题，对与某项具体营销决策有关的信息进行系统的收集、分析和报告。由于内部报告子系统和营销情报子系统在其职能范围内难以提供足够的信息，所以需要企业专门设置营销调研部门或者委托专门的市场营销调研公司系统地做这项专门调查。

4. 营销分析子系统

营销分析子系统中，使用统计工具库和模型库对营销信息的数据资料进行分析，以便进行营销评价，更好地做出决策。统计工具库中常用的有计算平均数、测量离散度、交叉表、回归分析、相关分析、聚类分析等。模型库中包括很多分析决策模型，如消费者需求偏好分析模型、最佳产品特征模型、价格决策模型、广告媒体组合模型等。

（二）执行分系统

执行分系统主要是将收集来的信息转变为效益，其手段必须是要执行。它一般包括产品子系统、分销和促销子系统、市场组合子系统。执行这些子系统都须在收集处理分系统的基础之上，以供决策者在周密分析、判断之后制订出可行而有效的营销计划或方案。

1. 产品子系统

产品子系统主要是根据收集处理功能的相关子系统所收集的信息、资料，促使医药企业对新产品开发报告、销售分析报告等分析整理并制定出一套完善方案的系统。该子系统既可以制定原产品的营销方案，也可以制定新产品的开发方案，促使产品在市场上保持活力，有助于消费者对产品产生兴趣并保持一定的新鲜感。

2. 分销和促销子系统

医药企业决策者在对收集处理的诸个子系统信息分析之后，还需要进一步为医药产品的分销和促销制定有效的分销渠道和促销方案。例如，在不同的分销渠道，通过不同的营销方式促使产品实现较高的销售量，以使医药企业在营销中获得最大利润。

3. 市场组合子系统

市场组合子系统主要指医药企业中的决策者根据市场中的情报、数据的调查、预测等，对市场营销因素中的各种可能组合进行综合分析，选择在特定时期营销特定产品的最佳组合策略，从而制订出合理的、科学的营销计划，实现企业利润的充分提升。

第二节　医药市场营销调研

一、医药市场营销调研概述

（一）医药市场营销调研的含义

市场营销调研指系统地设计、收集、分析并报告与企业有关的数据和研究结果。在市场经济条件下，为确保企业营销的成功，必须注重营销调研和市场预测，以获得尽可能详细准确的数据作为营销决策的依据。

医药市场营销调研指在市场营销观念的指导下，以满足医药产品消费者需求为中心，运用科学的方法，收集、记录、整理、分析和研究有关医药市场各种基本状况及其影响因素的信息资料，并提出解决特定的医药市场营销问题建议的过程。

医药市场营销调研是做好供求平衡的重要依据，是医药市场预测和合理决策的基础，是市场经济形势下企业发展的客观需要，更是医药企业现代化管理和提高经营效果的必要条件。

（二）医药市场营销调研的内容

1. 医药市场需求容量调研

医药市场需求容量（market demand capacity）调研主要包括对市场最大和最小需求容量、现有和潜在的需求容量、不同医药产品的需求特点和需求规模、不同市场空间的营销机会以及医药企业与竞争对手现有市场占有率等情况的调查分析。

2. 可控因素调研

可控因素（controllable factor）调研主要包括对医药产品及其价格、销售渠道、促销方式等因素的调研。

- 医药产品调研包括：有关产品性能、特征和顾客对产品的意见和要求的调研；关于产品所处生命周期阶段的调研；产品的包装、品牌、外观等给顾客的印象的调研。
- 医药产品价格调研包括：产品价格的需求弹性调研；新产品价格制定或老产品价格调整所产生的效果调研；竞争对手的价格变化情况调研；选择实施价格优惠策略的时机和实施这一策略的效果调研。
- 医药产品销售渠道调研包括企业现有产品分销渠道状况，中间商在分销渠道中的作用及各自实力，用户对中间商尤其是代理商、零售商的印象等内容的调研。
- 医药产品促销方式调研主要是对人员推销、广告宣传、营业推广、公共关系等促销方式的实施效果进行分析、对比。

3. 不可控因素调研

不可控因素（uncontrollable factor）调研主要涉及政治环境调研、经济环境调研、社会文化环境调研、科技发展状况与趋势调研、医药消费者调研、竞争对手调研六个方面。

- 政治环境调研包括对医药产品的主要用户所在国家或地区的现行政策、法令及政治形势的稳定程度等方面的调研。
- 经济环境调研主要是调查医药企业所面对的市场在宏观经济发展中将产生何种变化。调研的内容有各种综合经济指标所达水平和变动程度。
- 社会文化环境调研主要是调查一些对市场需求变动产生影响的社会文化因素，如教育水平、民族构成、宗教信仰及风俗习惯、社会道德与审美意识等。
- 科技发展状况与趋势调研主要是了解与本企业生产有关的技术水平状况及趋势，同时还应把握社会相同产品生产企业的技术水平的提高情况。
- 医药消费者调研在于了解消费者的特征和消费需求，为医药企业向市场提供满足消费者的医药产品提供依据，调研对象包括医生、患者等。
- 竞争对手调研主要是关于竞争对手数量、竞争对手的市场占有率及变动趋势、竞争对手已经并将要采用的营销策略、潜在竞争对手情况等方面的调研。

（三）医药市场营销调研的类型

从不同的角度看，医药市场营销的调研有不同的分类。比如：按时间不同可分为定期调研和不定期调研;按内容不同可分为定性调研和定量调研;按市场调研方法不同可分为文案调研和实地调研等。下面根据医药市场营销调研的目的和设计不同,将其分为探测性、描述性、因果性和预测性四种调研类型。

1. 探测性调研

探测性调研是为了界定调查问题的性质或者更好地理解问题的环境而进行的调查活动。在调研初期,通常对问题缺乏足够的了解,甚至尚未形成一个具体的假设,对某个问题的切入点难以确定,这就需要进行探测性调研的设计。探测性调研的目的是发现新的想法和新的关系,使对问题的认识和理解更为深刻。

2. 描述性调研

描述性调研中调查内容着重于医药市场状况的特征,它将所需调查的现象具体化,主要解决"谁""什么""什么时间""什么地点""怎样"的问题。常见的有医药市场供求状况、医药产品质量与功效、医药产品的销售量及变化、医药产品分销商的数量与分布等。

3. 因果性调研

因果性调研是调查一个变量是否引起或决定另一个变量的研究过程,目的在于识别变量之间的因果关系。比如:用因果性调研探索某种医药产品销售量是否受其质量、价格、规格等多种因素的影响,并确定各因素的影响程度以及主要因素,以此来为正确决策提供科学依据。

4. 预测性调研

预测性调研是在描述性调研和因果性调研的基础上,对医药市场未来的变化趋势(如市场潜在需求量)进行估算、预测和推断。这将对医药企业制定营销决策、把握市场先机具有重要意义。

(四)医药市场营销调研的程序

1. 明确问题和研究目标

要调研的问题大多来自医药企业生产、经营或营销决策等环节,研究的目标必须明确而具体。高质量的调研不完全由调研者决定,而是由调研者和调研使用者共同决定。使用者往往是医药企业的管理者,由于不了解调研本身存在的局限性,有时对目标的提出抽象而不切实际,调研人员必须与其充分沟通,了解解决问题需要什么样的信息,把抽象的目标具体化,使调研项目具体可行。

2. 制定调研方案

目标确定后就要制定一个详尽严密的调研方案。调研方案的主要内容包括调研工具的选择、样本设计、抽样方法、资料的收集与整理、数据分析方法、调研进度、经费预算等。

3. 收集与整理资料

在正式调查实施阶段,调研人员需要深入调查单位收集数据和有关资料,包括原始资料和二手资料。原始资料是通过实地调查收集的一手资料,在整个调研过程中,资料往往是从定性到定量过渡的；二手资料的来源则包括医药企业内部和外部。收集而来的各种资料大多是分散的、不系统的，不能直接被利用，因此要在数据分析之前对资料进行审核、分类、汇总等，使之层次化、系统化。

4. 分析数据

调研中的数据分析环节应根据所收集资料的性质采取不同的分析方法。对于定性资料，一般将归纳与演绎相结合、分析与综合相结合对其进行分析；对于定量的数据则多是运用统计学的相关方法来分析，包括相关分析、回归分析、方差分析等。

5. 撰写调研报告

调研报告是根据调查资料与分析研究结果而编写的书面报告，其目的是为生产经营决策和市场预测提供依据。基本内容包括调研背景和目的、调研方法、调研过程、调研结果和建议等。报告一般由标题、序言、正文、附录等要素组成。

二、医药市场营销调研的方法

（一）文案调研法

文案调研是调研人员从现有各种文献、档案中收集信息资料的一种调查方法，也称二手资料调查。由于文案调研自身的局限性，所以收集的资料要求具有全面性、针对性和时效性。在文案调研中，常采用文献资料筛选法、报刊剪辑分析法、情报联络网法、电子网络搜索法等。

文案调研所需资料包括医药企业内部资料、外部资料和互联网资料。内部资料主要来源于企业内部的各种业务、统计、财务及其他有关资料；外部资料主要指企业外部单位所持有的资料，主要来源有国家统计资料、行业协会资料、信息咨询机构所供资料、图书馆资料、调查报告资料、各种会议资料等；互联网资料主要包括各类医药网站、政府网站等公布的信息，各数据库下载的专家或学者的论文，专业调查机构发布的调查报告等。

（二）实地调研法

1. 访问法

访问法又称询问法，指调研人员采用访谈询问的方式向被调查者了解市场情况的一种方法，是医药市场营销调研中最常用、最基本的方法。这类方法按访问方式可分为直接访问和间接访问；按访问内容可分为标准化访问和非标准化访问；按访问内容的传递方式可分为面谈访问、电话访问、邮寄访问、留置问卷访问等，这四种常见访问法的优缺点比较如表 5-1 所示。

2. 观察法

观察法指调研人员凭借自己的感官和各种记录工具，深入调查现场，在被调查对象未察觉的情况下，直接观察和记录被调查者行为，以收集医药市场信息的一种方法。观察法分直接观察和间接观察两种基本类型。直接观察指调研人员直接到现场观察被调查者的行为；间接观察指调研人员通过观察与被调查者密切相关的医药市场情况来推断其行为。

表 5-1　四种访问法优缺点比较

项　目	访问方法			
	面谈法	电话法	邮寄法	留置法
处理复杂问题的能力	最好	较差	最差	好
搜集信息的能力	最好	较差	最差	好
对敏感问题的回答	最差	较差	最好	好
调研人员的控制	最好	好	最差	较差
时间	好	最好	最差	较差
灵活程度	最好	较差	最差	好
成本	最高	低	最低	较高

资料来源：傅书勇. 医药营销管理[M]. 北京：清华大学出版社. 2013：185.

观察法的主要内容体现在四个方面。
> 观察顾客的行为——了解顾客行为，可促使医药企业有针对性地采取恰当的营销方式。
> 观察顾客流量——这对改善医药企业经营、提高服务质量有很大好处。
> 观察医药产品使用现场——了解医药产品质量、性能及顾客反应等情况，实地了解使用医药产品的条件和技术要求，进而发现医药产品更新换代的前景和趋势。
> 观察医院药房及药店的产品橱窗布置——了解布局是否合理，顾客选购、付款是否方便，相关人员的服务态度如何等。

为了保证观察效果，观察人员必须遵循客观性、全面性、持久性原则，某些时候还要对被调查者进行事先通知，注意保护被调查者的个人隐私。

3．实验法

实验法是一种具有科学效度的研究方法，指医药市场调研人员有目的、有意识地改变一个或几个影响因素，来观察医药市场现象在这些因素影响下的变动情况，从而认识医药市场现象的本质特征和发展规律。实验调查是实践与认识的有机结合，医药企业在经营活动中经常运用这种方法，如开展一些小规模的包装实验、价格实验、广告实验、新产品销售实验等，来测验这些措施在医药市场上的反应，以实现对市场总体的推断。

应用实验法的一般步骤是：根据医药市场调研的目标提出假设；进行实验设计，确定实验方法；选择实验对象；进行实验；分析整理实验数据资料并做实验检测；得出实验结论。实验法只有按这种科学的步骤来开展，才能迅速取得满意的实验效果。

有效的、合格的实验法调研方案应有三个特征：①在实验中的变量能够被准确地应用，并规定它的性质；②那些明显影响实验结果的外在变量是能够被识别出来的；③在一定时期，变量的输入所产生的效果或收益是能够被鉴别和衡量的。

（三）网络调研法

网络调研是医药企业整体营销战略的一个组成部分，是建立在互联网基础上，借助于互联网的特性来实现一定营销目标和调查目的的一种手段。它通过互联网进行有计划有组织地调查、记录、收集、整理、分析有关的医药市场信息，客观地测定及评价现有市场及潜在市场，用以解决医药市场营销的有关问题，其调研结果可作为各项营销决策的依据。随着移动互联网的飞速发展,网络调研法在医药市场营销中的作用越发突出。

1. 常用的网络调研方法

> E-mail 问卷调研法:分为主动问卷法和被动问卷法。开展主动问卷法的步骤有:①建立被访者 E-mail 的地址信息库;②选定调研目标;③设计调查问卷;④收集资料;⑤分析调查结果。被动问卷调研法是一种将问卷放置在站点上,等待访问者访问时主动填写问卷的调研方法。由于每个网民几乎都可以成为被调查者,所以被动问卷法通常应用于对被访群体无要求的调研。

> 网上焦点座谈法:是在同一时间随机选择 2~6 位被访问者,弹出邀请信,告知其可以进入一个特定的网络聊天室,相互讨论对某个事件、医药产品或服务等的看法和评价。

> 网络固定样本组调研:根据自愿注册与有偿参与的原则,只要符合要求的网民,均可注册成为样本组成员,将收到的网民背景资料存入信息库,通过该信息库来确定精确独立的目标网民细分,以满足顾客的特殊需求。

> 使用公告板系统(bullentin board system,BBS)进行网络调研:网络用户通过 TELNET 或 WEB 方式在电子公告栏发布消息,BBS 上的信息量少,但针对性较强,比较适合医药行业。

> 委托市场调研机构通过网络完成调研。

2. 网络调研相关的软件及网站介绍

网络调研中合理使用问卷调查平台可以达到事半功倍的效果。例如,"问卷星"是一款在电脑或者手机终端使用的问卷调查平台及问卷调查制作平台,支持讨论投票、公益调查、博客调查、趣味测试,以及学术调研、社会调查等,还能制作问卷调查表等。此外,一些专业的在线调查互动门户网站也非常活跃,诸如腾讯问卷、微调查、调查派、51调查网等,使用起来相对快捷、高效、低成本,有利于调研中更好地了解相关信息,把握市场先机。

营销视野 5.1 国内主流调查问卷网及使用流程

3. 实施网络调研的注意事项

网络调研时需要特别注意:认真设计在线调查问卷;关于保护个人信息的声明;尽可能地吸引网民参与调查,特别是被动问卷调查;尽可能结合多种调研方式进行市场调查。

网络调研具有一定的局限性,被调查者只能是网民,所调研的问题必须要适合网络的形式,有时网民的身份难以辨认,由此造成的误差也难以控制。

三、医药市场营销调研的技术

(一)抽样技术

抽样调查是一种专门组织的非全面调查,它按照一定方式,从调查总体中抽取部分样本进行调查,用所得的结果说明总体情况。抽样调查是目前国际上公认和普遍采用的科学调查手段,理论依据是概率论。

对一些不可能或不必要进行全面调查的医药市场现象,最宜用抽样方式解决;在经费、人力、物力和时间有限的情况下，采用抽样调查可节省费用，争取时效，用较少的人力物力和时间达到满意的调查效果；在对某种总体的假设进行检验，判断这种假设的真伪，以决定行为的取舍时，也经常用抽样调查来测定。

1. 抽样调查分为随机抽样和非随机抽样
   - 随机抽样：按照随机原则抽取样本，即在总体中抽取单位时，完全排除人的主观因素影响，使每一个单位都有同等的机会被抽到。比较常用的随机抽样方法有简单随机抽样、分层抽样、等距抽样、分群抽样、多阶段抽样。
   - 非随机抽样：不遵循随机原则，它是从方便出发或根据主观的选择来抽取样本。非随机抽样无法估计和控制样本误差，无法用样本的定量资料和统计方法来推断总体，但非随机抽样简单易行，尤其适用于做探测性研究。常用到的有方便抽样、判断抽样、配额抽样、滚雪球抽样。一般而言，非随机抽样是因为随机抽样的成本较高，比如随机抽样的调研对象难以找到，所以退而求其次，相应的推断能力比随机抽样要差一些。

2. 抽样调查中常用的概念
   - 全及总体和抽样总体：全及总体简称总体，指所要调查对象的全体。抽样总体简称样本，是从全及总体中抽选出来所要直接观察的全部单位。
   - 全及指标和抽样指标：全及指标是根据全及总体各单位指标值计算的综合指标，常用的全及指标有全及总体平均数、全及总体成数、全及总体方差和均方差。抽样指标是根据抽样总体各单位标志值计算的综合指标。常用的抽样指标有抽样平均数、抽样成数、抽样方差和均方差等。
   - 重复抽样和不重复抽样：重复抽样又称回置抽样，是一种在全及总体中允许多次重复抽取样本单位的抽选方法；不重复抽样又称不回置抽样，即先被抽选的单位不再放回全及总体中，一经抽出，就不会再有第二次被抽中的机会了，在抽样过程中，样本总数逐渐减少。
   - 总体分布和样本分布：总体分布指全及总体中的各个指标值经过分组所形成的变量数列，而样本分布指所有可能的样本指标经过分组而形成的变量数列。抽样调查的基本要求就是使样本分布尽可能接近于总体分布。
   - 抽样框：抽样框指供抽样所用的所有调查单位的详细名单。抽样框一般可以采用现成的名单，如医药企业名录、医药企业药品的名单等，在没有现成名单的情况下，可由调研人员自行编制。
   - 抽样误差和非抽样误差：抽样误差指用样本估计总体产生的误差，一般用估计量的均方差或方差表示；非抽样误差指在抽样调查中由人为差错造成，可采取措施控制的误差。

（二）问卷设计技术

1. 问卷设计的程序

调查问卷是医药市场营销调研中收集第一手市场资料最常用、最基本的调查工具。

问卷的质量将直接影响医药市场信息的收集质量和调研工作的效率,因此,问卷的设计是医药市场营销调研的一项基础性工作。问卷在设计时要做到与调研主题一致,易于调研人员操作,便于被调查对象回答问题,且便于调研结果的处理与分析。问卷设计的具体程序有以下几个方面。

> 确定调研目标:这个步骤需要医药企业的市场经理、品牌经理、生产经理甚至还有研发专家一起研讨究竟需要些什么数据,目标应当尽可能精确,以便为后续步骤顺利、有效地实施打下基础。

> 确定数据收集方法:数据的获取方法主要有人员访问、电话访问、邮寄调查和在线访问等。方法的选取对问卷设计有直接影响,比如街上拦截访问有时间的限制。

> 确定问题的回答形式:问题的回答形式有开放式、封闭式。对于开放式问题,应答者可以自由地用自己的语言来回答和阐释有关的想法;对于封闭式问题,应答者需要从一系列给定的选项中做出选择。

> 决定问题的措辞:问题的措辞中,用词必须清楚,避免诱导性的用语,应考虑到应答者回答问题的能力和意愿。

> 确定问卷的流程和编排:问卷制作是调查中双方建立联系的关键,问卷每一部分的位置及内容编排都要具备一定的逻辑性。

> 评价问卷:这个步骤应当考虑问题是否必要,问卷是否太长,问卷是否涵盖了调研目标所需的信息,邮寄及自填问卷的外观设计是否适宜,开放式问题是否留足空间,问卷说明是否用了明显字体等。

> 获得认可:问卷的草稿发至相关各部门征求意见,在这一过程中可能会多次收到新的信息和要求,因此,多次的修改是必要的。问卷的认可,将再次确认决策所需要的信息以及获得它所需的途径。

> 预测试和修订:获得认可以后,还必须进行预测试。在预测试前,不应当进行正式的询问调查。预测试应当以最终访问的相同形式进行,目的是为封闭式问题寻找额外的选项,体验应答者的一般反应。

> 准备最后的问卷:精确表达、空间预留、数字编码必须安排好,监督并校对,问卷还可能进行特殊的折叠和装订。

2. 问卷的结构

问卷设计是一项十分细致的工作,一份完整的问卷通常由三个部分组成:前言、主体内容和结束语。问卷前言主要是对调查目的、意义及填表要求进行说明,前言部分的文字须简明易懂,能激发被调查者的兴趣;问卷主体是市场调查所要收集的主要信息,它由一个个问题及相应的选项组成,通过主体部分问题的设计和被调查者的答复,调查者可以对被调查者的个人基本情况,以及对某一特定事物的态度、意见倾向、行为等有充分的了解;问卷结束语主要表示对被调查者合作的感谢,必要时可记录调查人员姓名、调查时间、调查地点等,结束语要简短,有时也可以省略。

问卷调查实施以后,要及时整理并分析数据资料,撰写调查报告并跟踪调查结果。

（三）大数据技术

随着计算机网络技术、云计算、云存储技术的完善，许多电子商务平台、O2O 企业，甚至是传统的行业，如医疗行业、教育行业等，通过计算机网络技术储存了巨量的用户网络消费行为数据。许多企业开始重视这些数据，例如，利用数据开始分析用户的消费行为，再根据用户的消费行为来调整自己的营销策略，传统的市场调研开始受到冲击。随着计算机网络的进一步发展和完善，大到一个国家的治理，小到一个企业的经营管理都离不开大数据。

在大数据出现以前，尽管大家都知道普查是了解市场最准确的一种调查方式，但是由于普查的范围太广、成本太高，往往导致企业没办法组织实施。大数据的出现，传统最常用的抽样调查地位受到了挑战，现在许多行业都非常容易以非常低的成本获得大数据，例如，服装企业可以从天猫、淘宝、京东等公司获取大数据，对大数据进行挖掘分析，以此来更加精准地了解顾客需求。在这一背景下，直接进行全面调查，对医药企业而言不再是难题。当然并不是说传统的调查方式就完全会被大数据分析取代，在不同的场景和不同的调查需求情形下，可以选择不同的调查方式。大数据的分析更加适合于描述性的调查，而传统的调查方式在因果性的调查上仍然具有独特的优势。所以大数据分析和传统的市场调查并不是取代的关系，而是互补的关系。

在大数据时代到来以前，不管采用何种调查方式，基本都没办法实现对变化的医药市场信息实时监控。大数据时代让医药企业可以对市场信息实时监控。例如，从京东大药房的网上经营数据，可以实时地监控消费者进店的流量信息、购药店名、配送品类及数量、平均停留时间等这些关键的医药产品经营数据。通过高级数据分析工具可以实时监控与跟踪消费者的消费轨迹与消费关联，再结合传统的营销调研方式去了解消费者购买或者未购买的真正原因，为医药产品的生产与营销决策提供准确的依据。

作为医药企业，如何做好基于大数据技术的医药市场营销调研，在当下的市场竞争中尤为重要，主要从以下三个方面着手。

1. 建立有效的数学模型进行数据挖掘

医药企业要在巨量的大数据里提取到对经营管理有效的信息，就需要建立有效的数学模型来进行数据挖掘。大数据的 5V 特点（volume——大量性、variety——多样性、velocity——高速性、veracity——真实性、value——低价值密度）决定了我们在进行大数据分析的时候存在很大的难度。但是通过数学建模和不断的修正，最终能找到比较好的模型来对巨量的信息进行分析，从而提取到有利于营销决策的结果。建立数学模型来进行数据挖掘在一些大型的医药企业里已经得到了初步应用，在未来的医疗行业领域里，大数据将发挥越来越重要的作用。

2. 注重数据的综合分析和横向比较

大数据时代，数据纷繁复杂，不仅是文本形式，还有图片、视频、音频、地理位置等信息。各种数据的来源渠道也不尽相同。以往我们要在某个区域开一家药店，可能需要蹲点去观察和计算人流量。但是在大数据时代，人流量、年龄结构的统计根本不需要我们到现场，不管是通过通信公司的大数据，还是遍布每个街道的摄像头都能够简单明了地获取这些信息。这种情况下，对于我们能够对来源不同、形式多样的信息进行综合分析和横向比较，以得出更接近市场状况的结论是非常重要和宝贵的。

3. 关注长尾市场

市场需求大体上呈正态分布，存在着长尾效应，医药市场亦是如此。大多数的需求在正态分布曲线中会集中在头部，这部分我们可以称之为流行，而分布在尾部的需求是个性化的，零散的小量的需求，少量的需求会在需求曲线上面形成一条长长的尾巴。而所谓的长尾效应就在于它的数量上，将所有非流行的市场累加起来就会形成一个比流行市场还大的市场。随着人们生活水平的提高，人们对医药产品的需求越来越精细化，在曲线中表现出来就是尾巴越来越长。大数据时代之前，一些小众市场往往由于市场规模和企业经营能力之间的矛盾，迫使企业明知道有这个市场的存在也不能有效地满足人们的需求。但随着电子商务、O2O 和物流行业的飞速发展，使医药企业的经营打破了地理位置的限制，在这样的背景下，医药企业在进行大数据调查时，就可以关注那些以前被忽视的长尾市场。关注个性化的需求，挖掘长尾市场，是医药企业重新获得竞争优势的重要路径。

大数据技术，对传统的医药市场调研而言既是一种冲击也是一种机遇，它让医药企业能够第一时间收集到足够的市场信息。医药企业只要善于利用大数据来进行市场信息收集，挖掘潜伏在海量数据里面有价值的、真实的医药市场信息，将让企业的经营管理事半功倍。

视频 5.1　如何进行有效市场调研的启示

第三节　医药市场需求预测

一、医药市场需求预测分类与基本程序

医药企业对市场状况的研究不仅要着眼于现实，更重要的是把握和预测未来，既要分析医药市场需求变化的规律，又要对一定时期潜在和未来的需求变化趋势进行科学推断，市场预测已成为医药企业生存与发展的制胜法宝。

医药市场需求预测指根据有关调查资料对医药产品未来的市场需求变化进行细致的分析研究，掌握需求的内在规律，对其发展趋势作出正确的估计和判断，以确保拟研发产品或已有产品的策略符合市场需要，具有较强的竞争能力。需求预测的目的在于通过对历史数据的分析，找出影响需求波动的主要因素，并结合企业的实际情况，采用科学的方法，得到最符合实际情况的需求预测，并在此基础上，进行原材料储备，调配物流资源。在医药企业的日常运营中，市场需求有增加也有减少的情况，有的需求是连续性的，有的是周期性的，从对原材料采购到消费者对医药产品的需求都可以进行预测。

此外，根据医药产品的性质不同，要选择适合的预测方法进行预测，医药企业通过需求预测可以得出某个医药产品在未来一段时间里的需求趋势，同时这些结论为其制订需求计划和发展决策提供了依据。提升需求预测准确率对医药企业有如下积极的意义。

首先，提升需求预测准确率能够提升客户满意度。许多医药企业都面临着这样一个

难题：如何有效控制成本的同时还能维持或者提升顾客满意度？通过有效的需求预测可以得到准确的供需信息，以作为企业制定研发、生产或销售计划的依据。

其次，提升需求预测准确率有助于企业有效利用产能，提升库存周转率。任何医药企业的生产能力都是有限的，依据高准确率的需求计划去采购原材料，安排医药产品生产，产能将被最优化地利用。每年如何提高库存周转率，降低库存是每个医药企业重要的任务之一，库存不宜太多，否则企业大量的资金都被占用。精准的市场需求预测可以帮助企业避免库存浪费，使库存始终处于一个合理水平。

医药企业应重视和加强对市场的需求预测管理，保持与渠道和顾客之间供需同步，实现卓越的需求管理，同时还可以提高决策效率。通过市场需求预测管理，结合医药市场实际情况去调整产品定价、制定具有市场竞争力的营销决策以扩大销售份额，这就需要参与需求预测环节的各个部门，承担各自的职责和充分发挥其功能，以此提高决策的效率。

医药市场预测按地域可分为国际市场预测和国内市场预测；按产品层次可分为单项产品预测、同类产品预测和对象性产品预测；按时间层次可分为近期预测、短期预测、中期预测和远期预测；按预测的方法不同可分为定性预测和定量预测，定性与定量是同一事物的两个立脚点，彼此间互为补充，相辅相成。

作为研究医药市场供求关系的一种科学方法，预测的基本程序一般包括：确定预测目标；拟定预测方案；搜集、整理并分析资料；建立预测模型；进行分析评价；修正预测模型；撰写总结报告。

二、医药市场需求预测的基本方法

医药市场需求预测的基本方法，一般用来定量分析的有时间序列预测和因果性预测，分别适用于短期和中短期。定性分析的需求预测则较适用于长期。

（一）时间序列预测模型

时间序列预测模型是根据那些经过统计处理的、按时间序列的数据进行推测未来的方法。常用的有移动平均数法和指数平滑法。

1. 移动平均数法

移动平均数法是用实际发生的数据资料求平均值，并在时间上往后推移，作为下期或下下期的预测值。以一次移动平均法为例，先收集一组观察值，计算这组观察值的均值，利用这一均值作为下一期的预测值，它是对时间序列数据按一定周期进行移动，逐个计算其移动平均值，取最后一个移动平均值作为预测值的方法。

设有一组时间序列为 $\{Y_t\}$：$y_1, y_2, \cdots, y_t$。令 $M_t^{(1)}$ 为时间序列 Y_t 的一次移动平均序列，其中 N（取自然数）为移动平均的时段长，则：

$$M_t^{(1)} = \frac{y_t + y_{t-1} + y_{t-2} + \cdots + y_{t-N+1}}{N} (t \geq N)$$

为了得到更好的修匀数据，可使用二次移动平均法，即对一组时间序列数据进行两次移动平均排列，并根据最后两次移动平均值的结果建立预测模型。此外，还有加权移动平均法,其基本原理是根据同一个移动段内不同时间的数据对预测值的影响程度,分别赋予不同的权重,然后再进行平移以预测未来值。

2. 指数平滑法

指数平滑法同移动平均数法类似,但平均数用指数加权。因为远近期数据资料对预测未来的影响程度不同,所以对过去不同时期的数据资料取不同的权数,加以平均,用以把各期的变化平均化。指数平滑法经过加权后的曲线是指数曲线,所以称为指数平滑法。指数平滑法的基本模型如下:设有一组时间序列为$\{Y_t\}$:y_1,y_2,…,y_t,则:

$$S_{t+1} = \alpha Y_t + (1-\alpha)S_t$$

式中,S_{t+1}为$t+1$期时间序列的预测值;Y_t为t期时间序列的实际值;S_t为t期时间序列的预测值;α为平滑指数($0 \leq \alpha \leq 1$)。初始值的确定,即第一期的预测值:项数较多时(大于15)可以选用第一期作为初始值;项数较少时,可以选用最初几期的平均数作为初始值。平滑系数α越大反应越快,但是预测越具有不稳定性;平滑系数α越小则可能导致预测滞后。

(二)因果预测模型

医药市场中许多因素都是互相联系的。例如,气候与发病率,人的年龄与血压,门诊人次同门诊收入等,实际都表现为因果关系。这些关系用数学模型表示就构成因果预测模型。它阐明了表示原因的因素和被预测项目之间的数量关系,常用的是回归分析法。

回归分析法是在掌握大量观察数据的基础上,利用数理统计方法建立因变量与自变量之间的回归关系函数表达式,以此来描述变量之间的数量变化关系。回归分析中,当研究的因果关系只涉及一个因变量和一个自变量时,叫作一元回归分析;当研究的因果关系涉及一个因变量和多个自变量时,叫作多元回归分析。

1. 一元回归分析

适用于确定两个变量之间的线性关系,公式为:$Y_t = a + bX$

式中,Y_t为预测值;a、b为回归系数;X为自变量。其中a、b可以直接使用数据分析软件统计产品与服务解决方案(statistical product and service solutions,SPSS)的回归功能得出。

2. 多元线性回归分析

基本模型为:

$$Y = b_0 + b_1 x_1 + b_2 x_2 + \cdots + b_m x_m + e^{\varepsilon}$$

式中,Y为因变量;x为自变量;m为自变量个数;b_0,b_1,…,b_m为回归系数;e^{ε}为随机误差。

此外,如果预测变量和影响它的自变量之间非线性相关,必要时可以把非线性问题转化为线性问题来解决。

(三)其他预测方法

除了上述两种预测方法以外,定量的预测方法还常用马尔科夫预测法。定性的预测方法应用也很广泛,常用德尔菲法、主观概率法、销售人员意见综合预测法、类比法等,不少定性方法在管理类相关课程中都有详细介绍。其中，德尔菲法的基本过程是：先由各个专家针对所预测事物的未来发展趋势独立提出估计和假设，经调查主持者审查、修改，提出意见，再发回各专家手中，专家们根据综合的预测结果，参考他人意见修改自己的预测，即开始下一轮估计。如此往复，直到各专家对未来的预测基本一致为止。

销售人员意见综合预测法是向销售人员进行调查，征询他们对产品的产销情况、市场动态，以及他们对自己所在的销售区、商店、柜台未来销售量或销售额的估计，加以汇总整理，对市场销售前景作出综合判断。这种方法除了由公司、企业管理部门提供必要的调查统计资料和经济信息外，主要依靠销售人员掌握的情况、经验、水平和分析判断能力。由于销售人员处在市场前沿，天天与顾客接触，对市场销售状况十分熟悉，加之预测是经过多次审核、修正的，所以预测结果比较接近实际。

微课 5.1 德尔菲法

本章小结

医药市场信息是医药企业了解市场、制定战略的必要资源，医药市场营销信息系统的使用，将使得信息及数据的分析更加系统、快捷，大大提高营销决策的科学性、准确性。

医药市场营销调研运用科学有效的方法，收集、记录、整理和分析有关医药市场各种基本状况及其影响因素的信息资料，并提出解决特定的医药市场营销问题的建议。在调研过程中，方法与技术的合理运用将对调研结果的真实性和准确率有着举足轻重的作用。常用的调研方法有文案调研法、实地调研法和网络调研法；常用的调研技术有抽样技术、问卷设计技术及信息时代的大数据技术。医药市场调研为医药市场预测提供数据支持，定量分析作为现代预测的重要组成部分，在医药市场营销中的地位日益凸显。市场需求的预测资料，不仅是医药企业制定长远规划的基础，也是合理利用现有资源达到最佳经济效果的决策依据。

关键术语

医药市场营销信息系统（pharmaceutical marketing information system）
医药市场营销调研（pharmaceutical marketing research）
实地调研法（field survey）　　　　　网络调研法（network survey）
抽样调查（sampling survey）　　　　大数据（big data）
时间序列预测（time series forecasting）

课后思考题

1. 简述医药市场信息的特征、医药市场营销信息系统的构成。
2. 简述医药市场营销调研的内容与程序。
3. 比较医药市场营销调研四种类型的不同点。

4. 实地调研法有哪些？各自有什么特点？
5. 如何做好调查问卷设计？
6. 简述大数据调研分析的优势。

即测即练

自学自测 扫描此码

营销应用

营销调研实训

一、主题

以老年人用药市场为主题，选择一个或几个侧重点展开调研。

二、要求

1. 每 6～8 人为一组，按照调研程序，明确目标，制定调研方案，设计问卷，样本容量为 200 人左右，调查并进行数据分析，撰写调研报告。报告中要体现采用的调研方法和技术，并说明采用的理由。
2. 小组以 PPT 形式进行成果汇报，限时 5 分钟，每组自选汇报人。
3. 每组最终提交调研报告 1 份、PPT 讲稿 1 份、调查问卷样稿 1 份。

综合案例

我国抗抑郁药物市场发展现状分析

一、抑郁症现状

根据世界卫生组织报告，目前抑郁症是全球第四大疾病负担，也是导致患者功能残疾的主要原因之一，全球抑郁症发病率约为 11%，全球约有 3.4 亿抑郁症患者，大约有 1/7 的人会在人生的某个阶段遭受抑郁症困扰。

抑郁症又称忧郁症、抑郁障碍，以显著而持久的情绪低落为主要临床特征，是一种常见的精神疾病。临床可见与处境不相称的心境低落，情绪消沉可以从闷闷不乐到悲痛欲绝，自卑抑郁，甚至悲观厌世，可有自杀企图或行为；部分病例有明显的焦虑和运动性激越，严重者可出现幻觉、妄想等精神病症状，甚至发生木僵。

至今，人类对抑郁症的确切病因尚不清楚，其发病机制复杂，但可以肯定的是抑郁症是由生理、心理与社会环境诸多方面因素参与导致，通常与性别、遗传因素、社会环境影响、早年创伤经历、疾病和药物有关。

我国抑郁患者近亿人，占总人群的 7.3%，保守估计有 2 亿人在一生中需要接受专业的心理咨询或心理治疗,抑郁症已经成为我国一个重大的公共卫生问题。预计到2030年,抑郁障碍或将成为中国疾病负担位居第一的疾病。

我国已经是目前全球抑郁症患病人数最多的国家。在患者中,一般女性患者多于男性患者,职业人群多于非职业人群,此外,生活在北上广等大城市面临高压力高竞争环境的白领们,也是此病的高发人群。

二、抗抑郁药物市场现状

药物品种方面,由于5-羟色胺选择性重摄取抑制剂(serotonin-selective reuptake inhibitor,SSRI)较以往的三环类抗抑郁药物(tricyclic antidepressant,TCA)具有不同的结构和药理机制且疗效明确,不良反应少,应用安全,因而近年来迅速成为临床上的一线抗抑郁药,是目前最重要的一类抗抑郁药。

至今已有30多个SSRIs类品种在全球应用,位于前10的药品分别为艾司西酞普兰、舍曲林、文拉法辛、帕罗西汀、度洛西汀、氟哌噻吨美利曲辛、米氮平、氟西汀、西酞普兰和氟伏沙明,合计市场份额远超90%,抗抑郁药物市场集中度较高。

从我国公立医院抗抑郁药的市场竞争格局来看,外资企业和合资企业在市场中占据了主导地位,合计约占总市场的90%,国内企业市场占比仅10%。据悉,辉瑞、丹麦灵北、礼来、山东京卫制药、华海药业五大药企占整个抗抑郁药市场一半以上的份额,其中辉瑞、丹麦灵北和礼来呈现"三强争霸"的局面。2018年销售额位于前10的产品中,位于前5的药品的销售额均超5亿元,其中丹麦灵北制药的草酸艾司西酞普兰片的销售额位居首位。

纵观国内企业布局抗抑郁药物市场,可看出国内企业在此细分领域是以仿制药为主或全部为仿制药,这与长期以来人们对抑郁症的重视程度不高、对治疗抵触而导致这个细分领域受关注度少、经济价值被低估有关,因而少有企业会大量投入进行新产品研发,通常选择仿制药这条较为便捷的道路。

三、抗抑郁药物市场分析

目前我国抑郁症患者就诊率低(真正接受抗抑郁有效治疗的患者比例不足10%),抗抑郁药市场还有巨大的爆发空间,据悉,抗抑郁药在国内医院的销售额近年来持续增加,2018年医院销售额同比增长19%。从欧美较为成熟的抑郁症诊疗观念及市场来看,我国抗抑郁药物市场发展前景广阔。

随着人们由于生活节奏加快导致精神压力日益严重、治疗观念的转变,以及可支配收入的提升,抗抑郁药领域越来越受到重视。以华海药业、科伦药业、康弘药业、京新药业为代表的国内企业布局抗抑郁药市场的积极性也在提高,在一致性评价及带量采购政策下,正逐渐从"以仿制为主,凭一致性评价抢占更多原研药市场份额"向"仿创结合,提升创新研发能力开辟更大增长空间"转变,有望实现国产替代。

四、发展中药抗抑郁药

一直以来,抗抑郁药在减轻患者病痛的同时也带来了一定的副作用。因此,在寻求市场突破的过程中就有人提出要大力发展中药抗抑郁药。

事实上,发展中药抗抑郁药也不乏成功的先例。在欧洲,20世纪90年代就已经有人用草药金丝桃花和叶的提取物加工成口服片剂,迄今已有数百万德国人用过此片剂,未见不良反应。在英国，还用金丝桃来预防阿尔茨海默病及帕金森病。

在我国，目前有代表性的中药抗抑郁药则是即将上市的宁郁异形片，该药由四味常用中药组成，为纯中药制剂。它以某西药抗抑郁代表药物作为阳性对照药，其主要药效实验结果显示疗效优于百优解，且毒理试验未见明显毒副作用。

从现有的研究资料来看，抑郁症的病因确实很复杂，其治疗也不应仅仅局限于神经系统。这一现象提示抑郁症治疗应更多地立足于可通过多途径、多靶点、多层次发挥作用的传统药。同时，在我国传统中药中，具有抗抑郁作用的药类有银杏、贯叶金丝桃、儿茶酚、柴胡、佛手、人参、大麻等。具有抗焦虑作用的中草药有银杏、绳草、卡瓦胡椒、人参、胡黄连、野菊花、马齿苋、厚朴等，而且在对抑郁症的防治和治疗上，我国也积累了比较丰富的经验，《黄帝内经》中就有许多相关记载。因此有人认为，中药抗抑郁新药代表未来5年的市场方向。

综合案例分析思路5.1

资料来源：健康界. 我国抗抑郁药物市场发展现状分析[EB/OL]. [2019-11-27]. https://www.cn-healthcare.com/articlewm/20191127/content-1076860. html.（有改编）。

思考题：请结合本章节相关内容，尝试设计一份面向医药行业从业者的调研问卷，旨在探究中药抗抑郁药物的潜在市场情况。

第三篇

规划医药营销战略：
选择顾客价值

第六章

医药企业总体战略

学习目标

1. 理解战略和企业战略的定义;
2. 了解医药企业战略的层次和类型;
3. 了解医药企业战略的特点;
4. 掌握医药企业总体战略规划的步骤和内容;
5. 理解医药企业使命的含义和要素;
6. 理解战略业务单位的概念;
7. 掌握波士顿矩阵、GE 矩阵和安索夫矩阵的运用;
8. 理解三大增长战略。

课程思政

通过学习本章,我们应该了解医药企业战略规划对民生健康的重要意义。将"健康中国"、"四个自信"、"四个意识"、中国医药市场及医疗保健国情、企业社会责任感和个人职业生涯规划等元素融合,让学生深刻领悟医疗医药是关乎人民健康的事业,作为医药企业的战略制定者和执行人要始终保有一颗忠于党、忠于人民、热爱祖国、热爱社会主义的使命与担当之心,要以遵纪守法、诚信为本、家国责任为出发点来制定企业发展战略,使企业战略与国家战略及社会发展需求协调一致,从而为企业发展、国家进步与社会福祉做出重大贡献。

引导案例

云南白药集团——传统与现代融合发展

19 世纪末,云南民间名医曲焕章根据明、清以来流传于云南民间的中草药物,苦心钻研反复改进配方,终于在 1902 年创制出一种伤科圣药,取名"曲焕章百宝丹",俗称"云南白药"。1955 年,曲焕章的家人将此秘方献给政府,由昆明制药厂生产,并正式命名为"云南白药"。1971 年,云南白药厂正式成立。1993 年 5 月 3 日,经云南省经济体制改革委员会云体(1993)48 号文批准,云南白药厂进行现代企业制度改革,成立云南白药实业股份有限公司，在云南省工商行政管理局注册登记。1996年10月，经临时股东大会会议讨论，公司更名为云南白药集团股份有限公司。

2002年，云南白药在原来企业标识（corporate identity，CI）的基础上推出了新的企业标识、标准字、标准色等。企业标识为元朝"宝相花"的五彩花瓣形，中间以葫芦贯穿。其标识象征着传统与现代的结合，色彩取自云南少数民族的服饰颜色，象征着云南白药根植于民族文化的土壤。新的企业标识的推出不仅给人们带来新鲜的视觉冲击，而且圆满地诠释了现代云南白药。

经过30多年的发展，公司已从一个资产不足300万元的生产企业成长为一个总资产超过76.3亿元、总销售收入逾100亿元的大型医药企业集团，经营涉及化学原料药、化学药制剂、中成药、中药材、生物制品、保健食品、化妆品及饮料的研制、生产及销售医疗器械等领域。

云南白药集团股份有限公司成功的秘诀之一就是因时而变，及时制定出正确并适合时代发展潮流的企业战略。当云南白药散剂不能充分满足现代人的需求时，该公司并没有无所作为、止步不前，而是从市场实际出发，不断开发云南白药的新剂型，如胶囊剂、酊剂、硬膏剂、气雾剂和创可贴等，使云南白药的内服和外用达到高效、方便、快捷的效果，更适合现代人的需求。

资料来源：360百科.云南白药集团.https://baike.so.com/doc/6228724-6442047.html.（有改编）。

第一节　医药企业战略

一、战略与企业战略

（一）战略

1. 战略的发展历程

"strategy"（战略）一词来源于希腊语"strategos"，特指将军指挥战争的艺术，从恺撒大帝和亚历山大大帝发表的军事学原理中可以窥见其影子。在我国历史上，春秋末年的《左传》就已对战略有所记载，被奉为兵家经典的《孙子兵法》更是因其蕴含丰富的战略思想而广为流传，影响深远。由此可见，无论是西方还是东方，战略最早都是军事方面的概念。

直到20世纪六七十年代，西方的一些学者才开始将战略的概念运用到政治、经济和企业管理等领域，让战略焕发出新的生机。我国也普遍将战略应用于政治及经济领域，如经济与社会可持续发展战略等。据此可知，战略的内涵和外延都随着历史前进而不断发展变化。

2. 战略的定义

"战"指战争，"略"指谋略。战略指将帅的智谋和对军事力量的全局性部署和运用。战略需要不断地根据战争形势来进行调整，每个时期攻击的主要方向和所要达成的目标不尽相同。

对战略最为精彩的描述之一当属商业史学家艾尔弗雷德·钱德勒（Alfred Chandler）给出的定义，即战略可以被定义为确立企业的根本长期目标并为实现目标而采取必需的行动序列和资源配置，这也是战略管理领域形成初期的一个比较经典的定义。

（二）企业战略

战略一词与企业经营联系在一起的时间并不长，最早把战略思想引进企业经营领域的是美国管理学家切斯特·巴纳德（Chester I.Barnard），但并未得到广泛应用，直到美国经济学家伊戈尔·安索夫（H. I. Ansoff）于1965年所著的《企业战略论》一书问世，企业战略一词才开始广泛应用。

由于企业战略的概念来自企业的生产实践活动，不同的学者从不同的角度作出了不同的界定。分析企业战略的立足点并综合国内外的各种定义，可归纳为以下三个学派的观点，如图6-1所示。

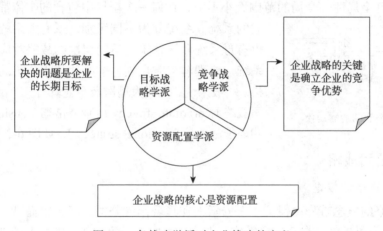

图6-1 各战略学派对企业战略的定义

下面将从这三个学派中分别选取一个代表人物来对他的思想观点进行分析，加深大家对企业战略概念的理解。

美国哈佛商学院教授肯尼斯·安德鲁斯（Kenneth R. Andrews）认为，公司战略是公司决策的模式，它确定和揭示公司的目的或目标，制订实现这些目标的主要方针和计划，规定公司将从事的业务范围、公司现在或期望的经济和人文组织类型，以及公司期望为其股东、雇员、顾客和社区作出的经济与非经济的贡献。

竞争战略之父迈克尔·波特（Michael E. Porter）认为发出市场信号实际上是一种竞争战略，而竞争战略就是公司为之奋斗的终点与公司为达到目标而寻求的途径的结合物。

美国经济学家伊戈尔·安索夫认为战略的构成要素可划分为产品市场领域、成长动力、竞争优势和协同性。他还指出，企业在制定战略时，有必要先确定自己的经营领域，无论企业最终确

扩展阅读 6.1 迈克尔·波特（Michael Porter）简介

扩展阅读6.2 伊戈尔·安索夫（Igor Ansoff）简介

定的经营领域是什么，目前的产品和市场与未来的产品和市场之间都存在一种内在的联系，伊戈尔·安索夫将这种现象称为"共同的经营主线"。通过分析企业共同的经营主线，可以把握企业的方向，确定适度的经营领域。

因此，企业战略可以定义为：企业战略是以企业未来为导向，结合外部的环境变化和内部的资源条件而作出的全局性、长远性和适应性的决策部署。我们认为，医药企业战略是企业战略在医药产业的具体化，医药企业战略指医药企业以未来为导向，基于对内外部因素的综合分析作出的全局性、长远性和适应性的决策部署。

二、企业战略的层次

战略具有全局性，全局的范围大小不一，任何一个全局中包含的个体都可以看作独立的系统。系统分为不同级别，既有大系统和小系统，也有母系统和子系统，不同层次的战略对应不同层次的系统。要理解战略规划，就必须认识公司的战略层次结构。一般来说，现代大型医药企业具有三个战略层次：公司战略（corporate strategy）、业务战略（business strategy）和职能战略（functional strategy），如图6-2所示。

图6-2 企业的战略层次

（一）公司战略

1. 公司战略的概念

公司战略的概念首先由伊戈尔·安索夫在其著作《公司战略》中提出，又称"企业总体战略"。公司战略是在某一个特定行业内，为取得竞争优势，增大市场占有率并提高顾客满意度所采取的各项活动。它研究的对象是几个相对独立的业务组合而成的企业总体战略，是在充分考虑资源能力和协同作用的条件下，解决企业应在哪些领域里从事经营活动的问题。公司战略也是对企业各种战略的统称，其中包括竞争战略、营销战略、发展战略、品牌战略、融资战略、技术开发战略、人才开发战略和资源开发战略等。公司战略是日新月异、层出不穷的，例如，信息化就是一个全新的战略，全新战略的不断出现推动公司战略的多样化，指导公司的经营与运作。公司战略的制定，本质上是对公司经营方式的优化和调整。

2. 医药公司战略的意义

医药公司的战略是医药公司在竞争激烈的市场经济环境中，在总结以往的历史经验、调查研究现状并且预测未来的基础上，为谋求基本的生存和更好的发展而做出的长远性和全局性谋划。当一个医药公司成功制定并且能够执行价值创造的战略时，它将获得战略竞争力（strategic competitiveness）。战略就是用来开发核心竞争力和获取竞争优势的一系列行动。公司选择了一种战略，即选择了一种竞争方式。从这个意义上来说，战略的选择能够指明公司的目标与方向，会使公司少走弯路，向明确的目标迈进。当一家公司制定实施的战略,竞争对手无法照搬或因种种原因不能很好地模仿时,它就获得了属于本公司的专有竞争优势(competitive advantage)。只有当竞争对手模仿其战略的努力停止或失败后,一个组织才能确信其战略产生了一个或多个有用的竞争优势。此外,公司也必须了解,没有任何竞争优势是永恒的。竞争对手一旦获得了该公司价值创造的独特技能,该公司的竞争优势也将不复存在,即竞争对手获得技能的速度快慢决定了该公司竞争优势的持续时长。

视频 6.1 扬子江药业,垄断的究竟是什么?

3. 公司战略的类型

公司战略的类型分为发展型战略、稳定型战略和收缩型战略,如图6-3所示。

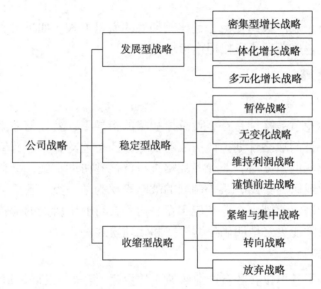

图6-3 公司战略的类型

(1)发展型战略。发展型战略包括密集型增长战略、一体化增长战略、多元化增长战略。这部分将在本章第二节进行专门介绍。

(2)稳定型战略。稳定型战略,也称为防御型战略或维持型战略,包括四种类型:暂停战略、无变化战略、维持利润战略和谨慎前进战略,如表6-1所示。

表6-1 稳定型战略的四种类型

战略名称	适用条件	预期效果
暂停战略	在一段时间的快速发展后,多数医药企业会遭遇瓶颈期,并出现一些问题,如利润降低、企业经营不善、人才流失等,这时就要采用暂停战略	使企业积蓄能量,养精蓄锐,为今后的发展做准备
无变化战略	在企业业绩达到预期时,企业的管理者通常继续实行该战略	保持医药企业现有的优势
维持利润战略	维持利润战略是一种牺牲企业未来发展以维持目前利润的战略,往往在经济不景气时使用	渡过暂时性的难关,如经济危机。其缺陷是多注重短期效果而非长期利益
谨慎前进战略	企业外部环境变化莫测,如果难以判断外部环境中的某些因素变化,企业战略就要随之减缓实施进度,步步为营,谨慎行事	防止企业因错误判断外部环境而误入歧途

（3）收缩型战略

收缩型战略，也称为撤退型战略，包括三种类型：紧缩与集中战略、转向战略和放弃战略。

紧缩与集中战略即集中于短期效益，采取措施阻止利润下滑，以期立即产生效果。它有三种表现形式：一为机制变革，包括调整管理层团队等；二为建立有效的财务控制系统，采取延长债务偿还期限等措施以控制现金流；三为削减成本，如削减人工成本、材料成本或管理费用等以挽回利润。

转向战略涉及企业的经营方向和经营策略的转变。如重新定位产品或服务，调整营销策略和在广告环节推出新举措。其目的是使顾客产生新鲜感，增强顾客对产品的黏度。

放弃战略涉及企业产权的变更，是比较彻底的撤退方式。如进行收购、出售特许经营权、彻底改变企业经营者或直接退出市场等。

（二）业务战略

1. 业务战略的概念

业务战略也称竞争战略，是在企业总体战略的指导下，就如何在某个特定的市场上成功开展竞争而制订的战略计划。业务战略贯穿医药企业的整个经营管理过程，从医药企业经营管理和市场的角度对企业业务战略进行评估并协助实施，又称业务单元战略。对于大型医药企业或医药集团，某一领域的战略表现为某一类，甚至某一个产品的经营战略。业务战略的制定原则由企业相较于竞争对手在行业中所处的地位决定。在行业内定位准确的企业通常能更好地明确经营方案和管理模式。

2. 业务战略的内容

业务战略强调了各单位在各自产业领域中的生存、竞争与发展之道。如何整合资源、创造价值以满足顾客需求并提高顾客黏性是业务战略关心的重点。在医药企业制定具体的业务战略时，可以从以下六个方面来构思企业的业务战略：产品线广度与特色、目标市场的细分方式与选择、垂直整合的程度、相对规模与规模经济、地理涵盖范围及竞争优势。

（三）职能战略

1. 职能战略的概念

职能战略又称职能支持战略，是企业职能部门根据其特有的职能特点制定的战略。职能战略服务于企业战略和业务战略，所以必须与企业战略和业务战略相匹配。比如，某医药企业战略确立了集中化的发展方向，要把发展重点放在某一客户群体中，企业的人力资源战略就必须体现对该群体需求的研究，要重视客户需求，积极创新，把客户对产品或服务的满意度纳入考核指标体系，在薪酬方面加强奖励。

2. 职能战略的分类

职能战略一般分为生产运营型职能战略、资源保障型职能战略和战略支持型职能战略。职能战略的分类如图 6-4 所示。

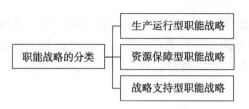

图 6-4 职能战略的分类

（1）生产运行型职能战略。此战略在职能战略中占有基础性地位，通过阐述企业的运作方式与发展方向为总体战略提供支持，包括研发战略、生产战略、营销战略和物流战略等。

（2）资源保障型职能战略。此战略是为总体战略提供资源支持和保障的战略，包括财务战略、人力资源战略、信息化战略和技术战略等。

（3）战略支持型职能战略。此战略是从企业全局上为总体战略提供支持的战略，多以宏观视角纵观企业全局，包括组织结构战略、企业文化战略和公共关系战略等。

3. 职能战略与公司战略的区别

首先，职能战略的时间跨度短于公司战略，职能战略往往是短期战略，而公司战略是为公司的长期发展做谋划。其次，职能战略较公司战略更具体和专门化，且具有行动导向性。公司战略只是给出公司发展的一般方向，而职能战略必须指明比较具体的方向，并提出发展策略。最后，职能战略的制定需要基层管理人员的积极参与，公司战略多是高层领导制定。事实上，在战略制定阶段吸收基层管理人员的意见，对成功实施职能战略是非常重要的。

4. 职能战略的作用

具体来讲，职能战略的作用有以下两个方面。

（1）职能战略能够解释、明确并检验公司战略的正确性，达到纠错的目的，而不仅是受公司战略制约，职能战略还可使公司战略与业务战略具象化，有助于将战略更好地落实。

（2）精心制定职能战略，可使公司战略与竞争手段清晰化，有助于公司更好地进行商业活动。

从上述意义上讲，只有提炼出贴合实际并符合企业经营模式的职能战略，公司战略和业务战略才有实际的操作价值，否则，企业战略就难以奏效。职能战略是公司战略、业务战略与实际达成预期战略目标之间的一座桥梁，在企业发展中发挥着重要作用。

三、医药企业战略的特点

医药企业战略的特点包括独特性、全局性、相对稳定性、适应性与长期性。

（一）独特性

医药产业具有其独特的产业属性，而每个医药企业作为独立个体也都有属于自己的发展模式和战略特质。医药企业独创的且难以被对手模仿与超越的特点可以帮助该企业获得相对的竞争优势。如果医药企业完全照搬其他企业的发展战略，则会失去其战略特性和独到的竞争优势，会处于不利的竞争地位。因此医药企业都应结合自身的条件和禀赋来制定战略规划，获取核心的竞争优势。

（二）全局性

在医药企业发展过程中，企业领导人需要着眼全局，立足长远，制定具有宏观指导意义的战略。企业战略不是各项经营活动的简单相加，而是以企业的全系统作为控制对象。虽然在某一时刻它可能着重于某一部门的活动，但最终归属于整体的一部分，企业战略涵盖了企业的各个单项活动。

（三）相对稳定性

为保证医药企业的可持续发展，企业战略应具有相对稳定性。战略主要侧重于长远利益，长远利益的实现本身就需要耗费大量的时间和精力，朝令夕改不利于长远利益的实现，会令具体实施者无所适从。因此，领导者要妥善处理变与不变的关系，在做出权变调整的同时注重保持战略规划的相对稳定性。

（四）适应性

"物竞天择，适者生存"是一个亘古不变的道理。医药企业要在瞬息万变的市场中立足，就必须掌握市场的发展规律，适应社会的变迁，以市场为导向，以客户的需求为要旨，积极了解最新动向，在社会发展的潮流中稳中求进，实现基业长青。

（五）长期性

长期性是从时间角度进行分析的，战略规划的根本目的在于提高医药企业的适应能力，保证企业的健康发展。面对激烈的市场竞争，医药企业必须要用长远的眼光看待企业的发展，不可为了蝇头小利而进行恶性竞争，扰乱市场秩序。因此，领导者应时刻关注医药市场的发展动向，做出有利于医药企业长远发展的战略决策。

四、医药企业战略规划的一般过程

在医药市场上，医药企业的战略目标与瞬息万变的市场环境之间常常存在着滞后的情况。因此医药企业需要制定适应环境动态变化的长期战略。战略规划的过程也是战略管理的过程，通常包括以下六个步骤。

（一）分析企业内外部环境

医药企业进行环境分析的目的是寻求有利的市场机会，通常包括内部和外部环境分析两方面。内部市场环境通常包括企业本身的优势与劣势、企业经营状况、产品分析和消费者使用态度等。外部市场环境通常包括市场基本资料、产业环境、竞争状况和目标市场发展趋势等。分析医药企业的内外部环境有利于找到对企业有利的机会与不利的问题，并加以修正、调整、选择和利用。而医药企业战略规划要与企业实现各项活动的所有资源和企业运营的市场环境相匹配。在医药市场上，药品体系和营销体系之间存在着微妙的平行关系，医药产业内部和外部的大小环境会相互影响，药品的营销活动也会因此而发生相应改变。虽然患者是医药市场关注的焦点，但医药企业受到社会、产业和患者群体特征变化的深刻影响，处于三者的中心节点上，所以内外部环境分析对医药企业尤为重要，也是战略规划的开端。内外部环境分析共分为三个阶段。

1. 确定课题并提出假设

内外部环境研究的前提是确定课题，只有明确研究课题，才有分析方向和中心。环境研究的课题要围绕着企业目前存在的问题来确定，这可能涉及整个企业的活动，也可能只涉及企业活动的某个方面。在确定课题的基础上，环境研究人员还要利用企业现有的资料，根据所拥有的经验、知识和判断力，进行初步分析，提出关于企业活动中所遇到问题的初步假设，即判断企业问题可能是由哪些环境因素造成的，在众多因素中，主要是哪些因素对企业产生了影响。

2. 收集整理资料

提出了关于问题的假设后，还要对这些假设进行验证。如果假设成立，那么企业就需采取相应的措施去解决问题。验证假设需要依赖能够反映企业内外环境的资料。这些资料有两个来源：一是企业内外现存的各种资料，比如企业活动的各种纪录、外部公开出版的报刊文献等，由于这类资料不是为了特定的研究而存在，因此在实用性上可能有一定的局限。二是环境调查资料。为了进行正确的验证，企业还需开展专门的环境调查，以收集所需资料。

3. 环境预测和评估

在环境资料充足的基础上，医药企业要进行预测和评估，主要包括两个方面：首先是利用分析好的现有资料，找出环境变化的趋势，然后根据这个趋势预测环境在未来可能出现的状况。其次是对假设的验证，对企业活动进行分析，研究采取相应的措施后企业存在的问题能否被解决，预测企业未来的活动条件能否得到改善。一般说来，环境因素对医药企业的影响是双重的，既有有利的一面，也有不利的一面。客户需求的增加可能使企业的市场空间迅速扩大，但又会吸引更多的企业加入到竞争者的行列中，从而使企业面临着更大的经营挑战。我国当前的化学原料药生产就面临这样的问题。由于前些年利润可观，我国众多企业加入到原料药的生产领域，低水平重复建设十分普遍，产能过剩问题突出，造成低价竞争和资源浪费。

（二）市场细分、目标市场选择与市场定位

医药企业常常运用 STP 战略进行目标市场的营销，这也是企业战略成功的关键，STP 战略包括以下三个方面的内容，如图 6-5 所示。

医药企业进行市场细分有助于确定目标市场，要先保住目标市场的市场地位，然后做大做强，再拓展到全国市场，而市场定位有助于将自身药品从众多竞争药品中区分出来。医药企业在识别细分市场、选择目标市场和确定市场定位时，需要对若干战略方案进行分析和评估，并在此

图 6-5　STP 战略

基础上进行决策。细分医药市场可以分为宏观和微观两个层面：在宏观层面，医药企业在进行生产之前需要确定是进入处方药市场、非处方药市场还是保健品市场。在微观层面，先通过调研了解潜在消费者对同类产品的基本要求，包括药品或保健品的安全性、疗效和价格等。对于列举出来的基本要求，不同客户强调的侧重点可能会存在差异，比如有的客户特别重视药品的疗效，有的客户特别注重药品的安全性，通过这种差异比较，可以初步识别不同的客户群体。

（三）明确企业目标

营销目标既是医药企业营销战略行为的终点，也是营销战略的起点。除了满足盈利等企业经营的基本要求，企业更重要的是建立能够解决问题、掌握机会和塑造竞争力的目标系统。这个目标系统包括可控制的量化指标体系，明确具有挑战性的阶段目标，以及所要达到的最终目标。企业提出的营销目标需要整合企业的定位和顾客的期望值，明确企业努力的方向，才能合理有效地实现资源配置，从容地安排企业经营活动的先后顺序，并为实现企业使命奠定坚实的基础。

医药企业作为一个社会经济组织，它的目标是多元化的：既有经济目标，也有非经济目标；既有定性目标，也有定量目标。比如，有的医药企业追求的是某种药品的高市场占有率，而有的医药企业追求的是获得高利润和高投资回报，也有医药企业追求的是新药品的研发要占据国内一流。目前中国许多的医药企业都致力于可持续发展，即平衡经济利益、生态环境和社会责任之间的关系。不管什么样的目标，都应当明确、可靠、重点突出，经过努力可以实现，因此医药企业目标的制定应遵循"SMART"原则，包括以下五个部分，如图6-6所示。

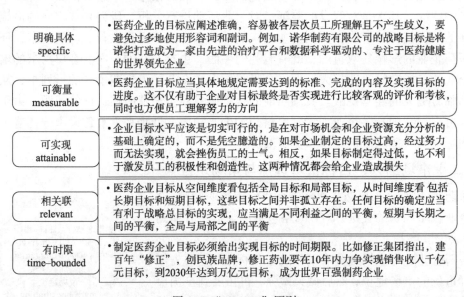

图6-6 "SMART"原则

资料来源：彼得·德鲁克. 管理的实践[M]. 北京：机械工业出版社. 2018. "SMART"原则是由彼得·德鲁克在该著作中总结的目标管理方法，按此原则制定出的目标才更可实施、可跟进、可考核，也更易实现。

(四)建立和调整医药企业战略业务单位

战略业务单位指企业的一个部分,其产品或服务与其他业务单位有不同的外部市场。业务单位不是按企业的组织结构划分的,而是按市场划分的。业务单位可能是一个事业部,也可能不是一个事业部。例如,美国著名医药企业强生公司分为制药、医疗器械和个人护理用品部门,而医疗器械部门还包括心血管支架产品和人造膝关节等。每一个面向不同市场的业务单位需要不同的营销战略。在企业的组织架构中,不同的战略有各自负责的部门。

医药企业战略由高级管理人员制定,用于平衡企业的业务组合,通常涵盖了整体范围,关注在每个战略业务单位中如何创造竞争优势。企业的竞争战略是在战略业务单位这个层次上制定的,包括如何实现竞争优势,以便最大限度地提高企业赢利能力和扩大市场份额,确定相关产品的范围、价格、促销手段和市场营销渠道等。每一个业务单位的领导负责制定本业务单位的经营战略,支持企业战略的实现。

战略业务单位的目标是取得竞争优势,其主要内容是决定一个特定市场的产品如何创造价值,包括决定与竞争对手产品的区分、设备的现代化程度、新产品推出和老产品退出、是否成为技术先导企业和如何向顾客传达信息等。战略业务单位的优势是能够在不同的类似业务中找到适合自己的战略,使其更加理性和易于实现。如果企业只是经营某一特定产品,在某一特定市场中开展业务,面对特定客户,在特定区域内经营,那么其企业战略和业务单位战略就属于同一层面,没有必要对其加以区别。

任何企业的资源都是有限的,医药企业必须把有限的资源用在经营工作的主要部分。因此,企业必须对自己的业务单位进行全面的梳理和分类,明确各种业务单位在企业的价值、地位和作用,根据企业的营销战略进行整合和调整,优化管理系统,同时对新的业务单位予以确立和投入,这项工作是营销战略规划中重要的组成部分。

(五)确定市场营销策略组合

策略是战略的分解和具体行为方案,表示用以达到战略所设定的目标的方法。市场营销策略组合要根据公司总体战略与业务单位战略规划,在综合考虑外部市场机会及内部资源状况等因素的基础上,确定目标市场,选择相应的市场营销策略组合,并予以有效实施和控制的过程。美国著名市场营销学家菲利普·科特勒教授提出的"11P"营销理念进行了营销资源的整合,包括产品、价格、渠道、促销、调研、细分、优先、定位、政府权力、公共关系和员工。其中将产品、价格、渠道和促销称为战术"4P",指由一线经理和员工操作的短期计划安排,将调研、细分、优先和定位称为战略"4P",指由高层管理者们所制定的长期战略和目标。最后通过政府权力、公共关系和员工三个方面排除通往目标市场的各种障碍。

营销组合是系统理论在营销领域内的具体应用,系统理论的明显特征是整体功能大于部分功能之和,因此营销组合策略强调策略之间的有效配合,而非单个营销策略的单兵应用。"11P"策略相互影响、相互依存、相互制约,若彼此分离,也就无法发挥营销组合的整体效能。医药企业运用"11P"的营销组合构建全球战略尤为重要,无论是大众市场药品,还是特殊治疗药品,都需要在全球范围内销售获利,以收回其研发的投资,必须在很短的时间内在全球快速和同步上市并且让营销人员在研发初期介入，全球和区域之间需要平衡品牌的整体性和差异性，在治疗方法、医生态度及患者偏好等方面做到"和而不同"。

（六）营销控制

营销战略实施中，控制系统处在一个动态的市场环境中，需要时间和实践的检验，包括定期通报、实际了解和阶段考核，以便对营销战略进行调整与修正，确保战略得到正确的贯彻执行。无论是内部控制，还是外部控制，都是监督和适度管制的组合。营销学大师西奥多·李维特曾经指出，相比于目标正确而执行糟糕的情况，目标错误而执行出色更具破坏性。营销控制大概分为以下四个步骤，如图6-7所示。

图 6-7　营销控制的过程

1. 建立标准

在实际的营销工作中，医药企业需要建立检查和衡量营销实际工作成果的依据，也就是标准，标准的制定应当尽可能地具体和量化。

2. 衡量绩效

衡量绩效就是将控制标准与实际结果进行比较。如果结果与标准相符，或好于标准，则应总结经验，继续工作。如果结果未能达到预期标准，而且超过承受范围，则应找出原因并进行改正。

3. 偏差分析

偏差分析通常有两种情况：一是计划执行过程中的问题，二是计划本身的问题。比如企业的销售员没有完成预定的销售指标，可能是因为自己的能力或投入不足，也可能由于销售指标定得过高。因此在企业战略实践中，需要综合考虑各种因素。

4. 纠偏行动

在产生偏差的原因中，如果导致偏差的因素是可控的，企业需要针对可控因素，采取纠偏措施。当导致偏差的因素不可控时，企业需要修改标准，比如预计市场份额过高，企业根本无法达到，而影响市场份额的因素多且部分不可控，此时就需要调低市场份额标准。

第二节　医药企业总体战略规划

一、确定医药企业使命

为了确定医药企业的使命，首先需要明确谁是主要的客户，企业应生产什么以满足客户的需求,换句话说,就是能给这些客户提供什么类型的服务。其次明白企业的本质是什么,企业的经营理念是什么,企业的经营目的和发展道路又是什么。最后确定企业的主要经营市场在哪里,企业的竞争对手是谁,企业的增长方向是什么。准确回答"企业要做什么和企业为什么这样做"的问题,才能找到医药企业的真正使命。

营销视野 6.1 著名医药企业的使命

(一) 企业使命的含义

企业使命是企业经营者确定的企业运营的总方向、总目的、总特征和总的指导思想,为企业阐明经营观念提供依据,是企业存在的原因和理由。它反映出企业的价值观及营造的企业文化,体现了企业创立和存在的根本目的、发展的基本任务及完成任务的基本准则和规范,揭示了本企业与其他企业的目标差异,界定了企业的主要产品、服务范围及应当满足的顾客基本需求。医药企业使命是企业经营形象颇为直接的描述,体现了企业存在的目的、企业经营的哲学定位,以及企业生产经营的形象定位。企业使命的确定是战略管理的起点也是终点,是一种企业定位的抉择,也是实现企业愿景的手段。企业的使命代表了企业存在的根本价值,没有使命,企业会失去前进的方向,甚至可能会失去存在的意义。

企业使命的重要性在于能够为企业的发展指明方向,明确企业的经营目的,为企业构筑目标和方向。它是企业战略制定的前提和选择依据,是战略行动的基础,为战略的实施提供强有力的支持。企业使命为企业的全体职员提供思想指导和精神动力,对全体职员行为准则起规范作用,为职员理解企业的各种经营活动提供依据。企业使命能使社会公众直接快捷地了解企业的经营思想及行为准则,反映企业的观点和态度,引导社会公众认同企业,促使企业树立良好的形象。企业使命能协调企业不同利益相关者之间的分歧,回应了不同利益相关者的关切和期望,减少矛盾和冲突,使共同利益最大化。

企业使命一旦确定,就会对战略管理起关键的指导作用。企业管理者要以使命为依据,规范管理并明确企业核心业务与发展方向,并以此制定战略。

(二) 确定企业使命的关键要素

医药企业使命是医药企业存在理由的宣言,具有独特性。不同医药企业的使命在内容和形式等方面往往不同,即使同一医药企业的使命在不同的发展阶段也会因资源和环境的变化而改变。一般认为成功的医药企业使命的表述应包括九个基本要素,如表 6-2 所示。

以上著名的医药企业以精练的语言表述了企业的使命,基本涵盖了企业使命陈述构成的内容,这些使命已经远远超出了对产品功能的诉求,它们从客户角度、价值角度和创新角度给人以无限遐想,而这恰恰提升了企业在消费者心目中的地位,也为企业未来的发展奠定了基石。

扩展阅读 6.3 企业使命的描述

表 6-2 企业使命的九个要素

要素	含义	例子
客户（customer）	企业的客户是谁？ 企业要明白客户是谁，以及如何满足客户的需求，以便向他们提供更好的服务	"百时美施贵宝"本着对科学精益求精的态度，研发和生产能够提高患者生活质量的药品，为他们带来临床和经济上的获益，力求为患者和客户提供广泛的、易于查找的产品信息
产品或服务（products or services）	企业的主要产品或服务项目是什么？ 如何为客户提供物美价廉的产品和优质的服务	"赛诺菲"致力于帮助人们应对健康挑战，致力于将科学创新转化为医疗健康解决方案，让生命绽放
市场（markets）	企业在哪些领域竞争？ 企业主要在哪些市场或行业展开竞争才具有竞争优势，如何掌握市场变化规律，如何做到主动开拓、引导和培育市场，创造需求	"智飞生物"通过"技术+市场"的双轮驱动模式，形成了市场、研发相互促进、互相转化的良性循环机制，加速了疫苗产品从研发到实现市场价值转换的进程，逐步形成了独具特色、领先市场的核心竞争力
技术（technology）	企业的技术是否是最新的？ 企业的关键技术是什么，技术是否始终保持活力、紧跟时代步伐、能使核心产品不断创新。是否拥有先进的技术，是否能在激烈的竞争中取得主动权	"石药集团"以科技创新为原动力，通过创新持续迭代技术和产品，不断在行业细分领域创建新标准，并由此促进整个行业的进步
对生存、增长和赢利的关切（concern for survival, growth and profitability）	企业是否努力实现业务的增长和良好的财务状况？ 企业是否努力实现业务的增长以提高利润，是否以提高经济效益为中心	"拜耳"通过科技创新和业务增长来提升盈利能力并创造价值
观念（philosophy）	企业的基本信念、价值观、志向和道德倾向是什么？ 观念即企业哲学。企业哲学即经营理念、价值观、道德倾向、态度、信念和行为准则，对企业活动发挥指导作用	"香雪集团"以追求卓越，不断创新，以优质的产品服务于人类，促进人类健康事业的发展作为企业的基本观念
自我认识（self-concept）	企业最独特的能力或最主要的竞争优势是什么？ 企业对自身的主要竞争优势和特色能力的判断与认识是否到位，是否不断地开拓自我和创新自我	"艾伯维"是一家高度专注的、研究型的全球生物制药公司，不仅解决复杂且棘手的疾病难题，更为人们的生活带去深远影响
对公众形象的关切（concern for public image）	企业是否对社会、社区和环境负责？ 企业对社区、社会和环境承担什么责任。企业是否积极参与社会事务，热心支持地区政府，支持文化和慈善事业，积极采取保护环境的措施	"默沙东"不仅对客户、合作伙伴和员工负责，也肩负着保护环境、回馈社会的企业社会责任，坚信拥有高度社会责任感的企业才能创造更多的商业价值
对雇员的关心（concern for employees）	企业是否视雇员为宝贵的资产？ 企业是否视雇员为宝贵的资产，充分发挥雇员的积极性和创造性。是否做到创造良好的人文环境，关心雇员的生存和发展，建立有效的激励和约束机制	"强生"努力创造员工的多元化价值，积极承诺和保障员工的各项基本权益，倡导并推动女性员工发展，维护员工的职业健康与安全，实现企业与员工的共同进步与成长

资料来源：弗雷德·R. 戴维. 战略管理[M]. 北京：经济科学出版社. 1998.
例子来源：https://www.bms.com/cn，https://www.sanofi.cn/，http://www.zhifeishengwu.com/等公司官网。

（三）确定企业使命遵循的原则

每个企业的经营方式、生产产品和服务对象不会完全相同，所以不同的企业在使命的表达方式、内容、含义等方面都存在差异，因此医药企业使命的制定并没有一个完全统一的模式，但是通常都会遵循以下基本原则。

1. 便于理解和记忆

使命不是华丽的辞藻，它的实用功能应大于华丽的语言表述，而且必须容易理解，便于记忆且要有高度概括性。太过冗长的使命会使人失去耐心难以理解，而过短的使命可能会词不达意，所以要言简意赅地表述企业使命，用通俗易懂的语言来表达明确的信息。

2. 蕴含企业深层目的

使命要体现出企业经营领域的特点，发现企业生存的根本理由，找到企业除利润以外的深层目的。以客户为导向确定企业经营的目的，通过带给客户什么样的产品和服务，确定企业的定位。企业在选择经营领域时应从企业的资源和能力出发，紧密结合本企业的竞争优势及核心能力。但企业在选择经营领域时要避免出现以下两种倾向：一是路径依赖，习惯从企业原有产品及原先经营领域来考察市场及环境；二是高估自身的实力，企业应该客观地评价自己的优劣条件，准确地定位自己的实力。

3. 具有激励作用

一个具有感召力的企业使命能做到被整个组织乃至社会公众广泛理解与接受，使人们感觉到是高尚的，是为人类做贡献的，从而具有强大的激励性，激发企业全体职员积极进取的精神，愿意为实现企业的目标而努力奋斗。

4. 体现社会责任和道德准则

医药企业需明确正确的社会价值观，以获得在社会及环境等多个领域的可持续发展能力。积极承担社会责任并推进和完善社区建设，有助于医药企业建立良好的企业形象，提高医药企业的知名度，帮助医药企业赢得客户和政府的好感，为医药企业的长期发展创造一个良好的外部环境，最终达到提高利润的目的。医药企业在经营活动中也要遵守道德准则，建立公司与客户之间的信任，继而形成长期发展的交易关系，使利润增加。

二、区分战略业务单位

（一）确定构成公司的战略业务单位

在现代医药企业中，每一个独立的业务范围就是医药企业的一个"战略业务单位"。其特点为以下几个方面。

（1）有独立的业务。一组相关业务的集合体或一项单独的业务都可以成为战略业务单位。在企业运营中可以独立作业，不与企业中的其他业务共同作业。

（2）可单独制订发展计划。每个战略业务单位可以区别于其他业务单位单独制订业务发展计划，并能单独实施。

（3）有资源控制权。掌握公司分配资源的控制权，以创造新资源。

（4）有自己的竞争对手。在此业务所在的行业中有现存的或者潜在的竞争对手。

（5）拥有单独的管理团队。每一个战略业务单位都有管理团队，为本战略业务单位制订战略计划，以及为此业务单位创造业绩和利润，并且对影响利润的绝大部分因素进行控制。

(二)战略业务单位评价

在确定业务部门后,医药企业需要分析每个业务部门当前的发展趋势,以区分每个业务部门的位置,并为不同的业务部门制定不同的战略并付诸行动。评价战略业务单位所需的分析模型主要是波士顿矩阵和 GE 矩阵。

1. 波士顿矩阵(波士顿增长—份额矩阵)

波士顿矩阵,又称波士顿咨询集团法或市场增长率–相对市场份额矩阵,简称"BCG"

扩展阅读 6.4 波士顿咨询公司

(Boston consulting group)法,由美国波士顿咨询集团公司开发。如图 6-8 所示,纵轴的市场增长率(market growth rate)是一项业务在这个行业中的成熟度和市场吸引力,代表该业务单位过去两年和今后两年的平均市场销售增长速度。横轴的相对市场份额(relative market share)指某项业务单位或行业相对于该产品最大竞争者或市场占有份额最大者的市场份额,代表着一项业务在这个行业中的竞争优势。

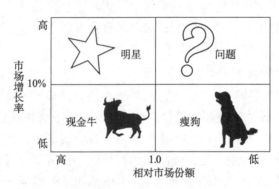

图 6-8 波士顿矩阵

资料来源:科特勒,凯勒. 营销管理:第 15 版[M]. 何佳讯,等译. 上海:格致出版社,2016.

(1)明星类业务。明星类业务有着较高的相对市场份额及市场增长率,这类业务是企业能否长远发展的关键。若要让这类业务单位跟上快速增长的市场并在这类市场中处于领先地位,短期内企业要向这类业务提供大量的现金流,但是其短期内并不能为企业创造收益。随着此类业务逐渐成熟,它将会转变为现金牛类业务。

(2)现金牛类业务。现金牛类业务的市场增长率虽然已没有发展空间,但其占有较高的市场份额。此类业务已发展成熟,可以为企业产生大量的现金流并且能不断地创造利润。同时,此类业务因市场增长率较低,故不需要投入太多的现金进行发展。

(3)问题类业务。问题类业务相对市场份额低,但其市场增长率高,具有高增长、低竞争的特点。这类业务若发展得当将转化为现金牛或明星类业务,反之,则有可能转化为瘦狗类业务。所以企业需要谨慎选择问题类业务的投资方向,以提高此类业务的相对市场份额。

(4)瘦狗类业务。瘦狗类业务的市场增长率和相对市场份额在行业中都处于较低地位。此类业务很可能出现正的或负的净现金流。对于瘦狗类业务,企业通常采取收割战略,完全停止投资和支出,以获得最大化的现金收益。

由于波士顿矩阵仅使用了两个变量,即市场增长率和相对市场份额,来区分战略业务单位,因此存在一些局限性。所以其他咨询公司也在该矩阵的基础上进行了改进,开发了更详细的分析方法,下面我们将介绍通用电气公司开发的 GE 矩阵。

2. GE 矩阵

GE 矩阵是由通用电器公司(General Electric Company)和麦肯锡咨询公司(McKinsey & Company)共同开发的,所以 GE 矩阵也叫 GE—麦肯锡矩阵,如图 6-9 所示。

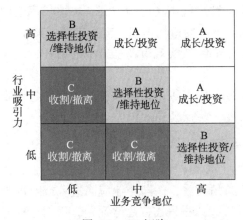

图 6-9　GE 矩阵

资料来源:张德鹏,汤发良,李双玫. 市场营销学[M]. 广州:广东高等教育出版社,2005.

(1)纵轴是行业吸引力。其中包括规模、增长、竞争强度、价格水平、可盈利性、成熟的技术和政府法规等因素。

(2)横轴是业务竞争地位。即此业务单位在市场上的竞争力,其中包括规模、增长、相对份额、顾客忠诚度、利润率、分销、技术、营销技巧和专利等因素。

通过不同水平的业务竞争力及行业吸引力可以将各业务单位分为三部分,分别为 A 类业务单位、B 类业务单位及 C 类业务单位。A 类业务单位是企业最强的业务单位;B 类业务为中等业务或正在发展的业务单位;C 类业务单位则为最弱的业务单位。企业应针对不同的业务类型进行具体分析,作出相对应的战略选择。

三、规划医药企业投资组合

医药企业在划分了战略业务单位后,还应对未来的企业发展方向作出战略规划,决定企业未来要重点发展的业务和产品。企业要做的就是决定组织的范围和跨部门、跨业务的资源重组,即规划企业的业务投资组合。在不断变化的环境中,医药企业的投资方向及业务组合也应依据社会大环境作出相应的变化。以阿斯利康为例,2021 年阿斯利康多个业务部被拆分合并,进行重大架构调整。在面对县域层次市场竞争加剧时,县肿瘤业务将并入肿瘤事业部,并针对市场需求,成立罕见病业务部。除此之外,面对不断变化的市场,阿斯利康及各大医药企业都在不断调整企业的投资组合。

(一)基于波士顿矩阵做出决策

对于明星类业务,为把握住优质的利润增长率和投资机会,促进明星类业务向现金牛类业务的转化,医药企业必须推动该类型业务发展,使其紧跟市场的增长,通过充足的投资维持和提高其市场地位。

对于现金牛类业务而言,由于其市场地位较为稳固,过多的资金投入无法实现市场增长率的高速发展。在此情况下,应在保持该业务内一定资金的同时,将额外资金投入明星类或问题类业务。

而问题类业务则应着重解决低市场份额与高市场增长率之间的矛盾,据此可实施增大现金投入的战略,以获得更多的市场份额,提高市场占有率,从而转化为明星类业务。在增大现金投入的基础上,如无法实现市场占有率的增长,则问题类业务转化为瘦狗类业务,此时应放弃该业务。

最后,对于瘦狗类业务,由于难以扭转其劣势,可通过制定放弃投资和停止支出的战略退出市场,在最大程度上降低公司的损失。

(二)基于 GE 矩阵做出决策

在 GE 矩阵中的 A 类业务单位行业吸引力高,竞争力强,发展潜力最大,企业可以增大投资。从多角化经营的角度看,医药企业应当进入或对这类业务进行投资。矩阵中的 B 类业务单位企业是否进入或投资需依趋势而定,而对于业务吸引力小且没有竞争力的 C 类业务或行业,企业不应进入或选择退出。

使用 GE 矩阵时,医药企业应利用不同的因素指标进行分析并对比结论,减小分析结果误差,使做出的投资组合决策更加准确。

四、制定增长战略

扩展阅读 6.5 三类增长战略的优缺点

增长战略,亦称之为发展战略,指医药企业在现有基础上向更高一级目标发展的战略,是实现医药企业在原有发展水平上向更高目标迈进的战略,是医药企业由小到大的必经之路,在医药企业发展壮大的整个生命周期中随处可见。因此,医药企业应该分析自身的优势在新的增长领域中如何得到发挥?如何明确最低限度的增长目标,保持最低增长额?应当增加多少产量才能确保企业在市场上的地位不会被动摇?医药企业需要在发展的过程中解决上述问题,以制定正确的增长战略。

(一)规划增长战略

从长远的发展角度来看,医药企业需要增长,否则企业的远景、能力和投资就会慢慢消失。在实践中,增长战略有三类,如表 6-3 所示,分别为密集型增长战略、一体化增长战略和多元化增长战略。

表 6-3　增 长 战 略

密集型增长战略	一体化增长战略	多元化增长战略
即集中化或专业化成长战略、"产品-市场"战略、单一经营成长战略。指企业充分利用原有生产范围内的产品和市场方面的潜力，以快于过去的增长速度使企业成长与发展，使市场占有率扩大和利润增长的战略	即企业整合战略。指企业充分利用自身优势，不断地发展所经营业务的深度和广度，将原有独立进行的、相互连续或相似的经营活动组合起来的一种战略。有利于深化专业化协作，提高资源的综合利用率	即多样化或多角化增长战略。指企业在现有产品业务范围之外的领域开发或增加新的产品、业务或服务的战略，这意味着企业将从现有产品市场中抽出一部分资源和精力去发展其他的产品市场

资料来源：康丽，张燕. 企业战略管理[M]. 南京：东南大学出版社，2012：131-142.

1. 密集型增长战略

密集型增长战略包括市场渗透战略、市场开发战略和产品开发战略。如表 6-4 所示。

表 6-4　密集型增长战略

密集型增长战略	含义	适用范围
市场渗透战略	企业通过采取措施提高现有产品市场份额，获得更大市场控制权的战略	适用于在当前市场上主营业务的顾客使用率还有提升空间的企业。 或者在当前处于未饱和状态的市场上有一定增长率的企业
市场开发战略	企业通过现有产品开发新市场而产生的战略	当空间上存在着未开发的市场区域，能为企业提供新的市场发展的空间。 处于有过剩的生产能力且主营业务正在迅速扩张的企业。 在现有经营领域内获得了极大的成功且公司实力允许进行新的市场开发的企业
产品开发战略	企业通过改进现有主营业务或增加新产品来满足当前市场需求的战略	适用于拥有成功的产品且产品处于生命周期中成熟阶段的企业。 或者参与竞争的产业属于快速发展的高技术产品的企业

资料来源：康丽，张燕. 企业战略管理[M]. 南京：东南大学出版社，2012：131-142.

2. 一体化增长战略

假使企业在该行业中重新整合供销链可以提高效益，此时企业可以考虑采取一体化增长战略。一体化增长战略包括两种：纵向一体化战略和横向一体化战略。如表 6-5 所示。

表 6-5　一体化增长战略

一体化增长战略	含义		例子
纵向一体化战略	即垂直一体化战略。指在生产经营过程中，相互衔接、相互联系的企业之间实现一体化。可以通过企业内部壮大，与其他企业联营、收购和合并来实现此战略	后向一体化战略：指企业与供应商联合，收购供应商或与其合资以获得对供应商的所有权，或者自身生产原材料。此战略的目的是确保原材料的供应，加强对所需原材料的控制	"美诺华"基于在原料药领域的竞争优势和客户资源，进一步拓展延伸原料药制剂后向一体化业务
		前向一体化战略：指企业与用户企业如分销商及零售商之间的联合，加强对他们的控制，或者自身是半成品公司，可以自己发展制造成品。此战略的目的是促进和控制产品的需求	"云南白药"通过营销网络的建设和组建"云南大药房"来实现前向一体化战略

续表

一体化增长战略	含义	例子
横向一体化战略	即水平一体化战略。通过联合、收购和合并同类型企业,在现有市场上的销售规模和优势得到扩大,迅速提高企业的生产能力与规模,减少竞争对手巩固市场地位的战略。契约式联合和合并同行企业是其主要体现方式	"百时美施贵宝"在2019年11月以740亿美元收购"新基"制药

资料来源:康丽,张燕. 企业战略管理[M]. 南京:东南大学出版社,2012:131-142.

3. 多元化增长战略

多元化增长战略能使企业增加产量和扩大规模,以获得更多的经济效益。多元化战略可细分为三类:相关多元化战略、不相关多元化战略和既相关多元化又非相关多元化战略,如表6-6所示。

表6-6 多元化增长战略

多元化增长战略	含义		例子
相关多元化战略	指原有业务与新发展业务在战略上具有适应性,两者在技术、管理方式、销售渠道和产品方面有相似的特点,不会改变原属产业	同心多元化战略	指新业务与现有产品和技术相关,通过开发不同的市场来使业务领域多元化	"豪森药业"在其抗肿瘤药物的基础上,相继开发了抗感染和糖尿病等治疗药物
		水平多元化战略	指企业生产新产品销售给原市场的顾客,以满足他们新的需求	"智飞生物"在研产品重组新型冠状病毒疫苗等新的疫苗品种
不相关多元化战略	指企业进入与现有业务领域没有明显关系的产品市场中寻求增长机会的策略,即企业所开拓的新业务与原有的产品市场没有相关性,所需要的技术、管理模式、销售渠道都需要重新开发,一般都是跨产业进行		"三九"集团以医药为主营业务,以中药制造为核心,同时还涉及工程、房地产等领域
既相关多元化又非相关多元化战略	是相关多元化战略和不相关多元化战略的组合,即在企业的经营业务中,一部分业务是相关多元化的,共享技术方法、生产设备和销售途径等,而另一部分业务则属于新的产业		"广州医药"集团主要从事中成药及植物药、化学原料药及制剂、生物药、大健康产品等的研发及制造、商贸物流配送,以及医疗健康服务等业务,是集科、工、贸于一体的跨行业大型企业集团

资料来源:康丽,张燕. 企业战略管理[M]. 南京:东南大学出版社,2012:131-142.

(二)安索夫矩阵对增长战略的简化

安索夫矩阵,又称产品/市场扩张矩阵(product market expansion grid),此矩阵由美国的策略管理之父安索夫博士提出。安索夫矩阵具有重要的工具价值,是对前述纷繁复杂的增长战略理论丛林的简化和梳理,使得增长战略理论在实践中的应用得以推广。安索夫矩阵以产品和市场作为基准,是由产品和市场组成的四种不同组合,并对这四种组合提出相对应的成长性策略,以达成增加收入的目标。如图6-10所示。

```
        现有产品      新产品
现   ┌──────────┬──────────┐
有   │          │          │
市   │ 市场渗透 │ 产品开发 │
场   │          │          │
     ├──────────┼──────────┤
新   │          │          │
市   │ 市场开发 │ 多元化经营│
场   │          │          │
     └──────────┴──────────┘
```

图 6-10　安索夫矩阵

资料来源：H.Igor Ansoff. Strategies for Diversification: Harvard Business Review, 1957.

（三）制定增长战略的要点

1. 洞察增长的问题

医药企业应该区别正确与错误的增长。企业增长的效果犹如人体发育，可比拟为健康增长、肥胖增长和有害增长。健康增长是企业在短期内的总生产率综合提高而导致的增长。对于健康的增长，应该加以促进和支持。肥胖增长指仅导致了数量增长，却未在相对时期内创造出更高生产率的增长。这种增长必须加以控制，且可通过策略调整使之转化为健康增长。如果只是数量上的增长，而生产率却下降，这种增长就是有害增长，应该去除。企业所追求的发展绝不是简单的数量上的扩大，只有实现质量上的健康增长，才能为企业创造安全、广阔的发展空间。

2. 评估企业实力

医药企业需要评估自身的实力。企业应该充分地认识到客户是因为哪些服务要素而愿意信任它，从而坚持对这些要素的投入，持续增强其市场价值属性。但这种独特的优越性并不是一成不变的，而是随着市场、经济、人口、社会、技术和价值等条件的变化而不断进化。

3. 明确领域和优势

医药企业要明确增长领域和优势。企业应预测市场、经济、人口、社会和技术等环境因素的长远影响和变化方向，以此确定企业恰当的竞争领域。企业要明确其核心业务的行业地位，即该企业在市场中的地位是先行者、跟随者还是补缺者。企业应以核心资源为中心，集中使用资源，尽可能发挥企业竞争优势。利用变化创造机遇比预测变化本身更为重要，医药企业的领导者如果能把经济、社会和技术等方面的变化转化成有利可图的商业机遇，能够在新的增长领域中发挥企业的优势，企业就能以此获得利益。

4. 确定增长目标

医药企业需要明确收益要以多快的速度增长，才能实现未来的目标并补齐增长缺口。医药企业要拥有与其市场、经济和技术水平相符的相当规模，才能利用生产资源获得最优化的产出，实现增长。所以医药企业的增长目标要建立在其拥有的市场、经济和技术相适应的规模之上，才能使利益快速增长。每当一个新的繁荣时期到来，对企业而言，重要的是决定应该增加多少产量才不至于动摇自己在市场上的地位。因此，医药企业要维持生存，就必须保持一个最低增长额。

5. 抛弃过时产品

医药企业要懂得战略性放弃。医药企业必须有一套系统的策略去停止生产那些生产过度、已经过时并且无生产率可言的产品。增长战略的基础是利用有限的资源为新的机遇服务，这就要求企业把资源从那些不可能再获得成果、生产回报或者是一些正在快速减少的领域、产品、服务、市场和技术中抽出来。增长来自于对机遇的利用，如果把生产资源特别是稀缺人才投入到过时的产品中，使其再延长寿命，或者投入无市场效果的产品中，维护那些过时的产品，那么医药企业就难以利用机遇发展壮大。

6. 合理配置资源

医药企业要对现有的资源进行合理配置，需要在核心业务和风险投资之间平衡资源安排。如何使资源配置最优化是企业需要思考的核心问题。在不同的时期企业应采取不同的资源配置策略，例如，在企业初期，可以将配置资源的重点放在核心业务上，促进企业内生资源的增长。在企业处于稳定时，可以将资源多放于风险投资中，使企业进行业务拓展，开展对外投资的增长战略。

本章小结

企业战略是以企业未来为导向，结合外部环境的变化和内部的资源条件而作出的全局性、长远性和适应性的决策部署。而医药企业战略是企业战略在医药产业的具体化，医药企业战略指医药企业以未来为导向，基于对内外部因素的综合分析作出的全局性、长远性和适应性的决策部署。

医药企业战略具有独特性、全局性、相对稳定性、适应性与长期性等特点。因此，医药企业管理者要善于审时度势，制定出适合本企业发展的战略来提升市场竞争力。

医药企业战略规划的一般过程也是战略管理的过程，通常包括以下六个步骤：企业内外部环境分析，市场细分、目标市场选择与市场定位，提出营销目标，医药企业战略业务单位的建立和调整，确定市场营销策略组合和营销控制。

医药企业的使命是其存在的原因和理由，阐明了企业经营观念，反映出企业的价值观，体现了企业的形成和存在的根本目的、企业经营的哲学定位及企业生产经营的形象定位，揭示了本企业与其他企业的目标差异，界定了企业的主要产品、服务范围，以及应当满足的顾客基本需求。医药企业的九大要素分别是客户，产品或服务，市场，技术，对生存、增长和盈利的关切，观念，自我认识，对公众形象的关切和对雇员的关心。在制定医药企业使命时需注意，语言的表述要便于理解和记忆，蕴含企业深层目的，有激励的作用，能体现社会责任和道德准则。

医药企业总体战略的规划是企业发展必不可少的一步。企业的管理者需要正确运用波士顿矩阵及 GE 矩阵等模型，区分战略业务单位并对战略业务单位进行评估，这是规划医药企业总体战略的基本内容，管理者可以在此基础上制定适合各业务单位的发展战略，以谋求企业的长远发展。

医药企业的增长战略分别为密集型增长战略、一体化增长战略和多元化增长战略。

密集型增长战略可分为市场渗透战略、市场开发战略和产品开发战略。一体化增长战略可分为纵向一体化战略和横向一体化战略。多元化增长战略可分为三类：相关多元化战略、不相关多元化战略和既相关多元化又非相关多元化战略。安索夫矩阵包含市场渗透、产品开发、市场开发和多元化经营。

关键术语

战略（strategy）
企业战略（enterprise strategy）
战略层次（strategic level）
战略类型（strategic type）
医药企业战略（pharmaceutical enterprise strategy）
战略业务单位（strategic business units）
波士顿矩阵（Boston matrix）
相对市场份额（relative market share）
安索夫矩阵（Ansoff matrix）

课后思考题

1. 简述医药企业战略的定义与特点。
2. 简述职能战略的分类与作用。
3. 医药企业的使命应该怎么制定？
4. 简述波士顿矩阵的运用及四个类别的特点。
5. 简述安索夫矩阵的含义及其特点。
6. 比较分析三类增长战略的含义和适用范围。

即测即练

综合案例

辉瑞制药企业在华本土化战略规划

随着欧美经济的不景气和中国医疗制度改革的不断发展，中国的医药市场已成为最大的新兴市场之一。许多跨国制药企业都选择在中国投资设厂，抢占市场份额。其中，作为最早进入中国的跨国制药公司之一和全球最大的多元化生物制药公司，辉瑞制药企业的本土化营销策略在跨国制药行业的影响甚广。

中国市场的复杂性不言而喻，其政治环境、经济环境、社会环境和技术环境等对于医药企业来说，都是战略布局中机遇与挑战并存的综合体。辉瑞制药企业作为最早进入中国市场的跨国制药公司之一，在详细分析中国市场环境之后，针对中国市场的需求制定出一系列的本土化市场营销策略。

（1）人员本土化。雇用大批的中国市场本土员工，给中国创造更多的就业机会。为了提高当地一线基层医务工作者的服务水平，公司还免费提供职业培训，同时建立一流的研发中心以吸引高精尖人才在华发展，并积极开展社区项目承担社会责任。

（2）产品本土化。为服务当地经济条件相对较弱的患者，公司与政府合作推广公益项目，并且支持政府招标政策，降低药价来减轻政府医保支出，以期获得市场准入资格。公司坚持以更低廉的运营成本开展生产活动，大大降低生产成本。

（3）渠道本土化。公司积极寻求不同领域机构的合作以加强渠道管理，从而弥补自身短板，发挥更大的优势。

（4）坚持创新战略。公司不仅与中国本土药企合作成立合资公司以拓展品牌的仿制药业务，还与其他医疗企业强强联合探索互联网医疗渠道业务。辉瑞制药企业一直充当着中国制药行业中勇于创新的先行者，始终坚信辉瑞制药企业能够在市场变革中成长，并引领未来。

辉瑞制药企业通过以上本土化策略，在保证自身利益的同时，又为社会、政府、客户和患者等主体带来更高的价值，达到共赢。辉瑞为了迎合中国市场，几乎每一年都会在中国进行大幅度的战略调整，以保持其强大的核心竞争力与中国医药市场的竞争地位。辉瑞在保持美国母公司标准化的同时又迅速结合中国市场特色确立了本土化营销格局，并成功打造了制药行业内最具优势的产学研一体化机制。

综合案例分析思路 6.1

资料来源：刘沁. 辉瑞公司在华发展战略研究[D]. 成都：西南交通大学，2015.

讨论题：辉瑞企业在哪些方面进行了本土化的融合？你对辉瑞企业的未来发展战略有什么建议？

第七章

医药企业竞争战略

学习目标

1. 了解医药企业竞争战略的内涵;
2. 熟悉医药企业竞争者识别、分析的依据;
3. 掌握医药企业竞争对手定位战略类型、适用条件和风险;
4. 掌握医药企业竞争对手地位战略类型、适用条件和风险;
5. 理解竞争战略的本质。

课程思政

通过学习本章,我们应该了解医药企业竞争战略制定的政策环境,理解带量采购政策的制定初衷,使学生坚定中国特色社会主义道路自信。通过案例资料,了解民族医药企业营销战略制定过程,理解创新在医药企业经营中的价值,培养学生竞争合作意识和开拓创新精神。

引导案例

振东制药稳占消费者心智

近年来,国民健康需求正不断增长,年轻女性逐渐成为健康领域的消费主力,营养健康成为热点。国内大型综合药企山西振东制药股份有限公司发布"补益"管线新品类,聚焦以"妈妈经济"为代表的女性消费市场。未来,通过在健康领域多管线布局,以及差异化营销策略的不断推进,振东制药将进一步释放发展潜能。

首先,借"妈妈经济"东风,振东制药拓宽"补益"管线

随着中国女性受教育水平不断提升、自我独立意识觉醒、积极参与就业,女性逐渐成为新时代消费主力军,孕育出市场规模达到万亿级的"她经济"。在庞大的市场体量之下,细分领域市场规模正稳步增长。在"妈妈经济"稳步增速的背景下,部分孕妇专用保健品渗透率仍然有待提高。从单品看,叶酸、复合维生素片、DHA 是孕产妇普遍食用的专用保健品,三者渗透率分别为 54.6%、40%、33.3%。业内人士分析指出,众多小城市女性消费能力稳步提升,目前国内下沉市场比一、二线城市更为广阔,对于母婴营养相关品类的需求庞大且日渐多样化,企业应该更加聚焦下沉市场的产品拓展。

拓展下沉市场、满足多样化需求意味着健康企业需要开发更多产品品种,以及运用更精准、专业的营销策略吸引下沉市场用户。振东制药旗下"补益"管线不断推出新品,并持续在各个渠道释放品牌势能,吸引年轻女性关注。目前,在小红书等各大年轻女性聚集的社交平台上,朗迪碳酸钙D3颗粒受到孕期妈妈的广泛好评。借"妈妈经济"的东风,振东制药正持续丰富"补益"管线品类。2020年,振东制药的维生素C含片、维生素K胶囊、B族维生素片和朗迪铁维生素D叶酸片四个备案保健食品皆获得保健品备案凭证。未来,背靠"朗迪钙"这一"补益"管线王牌案例,振东制药将持续依托差异化营销战略,推进精准营销和学术营销,同时布局线上、线下,深入营养补充剂市场,联动多个品类实现共赢格局。

其次,健康需求爆发,品类研发持续释放潜能

事实上,女性关注营养摄入是日益增长的健康需求的一个缩影。2020年西普会上,中康资讯首席技术官指出,人们的健康观念正从以治病为中心向以健康为中心转变,随着更多人步入中老年阶段,健康需求将迎来爆发期。

从药企的角度来说,在健康需求猛增的情势之下,除了布局营养保健市场之外,慢病用药也注定成为重点聚焦的领域。中研资讯数据显示,我国慢病导致的死亡已经占到总死亡的85%,导致的疾病负担已占总疾病负担的70%。近年国家也不断出台一系列慢病药保障政策,越来越多慢病药进入国采名单。为积极布局慢病领域,不少知名药企动作频频,慢病领域大热,甚至引来跨国药企将全球总部落户上海,布局心脑血管、泌尿疾病等慢病用药市场。

全国医药工业百强企业振东制药在各个慢病细分领域早已"布子",并且依托强劲的研发实力和差异化营销策略,不断探索各个已有管线药物的更多可能性。例如:肿瘤管线立足复方苦参,深化机理研究,扩大适应症,实现国内外研发销售并行、中西肿瘤药联合使用;心脑管线以芪蛭通络胶囊为主,开展院外院内、线上线下、医生患者营销。值得注意的是,振东制药旗下卡托普利片中标第三批国采,这意味着企业在慢病用药的院内市场中再下一城。振东制药在慢病用药领域的顺风前行与其加大创新药物、中药品种的深度研究与二次开发投入息息相关。未来,精准把握健康需求,以及终端营销网络联动将持续驱动振东制药的业绩增长,赋能品类研发变现。

思考:振东制药采取的竞争战略类型?

资料来源:凤凰网. 差异化战略稳占消费者心智,振东制药"补益"研发成果持续释放潜能[EB/OL]. [2020-08-26]. http://biz.ifeng.com/c/7zFaB87GMzT. (有改编。)

竞争战略属于业务层面战略,是针对企业某项业务的管理策略规划。医药企业竞争战略制定是否合理,关乎企业能否实现价值创造。医药企业制定竞争战略的核心目标包括三个方面:第一,与竞争对手相比,更好地满足顾客需求;第二,建立持续的竞争优势,维持市场竞争力;第三,获取超额利润。医药企业如何制定合适的竞争战略?本章将从竞争者分析、竞争定位战略、竞争地位战略等三个方面开展分析。

第一节　医药企业竞争者分析

一、识别竞争者

"商场如战场",知己知彼才能百战不殆,识别出谁是医药行业中的主要竞争对手,是医药企业制定营销战略和营销策略的基本前提。

(一)识别竞争者的依据

对于医药企业而言,并不是医药行业内所有其他企业都是竞争对手,也不能简单认为行业的领导者就是竞争对手。在市场集中度较高的行业,识别出主要竞争对手相对容易,而对于市场集中度较低的行业,识别出主要对手存在一定的难度,且花费的时间和成本较高。医药企业可从以下两方面识别竞争者:第一,观察自己与对手提供的产品或服务是否面向同一目标客户群体,如果对手提供的产品所面向的群体不同,则所谓的对手很难对本企业构成实质威胁;第二,提供的产品或服务是否具有相似性或替代性,如果对手提供的产品或服务在功能性、价值性等方面均与本企业类似,那么该对手对本企业的威胁较大,如果存在较大差异,说明该企业的威胁性较小。

(二)关注潜在竞争对手

当一个行业具有明朗的市场前景、较大的利润空间时,会吸引新的竞争对手进入市场,重新分割市场,从而形成新的竞争格局。判断潜在竞争对手进入医药行业可能性的主要因素包括:进入壁垒、规模经济性、学习效应、资金需求、技术要求、在位优势、产品差别、顾客转换成本、绝对成本优势、进入分销渠道的难易程度、市场饱和度、政策和法律约束等。传统医药行业具有

视频 7.1　公立医院综合改革全面推开:取消药品加成　遏制医院趋利行为(来源:央视网)

技术密集、资金密集和风险聚集的特征,行业进入壁垒较高。在技术方面,医药行业是多学科技术与应用的高度融合;在资金方面,研发、生产、上市都需要高投入,根据阿斯利康等多家世界知名医药企业披露,新药上市平均耗时 15 年,耗资 8 亿~10 亿元;在风险方面,随着"取消药品加成""两票制""带量采购"等政策的大力推动,行业的创新能力、运营管理能力须进一步提高。

(三)警惕替代品的威胁

替代品指功能上全部或部分替代某种产品的产品。随着科技的进步,替代品越来越多,医药企业也将面临与生产替代品的其他企业的竞争。替代品的威胁不可小觑,如果替代品的价格较低、效果相当,或者副作用更小,那么替代品将成为客户的首选,将对本企业构成巨大的威胁和冲击。例如,随着互联网经济和电子商务的发展,具有便捷性、低价格等优势的线上药店模式出现,线下药店在很大程度上受到线上健康服务的威胁。判断替代品威

视频 7.2　国务院医改办会同卫计委等部门联合通知:公立医院推行药品采购"两票制"(来源:央视网)

胁，需要考虑的因素包括替代品性能、价格表现、客户转换成本、替代程度等。

二、分析竞争者

（一）评估主要竞争者的市场地位

在医药行业内，企业通常以不同的价格、不同的质量和效果，甚至面向不同的区域，向不同类型的购买者销售产品或服务。评估主要竞争者的市场地位，识别出哪些竞争对手较强，哪些竞争对手较弱，是分析行业竞争格局的基础，战略集群图（strategic group mapping）是分析竞争者市场地位的常用工具。

医药行业的战略集群是由医药行业内选择相同或相似竞争战略和具有相似市场地位的竞争者组成。处于同一战略集群的医药企业在诸多方面存在相似性。例如，拥有相同的产品线宽度，采用相同或类似的技术手段，产品或服务的价格、功能、质量相似，借助相同的分销渠道，产品在同一地理区位销售、面向的购买者群体一致等。医药企业进行竞争战略决策前，需要确定行业内存在哪些战略集群，明确每个战略集群内部企业的数量、各企业的市场地位，确定是否存在竞争的真空地带。战略集群图的构造流程如下。

第一，识别医药行业内企业采用的竞争战略体现出的竞争特征，描述竞争特征的变量通常包括价格、质量/疗效（高、中、低）、产品或服务面向的区域范围（本地市场、区域市场、全国市场、全球市场）、产品线宽度（宽、窄）、附加服务（不提供服务、提供有限的服务、提供完善的服务）、销售渠道选择（大型医院、大中型城市连锁药店、小型医院、社区诊所、小药店等）、纵向一体化程度（高、中、低）。

第二，选择其中两个变量，一个作为横轴、一个作为纵轴，将变量绘制成二维变量图。例如，将疗效放置纵轴，将附加服务放置横轴。

第三，观察竞争对手在二维空间图上占据的位置，如果位置相同或相近，则位于同一战略集群。

第四，用圆圈将同一战略集群圈出，圆圈的大小代表该战略集群销售额占市场整体的比例。

通过绘制战略集群图，可以直观地呈现行业竞争格局，帮助企业确定哪些是直接竞争对手，哪些是威胁性较小的竞争对手。位于同一战略集群的企业是直接竞争对手，其威胁性最大，其次是位于相邻战略集群的竞争对手。位置相距很远的战略集群，几乎不存在竞争关系。此外，通过绘制战略集群图可以判断图上哪个位置是最佳位置，哪些位置可能会陷入困境，与此同时也可以解释为什么某些位置比其他位置更有吸引力。

绘制战略集群图时需要注意的事项：第一，选择的两个变量应不存在高度相关性，否则将显示不出竞争对手的相对位置；第二，选择的变量能区分竞争对手的能力差异，并且这些差异对企业非常重要；第三，被选择的变量可以是连续变量，也可以是离散变量；第四，可以选择不同的成对变量绘制多张战略集群图，从不同角度呈现行业竞争格局。

（二）竞争对手分析框架

战略管理大师迈克尔·波特提出了竞争对手分析框架（competitor analysis framework），

指出了用于识别竞争对手采取的战略举措和战略对策的四类指标，包括竞争对手当前采取的战略、未来的目标、企业的资源和能力，以及对企业自身和所在行业的假设。

第一，竞争对手当前采取的战略。充分了解竞争对手采取的战略，对于预测竞争对手的下一步行动，从而确定自己的战略定位具有重要意义。竞争对手的战略分析包括：竞争对手的战略重点是什么？市场定位是什么？有哪些竞争优势？采取的竞争策略是什么？其赢利模式是什么？

第二，竞争对手未来的目标。竞争对手的目标是预测其行动计划的重要依据。可以从企业的财务目标、战略性目标、组织架构、管理团队方面评估竞争对手的未来目标。对竞争对手未来目标的评估不仅需要知道目标是什么，还需要考虑竞争对手实现目标的可能性，以及他们实现目标过程中面临的压力。绩效良好的竞争对手在短期内对战略规划和战略目标进行调整的可行性较低，而绩效欠佳的竞争对手可能采取新的战略行动以保障战略目标的实现。

第三，竞争对手的企业资源和能力。竞争对手战略举措的实施需要当前拥有的资源和能力的支撑。竞争对手的资源和能力一般体现在以下方面：产品线的宽度与广度，产品在购买者心目中的地位，销售渠道的覆盖面和质量，企业的运营能力，研发能力，成本控制能力，财务实力，组织安排，综合管理能力，变革管理和危机处理能力，对市场变化的应对能力，人力资源配置等。

第四，竞争对手对行业及自身的假设。竞争对手的高层对行业的认知和对自身的认知会影响其行动方式。如果他们认为行业有较大的增长空间，则更可能追求长期目标，而放弃短期利益；反之，他们则更关注当下，注重当前收益而放弃对市场份额的追求。

（三）确定竞争对手

竞争态势矩阵（competitive profile matrix, CPM），用于确认医药企业的主要竞争对手相对于本企业的战略地位，明确主要竞争对手的优势和不足，从而确定竞争对手。建立竞争态势矩阵的步骤如下。

第一，确定行业的关键成功因素。医药行业的关键成功因素指对行业中的企业在市场中生存和发展影响最大的竞争性因素，可能因行业差异或行业发展的生命周期而有所不同，一般包括独特的战略要素、产品属性、运营方式、资源及竞争能力等。关键成功因素对竞争成功与否至关重要，行业中的所有企业必须密切关注，否则将在市场中成为落后者，甚至被淘汰。医药行业的关键成功因素通常由企业的高层管理人员和行业专家通过研讨来确定。

第二，确定各关键成功因素的权重。根据各关键成功因素在医药行业中的相对重要性，赋予相应的权重。权重的确定通常由对行业有深刻了解和具有丰富经验的管理者确定。可通过问卷调查法或座谈法确定各关键成功要素的权重。问卷调查法的实施步骤：首先，列出各关键成功要素，让参与的管理者按照重要程度对每一个要素从 1 到 10 进行打分，"1"代表非常不重要，"10"代表非常重要；其次，计算各关键成功要素的平均得分；最后，进行归一化处理，使得各个因素的权重加在一起总和为 1。座谈法和问卷调查法的实施差异主要体现在权重确定的方式，运用座谈法确定权重时，各关键因素的权重由参与人员讨论商议确定，而不是取平均值。

第三，评价竞争对手和企业自身在各关键成功因素上的表现。管理者通过对竞争对手和企业自身的理解和认知，根据客观实际对竞争对手和企业自身在各关键成功因素上的表现进行打分，类似上述赋权的方法，"1"代表非常弱，"10"代表非常强，从 1 到 10 选择符合实际情况的数字，用以评价竞争者和企业自身在关键成功因素上的表现。当然除了上述 10 分制打分形式，也可以采用其他分制。

第四，计算竞争对手关键成功因素的加权总分。首先，计算竞争对手各关键成功因素的加权得分，即各关键成功因素的表现权重；其次，将各关键成功因素的加权得分进行汇总，从而得到竞争对手关键成功要素的加权后总分。分数越高，说明竞争对手的竞争能力越强，从而识别出强势竞争对手。

如表 7-1 所示是一个简化的竞争态势矩阵示例，从中可以看出竞争对手 1 的综合实力高于企业自身，竞争对手 2 与企业自身的综合实力相当。针对具体竞争因素而言：竞争对手 1 的各因素均表现强劲，对企业造成了极大威胁；竞争对手 2 的疗效因素和品牌声誉虽然不及企业自身，但其具有明显的价格竞争优势。

表 7-1 竞争态势矩阵示例

关键成功因素	权重	企业自身		竞争对手 1		竞争对手 2	
		评分	加权分数	评分	加权分数	评分	加权分数
疗效	0.2	8	1.6	8	1.6	6	1.2
价格竞争力	0.2	6	1.2	7	1.4	8	1.6
市场份额	0.1	4	0.4	5	0.5	5	0.5
财务状况	0.1	5	0.5	6	0.6	6	0.6
品牌声誉	0.2	6	1.2	7	1.4	5	1.0
用户忠诚度	0.2	5	1	6	1.2	5	1.0
合计	1.0	—	5.9	—	6.7	—	5.9

第二节 医药企业竞争定位战略

迈克尔·波特在其著作《竞争战略》中提出了三大基本竞争战略，包括总成本领先战略、差异化战略和目标聚焦战略。在以上三大竞争战略的基础上，学者们根据企业的目标市场是广泛的还是狭窄的，以及公司正在追求的竞争优势是低成本还是差异化，将竞争战略提炼为五种通用的竞争战略，包括低成本战略（low-cost provider strategy）、广泛差异化战略（broad differentiation strategy）、聚焦低成本战略（focused low-cost strategy）、聚焦差异化战略（focused differentiation strategy）和最优成本战略（best-cost provider strategy），如图 7-1 所示。

扩展阅读 7.1 竞争战略之父——迈克尔·波特

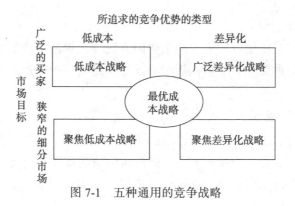

图 7-1 五种通用的竞争战略

一、低成本战略

（一）低成本战略的定义

低成本战略又称为成本领先战略，指企业通过加强内部成本控制，使企业成本处于同行业领先水平，通常以低于竞争对手的价格向广大客户提供产品和服务，从而在激烈的市场竞争中保持竞争优势。医药企业可以通过两种方式将低成本优势转化为利润优势。第一种方式也是惯常采用的方式，是基于低成本优势制定低于竞争对手的、对购买者有吸引力的价格，吸引大量价格敏感型购买者，以量取胜。第二种方式是保持目前的价格水平，维持现在的市场份额，通过降低成本、扩大单位产品的利润空间，增加总利润。

（二）获取成本优势的路径

低成本战略的理论基础是规模效应和经验曲线效应。因此，追求规模经济和建立学习型组织，是获取成本优势的重要路径。随着生产规模的扩大，企业的固定成本得以更大程度的分摊，单位产品的成本更低，除此之外，随着生产规模的扩大，原材料采购数量随之增加，企业的谈价议价能力更强，进一步降低了企业的生产成本。随着时间的推移，企业在研发、生产、经营、管理等方面的知识和经验逐渐累积，通过建立学习型组织，实现部门间、产品间、员工间知识和经验共享，降低了试错成本，提高了企业总体的运营效率和效能。除此之外，企业也可在以下六方面寻找成本优势。

1. 建立资源共享机制

在企业内部最大限度地共享资源。例如，医药企业的不同产品线，共享客户资源、共用仓储系统、依靠相同的科研队伍和客户服务系统，通过资源共享分摊成本、节约开支。

2. 加强协同协作

如果一项活动的成本与另一项活动密切相关，那么这两项活动具有高关联性，通过协同协作，可以降低成本。为此，医药企业可通过加强部门间协作、优化管理水平，协调内部价值链各项活动，降低内部运营成本。通过加强与外部供应商的合作，简化订购和采购流程、降低物流成本和仓储成本。此外，通过与同行企业合作，包括研发、生产、销售等各环节的合作，拓展市场，降低成本。

3. 提高生产能力利用率

生产能力利用率是衡量生产成本的重要因素之一，提高生产能力利用率对于高固定成本的医药行业尤为重要。对于承担折旧和其他固定费用的生产设备，应尽量保持满负荷运转。

4. 降低关键资源成本

关键资源所支付的成本是企业总成本的重要构成部分，通过与供应商建立长期合作关系，有助于提升企业的谈价议价能力，降低关键资源成本。与此同时，企业应实时搜集关键资源市场供求信息和价格变动情况，把握采购的时间节点。

5. 实施垂直一体化

垂直一体化又称为纵向一体化，包括前向一体化和后向一体化。前向一体化就是通过兼并和收购若干个处于生产经营环节下游的企业实现公司的扩张和成长，如制药企业收购零售商，通过缩短渠道降低销售成本。后向一体化则是通过收购一个或若干原材料或零部件供应商以降低成本、增加利润及加强控制，如制药企业收购原材料供应商。

6. 提高专业化、标准化、自动化水平

生产工艺、生产流程的专业化、标准化和自动化水平，可以大幅度提高生产效率，提升生产效能。计算机集中制造、企业资源规划系统、精益生产等集成化、自动化、智能化技术的运用，极大地提高了生产效率，降低了生产成本。

（三）低成本战略的适用条件

低成本战略并非适用所有企业，满足特定的条件，低成本战略的竞争力才能充分体现。低成本的适用条件主要包括以下五个方面。

1. 竞争对手间存在激烈的价格竞争

市场接近于完全竞争市场，竞争对手间的价格竞争非常激烈。实施低成本战略的企业由于生产总成本更低，具有更高的降价空间，为通过降价赢得市场创造条件。

2. 企业的产品或服务与竞争对手存在同质性

当市场上的产品是标准化产品、同质化程度非常高时，购买者做购买决策时最为关心的是产品价格。在此条件下，价格低的产品往往成为首选产品。

3. 与产品的价值相比，购买者对价格更敏感

当购买者不太关心产品属性、产品性能、品牌价值等因素，而对产品的价格异常敏感时，那些低价格的产品在市场中更具有吸引力。

4. 购买者的产品转换成本低

当购买者的产品或品牌转换成本较低，即转换产品或品牌对购买者的影响不大，那么实施低成本战略的医药企业可以用低价格吸引购买者。

5. 购买者具有很强的谈价议价能力

药品集中带量采购制度实施后，购买者的谈价议价能力提高，对医药企业的成本提

出了更高要求，对于实施低成本战略的企业，市场竞争力显著提升。

（四）实施低成本战略的优势

医药企业低成本战略的优势主要体现在三个方面：第一，如果医药企业采用成本定价法，以低价格销售产品时，医药企业的产品能快速渗透市场，获得更高的销量，赢得更大的市场份额；第二，如果医药企业锚定竞争对手，采用同样的定价方式，只要医药企业拥有稳定的市场份额，由于单位产品的利润空间较大，医药企业依然能够获得比较满意的总利润；第三，如果医药企业的生产总成本较低，与竞争对手相比，抵御原材料、零部件乃至人力资源成本上升风险的能力更强。

（五）低成本战略应规避的陷阱

实施低成本战略时应注意规避一些陷阱。第一，关注行业的技术变革。当竞争对手采用新技术、新工艺、新方法形成新的成本优势时，企业自身的低成本战略优势将消失。第二，竞争对手采取同样的战略。竞争对手通过模仿获得成本优势，采用同样的低价销售方式，将导致行业内的价格战，造成两败俱伤的局面。第三，购买者需求偏好发生变化。当购买者的消费升级，对价格敏感度降低，更注重产品性能或追求差异化时，仅用价格吸引购买者将变得无能为力。

二、广泛差异化战略

（一）广泛差异化战略的定义

广泛差异化战略指企业通过提供与竞争对手存在显著差异性的产品和服务，为顾客带来独特的感知价值，从而获得独特竞争优势。迈克尔·波特曾指出低成本战略和差异化战略是鱼和熊掌不可兼得，低成本战略瞄准市场份额的争夺，而差异化战略看重的是高额的利润水平。差异化战略的实施主要体现在产品内因素差异化和产品外因素差异化两个方面。产品内因素差异化主要体现在产品性能、设计、质量、附加功能等方面与竞争对手存在显著差异性，并且这种差异性赢得了顾客的认可，例如，医药企业通过创新，在产品性能方面取得突破。产品外因素差异化指通过营销组合中的其他因素实现差异化，如渠道、定价、促销等，获得更大的竞争优势。

（二）广泛差异化战略的实现路径

广泛差异化战略的本质是为客户提供独特的价值，实现差异化战略的核心是创新。第一，产品具有新特点、新属性，这些新属性对于客户而言独一无二，并且能为顾客带来新价值，例如，药品药效更明显、副作用更小、使用方式更便捷等。第二，为客户提供附加服务，在支付、售中、售后等环节，为客户创造差异化的体验，例如，为客户提供更好的售后服务和技术支持，为客户提供更优质的培训等。第三，注重科技研发，如研究新技术、开发新产品、开拓新服务。第四，加强质量控制，持续优化产品，延长产品生命周期，提升品牌声誉。第五，加大品牌塑造和营销力度，通过营销活动，传递产品或服务的差异化属性，让顾客感知到产品或服务的独特性和价值性，例如，"白加黑"

因一句广告语"白天服白片，不瞌睡；晚上服黑片，睡得香"被千家万户熟知，仅用180天销售额就突破 1.6 亿元，在竞争异常激烈的感冒药市场中瓜分出 15%的份额，其成功的关键因素是采用了差异化竞争战略，通过"白天不瞌睡、晚上睡得香"的价值差异性与竞争对手形成了明显的区隔。第六，营造创新的文化氛围，创新是支撑差异化战略的支柱，因此，需要在企业内部建立创新型企业文化，从理念、行为，再到器物层面塑造鼓励创新的文化体系。

（三）广泛差异化战略适用的条件

广泛差异化战略并非放之四海而皆准，需要分析市场条件，确定是否适合实施差异化战略。首先，客户的需求偏好具有多样化特征，行业竞争者可以根据顾客的购买偏好将自己的产品与竞争对手相区别，从而吸引特定的顾客。其次，差异化的产品或服务可以通过不同方式实现。再次，产品或服务的独特性难以被竞争对手复制，企业的直接竞争对手寥寥无几，这就要求企业在实施差异化战略时做好充分的市场调查。最后，企业具备持续创新的条件，或取得专利技术从而防止产品的差异化特性被模仿。

（四）广泛差异化战略实施的风险

医药企业实施差异化，应注意防范以下风险：第一，实施广泛差异化战略的医药企业的产品或服务价格远远超过市场的一般价格，导致客户不愿意为差异化的附加价值支付费用。第二，客户对差异化的需求降低，即客户不再追求差异化的属性，这将对实施广泛差异化战略的企业造成致命打击。第三，竞争对手模仿的风险。企业往往在差异化的属性上投入了巨大的研发成本，而竞争者的低成本模仿将会使企业遭遇重创，失去竞争优势。

三、聚焦战略

（一）聚焦战略的定义

聚焦战略不同于低成本战略或广泛差异化战略，是将医药企业的资源和注意力聚焦在一个狭窄的市场上，即选择某一个狭小的细分市场，而这个狭小的细分市场往往是强势竞争对手不太关注的，从而发挥"小而专""小而精""小而强""小而特""小而美"的独特优势。聚焦战略包括聚焦低成本战略和聚焦差异化战略两种类型。聚焦低成本战略指针对狭小的目标市场，以低于竞争对手的成本和价格提供产品和服务，以获得竞争优势。聚焦差异化战略是针对狭小的细分市场，提供独特的产品或服务，以满足客户独特的需求和偏好。

（二）聚焦战略的适用条件

第一，在细分市场上，购买者有独特的需求和偏好，且未得到满足。

第二，在相同的细分市场上，行业领导者或竞争对手没有打算采取聚焦战略，或没有能力满足购买者的独特需求。

第三，在某个特定的市场中，市场容量、成长速度、获利能力较其他细分市场更有吸引力，且竞争强度不大。

第四，医药企业在特定的细分市场上较竞争对手具有独特的成本优势或产品优势。

（三）聚焦战略的风险

实施聚焦战略的医药企业可能存在以下风险。

第一，由于技术进步、替代品出现，或购买者的偏好、消费理念的变化，使医药企业的价格优势或产品优势不再具有竞争力和吸引力。

第二，行业领导者或竞争对手转向该细分市场，依托其品牌优势对细分市场发起进攻，市场竞争强度增加，或实施更集中的聚焦战略，抢占企业的部分市场。

第三，由于原材料价格、人力资源成本的上升，或产品销量的减少，导致运营成本上升，实施聚焦低成本战略的医药企业成本优势不明显，无法有力支撑聚焦战略。

第四，实施聚焦战略的医药企业，通常采用非标准化的生产设备，聚焦战略一旦失败需要转型时，退出成本比较高，风险比较大。

四、最优成本战略

（一）最优成本战略的定义

最优成本战略是将低成本优势和差异化优势综合起来，其目标市场的范围介于总体市场和单个利基市场之间，吸引那些既重视价值又关心价格的理性购买者。实施最优成本战略的医药企业向购买者提供高性价比的产品和服务，即相对于竞争对手，以更低的价格满足购买者对产品出色性能的需求，为购买者提供物美价廉、物超所值的产品或服务。

（二）最优成本战略的适用条件

第一，市场中的产品差异化程度较高，高端产品较多，价格昂贵，追求性价比的购买者的需求没有得到满足，例如，肿瘤药品价格非常昂贵，很多家庭无力承担高额药品费用，这时如果疗效稍微逊色一点，但价格更加亲民的药品出现，则将受到中等收入的患者家庭欢迎。

第二，随着市场竞争的加剧，行业中的厂商普遍采取低成本战略，价格战此起彼伏，产品的差异化程度不高，这时候将有部分购买者愿意多支付一些成本获得价值更高的产品。

（三）最优成本战略的风险

实施最优成本战略的医药企业的最大风险是来自实施低成本战略和实施差异化战略的竞争对手的夹击。实施低成本战略的竞争对手以低价吸引实施最优成本战略企业的客户，实施差异化战略的竞争对手通过以更高的性价比抢夺实施最优成本战略企业的客户。因此，实施最优成本战略的医药企业必须在坚持产品或服务特色的同时更好地控制成本，从而以更低的价格优势击败实施差异化竞争对手的进攻。

第三节 医药企业竞争地位战略

根据企业在市场中的竞争地位，医药企业竞争战略可划分为市场领导者战略、市场挑战者战略、市场追随者战略及市场补缺者战略。

扩展阅读 7.2 人福医药：做医药细分市场领导者

一、医药市场领导者战略

（一）医药市场领导者战略的定义

医药市场领导者战略指能够在产品价格变化、新产品开发、分销渠道建设等方面居于领先地位的企业战略，它们通常在行业内占据较大市场份额。医药企业一般可以通过三种方式维持自身的领导者优势。第一种方式是通过不断扩大产品的总需求量来维持竞争优势；第二种方式是通过持续增加竞争优势和顾客让渡价值，防止和抵御挑战者的进攻，保持现有市场份额；第三种方式是通过提高市场份额增加收益来保持领导地位。

（二）维持医药市场领导者战略的路径

市场领导者在市场中拥有的市场份额最大，通常会在价格、渠道及促销投入上对医药行业中各企业的行动产生影响，对行业具有引领作用。市场领导者虽然占据领导地位，但木秀于林，可能会遭遇竞争对手的挑战、模仿，为了稳固和维持市场领导地位，医药企业可采取以下途径加以应对。

1. 扩大总需求

扩大市场总需求是维护和巩固市场领导者地位的积极措施，有利于医药企业进一步增加销售收入。具体而言，可以通过以下几种途径扩大总需求。

（1）开发产品的新用户。开发产品的新用户主要包括三种途径：第一，转变未使用者，即通过让未使用本产品的顾客使用该产品，扩大现实顾客群体达到扩大总需求的目的；第二，寻找并发展新的细分市场，即企业通过寻找并进入新的细分市场，发掘新的细分市场的目标顾客；第三，地理扩展，顾名思义，指通过挖掘本产品尚未进入的地区，同时设法将产品成功销售到该地区。

（2）寻找产品的新用途。指通过创新已有产品的新用法或新用途的方式增加产品销售量，从而扩大总需求。医药企业需要通过一系列研究计划来发现产品的新用途，从而促使产品开始新一轮的生命周期。此外，顾客可以参与发现产品新用途计划，企业应密切关注顾客使用产品情况，听取顾客的意见和建议。例如，阿司匹林从被发明至今已有百年的历史，最初只是作为一种解热镇痛及抗风湿药，但1974年其在预防心脏病方面的功效得到证实，人们发现它还有抑制血小板的作用，从而奠定了它在心血管疾病预防中的重要地位，临床用于预防心脑血管疾病的发作，如预防心肌梗死、中风、术后血栓的形成。

（3）增加使用量。增加使用量主要可以采取三种途径：第一，提高产品使用频率，企业可以为顾客提供更多使用该产品的情景，使顾客更频繁地使用该产品，增加产品使用量；第二，增加每次使用量，如告知顾客使用两次比只使用一次效果更好；第三，增加产品的使用场景。

2. 保持现有市场份额

为保持在本行业的领导者地位，市场领导者需要防备挑战者或其他竞争对手的进攻。医药市场领导者除了通过不断创新壮大自身实力外，还要看准时机，对竞争对手的薄弱点主动出击。当其不具备主动出击的条件时，就要通过使用以下六种防御战略来守住自身的重要市场阵地。

（1）阵地防御。指市场领导者通过建立较为牢固的防卫机制来防止竞争对手侵犯自己的市场阵地而采取的各种有效战略。

（2）侧翼防御。指市场领导者通过建立用于防御的辅助性基地来防止竞争对手乘虚而入，保护自己较弱的侧翼。该战略要求医药企业准确判断挑战者的侧翼进攻，根据情况改变自身的营销战略战术。

（3）先发制人防御。指医药企业为了巩固市场领先地位，率先主动攻击尚未产生行动的竞争对手。当某一竞争者的市场占有率对本企业产生威胁时，主动采取攻击策略。

（4）反攻防御。指通过采取"正面回击""侧翼包抄""钳形攻势"等战略来切断进攻者后路，从而主动反攻入侵者的主要市场阵地。

（5）机动防御。指市场领导者通过把自己的势力范围扩展到未来可能会成为防御和进攻中心的新领域而产生的一种防御战略。一般通过市场扩大化及市场多角化经营两种方式来实现市场扩展。

（6）收缩防御。指市场领导者有选择性地慢慢放弃较为疲软的市场，转而集中力量发展收益较高的市场。

3. 扩大市场份额

市场领导者可以通过扩大市场份额来增加收益，但是，市场领导者应该比其他企业更关注占有最佳市场的问题。一般而言，可通过以下三种途径扩大市场份额。

（1）增加新产品。研制并推出新产品是扩大市场份额较为常见的手段。医药市场领导者可以通过研发新型药品来扩大现有市场占有率，巩固自身的领导者地位。

（2）提高产品质量。提高产品质量指制造出质量比其他企业更好的中档产品，这是扩大市场份额的一种有力手段。从现实情况来看，大多数市场销量最好的一般都是中档产品，因此可以以中档产品为突破点进行产品质量的提升。

（3）增加开拓市场的费用。医药企业加大在促进销售方面的投入，对于扩大市场份额具有重要意义。如增加广告投入可以增加医药产品的曝光度，提高顾客对该产品的认知度，从而扩大市场份额。

（三）医药市场领导者战略的适用条件

医药市场领导者战略并非适用所有企业，实施市场领导者战略需要满足特定的条件：第一，医药企业在相应的市场上拥有最大的市场占有率，在市场上处于领先地位；第二，在价格变动、产品开发、促销强度等方面领导同行业的其他企业，其一举一动都会对行业产生很大影响。

（四）实施医药市场领导者战略的优势

医药企业市场领导者战略优势主要体现在四个方面：第一，市场领导者成本往往较低，因为它占据了市场主导地位，形成了"规模经济"，能够在生产、传播、分销等方面控制成本；第二，在消费者、推荐者和经销商眼中，市场领导者拥有更高的名望和更强大的形象；第三，市场领导者面对供应商、分销商及公共权力的谈判能力更强，尤其是分销商，因为分销商很难拒绝销售领先品牌的产品，并会对领先品牌给予更多的关注；第四，市场领导者往往是整个行业技术革新的引导者和行业标准的制定者。

（五）医药市场领导者应规避的风险

实施医药市场领导者战略时应注意规避一些风险。第一，处于市场领导者地位的企业往往树大招风，常常成为众矢之的，会面临众多竞争者的围攻；第二，市场领导者会被竞争者甚至部分分销商妒忌、敌对；第三，市场领导者有犯"大企业病"的可能性，可能会墨守成规或故步自封。

二、医药市场挑战者战略

（一）医药市场挑战者战略的定义

扩展阅读 7.3　迈瑞医疗——全球医疗市场挑战者

医药市场挑战者（market challenger）指处于次要地位（仅次于市场领导者）的医药企业，在市场上积极进取，不仅与市场追随者、市场补缺者竞争，而且与市场领导者积极竞争，以争取更多的市场份额，最终成为市场领导者。例如，迈瑞医疗是医疗器械行业的挑战者，金惠艾医疗是医药行业的挑战者等。一般而言，市场挑战者往往采取产品创新、技术创新、价格调整、企业并购、战略联盟和创造新的商业模式等方式向市场领导者或其他竞争者发起挑战，旨在不断扩大市场份额，跻身成为新的市场领导者。

（二）医药市场挑战者战略的实现路径

医药市场挑战者以"进攻"为基本特点。但在"进攻"之前必须从研发能力、生产能力、管理能力、市场份额等方面挖掘自己的核心优势，审视自身的挑战能力；其次，选准挑战对象与战略目标，一方面可以选择市场领导者，另一方面也可以选择进攻与自身实力相当的企业或者进攻实力较弱、规模较小的企业，以争夺更多的市场份额。市场挑战者可在以下方面选择合适的进攻战略。

1. 正面进攻

正面进攻即挑战者集中资源向竞争对手发起进攻。在完全的正面进攻中，挑战者往往是在产品、价格、广告、服务等方面与竞争对手一决高下。其中，价格战是挑战者在正面进攻中经常使用的武器，比如，挑战者生产与领导者一样的产品，但价格远远低于对方。

2. 侧翼进攻

侧翼进攻即挑战者集中力量进攻竞争对手的薄弱环节，包括地理性侧翼进攻战略和产品性侧翼进攻战略。地理性侧翼进攻战略指选择竞争对手在地理位置上的薄弱点，如石药集团采取"普药下乡"策略，选择避开城市的激烈竞争，主攻农村市场；产品性侧翼进攻战略指选择竞争对手忽略的产品细分市场，生产竞争对手没有或薄弱的产品来满足消费者需要，如哈药集团避开了成人药品市场的激烈竞争，进军儿童药品市场。

3. 包围进攻

包围进攻即挑战者全方位、大规模进攻竞争对手，使竞争对手在顾此失彼的情况下，攻击其暴露的薄弱环节，包括产品包围进攻战略和市场包围进攻战略。产品包围进攻战略指挑战者推出大量品质、款式、功能、特性卓越的产品，加深产品线以取得竞争优势；市场包围进攻战略指挑战者集中采用市场渗透，将现有产品或服务打入新的区域市场，从而夹击竞争对手。

4. 迂回进攻

迂回进攻即挑战者完全避开竞争对手的正面交锋而采取迂回进攻的战略。一般而言，迂回进攻战略包括两种类型：一是进入新的市场，进行多角化经营；二是开发新的地理市场，进攻竞争对手尚未涉及或力量薄弱的市场。迂回进攻战略避免了与竞争对手的正面冲突，较好地保护了自身的力量，是一种较为安全的间接进攻战略。

5. 游击进攻

游击进攻即挑战者对竞争对手发动间歇性的小型攻击，旨在扰乱竞争对手阵营，使其陷入困境，以获得领导者地位的战略。比如，竞争对手宣传力度降低时，应趁机加大宣传力度；竞争对手价格较高时，可采用价格折扣、优惠券等方式占领市场。

（三）医药市场挑战者战略适用的条件

医药市场挑战者往往根据进攻的角度、方式等选择不同的进攻战略，但不同类型的战略适用条件也有所差异。因此市场挑战者必须评估本企业的条件和优势，尽量避免发动鲁莽的攻击。

1. 正面进攻的适用条件

正面进攻主要适用于以下三种情况：企业的人力资源和财力资源必须能够与竞争对手相抗衡；企业必须拥有超过竞争对手的竞争优势；挑战者需要具备吸引顾客购买的能力。

2. 侧翼进攻的适用条件

侧翼进攻主要适用于以下两种情况：进攻市场必须是具有广阔前景或者富有潜力的市场；必须正确评估竞争对手的反击能力和自己的防守能力，同时预先做好反击准备。

3. 包围进攻的适用条件

企业必须拥有雄厚的资源基础。

4. 迂回进攻的适用条件

迂回进攻一般要求企业有高超的技巧和经验。

5. 游击进攻的适用条件

游击进攻一般适用于规模小于竞争对手的企业。

（四）医药市场挑战者战略实施的风险

医药企业实施挑战者战略，应注意防范以下风险。

1. 正面进攻面临的风险

第一，正面进攻可能会引发竞争对手的报复。

第二，由于正面进攻消耗的成本巨大，稍不注意可能会动摇企业根基。

2. 侧翼进攻面临的风险

第一，受到攻击的市场领导者可能对挑战者的入侵产生报复行为。

第二，如果挑战者不具备良好的防守能力，开发新市场可能会引狼入室，使市场领导者坐享其成。

3. 包围进攻面临的风险

挑战者选择包围进攻战略时需要投入大量的资源、精力及时间，如果竞争对手负隅顽抗，意味着挑战者需要付出极大的代价；同时，在包围期间，市场形势也会发生变化，原本争夺的市场可能变成萧条的市场。

4. 迂回进攻面临的风险

如果挑战者选择进入新的市场，就不得不放弃已有的市场，但新市场可能无法提供足够的利益以补充企业资源的损耗。

5. 游击进攻面临的风险

第一，可能会引发竞争对手的报复，由于双方实力相差悬殊，竞争对手如果产生反击的话，是挑战者所无法承受的。

第二，在游击战略中，挑战者也需要大量的资源投入，如果莽撞地发起进攻，将会造成无法弥补的损失。

三、医药市场追随者战略

（一）医药市场追随者战略的定义

扩展阅读 7.4 市场空间大，药企发力抢占罕见病用药赛道

医药市场追随者战略指在价格、产品、营销方案等多数营销策略上模仿、追随市场领导者的公司战略，市场追随者较市场领导者拥有更低的市场份额，但仍可盈利，市场追随者不愿扰乱当前的市场形势并甘愿居于次要地位，追随市场领导者并自觉维护和平共处的局面，追随者目标是盈利，通常保持低成本、高品质及高服务水准，随时准备打入新市场，通常是市场挑战者打压的对象。企业实施市场追随者战略：一方面可以节约新产品开发、

渠道拓建、信息获取等成本；另一方面可以避免市场领导者打压带来的损失。

（二）医药市场追随者战略的实现路径

医药市场追随者经常模仿、调整策略以效仿领导者的营销方案、价格等，但并非单纯模仿，在制定战略时应考虑采用有利于自身发展，同时避免竞争者报复的战略。追随者有三种战略选择。

1. 紧密跟随

紧密跟随指在各个细分市场和价格、产品等市场营销组合方面，以模仿领导者为主，基本不创新。采取紧密跟随方式的追随者有时类似挑战者，但不从根本上侵犯领导者地位，不与领导者产生直接冲突，甚至可以被视作寄生于领导者以谋生。医药产品刚进入市场时，可以采取紧密跟随策略以实现盈利。

2. 距离跟随

距离跟随指在主要方面追随领导者，如细分市场、分销渠道、产品创新、价格水平，但又在包装、广告等方面与领导者保持差距，有一定创新性，可以兼并小企业实现自身发展。在新药品的研制与开发上，可以有距离地跟随领导者企业的产品，研发国产化、民族化的相应产品。

3. 选择跟随

选择跟随指在某些方面追随领导者，在跟随的同时发挥自身的独特性与创新性，不盲目跟随，不与领导者进行竞争，在跟随过程中可能发展为市场挑战者。例如，华源集团的维生素产品——"世纪新维他"在受到市场领导者打压后，后期采取选择跟随策略，通过挖掘核心卖点、转变渠道和强化终端树立了自己的品牌。

市场追随者成功的关键在于：首先要充分了解市场，强调利润而非市场占有率；其次应有效地研究和开发；再次需要有坚强的管理团队；最后市场追随者需要掌握如何维持现有客户资源，以及争取在现有基础上获取新客户，实施市场追随者战略需要根据企业情况与市场情况进行调整。

（三）医药市场追随者适用的条件

采取市场追随者战略的企业一般处于资本密集、产品同质性高的行业中，主要由行业和产品的特点所决定。实施追随者战略的医药企业跟随领导者发展，企业间势力互不干扰，不从对方目标市场中抢夺客户，在行业内保持相对平衡。企业处于以下情境时可考虑采用市场追随者战略。

第一，行业产品同质化程度高，从产品入手寻找差异化可能性小。
第二，行业服务标准与服务质量趋于同质化。
第三，行业内企业的产品价格水平相当，任何价格波动均可能导致价格战。
第四，企业预计长期专注于当前行业。
第五，消费者对行业内产品价格敏感。

（四）医药市场追随者战略实施的风险

医药企业实施市场追随者战略时应注意防范以下风险。

1. 紧密跟随面临的风险及措施

当企业采取紧密跟随策略时，几乎没有创新，会被竞争对手误以为是挑战者，故在实施时需要突出模仿，保持低调，避免威胁领导者地位，避免与领导者发生冲突。例如，华源集团曾跟随"21金维他"推出"世纪新维他"产品，在配方、包装等多方面模仿，却受到"21金维他"在全国范围内的封杀，使产品一度陷入生存困境。

2. 距离跟随面临的风险及措施

当企业采取距离跟随时，在主要方面效仿领导者，但又不完全追随领导者，实施时需要突出效仿的"距离"，在对领导者不构成威胁的同时，使领导者避免遭受独占市场的指责。

3. 选择跟随面临的风险及措施

当企业采取选择跟随时，保有自己的独特性，在实施时要注意避免与领导者进行直接竞争。例如，伊布替尼成为全球首先上市的BTK抑制剂（淋巴瘤的靶向治疗药物），但在发展中，泽布替尼紧随其后，通过提高选择性，顺利进入市场。

行业排名靠前的公司并非都为挑战者，若企业没有诸如产品创新等重大突破，则往往选择保持追随者姿态。但市场追随者在发展过程中可能发展成为新的挑战者，直接影响挑战者的利益；另外，相较于市场挑战者，市场追随者的企业规模更小，市场份额更低，易成为挑战者的攻击对象。在选择追随者战略时，除了考虑企业自身情况外，还应考虑市场挑战者的战略选择。

四、医药市场补缺者战略

（一）医药市场补缺者战略的定义

在一个行业中，一些中小企业通过市场细分，专注于市场中某一个或几个被大企业忽略的细小部分，拾遗补缺，通过专业化经营获取最大限度的收益，在大企业的缝隙中抢占有利的市场地位。这种竞争战略称为市场补缺者战略，又称利基战略（niche market strategy），细分市场称为"利基市场"，被细分的行业或产品称为"利基点"。"利基"（niche）意指市场虽然不大，但具有发展潜力和发展空间，市场补缺者通过聚焦于某种特定的产品或服务，实行专业化经营，依然能够获取利润。利基市场主要有以下几个特点：第一，市场比较狭窄，但具有较明显的差异性；第二，目标客户具有较强的购买力，市场具有发展潜力；第三，市场内暂时没有领导者，强大的竞争者对其没有兴趣。

扩展阅读 7.5 迈瑞医疗，基于利基战略实现产业跃迁

（二）医药市场补缺者战略的实现路径

医药市场补缺者战略的本质是在激烈的市场竞争中拾遗补缺，实施市场补缺者战略的关键是市场专业化，集中企业的力量做出市场差异。因此，精准识别细分市场中尚未被满足的需求，寻找补缺基点，为细分客户定制专业化产品或服务是企业实施市场补缺者战略的重要路径。通常，企业可以从以下几个方面进行市场细分和选择。

1. 最终用户专业化

细分目标客户群体,选择其中某一类人群作为目标客户,以满足目标客户的需求为导向,只为这一类客户提供产品或服务。例如,某公司聚焦儿童市场,生产满足儿童健康需求的各类药品。

2. 垂直层面专业化

在生产经营过程中,企业只针对分销渠道中的某一层面开展专业化经营业务。例如,某公司专营胶囊类药品包装,为各大生物制药公司提供药品胶囊壳,提供定制化包装服务。

3. 顾客规模专业化

大部分产品和服务都难以满足所有消费群体的需求,因此企业可选择被大企业忽视的大、中、小型规模的其中一类客户,为其提供产品或服务。例如,部分药店能为具有小剂量购买需求的小规模客户提供定制剂量购买服务。

4. 特殊顾客专业化

企业专门为某一个或几个重点客户提供专业化产品或专业化定制服务,致力于满足特殊客户的需求。例如,医药市场上某些药品供应商只为三甲医院提供药品,不为三甲等级以下的医院或药房供药。

5. 地理区域专业化

某些产品或服务按地理区域实行差异化经营,只在某个地点、某个地区,或专为国内外某个特定区域提供。例如,某些特殊药品只在指定医院或定点药房进行售卖,或是只在国外销售,国内采取代购形式。

6. 产品或产品线专业化

企业专注于提供某一种或一类具有鲜明特点的产品或服务,并在原有基础上不断开发和创新,以追求在某一产品或服务领域的极致。例如,某生物制药公司专注于生产和研发针对某一种癌症的抗肿瘤类药品。

7. 客户订单专业化

针对某些特制产品或特殊服务,企业只接受顾客预订,根据客户订单按需生产,或根据客户需求提供定制化专业服务。例如,医院为患者提供基因检测服务,会根据患者的不同情况,采取不同的方式取样送检。

8. 质量和价格专业化

企业专门生产某种质量和价格的产品,以高质量、高价格,或低质量、低价格的产品,只在市场顶部或底部经营。例如,某非处方药在同类药品中以市场最低价格,迅速打入市场,抢占低端市场地位。

9. 服务项目专业化

在同类市场中专门为目标客户提供一种或几种其他企业没有的服务,为客户创造差异化服务体验。例如,某医疗器械公司生产的产品面向肿瘤患者,患者购买产品后,公司派设备支持专员提供培训、指导和技术支持。

10. 分销渠道专业化

在销售过程中,企业只选择一种分销渠道进行销售,专为一种分销渠道提供产品或服务。例如,某医疗器械厂商专门生产符合医院手术要求、满足医生手术需要的各类医疗器械与耗材。

(三)医药市场补缺者战略适用的条件

医药市场补缺者战略借助市场专业化策略,能让中小企业在大企业的夹缝中求得生存和发展,但企业选择该战略前应充分了解细分市场及目标客户的需求,评估细分市场是否存在利基点,是否适用该战略。首先,企业所选择的细分市场应具有一定规模和购买力,企业进入市场后能够从中获取足够的利润以维持企业的长期生存和发展。其次,企业应具备提供产品或服务的资源和能力,所提供的产品或服务符合目标客户的需求,与目标市场相匹配。再次,企业选择的目标市场应是被大企业忽略,或是由于盈利有限大企业不愿投入的市场,市场中暂时没有领导者占据主导地位。最后,企业自身应具有良好的信誉条件和承担风险的能力,以便能够抵御竞争者的攻击,稳固企业在市场中的地位。

(四)医药市场补缺者战略实施的风险

医药市场补缺者战略使得中小企业能够避开激烈的市场竞争,在狭小的市场空间中通过市场专业化与其他市场做出差异化经营,占据小范围内有利的市场地位,但由于企业本身资源与能力的缺失,企业在实施市场补缺者战略时,应注意防范以下风险:第一,企业对于利基市场的选择需要经过大量调查研究,要求企业能够对市场的发展潜力和发展前景做出准确的预判,一旦预判失误将导致企业后续发展步履维艰。第二,中小企业资源能力有限,研发和投放新产品的成本往往较高,企业为控制成本所提供的产品或服务可能难以满足消费者的需求,不符合市场预期。第三,中小企业知名度不高,进入市场后难以迅速在目标市场中打开局面,若没有制定有效的营销策略,企业就难以获取足够的利润以维持生存和长期发展。第四,企业进入市场后若没能在客户群体中建立起良好的信誉,产品或服务差异化不足,将会导致企业难以应对竞争者的攻击。第五,市场和消费者需求在不断变化,中小企业对产品和服务的创新能力有限,因此企业应敏锐识别市场风向,在经营过程中及时调整策略,不断挖掘新的利基点,以拓展市场。

本章小结

本章介绍了医药企业竞争战略的内涵,医药企业竞争对手分析,医药企业竞争定位战略,医药企业竞争地位战略。

医药企业竞争者分析包括竞争者识别、竞争者分析、竞争者确定三个方面。识别竞争对手时:首先,观察自己与对手提供的产品或服务是否面向同一目标客户群体;其次,分析提供的产品或服务是否具有相似性或替代性。此外,关注潜在竞争对手,警惕替代品的威胁。运用战略集群图评估主要竞争者的市场地位,从竞争对手当前采取的战略、未来的目标、企业的资源和能力四个方面分析竞争对手。

根据企业的目标市场是广泛的还是狭窄的，以及公司正在追求的竞争优势是低成本还是差异化，医药企业竞争定位战略可分为低成本战略、广泛差异化战略、聚焦战略和最优成本战略。根据医药企业在市场中的竞争地位，将竞争战略分为市场领导者战略、市场挑战者战略、市场追随者战略和市场补缺者战略。

关键术语

战略集群图（strategic group mapping）
竞争对手分析框架（competitor analysis framework）
竞争态势矩阵（competitive profile matrix，CPM）
低成本战略（overall cost leadership）
广泛差异化战略（broad differentiation strategy）
最优成本战略（best-cost provider strategy）
聚焦差异化战略（focused differentiation strategy）
聚焦低成本战略（focused low-cost strategy）

课后思考题

1. 在医药企业中识别竞争者的依据是什么？
2. 请简述战略集群图构造流程。
3. 绘制战略集群图时需要注意的事项有哪些？
4. 请简述用于识别竞争对手采取的战略举措和战略对策的竞争对手分析框架指标。
5. 请简述如何建立竞争态势矩阵？
6. 医药企业实施低成本战略的优势有哪些？
7. 医药企业实施低成本战略时应注意规避哪些陷阱？
8. 医药企业如何实施广泛差异化战略？
9. 实施聚焦战略的适用条件是什么？
10. 实施最优成本战略的医药企业可能存在哪些风险？
11. 医药企业领导者开发产品的新用户有哪些途径？
12. 医药市场领导者具有哪些优势？
13. 作为市场挑战者，医药企业可采取哪些进攻战略？
14. 实施市场追随者战略的适用条件有哪些？
15. 实施补缺者战略的医药企业可能面临哪些风险？

即测即练

综合案例

人福医药的战略选择

2018年12月15日,人福医药集团股份公司董事长王学海对长江日报记者说,这些年,他们凭借技术创新和品牌打造,在麻醉药、生育调节药等多个细分领域,建立了行业领导地位。2006年9月,王学海出任人福科技(人福医药的前身)董事长,那一年被称为人福的战略调整年,公司退出和剥离了非医药产业。王学海说,民营企业在从无到有、从小到大的过程中,往往伴有机会导向或者说机会饥渴,看到什么挣钱就去做什么,早期的人福也不例外。公司发展到一定阶段,必须专业化,做医药细分市场领导者。人福科技在2010年更名为人福医药,也是出于这样的考量。

时至今日,人福已然在国内乃至全球医药行业具备一定影响力,正是得益于其在麻醉药、生育调节药等多个细分领域建立的领导地位。"专注才可能做好,现在看做得还不够。"王学海说,"公司将进一步聚焦,提出'坚定走归核化高质量发展之路',将业务集中到资源和能力具有竞争优势的领域。"

怎样才能成为市场领跑者?王学海认为,民营企业要做"小而美",不做"大而杂",聚焦主业、做精产品,在技术上、品牌上做到领先的位置,规模不一定很大,但一定要有技术含量,有不可替代性,有市场竞争优势。

人福每年将销售收入的近5%投入科研,即使在最艰难的时候也不曾"克扣"。美国是全球生物医药技术最发达的国家,为了抢占技术高地,拥有行业顶级人才,人福先后在新泽西、纽约、圣路易斯三地设立研发中心。

资料来源:长江日报. 人福医药聚焦实业做精主业,在细分领域做成全球行业市场领导者 [N/OL].[2018-12-15]. http://www.app.dawuhanapp.com/p/64274.html.(有改编。)

综合案例分析思路7.1

思考题:分析人福医药采取的竞争战略是什么?实施该战略的路径是什么?

第八章

医药企业目标市场营销战略

◆ 学习目标

1. 理解医药市场细分、目标市场选择和市场定位的概念;
2. 掌握医药市场细分、目标市场选择和市场定位的方法;
3. 了解企业进行市场细分、目标市场选择和市场定位的重要意义;
4. 掌握医药市场营销组合的内容和特点;
5. 了解制定市场营销计划的意义和注意事项;
6. 掌握撰写营销计划书的方法。

◆ 课程思政

通过学习本章,我们应该能够运用市场细分理论对医药消费者市场进行市场细分;能够为医药企业开展市场定位;能够为医药企业撰写市场营销计划,并能够组织和实施。产品质量是企业的生命线,而医药产品市场上,进行准确的市场细分、合理的市场定位、高明的营销手段,能让产品生命周期延长,助力医药企业健康有序地发展,为国家经济建设添砖加瓦。

◆ 引导案例

维康好声音,开启产品新定位

一、标杆战略:B端、C端动销一体化策略

维康银黄滴丸历来是咽喉用药品类中的佼佼者,产品力强,口碑极好,其品牌建设以往多聚焦在B端,已初步实现了"渠道名牌"目标。上市后的维康药业站在新战略高度,面对新营销环境,亟须发力C端市场,借助数字化营销战略将维康银黄滴丸打造为"消费者知名品牌",成为真正的标杆品牌!

维康银黄滴丸围绕标杆品牌建设,以"立标、对标、创标、夺标"等为理论指导,采取"聚焦优势,强化场景"的战略与战术,分析产品特点,提炼产品定位为"舌下含服起效快",聚焦核心症状——"咽干、咽痒、咽痛""感冒、发烧、嗓子痛",描绘四大场景——"抽烟、喝酒、打麻将""加班、熬夜、打游戏""火锅、宵夜、大排档""会议、演讲、KTV",从而完成品牌年轻化的转变。让品牌吸引更多的中青年消费者,为连锁门店引流,完成品牌传播的B端与C端联动,是维康银黄滴丸数字化营销的重点方向。

二、四季动销,以问题解决方案为中心

为了适应季节性病症的变化,维康银黄滴丸基于产品清热、解毒、消炎等的功效,随季节交替更换主打概念,推出"四季维康·银黄滴丸"终端动销方案:春季聚焦流感咽炎,夏季瞄准热毒上火,秋季偏重口腔消炎,冬季专注清咽消炎。这一策略可让维康银黄滴丸的销售突破季节限制,促进全年销量。

四季维康终端动销与创新化联合推广模式是工商合作的进一步探索,有助于共同开拓消费者潜在市场,也为数字化营销打好专业基础。

三、维康好声音,打造品牌最强音

因银黄滴丸具有清热、解毒、消炎的功能,适用于急慢性咽炎、扁桃体炎、上呼吸道感染,患者主要病位在咽喉。"咽喉"很容易让人联想到"声音"。维康银黄滴丸借助"声音"这一元素建立品牌与消费者的强关联,塑造消费者心中的强认知,策划维康药业银黄滴丸年度创意主题活动——"维康好声音·银黄滴丸杯歌唱大赛"。

活动面向终端店长、店员、消费者,以"爱国爱家"为演唱主题,以"维康好声音"为口号,采用线上海选赛、线下表演赛、长沙总决赛等赛制形式,打造了一场微信小程序、抖音短视频平台、合作连锁线下平台共同联动的全民歌唱赛事。

四、董事长代言,让声音多"飞"一会儿

2021年6月10日,"维康好声音·银黄滴丸杯歌唱大赛"在长沙国际会议中心正式启动,院士、连锁药店董事长或总裁等共同启动主题活动,数千人在长沙国际会展中心见证这一盛大活动。为保证活动的有效性与高效性,维康好声音通过沟通,前期与20家百强连锁药店率先达成战略合作,共同推动活动落地。先后有数十家连锁药店的董事长或总裁为活动进行代言,同时这些合作伙伴陆续召开启动大会,正式开展好声音活动。通过这样的强强联合、线上线下并进的方式,持续扩大品牌影响力。

五、抖音抖一抖,好声音传遍中国

线下反哺,线上引爆,面向C端,"维康好声音"线上抖音端活动如火如荼。不仅有以连锁药店董事长或总裁等为代表的医药行业大咖权威助阵,还吸引到了以"大衣哥"等为代表的流量达人及网红歌手倾情参与。众所周知,抖音是短视频时代典型的巨大流量入口平台,"维康好声音"选择抖音作为活动宣传、放大声量的主传播平台,外加行业大咖引导与流量红人感召,成功实现了活动持续引爆,品牌持续受到关注的目的。

"维康好声音·银黄滴丸杯歌唱大赛"活动策略堪称医药零售市场创建品类标杆和医药工商共建品牌的经典案例,它将品牌文化、活动创意、商业价值三大元素有机地集于一体,通过B端C端互通联动、线上线下齐头并进的方式,为医药界进行了一场品牌传播与终端动销紧密结合的数字营销探索!

资料来源:桑迪品牌咨询."2020中国医药十大营销案例奖"颁奖盛典[EB/OL]. [2020-09-18]. http://www.s-idea.com.cn/index.php?s=news&c=show&id=49.

现代医药企业面临的是越来越广阔而复杂多变的市场。医药市场营销管理人员发现

和选择了有吸引力的市场机会后,就需要进一步进行医药市场细分、目标市场选择和市场定位。医药企业目标市场营销战略也称为 STP 营销战略,即市场细分(market segmentation)、目标市场选择(market targeting)、市场定位(market positioning),这是企业营销战略的三要素。

第一节 市场细分

一、市场细分概述

(一)市场细分的概念

市场细分的概念是美国营销学家温德尔·史密斯(Wendell Smith)最早提出的。市场细分指企业根据顾客需求的差异性,把某一类产品的整体市场划分为两个或两个以上具有不同需求特征的子市场的过程。每一个子市场就是一个细分市场,每一个细分市场都是由具有类似需求倾向的顾客群体构成的。市场细分的基本原理与依据为:市场是商品交换关系的总和,本身可以细分;顾客需求整体的异质性和局部的相似性同时存在;企业有限的资源及自身优势;为了进行有效的市场竞争。

(二)市场细分的作用

细分市场是从顾客的角度进行划分的,即根据顾客的需求、动机、购买行为的多元性和差异性来划分的。市场细分对企业的生产、营销起着极其重要的作用。

1. 有利于选择目标市场和制定市场营销策略

市场细分后的子市场比较具体,比较容易了解顾客的需求,企业可以根据经营思想、方针、生产技术和营销力量,确定服务对象,即目标市场。针对具体的目标市场,企业便于制定针对性的营销策略。同时,在细分市场上,信息容易了解和反馈,一旦顾客的需求发生变化,企业可以迅速改变营销策略,制定相应的对策,以适应市场需求的变化,提高企业的应变能力和竞争力。

2. 有利于发掘市场机会,开拓新市场

市场机会是已经出现于市场但尚未加以满足的需求,这种需求往往是潜在的,一般不易被发现。通过市场细分,企业可以对每一个细分市场的购买潜力、满足程度、竞争情况等进行分析对比,从而发现市场机会,然后根据本企业具有的优势条件作出决策,及时抓住市场机会,开拓新市场,赢得市场主动权。

3. 有利于集中资源投入目标市场

任何一个企业的人、财、物等资源都是有限的。通过细分市场,选择适合自己的目标市场,企业可以集中资源去争取局部市场上的优势,占领自己的目标市场。

4. 有利于提高企业的市场竞争力

当市场细分后,每一细分市场上的竞争者的优势、劣势都会明显地暴露出来,企业只要看准市场机会,利用竞争者的弱势,同时有效地开发本企业的优势资源,就能用较少的资源争取更多的市场份额。

5. 有利于企业提高经济效益

通过市场细分,企业可以为目标市场生产出适销对路的产品,有助于加速商品流转,加大生产批量,降低企业的生产销售成本,提高生产工人的劳动熟练程度,提高产品质量,全面提高企业的经济效益。这样既能满足市场需求,又可以增加企业收入。

(三)市场细分的原则

企业进行市场细分的目的是通过对顾客需求差异予以定位,以取得较大的经济效益。细分市场必须遵循的原则如下。

1. 差异性

差异性指市场细分后,各个细分市场的顾客需求具有差异性,对企业营销组合策略的变动,不同细分市场会有不同反应。若不同细分市场顾客对产品需求差异不大,则企业就没有必要对市场进行细分。

2. 可衡量性

可衡量性指用来细分市场的标准及细分后的市场是可以被识别和衡量的,既有明显的区别,又有合理的范围。如果某些市场购买者的需求和特点很难衡量,细分市场后无法界定,难以描述,那么市场细分就失去了意义。一般来说,一些带有客观性的变数,如年龄、性别、收入、地理位置、民族等,都易于确定,并且有关的信息和统计数据,也比较容易获得;而一些带有主观性的变数,如心理和性格方面的变数,就比较难以确定。

3. 可进入性

可进入性指企业能够进入所选定的细分市场,能进行有效的促销和分销,实际上就是考虑营销活动的可行性。一是企业能够通过一定的广告媒体把产品的信息传递到该市场众多的消费者中去,二是产品能通过一定的销售渠道抵达该市场。

4. 可盈利性

可盈利性指细分市场的规模容量要大到能够使企业足够获利的程度,使企业值得为它设计一套营销策划方案,以便顺利地实现其营销目标,并且有可拓展的潜力,以保证企业能获得理想的经济效益和社会服务效益。

5. 相对稳定性

相对稳定性指细分后的市场有相对应的稳定时间。细分后的市场能否在一定时间内保持相对稳定,直接关系到企业生产营销的稳定性。特别是大中型企业,以及投资周期长、转产慢的企业,更容易造成经营困难,严重影响企业的经营效益。

6. 可实施性

企业必须要有足够的能力针对有关市场实施营销计划,超过企业能力的市场就没有细分的必要。

二、医药市场的细分标准

（一）消费者市场的细分标准

消费者市场的细分标准可以概括为地理因素、人口因素、心理因素和行为因素四个方面，每个方面又包括一系列的细分变量。

1. 按地理因素细分

按地理因素细分，就是按消费者所在的地理位置、地理环境等变数来细分市场。因为处在不同地理环境下的消费者，对于同一类产品往往会有不同的需要与偏好，例如，进口、专利的药品，销量集中在大中型城市，而中小城市和农村市场则是国产药品的主要销售区域。因此，对药品市场进行地理细分是非常必要的。

（1）地理位置。可以按照行政区划来进行细分，如在我国，可以划分为东北、华北、西北、西南、华东和华南几个地区；也可以按照地理区域来进行细分，如划分为省、市、自治区、市、县，或内地、沿海、城市、农村等。在不同地区，消费者的需求显然存在较大差异。

（2）城镇规模。可划分为大城市、中等城市、小城市和乡镇。处在不同规模城镇的消费者，在消费结构方面存在较大差异。

（3）地形和气候。按地形可划分为平原、丘陵、山区、沙漠地带等；按气候可分为热带、亚热带、温带、寒带等。防暑降温类的医药产品就可按不同的气候带来划分。例如：在我国北方，气候寒冷干燥，对这类药品市场需求度低；但在南方，由于气候湿热时间长，对防暑降温的药品需求量大，需求周期长，南方市场就是这类医药产品厂家的必争之地。

扩展阅读 8.1 诺华细分市场案例

2. 按人口因素细分

按人口因素细分，就是按年龄、性别、职业、收入、家庭人口、家庭生命周期、民族、宗教、国籍等变数，将市场划分为不同的群体。由于人口变数比其他变数更容易测量，且适用范围比较广，因而人口变数一直是细分消费者市场的重要依据。

（1）年龄。不同年龄段的消费者，由于生理、性格、爱好、经济状况的不同，对消费品的需求往往存在很大的差异。因此，可按年龄将市场划分为许多各具特色的消费者群，如儿童医药市场、青年医药市场、中年医药市场、老年医药市场等。

（2）性别。按性别可将市场划分为男性市场和女性市场。不少药品在用途上有明显的性别特征。例如，中成药六味地黄丸的购买和服用者大多为男性，而妇科洗剂的购买、消费群体为女性。在购买行为、购买动机等方面，男女之间也有很大的差异，例如，妇女是儿童用药的主要购买者，男士则是有保健功能产品的主要购买者。

（3）收入。收入的变化将直接影响消费者的需求欲望和支出模式。根据平均收入水平的高低，可将消费者划分为高收入、次高收入、中等收入、次低收入、低收入五个群体。收入高的消费者相对收入低的消费者会购买更高价的产品，例如，收入高的患者，即便是普通感冒,一般也喜欢到当地的三级医疗机构就诊,愿意用进口的或知名度高的医药产品;而收入低的患者则通常在住地附近的诊所、药店就诊,消费价格较低的国产非知名品牌医药产品。

(4)民族。世界上大部分国家都拥有多种民族,我国更是一个多民族的大家庭,除汉族外,还有 55 个少数民族。这些民族都各有自己的传统习俗、生活方式,从而呈现出各种不同的商品需求。在我国,除了主流的西医化学药品、中医中药,少数民族地区还有蒙医蒙药、藏医藏药、苗医苗药等。

(5)职业。不同职业的消费者,由于知识水平、工作条件和生活方式等不同,其消费需求存在很大的差异,例如,学生对视力保护、补钙的产品有较高需求,文艺工作者则对医美、减脂等类别的医药产品有较高的需求。

(6)受教育程度。受教育程度不同的消费者,在志趣、生活方式、文化素养、价值观念等方面都会有所不同,因而会影响他们的购买种类、购买行为、购买习惯。

(7)家庭人口。据此可分为单身家庭(1 人)、单亲家庭(2 人)、小家庭(2~3 人)、大家庭(4 人及以上)。这直接影响相同医药产品不同包装规格的销量。

3. 按心理因素细分

按心理因素细分。就是将消费者按其生活方式、性格、购买动机、态度等因素细分成不同的群体。

(1)生活方式。生活方式是人们对工作、消费、娱乐的特定习惯和模式,不同的生活方式会产生不同的需求偏好,如"传统型""新潮型""节俭型""奢侈型"等。这种细分方法能显示出不同群体对同种商品在心理需求方面的差异性。

(2)性格。消费者的性格和对产品的钟爱有很大的关系。性格可以用外向与内向、乐观与悲观、自信、顺从、保守、激进、热情、老成等词句来描述。性格外向、容易感情冲动的消费者往往喜欢表现自己,因而他们喜欢购买能表现自己个性的产品;性格内向的消费者则喜欢大众化,往往购买比较平常的产品;富于创造性和冒险心理的消费者,则对新奇、刺激性强的商品特别感兴趣。

(3)购买动机。即按消费者追求的利益来进行细分。消费者对所购产品追求的利益主要有求实、求廉、求新、求美、求名、求安等,这些都可作为细分的变量。因此,企业可对市场按利益因素进行细分,确定目标市场。

4. 按行为因素细分

按行为因素细分,就是按照消费者购买或使用某种商品的时机、追求的利益、购买数量、购买频率、对品牌的忠诚度等因素来细分市场。

(1)购买时机。许多医药产品的消费具有时间性,抗流感的产品消费主要在春季,防暑降温的产品消费主要在夏季,而秋季是胃肠类产品的消费旺季,冬天则是保健类产品的销售高峰。因此,企业可以根据消费者产生需要、购买或使用产品的时机进行市场细分:商家在酷热的夏季大做藿香正气类产品的促销;在元旦、春节期间,商家又会加大保健类产品的宣传,以应对节假日期间对送礼的需求。近年来"双十一"购物节已成为电商的重要推销时机。因此,企业可根据购买时间进行细分,在适当的时候加大促销力度，采取优惠价格，以促进产品的销售。

（2）追求的利益。以顾客购买商品所追求的利益来细分。即按照消费者在购买过程中对产品效用的重视程度不同，将消费者分为不同的消费群体。例如，每个人都可能会购买感冒药，但有的人购买感冒药是为了快速缓解症状，选择化学药能够达到这个目的，而有些人可能想通过提高免疫力来缓解症状，则可能会优先选择中药成分的感冒药。

（3）购买数量。根据购买者的购买数量来划分。据此可分为大量用户、中等用户和少量用户。大量用户人数不一定多，但消费量大，许多企业以此为目标，反其道而行之也可取得成功。

（4）购买频率。据此可将消费者的购买行为分为经常购买、一般购买、不常购买。同样是感冒药，老年人或者儿童会经常购买，年轻人则较少购买。

（5）品牌忠诚度。据此可将消费者划分为坚定品牌忠诚者、多品牌忠诚者、转移的忠诚者、无品牌忠诚者等。例如：有的消费者忠诚于某些产品，如云南白药膏、络活喜等；有的消费者忠诚于某些权威，如某个领域的专家所推荐的医药产品等。为此，企业必须辨别其忠诚顾客及特征，以便更好地满足他们的需求，必要时给忠诚顾客以某种形式的回报或鼓励，如给予一定的折扣。

（二）医药组织市场的细分标准

消费者市场的细分标准有很多都适用于组织市场的细分，如地理环境、追求利益、使用率、对品牌的忠诚度等。但由于组织市场有它自身的特点，企业还应采用其他一些标准和因素来进行细分，最常用的有：最终用户使用目的、用户经营规模、用户地理位置等因素。

1. 按最终用户的使用目的细分

最终产品用户对产品的使用目的是生产资料市场细分常用的标准。不同的用户对同一产品有不同的需求，例如，疫苗生产企业可根据疫苗的用户不同将市场细分为政府市场和商业市场，政府市场特别注重产品质量，而且价格较低、交货及时；商业市场主要用于医药消费者自费购买，除要求保证质量外，还要求价格可以根据市场进行调整。因此，企业应针对不同用户的需求，提供不同的产品，设计不同的市场营销组合策略，以满足用户的不同要求，最终达到占领市场、增加销量的目的。

2. 按用户经营规模细分

用户经营规模也是细分组织市场的重要标准。用户经营规模决定其购买能力的大小。按用户经营规模划分，可分为大用户、中用户、小用户。大用户户数虽少，但其购买数量大，注重质量、交货时间等；小客户数量多，分散面广，购买数量有限，注重信贷条件等。许多时候，和一个大客户的交易量相当于与许多小客户的交易量之和，失去一个大客户，往往会给企业造成严重的后果。因此，企业应按照用户经营规模建立相应的联系机制和确定恰当的经营策略。

3. 按用户的地理位置细分

每个国家或地区大都在一定程度上受自然资源、气候条件和历史传统等因素影响，形成若干工业区，例如，上海市、浙江省的化学制药工业区，江西省、湖南省、吉林省的中药制药工业区等。这就决定了组织市场往往比消费品市场在区域上更为集中，地理位置因此成为细分组织市场的重要标准。企业按用户的地理位置细分市场，选择客户较为集中的地区作为目标，有利于节省推销人员往返于不同客户之间的时间，而且可以合理规划运输路线，节约运输费用，也能更加充分地利用销售力量，降低推销成本。

三、医药市场细分的方法和步骤

（一）市场细分的方法

市场细分的方法主要有单一变量法、综合因素细分法、系列因素细分法等。

1. 单一变量法

所谓单一变量法，指根据市场营销调研结果，把选择影响消费者或用户需求最主要的因素作为细分变量，从而达到市场细分的目的。这种细分法以企业的经营实践、行业经验和对组织客户的了解为基础，在宏观变量或微观变量间，找到一种能有效区分客户并使公司的营销组合产生有效对应的变量而进行的细分。例如，感冒药市场的主要影响因素是年龄，可以针对不同年龄段的消费者设计适合不同口感的产品，尤其是儿童用药添加水果口味，以加大服药的依从性。除此之外，性别也常作为市场细分变量而被企业使用，男科医院、妇科医院等的出现正反映出性别标准为大家所重视。

2. 综合因素细分法

综合因素细分法即用影响消费需求的两种或两种以上的因素进行综合细分，例如，用生活方式、收入水平、年龄三个因素可将医药产品市场划分为不同的细分市场。

3. 系列因素细分法

当细分市场所涉及的因素是多项的，并且各因素是按一定的顺序逐步进行，可由粗到细、由浅入深，逐步进行细分，这种方法称为系列因素细分法。目标市场将会变得越来越具体。医药产品市场也可按地理位置、性别、年龄、收入、购买动机等因素来细分。

（二）医药市场细分的步骤

无论是消费者市场还是组织市场，只有按照一定的步骤进行细分，才能较好地实现市场细分的要求，市场细分的一般步骤包括以下几个方面。

（1）选定产品市场范围。即确定进入什么行业，生产什么产品。产品市场范围应以顾客的需求，而不是产品自身的特性来决定。为此企业必须开展细致的调查研究，分析市场消费需求的动向，做出相应的决策，并以此作为制定市场开拓战略的依据。

（2）列举潜在顾客的基本需求。这可从地理、人口、心理等方面列出影响产品市场需求和顾客购买行为的各项因素。

（3）分析潜在顾客的不同需求。对于列举出来的基本需求，不同顾客强调的侧重点可能会存在差异。企业应对不同的潜在顾客进行抽样调查，并对所列出的需求因素进行评价，了解顾客的共同需求和不同群体存在的差异。

（4）抽掉潜在顾客的共同需求，以特殊需求作为细分标准。顾客的共同需求特点是不能作为细分市场标准的,只有不同顾客群的不同需求特点才能作为细分市场的标准。

(5)划分并命名子市场。根据潜在顾客需求的差异因素将其划分为不同的消费群体或子市场,并赋予每一子市场以一定的名称。

(6)再次分析子市场的需求及行为特点。进一步分析每一细分市场的需求与购买行为特点,并分析其原因,以便在此基础上决定是否可以对这些细分出来的市场进行合并或做进一步细分。

(7)评估每个细分市场的规模。即在调查基础上估计每一细分市场的消费者数量、购买频率、平均每次购买数量等,并对细分市场的产品竞争情况及发展趋势作出分析。根据最终确定的可进入的细分市场,制定相应的营销策略。

第二节 医药目标市场选择

市场细分是为了选择目标市场,在对整体市场进行有效细分之后,就要根据企业自身的优势和外部环境状况进行目标市场的选择,有针对性地开展营销活动。何为目标市场?就是指在市场细分的基础上,被企业选定的准备为之提供相应产品和服务的一个或几个子市场。要选择适合企业进入的细分市场,首先要对细分市场进行评估。

一、评估细分市场

医药企业在评价各种不同的细分市场时,必须考虑三个要素:细分市场的规模和发展潜力、细分市场的竞争情况、企业的目标和资源。

(一)细分市场的规模与发展潜力

医药企业评估细分市场要考虑的首要问题是:细分市场是否具有适当的规模和发展潜力。"适当的规模"是个相对的概念。大企业一般都重视销售量大的细分市场,会忽视销售量小的细分市场,或者避免与之联系,认为不值得为之苦心经营。同时,小企业一般也会避免进入大的细分市场,因为过大则所需投入的资源太多,并且大市场对大企业的吸引力也过于强烈,小企业即使进入也会因无力与大企业竞争而导致失败。

细分市场的发展潜力也是评估的一个重要因素。因为所有企业都希望目标市场的销售和利润具有良好的增长趋势,才能保证企业经营战略目标的实现。不过,发展潜力大的市场也常常是竞争最激烈的市场,竞争对手会迅速抢占正在发展的细分市场,如无强大的竞争能力,就会使竞争能力弱的企业利润减少,甚至陷入困难境地。

(二)分析细分市场竞争情况

细分市场可能具备理想的规模和发展潜力,然而从赢利的观点来看,它未必有吸引力。因为有五种竞争力量决定整个市场或其中任何一个细分市场的长期内在吸引力。企业应对下面五个群体对企业长期赢利的影响作出评估。这五个群体是:同行业竞争者、潜在竞争者、替代产品、购买者和供应商。

1. 细分市场内同行业竞争者的威胁

如果某个细分市场已经有了为数众多的、强大的或者竞争意识强烈的竞争者，该细分市场就失去了吸引力。尤其是当该细分市场已处于饱和甚至萎缩的状态时，公司要参与竞争就必须付出高昂的代价。

2. 潜在竞争者的威胁

如果某个细分市场门槛很低，可能会吸引新的竞争者，他们进入后会增加新的生产能力和大量资源，并争夺市场占有率，这个细分市场就没有吸引力了。

3. 替代产品的威胁

如果某个细分市场现已存在着替代产品或者有潜在替代产品，该细分市场就失去了吸引力。替代产品会使现有产品市场趋于萎缩，或者竞争日趋激烈，这个细分市场的价格和利润可能会下降。

4. 购买者议价能力加强构成的威胁

当某产品的用户集中且规模较大或大批量购货时，用户的议价能力将成为影响产业竞争强度的一个主要因素。如果某个细分市场中购买者的议价能力很强，他们便会设法压低价格，对产品质量和服务提出更高的要求，并且使竞争者互相争斗，该细分市场就失去了吸引力。

5. 供应商议价能力加强构成的威胁

供应商的议价能力会影响产业的竞争程度，尤其是供应商垄断程度较高、原材料替代品比较少，或者改用其他原材料的转换成本较高时更是如此。如果公司的供应商能够随意提价，降低产品和服务的质量或随意减少供应数量，该细分市场就没有了吸引力。

（三）符合企业的目标和资源

即使某个细分市场具有一定规模和发展潜力，并且竞争不激烈，也有吸引力，公司仍需将本身的目标和资源与所在细分市场的情况结合在一起考虑。某些细分市场虽然有较大吸引力，但不符合企业长远目标，因此不得不放弃。因为这些细分市场本身可能具有吸引力，但是它们不能推动企业完成自己的目标，甚至会分散企业的精力，使之无法完成主要目标。即使这个细分市场符合企业的目标，企业也必须考虑本公司是否具备在该细分市场取胜所必需的技术和资源条件。如果企业要进入某个细分市场，但在某个或某些方面缺乏必要的资源、能力和条件，并且无法获得这些必要的资源、能力和条件，企业也要放弃这个细分市场。即使企业具备这些资源、能力和条件，也还不够，还必须具备比竞争对手更大的优势，以压倒竞争对手，否则，也不能贸然进入该细分市场。

二、选择目标市场

（一）目标市场选择模式

目标市场的选择模式，即关于企业为哪个或哪几个细分市场服务的决定。

市场细分之后，企业会对细分市场的潜力、竞争结构及本企业的目标、资源、特长等进行评估，进而开始着手目标市场的选择。企业有五种可供参考的目标市场选择模式，如图 8-1 所示，其中 M 代表市场、P 代表产品。

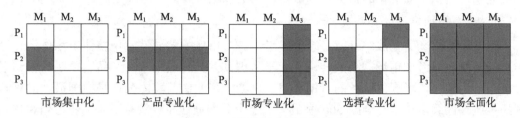

图 8-1　五种目标市场选择模式

1. 市场集中化

这是一种最简单的目标市场选择模式。即企业只选择一个细分市场，只生产一种产品，集中力量为之服务。较小的企业一般这样选择，专门填补市场的某一部分。集中营销使企业深刻了解该细分市场的需求特点，采用有针对性的产品、价格、渠道和促销策略，从而获得强有力的市场地位和良好的声誉，但同时隐含较大的经营风险。

2. 产品专业化

产品专业化指企业集中生产一种产品，并向所有顾客销售这种产品。例如，华润江中为不同的顾客提供不同种类的健胃消食片产品，既有儿童装健胃消食片还有成人装健胃消食片，但不生产消费者需要的其他治疗胃病的产品。这样，企业在纯天然治疗胃病产品方面容易树立很高的声誉。但一旦出现其他品牌的替代品或消费者流行的偏好转移，企业将面临大的威胁。

3. 市场专业化

市场专业化指企业专门服务于某一特定顾客群，尽力满足他们的各种需求。例如，某医药企业专门为老年消费者提供各种老年产品，专门为这个顾客群服务，这样能在这个顾客群中建立良好的声誉。但一旦这个顾客群的需求潜力和特点发生突然变化，企业要承担较大风险。

4. 选择专业化

选择专业化指企业同时选择几个细分市场，且每一个细分市场对企业的目标和资源利用都有一定的吸引力。但各细分市场彼此之间很少或根本没有联系。这种策略能分散企业经营风险，即使其中某个细分市场失去了吸引力，企业还能在其他细分市场中赢利。

5. 市场全面化

市场全面化指企业力图用各种产品满足各种顾客群体的需求，以所有细分市场作为目标市场。一般只有实力强大的企业才能采用这种策略，例如，修正药业集团下辖 66 个全资子公司，拥有自主知识产权产品近 80 个，专利 1000 多项。公司生产"斯达舒""修正牌消糜栓""唯达宁喷剂""益气养血口服液"等 21 种剂型，800 多种药品、近千种保健品和化妆品。

（二）目标市场营销战略

企业确定目标市场的方式不同，选择目标市场的范围不同，营销战略也有所不同，概括起来，可供企业选择的目标市场战略主要有以下三种。

1. 无差异性市场营销战略

无差异性市场营销战略，就是企业不考虑细分市场的差异性，把整体市场作为自己的目标市场，只考虑市场需求的共性，而不考虑其差异，运用单一产品、单一的营销组合策略，为整个市场提供服务的营销战略。例如，华北制药集团公司是中国最大的化学制药企业，连续多年跻身全国500家最大工业企业和最佳经济效益工业企业行列。华北制药也是中国最大的抗生素生产基地，抗生素产品种类多，剂型全，产量大，抗生素原料药总产量占全国总产量的15%左右，粉针制剂的年生产能力达22亿支，居全国首位。依托传统的抗生素工业基础，华药不断开发新的医药化工产品，能生产抗生素、半合成抗生素、医药中间体、维生素、基因工程药物、保健品、农药、兽药等类别的数百个品种，产品远销世界30多个国家和地区，在国际市场上负有盛名。

无差异性市场营销战略的优点是产品单一，容易保证质量，能大批量生产，降低生产和销售成本。但是如果同类企业也采用这种战略，必然要形成激烈竞争。

2. 差异性市场营销战略

营销视野 8.1 宛西制药的仲景牌六味地黄丸差异化市场营销策略

差异性市场营销战略就是把整个市场细分为若干子市场，从中选择两个或两个以上目标市场，针对不同的目标市场，设计不同的产品，制定不同的营销策略，满足不同的消费需求。这种战略的优点是能满足不同消费者的不同要求，有利于扩大销售、占领市场、提高企业声誉。其缺点是由于产品差异化、促销方式差异化，增加了管理难度，提高了生产和销售费用。目前只有力量雄厚的大公司采用这种战略。

3. 集中性市场营销战略

集中性市场营销战略不是面向整体市场，而是在细分后的市场上，选择一个或少数几个细分市场作为目标市场，集中力量进入，实行专业化生产和销售。不求在大市场上获得一个小市场份额，力求在一个小的市场上发挥优势，获得大的市场占有率。采用这种战略的企业对目标市场有较深的了解，这是大部分中小型企业应当采用的战略。

采用集中性市场营销战略，能集中优势力量，有利于产品适销对路，降低成本，提高企业和产品的知名度。但有较大的经营风险，因为它目标市场范围小，品种单一。如果目标市场的消费者需求和爱好发生变化，企业就可能因应变不及时而陷入困境。同时，当强有力的竞争者打入目标市场时，企业就要受到严重影响。因此，许多中小企业为了分散风险，仍应选择一定数量的细分市场作为自己的目标市场。

（三）选择目标市场营销战略的影响因素

上述三种战略各有利弊，企业在进行决策时要具体分析产品状况、市场状况和企业本身的特点。权衡利弊，慎重选择。影响医药企业目标市场战略的因素主要有企业资源、产品同质性、市场特点、产品所处生命周期的阶段和竞争对手的战略。

1. 医药企业的资源

医药企业资源包括人员、设备、技术、销售、管理、资金和营销能力等。资源雄厚的企业，如拥有大规模的生产能力、广泛的分销渠道、程度很高的产品标准化、好的内在质量和品牌信誉等，可以考虑实行无差异性市场营销战略；如果企业拥有雄厚的设计能力和优秀的管理素质，则可以考虑施行差异性市场营销战略；而对实力较弱的中小企业来说，适于集中性市场营销战略。企业初次进入市场时，往往采用集中性市场营销战略，在积累了一定的成功经验后再采用差异性市场营销战略或无差异性市场营销战略，扩大市场份额。

视频 8.1 拜耳阿司匹林百年传奇（资料来源：腾讯视频）

2. 医药产品同质性

产品的同质性表明了产品在性能、特点等方面的差异性的大小，是企业选择目标市场时不可不考虑的因素之一。一般对于同质性高的产品如抗生素等处方药，宜实行无差异性市场营销战略；对于同质性低或异质性产品，如 OTC 产品、保健品等，差异性市场营销战略或集中性市场营销战略是恰当选择。

3. 医药市场特点

供与求是市场中两大基本力量，它们的变化趋势往往决定了市场发展的方向。供不应求时，企业重在扩大供给，无暇考虑需求差异，所以采用无差异性市场营销战略；供过于求时，企业为刺激需求、扩大市场份额殚精竭虑，多采用差异性市场营销或集中性市场营销战略。

从市场需求的角度来看，如果消费者对某产品的需求偏好、购买行为相似，则称之为同质市场，可采用无差异性市场营销策略；反之，为异质市场，差异性市场营销和集中性市场营销战略更合适。

4. 医药产品所处生命周期的阶段

医药产品所处生命周期的阶段不同，采用的营销战略也有所不同。当产品处于导入期和成长期时，市场上竞争不激烈，通常采用无差异性营销战略。当产品进入成熟期或衰退期时，市场竞争激烈，消费者或用户需求的差异性就显现出来，必须采用差异性或集中性营销战略，才能延长成熟期，维持和扩大销售量。

扩展阅读 8.2 拜耳阿司匹林延长产品生命周期

5. 竞争对手的战略

企业采取何种市场营销战略，往往要视竞争对手所采取的市场营销战略而定。一般而言，企业可与竞争对手选择不同的目标市场营销战略。例如，当竞争者采用无差异性市场营销战略时，可选用差异性市场营销战略或集中性市场营销战略更容易发挥优势。

选择适合于自身企业的目标市场营销战略，是一项复杂的、动态的、实践性较强的工作。医药企业要通过调研、分析和预测，综合考虑企业内外部环境、国家宏观环境及竞争者的情况，及时掌握市场变化趋势，扬长避短、突出特色，选择恰当的、灵活的目标市场营销战略。

第三节　医药市场定位

市场定位是企业营销的灵魂。随着医药品牌的不断涌现，医药政策的不断变化，医药市场竞争日益激烈，消费者在越来越多的产品、品牌和企业面前已显得无所适从。医药企业必须通过恰当的市场定位，实现自己的企业、品牌、产品与众不同，进而在消费者或用户心目中占有一定的位置。

一、市场定位概述

（一）市场定位的概念

市场定位是在20世纪70年代由美国营销学家艾·里斯（AL Ries）和杰克·特劳特（Jack Trout）提出的。所谓市场定位指针对竞争者现有产品在市场上所处的位置，以及消费者或用户对产品某一属性或特征的重视程度，为产品设计和塑造一定的个性或形象，并通过一系列营销努力把这种个性或形象传递给顾客，从而适当确定该产品在市场上的竞争地位。简而言之，就是在客户心目中树立独特的形象。

市场定位的实质是使本企业与产品和其他企业与产品严格区分开来，使顾客明显感觉和认识到这种差别，从而在顾客心目中占有特殊的位置。企业在进行市场定位时，一方面要了解竞争对手的产品具有何种特色，另一方面要研究消费者对该产品的各种属性的重视程度，然后根据这两方面进行分析，再选定本公司产品的特色和独特形象。要准确理解市场定位，应该把握以下几点。

1. 市场定位的基点是竞争

医药市场定位是为了帮助企业确认竞争地位，寻找竞争战略。通过定位，医药企业可以进一步明确竞争对手与竞争目标，也可以发现竞争双方各自的优势和劣势。

2. 市场定位的关键点是探求顾客心理

定位绝对不是首先要企业决定把自己以什么样的形象发布出去，或者是通过行为表现出去，而是首先从市场出发，从探求顾客心理着手，去搞清楚他们是一个什么样的想法，再把企业或产品的特色结合起来考虑。

3. 市场定位的目的在于吸引更多的目标顾客

消费者的偏好和追求都与他们的价值取向和认同标准有关，医药生产企业要想在目标市场上取得竞争优势和更大效益，就必须了解购买者和竞争者两方面的情况，确定本企业的市场位置，为企业确立形象，为产品赋予特色，以特色吸引目标消费者。例如，"仲景牌"六味地黄丸以道地药材来定位，"同仁堂"六味地黄丸则以百年老店来定位，通过定位可使企业形象更为鲜明，产品特色更为明确，从而对目标顾客群产生更大吸引力。

4. 市场定位的核心内容是设计和塑造产品的特色或个性

产品的特色或个性可通过很多方式来体现：可以通过产品实体来体现，如功能、结构、成分等；也可以通过消费者对产品的心理感受来体现，如产品包装可以使顾客感到豪华、朴素、典雅、活泼、庄重等；还可以通过价格、质量、服务、促销方式等形式来体现。产品不同，产品个性或特色的表现形式也会有所不同。对于医药新产品，企业应该尽量明确、细化、锁定目标顾客群，确定精准的市场定位；对于已上市的有多家生产经营的医药产品，由于市场竞争激烈，企业应创造新的产品"差异点"。例如，哈药集团三精制药股份有限公司生产的三精牌"葡萄糖酸钙口服液"，就是利用简单、易记、易懂、有效的"蓝瓶的"包装，用蓝瓶暗示高科技、高纯净度、强功效等利益点，"蓝瓶的，好喝的"创造了鲜明的差异化，塑造了企业品牌形象，迎合了消费者的偏好，维持并扩大市场份额。

5. 市场定位应该是一个连续的过程

市场定位不应该仅停留在为某种产品设计和塑造形象阶段，更重要的是通过一系列营销活动把这种个性和形象传递给消费者。市场定位的最终目的是使产品的潜在顾客觉察、认同企业为产品塑造的形象，并培养顾客对产品的偏好，最终引发其购买欲望。

6. 市场定位分为三个层次

根据市场定位的内涵，医药市场定位从低到高分为三个层次，即产品定位、品牌定位和企业定位。这三个层次相互制约、相互影响、相互促进，但还是有区别的。为方便了解，本节以产品定位为主，兼顾品牌定位和企业定位。

（1）产品定位。产品定位的重点是让某个具体的医药产品给消费者或用户留下深刻印象。产品定位是其他定位的基础和依托。因为顾客想要获得某种利益，都是通过产品体现的，属于最低层次，如果该层次定位错误，其他的定位就无从谈起。企业应该独具匠心，围绕其产品的整体概念做足文章，使产品取得强有力的市场地位，占据并使之深深植入顾客心中，成为他们的特定感觉和印象。

（2）医药品牌定位。品牌与产品密不可分。品牌定位首先一定是建立在产品定位的基础上的，通过产品定位来实现，但品牌往往会超出具体产品，逐渐成为企业的一种无形资产，可以与产品相对脱离而单独显示其价值，甚至于品牌的价值比实物产品的价值还要高得多。企业可以对同一类产品实施不同品牌，不同品牌有不同的定位；医药企业也可以对各种不同的产品实施同一品牌。

（3）企业定位。企业定位处于定位的最高层，旨在公众中树立美好的企业形象，给企业带来长期的经济效益和社会效益。企业定位的内容和范围广泛。一个良好的企业形象和较高社会地位不仅应得到消费者认可，而且还应得到与企业有关的所有人员和机构认可，包括供应商、销售商、投资者（股东）、政府、新闻媒体、有关专家等。

（二）市场定位的作用

市场定位关系到企业生存和发展，菲利普·科特勒认为，面对竞争激烈的市场，一个公司必须努力寻找能使公司的产品产生差异化的特定方法，以赢得竞争优势。市场定位的根本目的是使企业形成自己鲜明的特色和个性，提炼出相对的竞争优势，创造出"与众不同"的市场效果。

1. 明确企业的"生态位"

企业根据竞争者所处的市场位置，结合消费者自己对产品特征、属性等的认可程度，容易明确自己的"生态位"，知己知彼，形成准确的"错位经营"。

2. 凸显医药企业或产品特色

企业通过市场定位，强有力地塑造出本企业或本企业产品与众不同的、鲜明的特色，并把这种特色生动地传递给顾客。如济南宏济堂药业生产的小儿健胃消食片定位于做小儿健胃市场。

3. 便于医药企业优化资源配置

不管企业大小，资源总是有限的，企业通过定位，可以将自己有限的经营资源集中于优势产品或目标市场，形成聚焦，创造局部竞争优势。

（三）市场定位的原则

市场定位的实质是使本企业与其他企业严格区分开来，使顾客明显感觉和认识到这种差别，从而在顾客心目中占有特殊的位置。为了保证市场定位的有效性，医药企业应遵循以下原则。

1. 重要性原则

医药产品的定位必须突出重点，体现能够引起消费者或用户关注的特色和个性。如消费者购买药品一般比较关注疗效与价格，"定位点"应集中在独特的疗效与适当的价格上。

2. 独特性原则

医药产品的定位应是与众不同的，在顾客心目中占有特殊的位置，区别于竞争对手的，不易被竞争对手模仿或者超越的。

3. 可传播性原则

医药产品的定位应易于传递给顾客，并被顾客快速、正确理解。可以通过广告等促销手段让消费者或用户接受，使顾客明显感觉和认识到企业传达的内涵。

4. 可接近性原则

医药产品的定位要考虑对应目标市场顾客的购买力。如果企业只关注产品的特色，可能导致成本过高，超出目标市场绝大多数消费者的支付能力，那么这种定位过高，将是无效的；相反，如果把产品定位过低，消费者也不一定会认可，甚至影响消费者对产品质量的评价，销量低，企业利润也不高。

5. 可盈利性原则

医药产品的定位要能使企业获取预期的利润，否则市场定位对企业来说是失败的。

二、医药市场定位的影响因素

正确的市场定位必须建立在充分的市场调研基础上，必须先了解有关影响市场定位的各种因素。影响医药市场定位的因素主要包括以下方面。

（一）竞争对手的定位状况

要确定自己的产品定位，要了解竞争者产品的市场定位情况，如产品的特色是什么、在顾客心目中的形象如何等，研究、衡量竞争者在市场中的竞争优势。

（二）目标顾客对产品的评价标准

目标顾客对产品的评价标准，就是医药企业进行市场定位决策的依据。一般来说，消费者主要关心的是产品的功能、质量、价格、款式、服务、规格、技术水平等。但不同产品顾客的评价标准是不同的。例如：对于抗生素，消费者主要关心的是产品疗效、质量、毒副作用等；对于辅助用药，消费者最关心的则是价格、效果等。医药企业应努力搞清楚顾客对不同产品最关心的问题是什么。不过，无论什么产品，顾客最关心的都应该是质量与价格，这是任何企业都必须注意的。

（三）企业在目标市场上的潜在优势

医药企业要确认自己在目标市场的潜在竞争优势是什么，然后才能准确选择竞争优势。一般来说，竞争优势有两种形式：一是在同样条件下比竞争者价格要低，从而在价格上具有竞争优势；二是要有更多的特色，可以更好地满足顾客需求。前者的优势主要依赖千方百计降低成本，后者的优势则以多开发新产品，或者突出原有产品的产品特色、服务特色来取胜。

三、医药市场定位战略

医药市场定位战略可以从产品的实体特征、消费者的心理需求和竞争者的产品对比中表现出来，以产品在消费者心中的差异化形象得以体现。医药企业常用的市场定位战略主要有避强定位、并列定位、迎头定位、创新定位、重新定位等。

（一）避强定位战略

避强定位战略指企业力图避免与实力最强的或较强的其他企业直接发生竞争，而将自己的产品定位于另一市场区域内，使自己的产品在某些特征或属性方面与最强或较强的对手有比较显著的区别。

优点：避强定位战略能使企业较快地在市场上站稳脚跟，并能在消费者或用户中树立形象，风险小。

缺点：避强往往意味着企业必须放弃某个最佳的市场位置，很可能使企业处于较差的市场位置。

（二）并列定位战略

并列定位战略指企业将产品定位在某一个竞争者（实力相似）的同一位置上，与现有竞争者争夺同一个细分市场。对于竞争者来说，如果有足够的市场份额，而且既得利益没有受到多大损失，他们不在乎身边多一个竞争对手，因为激烈的竞争常常会两败俱伤，很多实力不太雄厚的企业经常采用这种战略。实行并列定位战略必须注意不要试图压垮对方，只要能够平分秋色已是成功。

（三）迎头定位战略

迎头定位战略指企业根据自身的实力，为占据较佳的市场位置，不惜与市场上占支配地位的、实力强大的竞争对手发生正面竞争，而使自己的产品进入与对手相同的市场位置。使用此战略的条件是，企业资源比竞争者雄厚，实力超过对手，能生产出比竞争对手更受消费者喜爱的产品。

优点：竞争过程中往往相当惹人注目，甚至产生所谓轰动效应，企业及其产品可以较快地为消费者或用户所了解，易于达到树立市场形象的目的。

缺点：具有较大的风险性。

（四）创新定位战略

创新定位战略，即寻找新的尚未被占领但有潜在市场需求的位置，填补市场上的空缺，生产市场上没有的、具备某种特色的产品。采用这种定位方式时，公司应明确创新定位所需的产品在技术上、经济上是否可行，有无足够的市场容量，能否为公司带来可观且持续的利润。

（五）重新定位战略

重新定位战略通常指对销路不畅或形象不够有力的产品进行二次定位。即企业调整原有的市场定位，改变产品特色，从而改变目标市场对其原有的印象，使顾客对新产品的形象重新认识并认可。如果医药企业的产品或服务不再处于市场最佳位置，或者企业本来的定位就是错的，就应该考虑重新定位的问题。即使市场定位很恰当，当企业遇到下列情形时，也应考虑重新定位问题：一是竞争者推出的新产品，定位于本企业产品附近，使本企业在该目标市场的占有率大幅度下降；二是顾客偏好发生转移，使企业产品与消费者需求发生偏离；三是为了拓展新市场。

总之，市场定位是设计公司产品和形象的行为，以使公司明确在目标市场中相对于竞争对手自己的位置。公司在进行市场定位时，应慎之又慎，要通过反复比较和调查研究，找出最合理的突破口。避免出现定位混乱、定位过度、定位过宽或定位过窄的情况。而一旦确立了理想的定位，公司必须通过一致的表现与沟通来维持此定位，并应经常加以监测，随时适应目标顾客和竞争者策略的改变。市场定位是一个动态的战略过程，需要针对新环境、新需求、新的企业战略而不断调整。

扩展阅读 8.3　拜复乐市场定位

四、医药市场定位的方法

由于各个企业经营的产品不同，所处的竞争环境也不同，因而市场定位的方法也不同。一般来说，医药企业常用的市场定位的方法有以下几种。

（一）根据产品的属性特色定位

产品属性（特征）定位是回归产品本原，结合产品本身固有的特色找出真正的利益点，构成产品内在属性特色的许多因素都可以作为市场定位的原则，如产品构成成分、材料、质量、档次等。"新康泰克，不含 PPA"是从产品的成分属性上来定位，"康必得治感冒，中西药结合疗效好"是从产品的特殊构成属性上来定位。

（二）根据所提供的利益定位

产品本身的属性及由此衍生的利益，或者要解决问题的方法也能使顾客感受到它的定位，利益定位是强调产品给消费者带来的利益。购买医药产品所追求的核心利益是疗效。如感冒药"白加黑"，强调"白天服白片不瞌睡，晚上服黑片睡得香"这一与众不同的利益特点，复方丹参滴丸"护心、保心、救心、样样关心"则是强调治疗心脏类的各种疾病。

（三）根据使用者的类型定位

根据使用者的心理与行为特征、特定的消费模式塑造出恰当的形象来展示其产品的定位。"送给父母脑白金""爱她就送她百年堂阿胶，千年阿胶上品"、葵花胃康灵用"专治老胃病"主打中老年胃病市场等都是根据使用者的不同而加以定位的。

（四）根据竞争的需要定位

根据竞争者的特色与市场位置，结合企业自身发展需要，将本企业产品或定位于与其相似的另一类产品的档次，或定位于与竞争直接有关的不同属性或利益。例如，泰诺进入头痛药市场的时候，阿司匹林还是第一品牌。于是，泰诺找到阿司匹林的"软肋"，说它会导致胃肠道毛细血管微量出血，广告指出："有千百万人是不应当使用阿司匹林的。如果你容易反胃或者有溃疡，或者你患有气喘、过敏或因缺乏铁质而贫血，在你使用阿司匹林前就有必要先向你的医生请教。阿司匹林能侵蚀血管壁，引发气喘或者过敏反应，并能导致隐藏性的胃肠出血。"从这一点攻入，泰诺一举击败了老牌药品阿司匹林，成为首屈一指的名牌止痛药和退烧药。也就是说，通过这种定位诉求，在确立自己品牌定位的同时，也给竞争对手重新进行了定位。

（五）医药产品价格定位

即强调质量和价格与众不同。在消费者心目中，价格与质量一般是一致的，具有比值比价的心理。具有自主知识产权的药品、自主品牌药品、进口药品常常采用此种策略，并被广大消费者所接受。如北京同仁堂的中成药，是中华老字号品牌，所以药品价格也就较高。很多外企原研厂家普遍宣传的一个卖点是"外国进口原料""专利技术"，其观点鲜明，而且是仿制药企业无法提出来的，因而药品定价会远高于国产同类药品。

（六）组合定位

综合运用上述多种方法来给产品定位。消费者或用户所关注的属性往往不是单一的，因此，医药企业可将以上的多种因素结合起来，使顾客感觉该药品具有多重特性和多种功能。如"新盖中盖"的定位：含钙量高（质量定位）；一天一片，方便（附加利益定位）；效果不错（核心利益定位）；还实惠（价格定位）。事实上，许多企业进行市场定位的方法往往不止一种，而是多种方法综合使用，因为要体现企业及其产品的形象和特色，市场定位必须是多维度、多方面的。

五、医药市场定位的步骤

医药企业市场定位的全过程可以通过以下四个步骤来完成。

（一）分析目标市场的现状，确认本企业潜在的竞争优势

在此过程，主要回答以下三个问题：一是竞争对手产品定位如何；二是目标市场上顾客欲望满足程度如何，以及确实还需要什么；三是针对竞争者的市场定位和潜在顾客真正需要的利益要求企业做什么。要回答这三个问题，企业市场营销人员必须通过多种调研手段，系统地设计、搜索、分析并报告有关上述问题的资料和研究结果。通过回答上述三个问题，企业就可以从中把握和确定自己的潜在竞争优势在哪里。

（二）准确选择竞争优势，针对目标市场初步定位

竞争优势是表明企业能够胜过竞争对手的能力。这种能力既可以是现有的，也可以是潜在的。选择竞争优势实际上就是一个企业与竞争者各方面实力相比较的过程。比较的指标应是一个完整的体系，只有这样，才能准确地选择相对竞争优势。通常的方法是分析、比较企业与竞争者在经营管理、技术开发、采购、生产、市场营销、财务和产品七个方面究竟哪些是强项，哪些是弱项。借此选出最适合本企业的优势项目，以初步确定企业在目标市场上所处的位置。

（三）显示独特的竞争优势

这一步骤的主要任务是企业要通过一系列的宣传促销活动，将其独特的竞争优势准确传播给潜在顾客，并在顾客心目中留下深刻印象。为此，企业首先应使目标顾客了解、知道、熟悉、认同、喜欢和偏爱本企业的产品，在顾客心目中建立与该产品定位相一致的形象。其次，企业通过各种努力强化目标顾客形象，保持与目标顾客的了解，稳定目标顾客的态度和加深目标顾客的感情来巩固与市场相一致的形象。最后，企业应注意目标顾客对其市场定位理解出现的偏差或由于企业市场定位宣传上的失误而造成的目标顾客模糊、混乱和误会，及时纠正与市场定位不一致的形象。

（四）依据实际情况进行再定位

医药企业的产品在市场上定位即使很恰当，但在下列情况下，还应考虑重新定位：竞争者推出的新产品定位于本企业产品附近，竞争激烈，占有了本企业产品的部分市场，使本企业产品的市场占有率下降；消费者的需求或偏好发生了变化，使本企业产品销售量下降；企业的经营战略和营销目标发生了变化。

重新定位指企业为已在某市场销售的产品重新确定某种形象，以改变消费者原有的认识，争取有利的市场地位的活动。华润江中生产健胃消食片，最早投放市场是以解决胃胀消化不良、胃痛为特色，主要是成人市场。但随着儿童对纯天然健胃消食、药食两用护胃产品的需求增长，华润江中为了快速响应市场需求，该企业将健胃消食片产品重新定位，强调该产品选择的是药食两用的纯天然原材料，不仅具有消食功能而且具有健

胃功能,产品外形改为儿童更喜欢的卡通图,定位为儿童市场。结果销量大增,企业重新定位获得巨大成功。重新定位对于企业适应市场环境、调整市场营销战略是必不可少的,可以视为企业的战略转移。重新定位可能导致产品的名称、价格、包装和品牌的更改,也可能导致产品用途和功能上的变动,企业必须考虑定位转移的成本和新定位的收益问题。

第四节 医药市场营销组合和计划

医药企业在分析市场营销环境、研究消费者需求之后,就要充分利用本企业的资源进行市场营销决策,制定最优营销组合和营销计划,以达到企业的最佳营销目标。

一、医药市场营销组合

市场营销组合简称营销组合,指企业通过市场细分,在选定目标市场、确定市场定位以后,将企业可控制的产品、定价、分销、促销策略进行最佳组合,使它们之间相互协调、综合发挥作用,以满足目标市场的需求,实现企业的市场营销目标。市场营销组合也称为 4P 组合,最先由美国哈佛大学商学院教授尼尔·鲍敦(N.H.Borden)于 1964 年提出。

影响市场需求的因素大体可分为两大类:不可控因素和可控因素。不可控因素指企业不能完全控制或完全不能控制的环境,如人口环境、经济环境、自然环境、技术环境、政治法律环境和社会文化环境等。可控因素指企业为了达到市场营销的目标,针对不同的市场环境所采取的能满足目标市场需求的要素,主要是微观因素。美国市场营销学家尤金·麦卡锡教授(Y.J.McCarthy)将各种可控营销要素归为四大类:产品(product)、价格(price)、渠道(place)和促销(promotion),简称 4P。具体内容将在后续章节进行介绍。

营销视野 8.2 市场营销理论的历史沿革

伴随现代社会的不断发展,以及人类对医药需求的不断提高,医药产业迅速成长并迅猛占领市场,但是同时也增加了市场竞争的压力危险,制定医药市场营销组合策略,能提高医药企业市场地位,以使其迅速站稳脚跟并发展壮大。

二、医药市场营销计划

市场营销计划属于企业的职能计划之一,是企业整体战略规划在营销领域的具体化。市场营销计划是对企业市场营销活动方案、任务、目标、策略和具体措施的描述。一个良好的市场营销计划应该是科学性、可行性与完整性的统一,能最大限度地规避或减少企业的市场风险,能够使企业营销活动变得更经济、更合理,促使企业营销目标的最终实现。

（一）医药市场营销计划的概念

医药市场营销计划是医药企业营销活动方案的具体描述，是在充分的市场调研基础上，设定企业各种经营活动的任务策略、具体指标、实施措施及实施营销计划所需的资源、各职能部门和有关人员的职责，指明医药企业经营活动预期的经济效果。医药市场营销计划是指导、协调医药营销活动的主要依据。

（二）医药市场营销计划的主要作用

1. 有助于医药营销管理人员树立以目标为导向的观念

医药营销计划是通过对达到既定的目标进行市场机会分析、评估和选择而制定出来的行动方案，有助于医药营销管理人员树立以企业目标为导向的观念，使其有方向和目标动力。

2. 方便医药企业营销管理人员适时检查目标的实施情况

医药营销计划设定了一定时间内必须完成的目标、重点和实施策略，能帮助企业营销管理人员适时评价目标的完成情况，从而为适应不断变化的环境及时采取正确的行动，以实现预期目标。

3. 便于管理者明确每个员工的职责

医药营销计划对不同时期需要完成的任务和采取的行动进行了详细的描述，便于管理者为每个员工准确地确定职责，鼓励他们勇于承担责任，并相互配合，有目标、有计划地完成自己被委派的任务。

4. 便于管理者合理分配资源

医药企业资源的有限性就需要营销计划合理分配现有的资源，医药企业的管理者可事先对这些资源的需要进行预测，并据此合理分配各阶段各部门所需资源，让好钢用在刀刃上。

（三）医药市场营销计划的主要内容

一个完整的市场营销计划通常包括以下八个方面的内容。

1. 计划概要和目录

计划概要是对主要营销目标和措施的简要介绍，目的是使管理部门迅速理解计划的核心内容。

2. 分析营销环境

营销环境分析是计划正文的第一部分，主要提供该产品目前经营状况的有关背景资料，包括社会经济状况、行业发展动态、医药市场状况、竞争对手及产品、分销等状况的详细分析。具体包括：医药市场状况，列出目标市场的具体数据，包括该市场的总体规模及增长情况，如目标市场近年来的年销售量、增长趋势、在整个市场中所占的比例等，这些数据通常能够反映消费者的需求状况、消费观念和购买行为的变化与趋势；医药产品状况，列出企业产品组合中每一个品种近年来的销售价格、市场占有率、成本、费用、利润率等方面的数据，主要采用定量分析法；分销状况，描述医药产品所选择的分销渠道类型及其在各种分销渠道上的销售数量；竞争状况，识别出企业的主要竞争者，并列举竞争者的规模、目标、市场份额、产品质量、价格、营销战略及其他相关特征，以了解竞争对手的意图、行为，判断竞争者的变化趋势。

3. 分析机会与威胁

机会与威胁分析可利用市场营销状况资料，采用 SWOT 分析等方法进行系统分析。首先分析营销计划期内企业营销所面临的主要机会和威胁、企业营销资源的优势和劣势，并在此基础上，确定企业的机会和问题，为后续的计划实施提供真实可靠的依据。真正发现医药企业带来盈利的机会，回避可能遇到的风险，以便于确定具有针对性的营销策略和行动方案。

4. 拟定营销目标

营销目标是企业经营计划的核心内容，在市场分析的基础上对营销目标做出决策，主要是进行销售预测。营销计划中应建立销售定额、财务目标和销售活动目标。销售定额是最常用的、最重要的目标，是完成企业一定时期的销量；财务目标包括投资报酬率、费用定额、利润率、利润定额等指标。一些销售工作不能完全以销售业绩来衡量，销售活动目标可以避免对销量和财务目标的过分依赖，销售活动目标包括日常性拜访、新客户的订单、产品宣传、品牌知名度、培养新销售员等。目标要用数量化指标表达出来，要注意目标的实际、合理，以及一定的开拓性。

5. 确定营销战略和策略

营销战略是医药企业制定的为达到营销目标的全局性、深远性的规划，包括目标市场选择和市场定位战略；营销策略主要指要达到上述战略目标所采取的市场营销组合。为了实现营销目标，医药企业需要制定几个可供选择的销售策略方案，然后对各个方案策略进行评价，权衡利弊，从中选择最佳方案。

6. 预算营销费用

营销预算是为了获得销售水平而分配资源和销售努力的销售财务计划。该计划是根据营销行动方案编制出的预算方案，通常需要开列一张实质性的预计损益表。在收益的一方要说明预计的销售量及平均实现价格，预计销售收入总额；在支出的一方说明生产成本、实体分销成本和营销费用，以及再细分的明细支出，预计支出总额。最后得出预计利润，即收入和支出的差额。企业的业务单位编制出营销预算后，送上层主管审批。经批准后，该预算就是材料采购、生产调度、劳动人事及各项营销活动的依据。

7. 制定行动方案

营销计划一经制定，各部门必须贯彻执行，以实现营销目标。制定的战略和策略必须具体化，必须以各种战术或具体的行动方案予以支持。营销计划中行动方案所要解决的问题在于：做什么？何时开始做？由谁做？何时完成？成本多少？达到什么要求？等等。在制定行动方案时，可以利用项目管理中的任务分解法来实现，层层分解，予以落实。将具体的行动安排用图表示（图 8-2），其中标明日期、负责人、参与人和活动所需资源等，使整个行动方案一目了然，便于执行与控制。

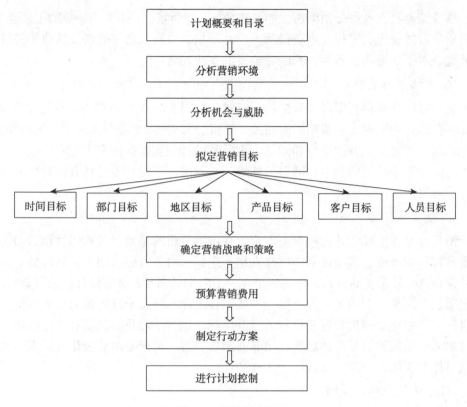

图 8-2 营销计划流程

8. 进行计划控制

计划控制主要用以监测、控制计划的进程及完成情况，通过监测和检查发现偏差并及时采取纠偏措施，保证计划顺利执行，确保企业营销目标的实现。在执行计划过程中，要按照一定的评价和反馈制度，了解和检查计划的执行情况，如市场出现意想不到的情况，管理者要及时修正计划，以适应新情况。常用的营销计划控制方法有：年度计划控制、盈利能力控制、效率控制和战略控制。在实践中，计划控制包括两方面的内容：一是将目标和预算按月份或季度分解，便于管理层按期审查，并采取补救措施；二是列出处理特定环境下出现意外事故的防范措施。多数营销计划的期限是一年，并且详略程度不一，总的来说，制定营销计划要避免偏离现实的情况出现，要有必要的竞争性分析，并注重长远效益。

（四）医药市场营销计划实施中应注意的问题

1. 计划脱离实际

医药企业的市场营销计划通常是由管理高层出构思，中层管理人员出方案，而实施者主要是基层营销人员。如果这几类人员之间缺乏必要的沟通与协调，就容易导致问题的出现。如果医药企业的高层管理人员只考虑总体战略而忽视执行中的细节，难免会使计划脱离实际。另外，中层管理计划人员与基层操作人员没有充分的交流与沟通，导致基层操作人员不能完全理解计划的内涵,在实施中经常遇到困难,最终结果就是策划计划人员和具体实施操作人员的对立和互不信任。因此,正确的做法是高层管理者、中层管理者与有关基层营销人员共同制订计划,基层人员更了解实际,让他们参与计划管理过程,更有利于医药市场营销计划的实施。

2. 缺乏具体明确的行动方案

有些医药企业市场营销计划之所以失败,是因为没有制定明确具体的行动方案或是方案的可操作性不强,缺乏一个能使医药企业内部各有关部门协调一致、共同努力的依据。因此,为了保证医药市场营销计划的有效实施,营销管理者必须制定详尽的实施方案,明确各部门负责人应承担的责任。

3. 长期目标与短期目标相矛盾

市场营销战略往往着眼的是企业的中长期目标,涉及今后3~5年的经营活动。但具体执行这些战略的市场营销人员通常是根据他们的短期工作绩效,如销量、市场占有率或利润率等指标进行评估和奖励的,从而使市场营销人员经常选择短期行为。因此,市场营销计划通常存在长期目标与短期目标相互矛盾的问题。对此,企业应采取适当的措施,克服两者之间的矛盾,以求得两者间的协调。

本章小结

市场细分指企业根据顾客需求的差异性,把某一类产品的整体市场划分为两个或两个以上具有不同需求特征的子市场的过程。每一个子市场就是一个细分市场,每一个细分市场都是由具有类似需求倾向的顾客构成的群体。消费者市场的细分变量主要有地理变量、人口变量、心理变量和行为变量四类。组织市场的细分变量主要有最终用户的要求、用户规模、用户的地理位置、用户的行业特点。医药企业可以利用多种变量连续细分,要使企业的市场细分行之有效,同时必须把握差异性、可衡量性、可进入性、可盈利性、相对稳定性、可实施性的原则。

目标市场的选择是市场细分的目的,是企业在市场细分的基础上,依据企业目的、资源和经营条件所选定的,准备以相应的产品或服务去满足其需要的一个或几个细分市场。医药企业在选择目标市场时有五种模式可供选择:市场集中化、选择专业化、产品专业化、市场专业化和市场全面化。针对所选择的目标市场,医药企业可以采取三种覆盖战略:无差异性市场营销战略、差异性市场营销战略和集中性市场营销战略。影响企业目标市场战略选择的因素主要有企业资源、产品特点、市场特点和竞争对手的策略等。

市场定位指针对于竞争者现有产品在市场上所处的位置,以及消费者或用户对产品某一属性或特征的重视程度,为产品设计和塑造一定的个性或形象,并通过一系列营销努力把这种个性或形象传递给顾客,从而适当确定该产品在市场上的竞争地位。简而言之,就是在客户心目中树立独特的形象。医药市场定位的战略包括避强定位、并列定位、迎头定位、创新定位、重新定位。医药市场定位的方法有许多,可以依据产品属性特色、利益、使用者的类型、竞争的需要、产品价格等定位。医药市场定位的步骤:一是确认本企业潜在的竞争优势;二是准确选择竞争优势;三是显示独特的竞争优势;四是依据实际情况进行再定位。

市场营销组合是医药企业营销战略的重要组成部分，包括产品策略、定价策略、分销策略和促销策略。市场营销计划是企业整体战略规划在营销领域的具体化。市场营销计划的主要内容包括：计划概要和目录、营销现状分析、机会与问题分析、拟定营销目标、确定营销战略和策略、制定行动方案、营销费用预算、进行计划控制八个方面。营销管理者要注意医药市场营销计划实施中可能出现的问题，确保营销计划可行。

关键术语

市场细分（market segmentation）　　目标市场（target market）
营销策略（marketing strategy）　　市场定位（market positioning）
医药品牌（pharmaceutical brand）　　营销组合（marketing mix）
营销计划（marketing plan）　　竞争对手（competitor）
目标顾客（target customer）

课后思考题

1. 简述市场细分的概念和作用。
2. 简述医药市场目标选择的战略。
3. 简述医药市场定位的含义及其作用。
4. 医药市场定位的层次有哪些？定位的战略有哪些？
5. 医药市场营销计划的主要内容有哪些？

即测即练

自学自测　扫描此码

综合案例

片仔癀，打造中成药中的"茅台"

虽然片仔癀又涨价了，但片仔癀却持续热销，公司股价也一年翻了约2倍。2020年12月31日片仔癀收盘价为266.95元/股，而截至2021年6月30日收盘，股价已经达到448.30元/股。在股价翻倍的背后，片仔癀近年来的营收增速放缓。在持续提价后，片仔癀营收增速逐渐放缓。数据显示，2017—2020年4年的营收增速分别为60.85%、28.33%、20.06%、13.78%，内科用药的销量分别为2198万盒、2063万盒、1863万盒、1716万盒。

一、片仔癀价格定位变化

2012年11月6日片仔癀发布公告称：鉴于片仔癀产品主要原料成本大幅上涨等原

因,公司决定从2012年11月6日起调高内销片仔癀出厂价格,每粒上调40元人民币(含税),此时片仔癀的出厂价格为每粒320元。从2005年到2016年1月片仔癀内销价格已提价7次,内销价格由2005年的140元涨至320元,2011年到2012年片仔癀提价频率甚至从之前的每年一次变为每年两次,而2012年两次提价时间的间隔期仅仅只有5个月。而2013年到2015年片仔癀均未宣布涨价。

外销方面,从2005年9月到2014年1月片仔癀外销价格提价8次,外销价格升至45美元。

二、片仔癀独特的竞争优势

对于片仔癀在1965年被国家中医药管理局和国家保密局列为绝密的国家重点保护中药制剂,片仔癀公司享有永久专利权,且片仔癀疗效独特,素有"国产特效消炎药"之称,对吸烟过量、肝癌、乳腺癌等均有很好的疗效。

另外,片仔癀是允许使用天然麝香的少数药品之一。2005年,国家有关部门为保护野生麝资源,仅准许片仔癀等少数几个传统名牌中药品种继续使用天然麝香。除此之外,需使用麝香的药物均以人工麝香代替,并在产品的主要成分中标明"人工麝香"标识,进一步增强了片仔癀稀缺性和名贵程度。

配方的保密与原材料的稀缺让片仔癀拥有了垄断地位,且片仔癀原材料稀缺,因此不能大量生产,亦不可能大幅提高销量来提高其利润,这决定了片仔癀不可能采用销量扩大型赢利模式,只能通过提价来提高产品毛利,进而提高其利润乃至求生存,谋发展。

片仔癀公司主打产品片仔癀主要由麝香、三七、蛇胆和牛黄等名贵中药材制成,由于政府对中医药产业的扶持,过去片仔癀拥有了自主涨价的权利。据2005的文件,国家天然麝香的库存配额供应截止到2015年。如果国家停止定额供给,那么坚持以天然麝香入药的独家品种就会面对原料药窘迫的现实。为解决原材料供给问题,片仔癀已从2007年开始逐步加大在人工养麝、活体取香、麝类种群繁殖、疾病控制等研究项目的投入,并投入资金参与野生麝保护和恢复,逐步建立麝香药材基地。

三、片仔癀品牌优势与独特的疗效

片仔癀拥有历史悠久、文化底蕴深厚和疗效神奇带来的品牌优势。公司独家生产的传统名贵中成药片仔癀产品有着450多年的历史,其源于宫廷,流传于民间,因其独特神奇的疗效而形成了极佳的口碑,被国内外中药界誉为"国宝名药"。"片仔癀"在1999年被国家工商总局商标局列为"中国驰名商标";2006年获商务部"中华老字号"称号;2007年7月被评为中华老字号品牌价值20强;2009年再次获得"消费者最喜爱的中华老字号品牌";2011年入选国家级非物质文化遗产名录;2014年荣列中国中成药行业出口五强之首。在南方地区,片仔癀的影响力更大。

四、市场营销渠道拓展

片仔癀品牌同时具备国际影响力,知名度、美誉度高,尤其在东南亚地区有较大影响力。

片仔癀销到中国香港后,漳龙实业有限公司通过香港德胜行实业有限公司、华润集团旗下的德信行等四个二级经销商,将片仔癀辐射到新加坡、印度尼西亚等东南亚国家。在海外,片仔癀选择当地侨领和龙头中药商行来做代理,能吸引较多顾客。漳州片仔癀

16个分销网络遍布全球11个国家和地区。由于分销网络比较健全，宣传组织到位，片仔癀在东南亚的中成药市场占据重要位置，是中国出口创汇的拳头产品，从2000—2015年，片仔癀连续16年蝉联中国中成药单项品种出口第一。

近年来片仔癀的出口价格一直保持较快增长，2011年1月出口价每粒平均上调3.5美元，同年10月每粒上调6美元，2012年7月1日起每粒平均上调6美元，2012年11月再次调价，每粒平均上调6美元，2014年小幅涨价，升至45美元/粒。按2016年6月13日1美元=6.5877人民币的汇率算，片仔癀在境外的出厂价格为296.55元，低于内销价格320元，仍有提价空间。

就境外所带来的毛利率的涨幅与境内相比可看出，尽管片仔癀公司在提价，但境外市场对片仔癀系列的消费热情也不减，如表8-1所示。

表8-1　片仔癀境内外市场毛利率对比

项目	2013年	2014年	2015年
境内	48.04%	40.53%	41.99%
境外	82.20%	82.72%	84.18%

五、片仔癀竞品的威胁

同样位于闽南的厦门中药厂的八宝丹在2013年的宣传让片仔癀的国内营销策略受到一定的影响。上海医药集团2013年9月在向媒体介绍八宝丹产品时称，在有官方背景的史料中可查，在明朝嘉靖年间，一位御医携宫廷秘方逃离皇宫，隐居福建漳州璞山岩寺为僧，用宫廷绝密配方的八味名贵中药制成"八宝丹"。上海医药集团从2013年下半年起将八宝丹作为最重要的潜力产品之一，对其加大营销投入，上海医药集团总裁左敏称，在未来三年，八宝丹每年市场增长率将不低于50%。

厦门中药厂生产的八宝丹与漳州片仔癀药业股份有限公司的片仔癀具有相似的疗效，同属1555年宫廷秘方。"片仔癀"是由牛黄、三七、蛇胆、麝香等制成的锭剂，而"八宝丹"的成分为牛黄、蛇胆、珍珠、三七、羚羊角、麝香等，二者主要配方相同，且同样可以使用天然麝香。2013年"八宝丹"的参考价格为每盒165元，而片仔癀的内销价为320元/粒。虽然片仔癀的市场占有率大大高于八宝丹，但是其相差悬殊的价格令一部分消费者望而却步，持续涨价可能会使其市场占有率被八宝丹侵蚀。

资料来源：新浪财经. 华夏时报. 王瑜,于娜.一粒难求、15年提价15次，谁在推高片仔癀价格[N/OL]. [2021-07-02]. https://baijiahao.baidu.com/s?id=1704140742576033715&wfr=spider&for=pc；健康界. 曾小瑜. 被炒至1000元1粒！片仔癀价格飙升背后：市场疯狂还是合理涨价？[EB/OL]. [2021-06-24]. https://baijiahao.baidu.com/s?id=1703439270689513085&wfr=spider&for=pc. （有改编）

讨论题：请结合案例讨论并分析医药产品市场定位的方法及带来的变化。

综合案例分析思路8.1

第四篇

制定医药营销策略：创造、传递和传播顾客价值

第九章

医药产品策略

◆ 学习目标

1. 了解医药产品的整体概念，品牌的内涵，品牌资产的内涵；医药产品包装的含义、相关管理规定，医药新产品的概念、类型，医药产品生命周期的延长策略；

2. 理解品牌与商标的联系与作用，医药产品包装的功能，医药新产品开发的程序，产品生命周期的概念；

3. 掌握医药产品整体概念的营销意义、产品组合策略，各种品牌策略的特点及适用情形，医药产品包装的设计原则和策略，医药产品生命周期的市场特点和营销策略。

◆ 课程思政

通过学习本章，我们应该认识到产品是企业营销组合中的重要因素，直接影响和决定着其他营销组合因素的互动效果及绩效表现，对企业营销的成败关系重大。企业应致力于产品与服务质量的提高和组合结构的优化，积极推进产品创新、品牌创新，以更好地满足市场需要，取得更好的经济效益。同时，为了提升供给体系对市场需求的适配性，形成需求牵引供给、供给创造需求的更高水平动态平衡，医药企业必须注重产品结构调整，积极推进产品组合创新。在新时代背景下，管理者更要守正创新、开拓创新，紧扣产业链、供应链部署创新链，大胆探索发展之路，推动中国制造向中国创造转变、中国速度向中国质量转变、中国产品向中国品牌转变。

◆ 引导案例

经典药方护健康，中新药业乐仁堂乌鸡白凤片守正创新"新中药"

乌鸡白凤源自明代医家龚廷贤所著的《寿世保元》，在乌鸡丸的基础上加减而成，自古便是女性调经养颜、补气养血的经典代表，流传至今。乌鸡白凤这一百年古方，曾为清宫御药。天津中新药业乐仁堂创新推出新中药代表——乌鸡白凤片。乌鸡白凤片传承400年经典，遵古法炮制与现代制药技术相结合，发挥剂型优势，更便于人体吸收，避免消费者因传统大蜜丸苦涩、难嚼、难咽产生较差的服用体验。

"新中药"的应有之义，不止于中药现代化和科学化。传承自"妇科圣药"经典名方的乌鸡白凤片，是调经补气养血的"古方标杆"，从"回归药品本性""产品升级"两个方面定义了"新中药"。

在高新科技加持下，医药创新被推动。在同类产品中，乌鸡白凤片的技术含量高，创新意义大。乌鸡白凤片采用了高新生化酶解技术、薄膜包衣技术、大孔树脂吸附技术，既能实现有效成分快速崩解，又能保证吸收更快、更完全，服用、携带更方便。

在工序严苛、质量可控的前提下，乌鸡白凤片完成"中成药"到"新中药"的蜕变。作为章臣桂教授剂型改革的核心技术呈现，乌鸡白凤片堪称中药剂型升级的典范。它是对中药的一次革新，也是对中医国粹的一种传承，它不只是中新药，更是新中药！"新工艺""小小两片"是大众对乌鸡白凤片的良好印象，更是患者口碑的详细注解。

常怀仁心有善术，乐为天下谋健康。始终恪守"炮制虽繁必不敢省人工，品味虽贵必不敢减物力"的祖训，天津中新药业集团股份有限公司乐仁堂制药厂在传承中开拓创新。争做中药发展的领军者，中新药业坚持"专业做药，实在做人"的发展之道，在现代化制药领域位居领先地位。医药企业是"健康中国"战略的践行者，更是国民健康的护航者。

当下，中医药发展方向并不仅仅是迈向现代化，更是迈向科学化。中医药对疾病的治疗是科学的，也是值得大众信赖的。用现代的技术手段把中医的科学性展示出来，才是"新中药"的应有之义。

资料来源：经典药方护健康，中新药业乐仁堂乌鸡白凤片守正创新"新中药"[EB/OL]. [2020-04-30]. https://finance.qq.com/a/20200501/000003.htm.（有改编）。

第一节　医药产品的整体概念

在现代市场营销观念下，产品概念具有极其宽广的外延和丰富的内涵。产品是能够提供给市场以满足人类某种需要或欲望的任何东西。为了满足顾客的需求，营销者在设计产品时需强调产品的整体概念，即产品分为五个层次：核心产品、形式产品、期望产品、延伸产品和潜在产品，如图9-1所示。

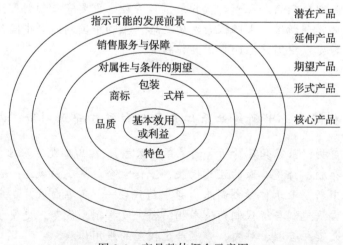

图9-1　产品整体概念示意图

一、核心产品

核心产品是医药产品最主要、最基本的层次，是消费者需求的核心内容，即消费者购买的基本利益。消费者购买医药产品，其核心是购买医药产品满足消费者预防、治疗、康复疾病的疗效。如果没有疗效，即便包装再精致，款式再新颖，服务再周到，消费者也不会购买。因此，营销者首要任务是抓住医药产品的核心利益。

二、形式产品

形式产品是核心产品借以实现的形式，是企业向顾客提供的产品和服务的外在表现形式。包括质量、式样、规格、包装和品牌等内容。人们对医药产品的剂型、质量、品牌、包装等形式产品的要求，直接影响着人们对医药产品的选择，影响着医药产品的销量。营销者就是要用最佳的形式表现出医药产品的核心利益，塑造其形式产品。

三、期望产品

期望产品是消费者在购买产品时期望得到的一系列属性和条件。消费者对医药产品的期望是疗效好、副作用小、安全性高、服用方便等。随着社会水平的不断提高，人们不仅重视产品的核心利益，还对产品的质量、包装、款式等的要求也越来越高。这就要求企业在产品设计生产销售过程中既要考虑到消费者的利益，也要做到让顾客满意，提高品牌美誉度。消费者获得了满意的期望产品，将会形成良好的品牌形象，进而认可这一品牌；反之会让消费者对产品产生怀疑甚至失去信任，继而选择其他产品。期望产品理念实施得好不好，直接影响消费者对产品的信任度与品牌忠诚度。

四、延伸产品

延伸产品也称为附加产品，指消费者购买形式产品和期望产品时，额外获得的各种服务和利益，包括产品说明、咨询、安装、维修、送货、培训等。医药产品的附加产品有用药咨询、使用指导、免费送货、质量保证、中药的代煎服务等，这些能够给顾客带来更多的利益和更大的满足。随着科技的日新月异、企业研发能力的日益强大，不同企业提供的同类产品在核心产品和形式产品上越来越相似，延伸产品逐渐成为企业竞争一决高低的关键因素。营销者需要提供超出顾客期望的附加产品以差异化脱颖而出。

五、潜在产品

潜在产品是现有产品在未来所有可能的演变趋势和前景。如中药由汤剂向片剂、胶囊剂、微丸剂、冲剂等方向发展。营销者需要开发新的产品来满足顾客需求。

总之，医药产品整体概念的五个层次，充分体现了以顾客为中心的现代营销理念。医药企业必须树立产品整体概念意识，从这五个层次上设计医药产品来满足消费者需求，这样产品才更具竞争力。

第二节　医药产品组合

为了满足目标市场的需要，扩大销售，分散风险，医药企业往往生产或经营多种产品。为了获得可观的经济效益，企业必须根据市场需求和自身能力条件来确定生产经营哪些产品，而这些产品之间的搭配关系，就涉及产品组合问题。

一、医药产品组合及其相关概念

（一）产品组合、产品线和产品项目

1. 产品组合

产品组合指一个企业所生产经营的全部产品线和产品项目的结构，即企业的业务经营范围。优化产品组合对于企业实现营销目标是至关重要的。产品组合是由若干产品线和产品项目组成的。

2. 产品线

产品线又称为产品系列或产品大类，是由一组在功能、顾客、渠道、价格等方面具有一定类似性的产品项目构成。例如，在表9-1中，华润三九的产品线为三九胃泰系列、999感冒灵系列、999皮炎平系列、999咽喉止咳系列、999儿童用药系列、999骨科用药系列、999镇痛补益系列。

表9-1　华润三九产品组合情况表

产品线	产品项目
三九胃泰系列	三九胃泰颗粒、三九胃泰颗粒（无蔗糖）、三九胃泰胶囊、温胃舒颗粒、养胃舒颗粒、气滞胃痛颗粒
999感冒灵系列	感冒灵胶囊、复方感冒灵颗粒、板蓝根颗粒、感冒清热颗粒、金防感冒颗粒、清瘟解毒片、外感风寒颗粒、小柴胡颗粒、感冒灵颗粒
999皮炎平系列	复方醋酸地塞米松乳膏、曲安奈德益康唑乳膏、糠酸莫米松凝胶、硝酸咪康唑乳膏、盐酸特比萘芬乳膏、酮康他索乳膏
999咽喉止咳系列	强力枇杷露、咽炎片、冰连清咽喷雾剂、盐酸氨溴索口服溶液
999儿童用药系列	小儿氨酚黄那敏颗粒、小儿感冒颗粒、退热贴、小儿止咳糖浆、小儿咳喘灵颗粒、小儿清热止咳口服液、小儿咽扁颗粒、板蓝根颗粒
999骨科用药系列	骨通贴膏、骨通贴膏PIB、天和牌麝香壮骨膏、伤湿止痛膏、关节止痛膏、精制狗皮膏
999镇痛补益系列	正天丸

资料来源：产品展示——华润三九欢迎您[EB/OL].[2022-01-20]. https://www.999.com.cn/product/otclist/101008002001001.html.

3. 产品项目

产品项目指产品线中各种不同型号、规格、质量、档次和价格的产品。产品项目是构成产品线的基本元素。企业产品目录表所列产品都是一个产品项目。例如，表9-1中的产品组合由40个产品项目构成。

（二）产品组合的宽度、长度、深度和关联度

1. 产品组合的宽度

产品组合的宽度指一个企业产品线的数量，其大小反映企业经营范围的宽广程度。例如，表9-1中华润三九有7条产品线，其产品组合宽度即为7。合适的产品组合宽度有利于企业扩展经营领域，分散经营风险。

产品组合的宽度跟产品线的划分标准有关联，例如，医药企业可以根据目标市场来划分产品线——妇科用药、儿科用药等，也可以根据产品用途来划分——咽喉止咳药、骨科用药等。这样，同样的产品项目按不同划分标准可分为不同的产品线。

2. 产品组合的长度

产品组合的长度指企业所有产品线中产品项目的总和。有时也用产品线平均长度来衡量产品组合的长度，即产品项目总和除以产品线数量。例如，表9-1中华润三九有40个产品项目，7条产品线，平均长度约为6。产品线长度可扩展或增补以使产品线更加丰富，为消费者提供更多选择。

3. 产品组合的深度

产品组合的深度指企业的每条产品线中产品项目的多少。例如，华润三九胃泰系列这条产品线有三九胃泰颗粒、三九胃泰颗粒（无蔗糖）、三九胃泰胶囊、温胃舒颗粒、养胃舒颗粒、气滞胃痛颗粒6种产品项目，其深度为6。深度越深，可以占领同类产品更多的细分市场，满足更多的消费者需求。

4. 产品组合的关联度

产品组合的关联度指各产品线之间在最终用途、生产条件、分销渠道等方面的关联程度。关联度越强，越有利于企业充分发挥某一方面的优势，提高企业在某一地区或某一行业的声誉；关联度越弱，越有利于企业在更广泛的市场范围内发挥影响力，这就要求企业必须拥有更丰富的资源、更顶级的技术、更完善的组织结构和管理体系。例如，华润三九的产品涉及防病治病、保健养生、医疗小器械等不同的最终用途，生产条件不同，分销渠道不同，涉及医院药房、零售药店、商场超市，可见产品关联度较低，但企业在医药、保健品、医疗小器械等不同领域均产生了深远影响。

二、医药产品组合的优化策略

医药产品组合的优化策略指医药企业根据市场需求、企业资源、技术条件、竞争状况等因素对产品组合的宽度、长度、深度、关联度进行的最优组合决策。由于市场变幻莫测，医药企业需适时地调整产品组合，尽可能达到最佳组合，为企业获得更多的利润。可供选择的优化策略有以下四种。

（一）扩大产品组合

扩大产品组合指拓宽和增加产品组合的宽度、长度和深度。可以在原有产品组合中新增产品线，或者在原有产品线中新增产品项目。扩大产品组合有利于扩展企业经营范围，为更多细分市场提供多样化产品。当企业发展较好或者现有产品线销售额和盈利率

下降时，企业可考虑这种策略，充分利用人、财、物等资源，分散经营风险。但要注意当实施该策略时，尽量选择关联度强的产品组合，以增强企业在某一特定市场领域内的竞争力和知名度。

（二）缩减产品组合

缩减产品组合指剔除赢利少或不赢利的产品线或产品项目。市场繁荣时，较长较宽的产品组合会带来更多的赢利机会。但当市场不景气、原料供应不足、能源短缺、政策导向不利时，缩减产品组合能起到集中资源发展强势产品，反而会使总利润增加的作用。例如，某医药企业果断剔除市场份额小、不良反应多发的某中药注射剂产品，集中优势力量发展缓控释制剂，最终使得总利润增加。

（三）产品线延伸

产品线延伸指企业超出现有档次，部分或全部地改变原有产品线的市场定位，增加产品线长度和深度。每个企业的产品线都有特定的市场定位，产品线延伸有向下、向上、双向三种方式。

1. 向下延伸

向下延伸指企业在原定位于高端市场的产品线内新增中低档产品项目，向低端市场拓展。采取这种策略的原因是：高档产品销售增长缓慢，利润下降，不得不向下延伸；低端市场中有巨大的成长机会和利润空间；补充产品线空白，使竞争者无机可乘；利用高端产品声誉，吸引低购买力顾客选择低档产品，扩大市场占有率。实施这一策略可能存在的风险：高低档产品使用同一品牌——影响品牌形象；低档产品使用次级品牌——新建品牌需消耗企业资源，且消费者不一定会接受新品牌；引起竞争者反击和经销商抵制。

2. 向上延伸

向上延伸指企业在原定位于低端市场的产品线内新增高档产品项目，向高端市场拓展。采取这种策略的原因是：高档产品有较高的增长率和利润率；想成为产品种类齐全的企业；企业技术设备和营销能力具备进入高端市场的条件，且能与竞争者抗衡；满足消费者日渐增长的购买需求。实施这一策略可能存在的风险：改变原产品的定位和品牌形象，可能会丧失一部分顾客；经销商可能没有能力经营高档产品；可能会引起其他生产高档产品的竞争者进入低档产品市场，进行反攻；如若经营不善，恐难收回开发高档产品的成本。

3. 双向延伸

双向延伸指企业在原定位于中档市场的产品线内同时新增高档和低档产品，向高低端市场双向拓展。企业应在掌握市场优势后逐步推进该策略，以实现扩大市场范围、提高市场增长率。

（四）产品线现代化

在某些情况下，尽管产品组合的宽度、长度都较适宜，但其生产方式却已过时，必须要对产品线进行现代化改造。产品线现代化改造首先要解决：是逐步改造，还是一次性改造，是否用最新设备更换产品线？逐步改造节省资金耗费，缺点是会引起竞争者察觉并重新设计产品线；而一次性改造短期耗费资金较多，但可以出其不意，击败竞争对手。其次，注意选择最佳时机，不宜过早（影响现有产品线的销售），也不宜过晚（竞争者获得了良好的声誉后）。例如，武汉健民药业的龙牡壮骨颗粒已经上市销售20余年，企业应用新技术、新辅料，开发出了果味、无糖、纳米等差异化新产品，在赋予品牌新概念的同时，维护消费者对老品牌的忠诚度，将消费群从婴幼儿扩大到儿童，满足了消费者不同的心理需求，开辟了新的市场，成功完成了产品线现代化改造。

第三节　医药产品品牌

一、品牌的含义

（一）品牌的定义

品牌是一种名称、术语、标记、符号或设计，或者是这些元素的组合，其目的是借以辨认某个或某群销售者提供的产品或服务，并使之与竞争对手的产品和服务区别开来。品牌是一个集合概念，包括品牌名称、品牌标志两部分。

品牌名称是品牌中的可读部分，如"999感冒灵""片仔癀"等。药品的品牌名称通常是由药品的商品名构成。药品的商品名须经国家食品药品监督管理局批准后方可在包装、标签上使用，不得与通用名连写，应分行。商品名经商标注册后，还须符合商品名管理原则，字体大小比例为通用名∶商品名≥2∶1。

品牌标志是品牌中可以被识别，但不能用语言称呼的部分，如符号、图案或颜色等。例如，葵花药业小儿清肺化痰颗粒上的葵花图案。

视频9.1　陇南：做强特色山地中药材品牌　打造绿色发展高地

（二）品牌的整体含义

品牌除代表着卖方交付给买方的产品特征、利益和服务等一贯性的承诺，还有很多更复杂的象征意义，它包括六层含义。

1. 属性

品牌代表特定的产品属性。例如，"太极"藿香正气液，意味着不苦、不辣（不含酒精、不含糖），突出了产品特点。

2. 利益

顾客购买的不仅是属性，还包括功能性或情感性的利益。例如，"康泰克"缓释胶囊的"缓释"属性体现了功能性的利益：一天仅需一粒。

3. 价值

品牌也体现了产品的某些价值。例如，"同仁堂"始终坚持"炮制虽繁必不敢省人工，品味虽贵必不敢减物力"，产品以质量和疗效享誉海内外。

4. 文化

品牌也象征着一定的企业文化。例如，河南宛西的"仲景"品牌，本身就代表和传承着浓郁的中医药文化。

5. 个性

品牌还代表着一定的个性。例如，葵花药业"小葵花"品牌，体现了健康、乐观、积极向上的个性，对年轻妈妈和活泼儿童都有很好的亲和力。

6. 使用者

品牌还可以暗示一定的购买者或使用者。例如，"小葵花"的购买者多是年轻妈妈，使用者则是儿童。脑白金的购买者多是中青年人，使用者则是老年人。

一个成功的品牌往往同时具备上述六层含义。品牌内涵之间的关系涉及三个层次：功能的定位层次，包括品牌的属性和利益；识别差异层次，包括品牌的文化、个性和使用者；价值承诺层次，即品牌的价值。实际上消费者会更重视品牌利益而不是品牌属性，现有属性会被其他生产者模仿，也会随着时间的推移等因素而失去价值。企业在塑造品牌时，应该更加关注品牌背后所承载的价值、文化和个性，它们构成了品牌的基础，揭示了品牌间的差异和更深层的内涵。

（三）品牌与商标

商标是经过注册登记，受到法律保护的品牌或品牌中的某一部分，通常以"注册""注册商标"或"R"字样表示。商标的所有人拥有商标的使用权，任何其他企业和个人未经授权或许可不能使用或仿冒。根据《中华人民共和国药品管理法》，药品必须使用注册商标，否则不得上市销售。

《中华人民共和国药品管理法》规定：医药企业可以将商品名注册为商标，药品的通用名称不得注册为商标。将药品商品名作为商标或者为所属产品设计专门的注册商标，对保护医药企业知识产权意义重大。企业要使品牌长久延续，必须取得受法律保护的商标专用权，一般保护期为10年，期满可申请续展。

品牌和商标是一对容易混淆的概念，品牌不等同于商标，二者既有联系，又有区别。其联系表现为：品牌和商标都是用以区别于竞争者产品和服务的标志和名称；都是企业的无形资产；都有一定的专有性。其区别表现为：品牌是市场概念，它强调与产品及其相关质量、服务等之间的关系，代表一定的文化，有一定个性，其内涵比商标更为丰富；商标是法律概念，是已获得专用权并受法律保护的品牌或品牌的一部分，是一种符号或标记。

二、品牌资产

（一）品牌资产的含义

品牌资产是附加在产品和服务上的价值。这种价值可能反映在消费者如何思考、感知某一品牌并决定是否购买，以及该品牌对公司的价值、市场份额和赢利能力的影响。其价值通过为顾客和企业提供附加利益来实现，品牌所提供的超过产品或服务本身的附加利益越多，品牌的吸引力、感召力就越大，品牌资产也就越多。品牌资产是与企业心理价值和财务价值密切相关的重要无形资产，有正、负两种效应，表现为在相同情势下消费者对品牌营销活动作出喜欢或不喜欢的反应。

（二）品牌资产的特点

1. 无形性

品牌资产是一种无形资产，其所有权的获得和转移与有形资产差异明显，必须由品牌使用者申请注册，由注册机构按法定程序确立其所有权。国内也有对品牌资产评估的报道，其中，"海王""马应龙"等医药品牌资产不容小觑。

2. 投资与利用的交错性

品牌资产作为一种无形资产，其投资和利用很难分开。品牌资产的利用不一定意味着这种资产的减少，恰当的利用反而会使品牌资产增值。

3. 评估的复杂性

评估即评估品牌的经济价值。这种评估工作的复杂性显而易见，首先，品牌资产反映了企业与顾客的关系，由品牌意识、品牌忠诚度和品牌联想等因素构成，这些因素相互联系、相互影响；其次，品牌的收益能力受到许多不易计量因素的影响，如品牌影响力、品牌延伸性、品牌国际化发展潜力、品牌投资程度、产品市场容量、品牌策略等诸多因素。因此，准确衡量品牌资产具有一定难度。

扩展阅读 9.1　18 个药企品牌入选《中国 500 最具价值品牌》

4. 品牌资产的波动性

尽管积累品牌资产需要企业的投入，但品牌资产的累积并不完全取决于投入的增加。实际上，由于企业品牌决策的失误、市场竞争格局的改变、目标市场的消失等，都可能造成品牌资产的波动，甚至是下滑。

5. 与营销绩效密切相关

品牌资产是营销策略综合作用的结果，是反映企业总体营销水平和营销绩效的重要指标。

三、品牌的作用

（一）赢得消费者，提高市场占有率

一个成功的品牌能将自己与同类产品区别开来，代表着更高的质量、更好的服务，是一种可靠性标志，能够让消费者产生信任感，从而赢得更多的消费者，提高产品市场占有率。

（二）获得高附加值和超额利润

品牌所能带给企业的不仅是产品本身的利润，更多的是品牌文化、品牌价值、品牌利益等所带来的高额附加利润。品牌带给消费者的不仅是物质或服务的需求，还可能有

心理、情感等方面的需求。其品牌所体现的文化内涵、可靠性等因素使消费者愿意支付更高的价格购买自己心仪的品牌。即使质量同样可靠，知名品牌产品的价格往往会高出许多，这就是品牌的高附加值和其所带给企业的附加利润。

（三）保持顾客品牌忠诚度，有利于形成竞争壁垒

除了物质利益外，品牌能够在一定程度上体现消费者的社会地位、个人品位和文化修养等内涵，能使消费者从心理上产生一种满足感、自豪感，由此带给他们所需要的附加价值和顾客让渡价值。久而久之，顾客会对品牌产生一定的忠诚度，当这种顾客忠诚达到一定程度时，便会形成一种有力的竞争壁垒。

（四）利用现有品牌实现品牌延伸

推广一种新品牌的产品需要花费更多的时间和资金，而利用现有品牌进行品牌延伸，则可以取得事半功倍的效果。消费者对品牌的信任感和良好的印象会随之带入其延伸的新产品中，使得新产品更顺利地进入市场。

（五）树立良好的企业形象

品牌对于企业来说是一种超越实体和产品以外的重要无形资产，品牌承载着企业文化，体现了企业的社会形象，使消费者、社会、媒体对企业产生良好印象，对于企业的生存和发展至关重要。

（六）增强竞争力，为企业赢得竞争资本

同样的产品，消费者更愿意选择成功品牌，经销商也更愿意代理名牌产品。在激烈的市场竞争中，一个成功的品牌无疑会增强企业与经销商谈判的资本，增加竞争实力，从而帮助企业获得更多利益。

四、医药产品的品牌设计原则

（一）简单醒目，便于记忆

品牌要起到帮助识别产品的作用，要使人们见到它就形成深刻印象，要有一定的广告宣传作用，必须做到简单醒目，便于识别，让人过目不忘。如"马应龙""葵花""仲景"，简洁明了。通常，品牌名称以2~3个字为好。

（二）新颖别致，易于识别

雷同是品牌设计的大忌，构思新颖、造型美观、特点鲜明的设计能使一个好的品牌既兼具艺术性又避免庸俗繁复。如"健民""曲美"。

（三）内涵丰富，利于通用

设计品牌时，还应使品牌富于内涵，同时兼有通用性，这样有助于体现产品属性和特点，如"叶开泰""中联"，蕴含着浓郁的中医药特色，同时又为大众所熟知。

（四）跟随风俗，易于接受

设计品牌必须要考虑国际、国内市场的接受度，品牌的名称、图案、符号、颜色需

符合当地的风俗习惯、心理特征、思维方式、语言文学等一般规律，切忌触犯禁忌。

（五）符合法律法规

设计品牌和注册商标时，要参考国际、国内的商标法。例如，我国法律规定：药品商品名不得含有说明疗效的文字；新药的商品名应在申请注册时一并提出。

五、医药产品的品牌策略

企业在制定品牌策略时要参考外部市场、产品特点、自身资源等方面的实际情况，通常可选择以下几种方式。

（一）品牌有无策略

品牌有无策略就是医药生产企业是否给产品使用品牌：可以使用品牌，也可以不使用品牌，这就要根据产品特点而定。不设品牌可以节省设计、申报、广告、包装等费用，主要目的是降低成本。医药产品是一种特殊商品，大多数企业都使用品牌，仅有少数中药材、药用辅料不设品牌。

（二）品牌归属策略

企业一旦决定使用品牌，就必须明确品牌的归属，即该品牌归谁所有。品牌归属有三种情况：首先是生产者品牌策略，即企业使用自主品牌，故生产者获得其品牌收益；其次是中间商品牌策略，即中间商购进商品后用其品牌上市销售，无力建立自主品牌的生产企业可采取该策略；再次是混合策略，生产企业对部分产品使用自主品牌，部分产品使用中间商品牌。

我国医药行业一直以来都是生产者品牌为主，产品的设计、质量、特色都是由厂家决定。然而，品牌的收益越来越受到人们的重视，实力雄厚的中间商对品牌的兴趣也越发浓厚。

（三）品牌统分策略

医药企业的所有产品都使用一个品牌，还是不同的产品使用不同品牌，这就是品牌统分策略，可有以下五种选择。

1. 统一品牌策略

统一品牌策略即多种产品共用一个品牌。例如，"云南白药酊""云南白药气雾剂""云南白药创可贴""云南白药牙膏"都是云南白药集团的产品。价格和目标市场大致相同的产品可以使用统一品牌策略，但产品间差异太大时则容易混淆品牌形象。例如，一个企业同时生产人用药品和兽药，则不宜使用同一品牌。

采用这一策略，可以建立统一品牌的广告传播体系，减少广告推广成本，而且可以进一步利用已成功的品牌推广新产品，提高新产品的接受度。但其缺点是：当统一品牌中的任一产品出现问题时，就会对整个企业产生不良影响。因此，适宜采用统一品牌策略的条件是：第一，品牌已经获得一定的信誉度；第二，保证每种产品相同的内在品质。企业需对所有产品的质量严加把控，参差不齐的产品质量会影响高质量产品的信誉，乃至整个品牌。

2. 分类品牌策略

分类品牌策略即不同类别产品使用不同品牌。这种策略既可区分不同用途的产品，有利于体现产品差异，突出产品特色，还可避免"城门失火，殃及池鱼"的情况。

3. 个别品牌策略

个别品牌策略即每种产品分别使用不同品牌。优点是：每种新产品都有独立的最佳名称，突出了该种产品的特色；企业整体信誉不易受某一品牌信誉影响，牵连效应小；有利于企业内部各种产品间的良性竞争；有利于发展多种产品线和产品项目，扩大产品阵容。但过多的品牌也会加大促销推广成本，不利于创立品牌。该策略适合产品线多、关联度不强、生产技术差异性大的企业。

4. 企业名称与个别品牌并用策略

企业名称与个别品牌并用策略又称为主副品牌策略，即在每一个个别品牌前冠以企业名称。例如，"哈药六牌·钙加锌"，企业名称为"哈药六牌"，用个别品牌"钙加锌"显示产品个性。这样，既可使新产品享受企业已有声誉，节省广告推广费用；又可体现个别品牌的特点和独立性，强化产品个性。

5. 多品牌策略

多品牌策略即在同一种产品上设立两个或两个以上相互竞争的品牌。多品牌可能会影响原有单一品牌的销售量，但可以满足不同消费者的需求，占据较大的市场份额。如解热镇痛的"安瑞克""小安瑞克"等。多品牌策略可以增加企业产品展示面，占领更多的细分市场。缺点是：每一品牌的市场份额都很小，缺乏市场主导品牌；企业资源多方配置，导致自身品牌间的竞争。

（四）品牌延伸策略

品牌延伸策略指企业利用已有市场影响力的成功品牌推出改良产品或新产品。例如，江中制药利用"江中健胃消食片"的品牌效应，又推出了保健品"江中亮嗓""江中猴菇饼干"等新产品。这种策略的优点在于：有利于减少新产品的市场风险；降低新产品的推广成本；强化品牌效应，扩大品牌影响力。但在品牌延伸过程中应把握好度，否则会淡化品牌特色，损害原有品牌形象，造成品牌认知模糊。例如，三九集团生产的"999"胃泰作为胃药，在患者心目中享有很高的声誉，然而三九集团进行了品牌延伸，推出了"999"品牌的冰啤酒，受众由胃病患者延伸到了健康消费者，导致"999"品牌在消费者心目中的定位淡化，并且产生不良联想，丢失了许多顾客。

（五）品牌重新定位策略

品牌重新定位策略指企业全部或局部矫正或改变品牌在市场上的最初定位。重新定位原因很多，例如：顾客偏好转移，需求状况改变；或者竞争者推出同款新品，导致市场份额下降等。重新定位的意义在于使产品与竞争者产品体现差异、差距或特色。

第四节 医药产品包装

一、医药产品包装的含义及功能

(一)医药产品包装的含义

1. 医药产品包装

包装指对某一品牌产品设计、制作容器或外部包装物的一系列活动,包括商标或品牌、形状、颜色、图案和材料、标签等要素,有包装物和包装操作两层意思。在激烈的市场竞争中,企业已愈来愈重视包装的作用,包装已成为产品策略不可或缺的组成部分,也是医药企业进行非价格竞争的重要手段之一。

医药产品包装指在流通过程中保护医药产品、方便运输、促进销售,按一定技术方法而采用的容器、材料及辅助物等的总体名称。也指为了达到上述目的而采用容器、材料和辅助物的过程中施加一定技术方法等的操作活动。简单的定义就是,在医药产品使用或服用之前为其提供保护性、展示性、识别、介绍和使用方便性的经济方法。医药产品包装分为内包装、中包装和大包装。其中,内包装是直接接触医药产品的包装,中包装是销售单元包装,大包装是运输单元包装。

2. 我国对医药产品包装的相关规定

医药产品包装不同于一般商品包装,医药产品属于特殊商品,国家相关部门颁布了一系列规定,对医药产品包装进行严格的监管。医药产品包装应遵循的内容包括以下方面。

(1)直接接触药品的包装材料和容器,必须符合药用要求,符合保障人体健康、安全的标准,并由药品监督管理部门在审批药品时一并审批;生产企业不得使用未经批准的材料和容器;药品包装必须符合药品质量要求,便于储存、运输和医疗使用。

(2)药品包装必须按规定印有或贴有标签并附说明书。药品的标签应当以说明书为依据,其内容不得超出说明书的范围,不得印有暗示疗效、误导使用和不适当宣传;药品包装必须按照规定印有或者贴有标签,药品包装不得夹带其他任何介绍或者宣传产品、企业的文字、音像及其他资料;药品生产企业生产供上市销售的最小包装必须附有说明书;药品说明书和标签的文字表述应当科学、规范、准确。

(3)非处方药说明书应当使用容易理解的文字表述,以便患者自行判断、选择和使用;药品说明书和标签中的文字应当清晰易辨,标识应当清楚醒目,不得有印字脱落或者粘贴不牢等现象,不得以粘贴、剪切、涂改等方式进行修改或者补充;药品说明书和标签应当使用国家语言文字工作委员会公布的规范化汉字,增加其他文字对照的,应当以汉字表述为准。

(二)医药产品包装的功能

1. 保护产品质量

包装的基本作用是保护产品,对医药产品而言,包装会直接或间接地影响品质,进而影响其质量。医药产品包装的根本要求就是必须在各种条件下长时间地保证医药产品的安全性、有效性和稳定性,保证其使用价值。

2. 传播品牌文化

随着时代的发展,包装产生了新的概念,不仅是简单描述产品功能特色,更重要的是通过产品传递企业的品牌文化,激发消费者购买欲望。随着经济的发展,大众对品牌的好感度提高,对品牌的信任度要高于忠诚的单项产品,对于药品而言,知名品牌药品随时受到社会大众的监督,随时被放在聚光灯下,如此高强度的监督使品牌更加注重自己的产品品质,使消费者权益得到有力的保障。品牌产品的包装做工考究、精美,代表着品牌的形象。

3. 指导安全用药

医药产品包装上一般会印有功能主治、适应证、用法用量等信息,起到方便使用和指导消费的作用。医药产品的包装、标签和说明书是消费者认识和了解药品信息的窗口,是医药产品内在质量的延伸,医药产品包装对保证使用者安全用药有着重要的指导作用。

4. 促进产品销售

包装是放在货架上的"推销员",醒目的商品标签和独特的包装设计可以提高产品的吸引力,进而促进销售。当消费者面对同一通用名的医药产品时,包装的可识别性,使产品得到更完美的展示,给消费者带来更大的吸引力和留下更深刻的印象,可以有效地与竞品进行区别,在一定程度上扩大产品的销售,提升产品的市场占有份额。

随着医疗体制的改革和药品分类管理的实施,患者自行选择药品的比例将大大提高,而美观的包装可以对消费者的视觉形成冲击,产生对药品质量的信赖感,从而提高其购买欲。但需要注意的是,相对于一般产品来讲,由于人们更关注药品的疗效,因此包装对于医药产品的价值提升而言,作用小于一般产品。

二、医药产品包装的设计原则和策略

(一)医药产品包装的设计原则

1. 准确传递医药产品信息

医药产品是关系生命健康和安全的特殊商品,其包装所传递的信息必须准确无误,清晰易辨,不会对消费者造成误导。包装设计既应美观大方、形象生动,同时又应力求避免在消费者中产生不好含义的联想。药品的性能、使用方法和使用效果不是直观所能显示的,需要用文字来表达,在包装上要有针对性的说明(如药品的成分、功能主治、服用量、禁忌、注意事项、不良反应等)。这些文字说明必须与药品的性质一致,并有可靠的科学实验数据或使用效果的证明。

2. 包装设计应当彰显产品的特色和风格

医药产品包装除了能准确地传递商品信息,还需要造型美观大方,图案生动形象,包装上的文字、图案、色彩等应该反映产品特色,不搞模仿,避免雷同,尽量采用新材料、新图案、新形状,使人耳目一新,一目了然。例如,许多中成药的包装上会采用葫芦、古人头像、太极图等中华传统特色的图案，以及土黄、浅棕、褐色等较为稳重的颜色。这样能够在一定程度上展示出中国传统医学的文化特色，但也容易与其他同类产品混淆。

3. 包装设计与药品价值质量相适应

医药产品对包装材质的选择要从药品的价值出发，准确传达药品价值，使包装价值与药品价值相匹配。中国在19世纪向国外出口人参，曾以简陋的包装袋包装，国外商人误以为是萝卜干。用高档的材质进行低价值包装也会引起消费者不适。过度包装不仅造成资源浪费，还会使人产生华而不实的感觉。

医药产品包装的设计应当注意，人们购买的出发点不是包装，而是包装内的产品。例如，治疗儿童肠道蛔虫的非处方药品盐酸左旋咪唑宝塔糖，市场价值不高，所以采用低价位的透明塑料材质，可以在清晰地看到药品本质的同时，有效传达给消费者药品的价值信息。

2010年，我国《限制商品过度包装要求——食品和化妆品》正式实施，同年颁布的还有《食品和化妆品包装计量检验规则（2010年）》，虽然其中并未对药品包装进行规定，但对食品和化妆品而言，《限制商品过度包装要求——食品和化妆品》是首个强制性包装标准，药品包装的设计亦可参考。与医药产品相关的食品和化妆品的包装规定如表9-2所示。

表9-2　部分食品和化妆品过度包装限量指标

商品类别	限量指标	
	包装空隙率*	包装层数
饮料酒	≤55%	3层及以下
糕点	≤60%	3层及以下
保健食品	≤50%	3层及以下
化妆品	≤50%	2层及以下

*注：当内装产品所有单件净含量均不大于30 mL或者30 g时，其包装空隙率不应超过75%；当内装产品所有单件净含量均大于30 mL或者30 g，并不大于50 mL或者50 g时，其包装空隙率不应超过60%。

4. 包装设计必须具有实用性和安全性

包装造型设计一定是在满足包装容积合适的情况下，基于消费者使用更加便捷原则，充分考虑受众的审美，从消费者视觉与触觉美感出发，满足消费者的审美需求和情感需求，为消费者带来舒适的感受。

医药产品的包装要具有实用性和安全性，其性状、材质、结构、大小应与产品相符，满足便于运输、携带、存储、使用的要求。例如：很多液体药剂的瓶盖可以作为量取定量药液的量器，气雾剂的包装瓶本身带有喷雾装置。

视频9.2　专家呼吁儿童药品包装使用保护盖

5. 充分尊重目标市场的地域文化

不同国家、民族、文化的消费者有着不同的文化传统，把地域文化和包装设计相结合能产生巨大的能量。地域文化中包含着诸多色彩和图案元素，只有充分遵循产品的特性和当地的地域文化特征，并且符合包装设计的目标和原理，才能让消费者产生良好的观赏感受，主动购买产品。在医药产品包装设计中应该参考和注意这些情况，切忌触犯禁忌。

6. 符合相关法律法规

医药产品是特殊商品，其包装要求必须符合《中华人民共和国药品管理法》《中华人民共和国药品管理法实施条例》《药品包装、标签和说明书管理规定》等法律法规的具体要求，如包装、标签上不得印有不适当的宣传文字和标识。

（二）医药产品的包装策略

1. 类似包装策略

类似包装策略又称包装的标准化，指企业对自己生产的系列产品采用统一或大致相同包装模式，即在产品包装的图案、颜色、造型和标记等方面具有本企业特色的类似或一致的特征，使人一见就知道是某家企业的产品。类似包装策略能够唤起消费者对产品附带的厚重的文化内涵的感知，明显提高产品的形象效应，扩大企业影响，提高消费者对企业新产品的信任度，在一定程度上可以节省包装设计费用。比如马应龙药业集团股份有限公司的马应龙牌系列药品，其包装在图案和造型上就非常一致。

2. 系列包装策略

系列包装策略又称配套（组合）包装策略，即按照消费者的消费习惯将若干用途上相关联的产品放在同一个包装内。例如，将胰岛素注射器与胰岛素产品包装在一起，因为患者购买胰岛素产品，就必须购买胰岛素注射器。

3. 等级包装策略

等级包装策略即根据产品档次和顾客购买目的的差异，对医药产品采用不同等级的包装。一是按照产品的档次来决定产品的包装，比如高档产品精装突出品质，低档产品简装突出经济实惠；二是按消费者购买目的不同采取不同包装，如精美礼品装和简单自用装。

4. 差异包装策略

差异包装策略即医药企业的各种产品都有独特包装，设计风格、图案、材料各不相同，优点是某一产品营销失败不至于影响其他产品，缺点是增加包装设计成本和新产品包装费用。比如西安杨森制药有限公司的产品，从包装上几乎完全看不出有任何关联。需要注意的是，西安杨森等类似企业，实行差异包装策略的重要原因之一，是因为其产品品牌自成一派，各自营销。

5. 附赠品包装策略

对于一般产品而言，附赠品包装策略指在产品包装内或包装上附有实物或奖券，或产品包装本身就可以用来兑换奖品，以吸引消费者购买本企业的产品，促进重复购买。但根据我国对药品包装的管理规定，药品包装中不允许出现类似的赠品。因此，医药产品若采用此种策略，可以考虑提供一些使患者方便使用的物品。如马应龙牌痔疮栓包装中附赠药用手指套,天士力复方丹参滴丸包装中附赠数药器。

6. 再使用包装策略

再使用包装指原包装的产品用完后,包装容器可转作他用的策略,又称"双重用途包装策略"。该策略的优点是增强产品吸引力,包装物上的商标起到重复宣传的作用。例如,液体药剂的杯状容器可作为量器继续使用等。

7. 改变包装策略

改变包装策略指采用新的包装设计、包装技术、包装材料,更新或放弃原有的产品包装。例如,当销售不畅时企业可以改变包装重新提升顾客对产品的兴趣,或产品要提价时改变包装使消费者认为产品在质量或功能特色上做了改进。需要注意的是,由于医药产品本身的特殊性,改变包装有可能使消费者产生怀疑,因此变更包装的同时需要关注市场反应,并及时应对。

第五节 医药新产品开发

一、医药新产品的概念及类型

新产品开发指从选择研究适应市场需要的产品开始到产品设计、工艺制造设计,直到投入正常生产的一系列决策过程。从广义而言,新产品开发既包括新产品的研制也包括原有的老产品改进与换代。新产品开发是企业研究与开发的重点内容,也是企业生存和发展的战略核心之一。企业新产品开发的实质是推出不同内涵与外延的新产品,但对大多数企业来说,其实质是改进现有产品而非创造全新产品。

新产品开发是医药企业未来生存和发展的基础,也是企业生命的源泉。随着居民健康需求不断变化与日益增长,医药科技迅猛发展和传播,市场竞争日益激烈,导致医药产品生命周期逐渐缩短,不断创新是对企业的必然要求。

(一)医药新产品的概念

医药新产品(新药)的含义需要从法律和市场营销学两个角度加以理解。根据《药品注册管理办法》(2020),药品注册按照中药、化学药和生物制品等进行分类注册管理:中药注册按照中药创新药、中药改良型新药、古代经典名方中药复方制剂、同名同方药等进行分类;化学药注册按照化学药创新药、化学药改良型新药、仿制药等进行分类;生物制品注册按照生物制品创新药、生物制品改良型新药、已上市生物制品(含生物类似药)等进行分类。

从市场营销学的角度看,医药新产品是与原有产品相比,在功能或形态上得到改进,并能为顾客带来新的利益的医药产品。因此,改变剂型、改变给药途径、增加新适应证的药品满足了顾客的需求,能够为顾客带来新的利益,它们就应该是新药,即医药新产品。

(二)医药新产品的类型

下面主要从市场营销学的角度介绍医药新产品的类型。

1. 全新产品

全新产品指用科技新原理、新技术、新材料制造的前所未有的产品。对大多数医药企业来说,独立发展这种新产品是困难的,因为一项新的科学技术的发明应用于生产,需要经历较长的时间,要花费巨大的人力和资金,而且风险也很大。这种全新产品要经国家科技管理部门及药品监督管理部门的鉴定批准,并可申请专利,得到法律的保护。

2. 换代新产品

换代新产品主要是在原有产品的基础上,部分采用新技术、新材料且性能有显著提高的产品。例如,康泰克通过在生产工艺、原材料上进行改进,开发出新康泰克。

3. 改进新产品

改进新产品指对现有产品在质量、剂型、材料、外形等方面做出改进的产品。例如:河南竹林众生制药公司对"双黄连口服液"药品口感的改进;山西皇城相府药业有限公司将"爱德儿康"双扑伪麻黄片制作成米老鼠头像的形状。这都是将原有产品进行改进后,使儿童更易接受的典型案例。

4. 仿制新产品

仿制新产品指企业合法地仿制市场上已有的产品,这类医药新产品主要是仿制药。但值得注意的是,仿制药需要开展质量和疗效一致性评价,不能违反专利法等法律法规。另外,根据《药品说明书和标签管理规定》要求,自2006年6月1日起,对于新注册的药品,除采用新化学结构、新活性成分及持有化合物专利之外,其他药品一律不得使用商品名。仿制药只能使用通用名,这对营销提出了考验。

二、医药新产品开发模式与程序

(一)医药新产品开发模式

医药新产品开发具有高风险、高投入、高回报、高技术及周期长等特点,必须以临床价值为导向,发挥企业优势与长处,突出产品特色创新,遵循国家药品管理法规和政策,寻求科学合理的新产品开发模式,最终获得良好经济效益,促进企业健康发展。

视频9.3 从新药到成药为何这么久?中科院专家回应药物研发难点

1. 独立开发模式

独立开发模式是由企业独立完成新产品的全部研究开发,投资大,风险高,要求企业拥有强大的科研能力和雄厚的资金实力。独立开发模式可分为三种方式:一是从基础理论研究到应用技术研究全部由企业独立完成;二是利用已有基础理论研究的成果,企业只进行应用技术研究和产品开发工作;三是应用已有基础理论和应用技术研究的成果,企业只进行产品开发。

2. 技术引进模式

技术引进模式指通过转化国内外已有的成熟技术开发医药新产品,一般通过购买专利、专有技术,或者通过合资经营把其他企业开发的产品生产出来。这种方式可以提高产品开发效率,促进产品升级换代,提高企业的经济效益和市场竞争力。例如,2015年白云山药业发出通告,出资1.5亿多元引进以色列创新生物医药项目,特别是技术比较成熟、处于产业化前期、孵化周期短的医疗器械及生物制药项目,这一举动促进白云山加速生物医药健康产业转型升级,实现快速发展,并为其进一步加强对外投资积累了经验。

3. 合作开发模式

这是一种整合企业内外的科研力量共同开发医药新产品的模式。具体有两种方式:一是从社会上聘请专家、学者参与研究开发;二是与高校和研究院所等组织联合研究开发。这种开发模式投资少、见效快,既能够很好地发挥企业技术力量的作用,又能够借助专业研究机构的技术力量,促进企业技术水平的提高。

4. 外包模式

医药研发外包,亦称为合同研究机构(contract research organization,CRO),是通过合同形式向制药企业提供涉及药物研究各领域服务内容的学术性或商业性的科学研究机构。这种模式主要是将医药产品的研发课题及战略愿景部分或全部外包给科研单位,以满足节省人工成本及解决科研力量薄弱的问题。为降低成本、提高效率、增长利润,实现药物研究开发的专业化和资源最优化配置,越来越多的制药企业将外包作为缩短研发周期的重要途径,以外包为主要内容的"网络式协作"被许多业界人士和经济专家认为是制药业唯一应对创新低谷的方法。

5. 并购模式

通过企业并购的方式来获得或提高医药新产品开发能力的模式,已经成为医药生产企业保持竞争力和进行市场扩张的重要手段。国内外有许多重大药企并购案,在一定程度上都与新药开发有关。2019年全球排名第14的美国药企百时美施贵宝(Bristol Myers Squibb,BMS)收购美国药企新基,通过并购丰富了百时美施贵宝的产品管线,特别是整合了新基在肿瘤、免疫和炎症等领域具有"重磅炸弹"潜力的管线资产。

(二)医药新产品开发程序

开发医药新产品对于医药企业来说:一方面可能带来巨大利润;另一方面也伴随着极大风险,遵循医药科学发展的客观规律和市场营销的研究开发程序在一定程度上可以控制和降低风险。从营销的角度看,医药企业研究开发新产品一般包括七个步骤,简要来讲,就是从产品概念的形成到科学试验论证,到最终上市的过程。

1. 新产品构思

构思是为满足临床需要而提出的设想,此阶段营销的主要目的就是充分进行消费者洞察,以此为契机积极地在不同环境中寻找好的产品构思。新产品构思主要来源于企业内部的科研人员、高管人员、营销人员及企业其他部门职工,也可来自企业外部的医生和患者、竞争者、经销商及其他研究机构。在进行新产品开发前,应充分考察同类产品和相应的替代产品的技术含量和性能用途,确保所开发产品的先进性或独创性,避免"新"

产品自诞生之日起就被市场淘汰。

2. 构思筛选

构思筛选是依据企业的战略目标与企业实力等具体因素，对新产品构思进行筛选，筛选出符合本企业发展目标和长远利益，并与企业资源相协调的产品构思，剔除可行性小或获利较少的产品构思，使企业能把有限的资源集中于少数有潜力的新产品中。在筛选过程中，应避免"误舍"和"误取"。企业开发新产品，把有限的人、财、物，有效地分配在更重要的开发项目上，准确地确定新产品开发方向，使新产品开发取得最佳效果。

3. 概念形成

新产品构思经过筛选后，需要进一步发展成更具体、明确的产品概念。产品概念指已经成型的产品构思，包括消费者洞察、产品利益点和产品支持点。在这个阶段中，应当考虑如何用文字、图像等说明产品的目标市场、产品特点、功能效果、剂型等，从而使消费者心目中形成潜在的产品形象。

4. 拟定营销规划和商业分析

对已经形成的新产品概念进行目标市场分析和成本效益分析，通过预测销售额、核算成本、计算预期利润来综合分析评估。如果符合企业的开发目标，即可转入产品研制阶段；如果不符合企业的开发目标，则返回到形成概念阶段，重新形成概念，直到评估出最理想的新产品概念。

5. 研究试制

新产品概念经过经营分析后，进入研究试制阶段。医药新产品的研究试制过程包括临床前研究和临床研究。根据药品注册申报资料要求，临床前研究可概括为三个方面：文献研究、药学研究、药理毒理研究。临床研究包括临床试验和生物等效性试验，主要考察药物的安全性和有效性，并继续进行相应的药理、毒理等方面的研究工作，以最终决定候选药物能否作为新药上市。

6. 市场试销

该阶段是将研制成功并取得生产批准文号的产品小批量投放市场销售。目的在于了解顾客和经销商经营、使用和再购买这种新产品的实际情况及市场规模，然后再酌情采取适当对策。通过此阶段，医药企业要完成何时推出新产品、何地推出新产品、向谁推出新产品、如何推出新产品等方面的决策。

7. 正式上市

新产品试销成功后，就可以正式批量上市，全面推向市场。在这个阶段中，企业依然需要关注医药新产品的上市后评价，按照我国相关法律法规进行药物警戒和药物不良反应监测，及时修改药品说明书及包装标签内容，对存在安全性隐患的产品进行召回等。

视频 9.4　新药研发之路

第六节 医药产品生命周期

一、产品生命周期的概念

产品生命周期（product life cycle，PLC），指产品从准备进入市场开始到被淘汰退出市场为止的全部运动过程，是一个产品的市场生命时间。产品生命周期是产品在市场运动中的经济寿命，也即在市场流通过程中，由于消费者的需求变化，以及影响市场的其他因素所造成的产品由盛转衰的周期。主要是由消费者的消费方式、消费水平、消费结构和消费心理变化所决定的。

典型的产品生命周期一般分为导入（进入）期、成长期、成熟（饱和）期、衰退（衰落）期四个阶段（图9-2）。

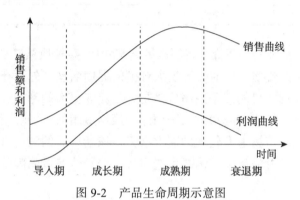

图 9-2　产品生命周期示意图

二、医药产品生命周期阶段

医药产品生命周期指医药产品从进入市场开始，直到被市场淘汰所经历的全过程，不同阶段具有不同特点，这些特点直接影响了不同时期的营销策略制定。

（一）导入期的市场特点与营销策略

1. 导入期的市场特点

（1）销售量低，生产量少。此阶段医药产品刚刚上市，知名度低，市场尚未接受该产品，导致销量低，生产量小。根据我国相关规定：第一，新药上市是按照处方药进行管理的，因此医生的处方行为直接决定了产品的销售量，但大部分医生一般不愿轻易改变自己的处方习惯；第二，仿制药上市不能有商品名，这就使普通消费者很难通过复杂的通用名，辨识并选择其产品。

（2）成本高，利润低。由于生产量小，单位产品制造费用高，加之开辟营销渠道及宣传费用较大，使企业成本高、利润低，甚至可能出现亏损。许多新产品在这个阶段夭折，风险较大。比较典型的例子是太太药业的汉林清脂胶囊，该产品在上市半年的时间里，推广费用达3400万元，然而一年的产出仅几百万元，因此不到两年，太太药业就彻底放弃了汉林清脂胶囊,任其自生自灭。

(3)市场竞争尚未形成。一方面,竞争者处于观望状态尚未加入;另一方面,新药监测期和专利保护期为部分新产品提供了垄断经营的时机。

2. 导入期的营销策略

导入期市场竞争者较少,不少竞争者处于观望状态,销量小、生产量低,企业的市场侧重点在促销宣传和制定价格上。根据上述特点,企业的营销策略要突出"准",即确定准确的价格水平和促销水平。导入期一般有四种可选择策略(表 9-3)。

表 9-3 导入期可选择的市场策略

价格水平	促销水平	
	高	低
高	快速–掠取策略	缓慢–掠取策略
低	快速–渗透策略	缓慢–渗透策略

(1)高价格高促销策略。高价格高促销策略又称快速–掠取策略、"高格调先声夺人"策略,即企业在制定高价格的同时,开展大规模的促销活动,先声夺人占领市场,达到迅速增加销售量和获利的目的。采用高价格是为了获取更大的利润,高促销费用是为了引起目标市场的注意,加快市场渗透。采用这一策略适用的市场环境是:大部分潜在消费者不熟悉该产品,在市场上有较大的需求潜力;该新产品的消费者求购心切,愿出高价;企业面对潜在竞争者的威胁,需要大造声势,培养消费者品牌偏好,以高价优质树立声誉,取得优势。

(2)高价格低促销策略。高价格低促销策略又称缓慢–掠取策略、缓慢撇脂策略,即企业通过制定高价,但只支出少量促销费用,将产品投入市场,达到获取更多利润的目的。这一策略适用的市场环境是:市场规模相对较小,目标客户相对稳定;产品知名度较高,价格需求弹性小;消费者对该产品的需求迫切,能接受适当的高价或愿出高价购买;潜在竞争威胁不大,不必广泛宣传。

(3)低价格高促销策略。低价格高促销策略又称快速–渗透策略,即企业通过制定低价格,配合大量广告宣传等促销活动,目的在于先发制人,有重点地占领某一目标市场,以最快速度渗透市场,以占有最大市场份额。这一策略适用的市场环境是:市场容量相当大;目标顾客即便对该产品不熟悉,但对价格十分关心;潜在竞争比较激烈;产品的单位成本可因大批量生产而降低。

(4)低价格低促销策略。低价格低促销策略又称缓慢–渗透策略、"低格调以廉取胜"策略。企业通过制定低价格,争取鼓励消费者较快接受新产品,同时支出少量促销费用,达到在市场竞争中以廉取胜、稳步前进的目的。这一策略适用的市场环境是:市场容量大;产品通常是原有产品的改进品,消费者已对该产品有所了解;消费者对价格十分敏感,需求弹性大,较少的促销活动也不致影响销售;有相当多的潜在竞争者。

在医药产品导入期,国内外目前多采用先推出或创造一个概念,然后利用专家影响、学术支持、媒体广告、医药代表推广等方式让大家接受这一概念，从而接受产品。例如：西安杨森的"吗丁啉"推出"胃动力"概念，诺华的"洛伐新"推出高血压的"肾保护"概念，拜耳的"拜心通释片"推出"T/P比值"概念等。建立起概念与产品的必然联系，使医生和患者在接受概念的同时接受产品。

（二）成长期的市场特点与营销策略

1. 成长期的市场特点

（1）销售量迅速上升。营销渠道逐渐形成和完善；消费者对医药新产品已经熟悉，销售量迅速增加。

（2）成本下降。产品已定型，技术工艺比较成熟，大批生产能力形成，产量扩大，分摊到单位产品上的成本和销售费用降低，成本下降。

（3）利润上升迅速。生产成本下降，促销费用减少，销量上升，企业利润上升很快。

（4）市场竞争激烈。看到新产品试销成功，有利可图，大批竞争者相继加入，仿制品出现，市场竞争加剧。

2. 成长期的营销策略

成长期是产品发展的关键时期，这一阶段是产品的起飞阶段，新产品经受住了导入期的严峻考验，新的购买者被早期购买者的成功使用和企业的广告宣传吸引，销售额快速增长，产品呈现出良好的前景，产品投资开始得到回报。这一时期需要解决的问题是"如何使顾客偏爱自己的品牌"，企业的营销策略要突出"好"，营销重点是创名牌、提高偏爱度。企业应当尽可能地维持市场成长，同时加强自身竞争地位，并应考虑采取以下策略。

（1）产品策略。一方面提高产品质量，完善产品性能，提高产品自身的竞争实力；另一方面改进产品式样及包装等，努力发展产品的新剂型等，从而增强产品的竞争力和适应性。如一些儿童用的冲剂，为了使家长能准确把握冲剂袋装中一半的用药量，就将冲剂按照二分之一的量隔开包装，很好地提高了患儿家长的满意度和信任感。

（2）定价策略。结合生产成本和市场价格的变动趋势，分析竞争者的价格策略，保持原价或略有降低，以保持产品的声誉和吸引更多的购买者。一般来说，如果企业产品有垄断性，可以采用高价销售，如申报了专利、具有自主知识产权的产品；而一般竞争性产品则可采用低价招徕顾客。

（3）分销策略。巩固原有渠道，增设销售机构和销售网点，进一步开拓市场，开辟新的分销渠道。

（4）促销策略。促销的重点应从介绍产品、提高知名度转向宣传产品的特色，树立产品形象，使消费者建立品牌偏好；目标从产品的知名度、概念的推广建立转移到说服医生开处方及患者主动买药上来。

（5）寻找新的细分市场。加强市场调研，运用细分策略，不断开辟新市场。如"尼莫地平注射液"由原来的原发性蛛网膜下腔出血的细分市场扩展到外伤性蛛网膜下腔出血这一细分市场。

（三）成熟期的市场特点与营销策略

1. 成熟期的市场特点

成熟期是市场已经达到饱和的阶段。这一阶段的特征如下。

（1）销售量接近饱和，增长率呈下降趋势。由于产品普及率高，市场需求减少，销售增长速度缓慢，随着市场需求饱和，销售增长率甚至呈下降趋势。

（2）利润达到最高点，并逐步下降。由于销售增长率减慢，生产能力过剩，市场竞争更为激烈，价格开始下降，企业的利润也随之减少。

（3）各种同类产品和替代品不断涌现，竞争十分激烈。

2. 成熟期的营销策略

这个时期是企业获取利润的黄金阶段，同时也是市场竞争最为激烈的阶段。成熟期的营销情况较为复杂，应从企业和产品的实际出发。对于实力并不雄厚或产品优势不大的企业，可通过实行优惠价格、优质服务等，尽可能长期地保持现有市场。对于无力竞争的产品，也可提前淘汰，以集中力量开发新产品。如果企业实力雄厚，产品仍有相当竞争力，企业的营销策略要突出"争"，可从以下几方面展开营销策略。

（1）调整市场策略。即开发新市场，寻求新用户，或寻求新的细分市场，使产品进入尚未进入的市场领域。例如，治疗高血压的第一代血管紧张素转化酶抑制剂（angiotensin couverting enzyme inhibitor，ACEI）类药"巯甲丙脯酸"在国外已经走过成熟期，市场在萎缩，利润在减少，此时该公司的决策者决定将这一产品打入中国等世界上其他未开发的市场，从而给了这一产品第二次生命。再如，地奥心血康在产品进入成熟期以后，采用进入新的细分市场策略，向心脏保健药品方向进军，取得了较好的战绩。

（2）改进产品策略。主要通过改进质量、属性、规格、服务等，以稳定老顾客，吸引新顾客，从而延长成熟期，并力争提升销售增长率。例如，钙离子拮抗剂"硝苯地平"，在1968年被发明时是作为治疗冠心病的药物，销售了16年后，在1984年的研究中发现它在扩张外周血管治疗高血压中效果明显，从而进入了高血压这一巨大的市场，产品生命得到延续。再如，阿斯特拉公司的"博利康尼"由片剂到喷雾剂型，中药由原来的汤剂到胶囊剂、微丸剂，某公司的风湿液由100ml装改为10ml×6支礼品装，等等。

（3）其他调整策略。指综合运用价格、分销、促销等多种营销因素，刺激消费者购买。如降低价格、开辟多种销售渠道、加强药学服务等。例如，国产"环丙沙星注射液"将零售价40元左右降低到15元左右，使其缩小了的市场销量得到较大的提高。再如，杨森公司的"达克宁"、史克公司的"康泰克"在中国大陆成功建立发展分销渠道后，不断疏通、细化通路，使得偏远的乡村市场也随处可见。

（四）衰退期的市场特点与营销策略

1. 衰退期的市场特点

（1）销售量急剧下降。市场上出现了性能、规格、品种改进的新产品替代老产品，顾客忠诚度下降，销量迅速降低。

（2）利润迅速下降。由于销售量下降，生产量减少，而成本上升，导致利润下降。

(3)竞争者纷纷退出市场。

2. 衰退期的营销策略

(1)维持策略。由于在衰退阶段许多竞争者相继退出市场,而市场上对此产品还有一定需求,因此生产成本降低的企业可继续保持原有的细分市场,沿用过去的营销组合策略,将销售量维持在一定水平上,待到时机合适,再退出市场。

(2)收缩策略。把资源集中使用在最有利的细分市场,最有效的销售渠道和最易销售的品种上,以求从最有利的因素中获得尽可能多的利润。

(3)榨取策略。降低销售费用,通过削减广告费用、大幅度减少推销人员等手段,增加短期利润。这样做可能会导致销量迅速下降。

(4)撤退策略。当机立断,淘汰老产品,组织新产品进入市场。当产品已无利可图时,应当果断及早地停止生产,致力于新产品的开发。否则,不仅会影响企业的利润收入,占用企业有限的资源,更重要的是会影响企业的声誉,在消费者心中留下不良的企业形象,不利于企业今后的产品进入市场。

从产品生命周期各阶段的特点可以看出,成长期与成熟期是企业有利可图的阶段,而导入期与衰退期对企业来说有一定的风险性。因此,企业制定策略的总体要求是:缩短导入期,使产品尽快为消费者所接受;延长成长期,使产品销售尽可能保持增长势头;维持成熟期,使产品尽量保持高销售额,增加利润收入;推迟衰退期,使产品尽量延缓被市场淘汰出局。

三、医药产品生命周期的延长策略

面对产品生命周期缩短的趋势,医药企业需要采取一定的措施来延长医药产品生命周期。常用的方法有:利用新技术不断提高医药产品质量,使产品的疗效更好,安全性更高;增加医药产品的新剂型,以满足不同消费者的需求;调整医药产品市场,把已经进入衰退期的产品转移到尚没有开发的市场上;不断地发现医药产品新的适应证等。

营销视野 9.1　三个抗精神病药物的剂型升级之路

本章小结

产品策略是营销组合策略的基础。现代市场营销要求企业树立产品整体概念,产品有核心产品、形式产品、期望产品、延伸产品和潜在产品五个层次。

产品组合指一个企业所生产或经营的全部产品线和产品项目的结构,即企业的业务经营范围。对产品组合采用宽度、长度、深度和关联度进行衡量。医药产品组合优化策略主要有:扩大产品组合、缩减产品组合、产品线延伸和产品线现代化四种策略。

品牌包括品牌名称和品牌标志两个部分,具有属性、利益、价值、文化、个性和使用者六层含义。商标是经过注册登记,受到法律保护的品牌或品牌中的一部分,品牌和商标既有联系,又有区别。品牌资产是品牌带给产品或服务的附加价值,具有无形性、投资与利用的交错性、评估的复杂性、波动性、与营销绩效密切相关的五个特征。品牌策略主要有：品牌有无策略、品牌归属策略、品牌统分策略、品牌延伸策略和品牌重新定位策略，每种策略都有各自的优缺点和适用条件。

医药产品包装指在流通过程中为保护医药产品、方便运输、促进销售，按一定技术方法而采用的容器、材料及辅助物等的总体名称。其具有保护产品质量、传播品牌文化、指导安全用药、促进产品销售等功能。医药产品包装设计时应当遵循准确传递药品信息，彰显产品的特色和风格，包装设计与药品价值质量相适应，包装设计必须具有实用性和安全性，充分尊重目标市场的地域文化，符合相关法律法规等原则。一般采用类似包装策略、系列包装策略、等级包装策略、差异包装策略、附赠品包装策略、再使用包装策略、改变包装策略等策略。

新产品开发是医药企业未来生存和发展的基础，也是企业生命的源泉。医药新产品的含义需要从法律和市场营销学两个角度加以理解。从市场营销学的角度，医药新产品包括全新产品、换代新产品、改进新产品、仿制新产品，其开发模式和开发程序各不相同。

医药产品生命周期指医药产品从进入市场开始，直到被市场淘汰所经历的全过程，不同阶段具有不同特点，这些特点直接影响了不同时期的营销策略制定。从产品生命周期各阶段的特点可以看出，成长期与成熟期是企业有利可图的阶段，而导入期与衰退期对企业来说有一定的风险性。因此，企业制定策略的总体要求是：缩短导入期，使产品尽快为消费者所接受；延长成长期，使产品销售尽可能保持增长势头；维持成熟期，使产品尽量保持高销售额，增加利润收入；推迟衰退期，尽量延缓产品被市场淘汰出局。

关键术语

产品整体概念（overall product concept） 产品组合（product mix）
产品线（product line） 产品项目（product item）
产品组合策略（product mix strategy） 品牌（brand）
品牌资产（brand equity） 产品生命周期（product life cycle）
包装设计（packaging design） 导入期（emergence stage）
成长期（growth stage） 成熟期（maturity stage）
衰退期（decline stage）

课后思考题

1. 理解提出产品整体概念的意义。
2. 产品组合优化策略有哪些？
3. 简述品牌的作用、设计原则及品牌策略。
4. 简述医药产品的包装策略，并结合各策略分别举例。
5. 医药新产品开发有哪些模式？
6. 简述医药产品生命周期各阶段的市场特点与营销策略。

即测即练

自学自测 扫描此码

综合案例

汤臣倍健深度融入"IP+"，实现中秋动销与品牌增长双赋能

中秋将至，汤臣倍健将突破传统，创新整合营销方式，联合现象级国潮IP"敦煌美术研究所"推出精美礼盒，以科学营养为根基，开展节日动销战略，在节日来临之前大展一番身手。

一、敦煌奔月，礼遇营养——超强联合，品效共赢

千年敦煌是世界级文化遗产，更是祈福九州的象征。汤臣倍健始终坚持科学营养先行，秉持守护健康的初心，与敦煌美术研究所联名，共掀营养新国潮，实现品效双赢，既是文化叠加，更是理念相融，在中秋时节，共同为重要的人祈愿祝福。

此次联名突破传统方式，以"敦煌奔月，礼遇营养"为主题，将礼盒设计、美陈物料、创意内容、互动玩法，都紧扣敦煌文化的祥瑞象征与消费者在佳节期盼美好的心愿。商超户内户外的快闪活动则以"敦煌飞天，营养有礼"为主题，设立拍照区吸引消费者停留，传递中秋送营养礼的信息，进一步驱动消费者购买。

不论是礼盒设计、物料产出，还是线下的快闪店，高颜值视觉成为这次联动的一个标签，再加上走心的产品寓意，俘获了不少"颜值主义"的消费者，让汤臣倍健在佳节之际脱颖而出。

二、礼盒内外充满亮点——国潮设计，产品走心

汤臣倍健此次组合推出两款药线赠品礼盒和一款电商手提盒，不仅创新国潮设计，在产品搭配上更花足了心思。

礼盒从外到内充满亮点，外设计巧妙结合经典的敦煌壁画作品与中秋节日气氛，塑造出符合当代年轻人审美需求的大美国潮意境！在内产品搭配上，产品涵盖了广泛年龄段，满足了不同人的需求。精美的礼盒更是吸引了一大波对国潮有感的年轻群体，这也是汤臣倍健品牌年轻化及积极扩圈的一次有益尝试。

1. 敦煌祈福礼盒

鸣沙山的神秘大漠，莫高窟内的古老壁画，神女反弹琵琶，伴随着盛唐的乐曲凌空起舞，举手投足间衣袂飘飘，绸缎流淌，一幅"明月映敦煌，飞天福相依"的美景映入眼帘。从理念到绘画，礼盒均迎合当下市场大热的国潮风，与当下年轻市场的消费趋势不谋而合。

2. 敦煌灯笼礼盒

明月高空，飞天神女手托莲花飘逸而至，九色鹿寻光踏来，灵巧的身姿溅起花瓣彩

蝶。"九色鹿王奔月去，飞天送福迎佳节"——这一景象化作中秋的宫灯，带着安康祝福走进千家万户。

3. 敦煌飞天舞蝶手提盒

汤臣倍健打出线上线下组合拳，线上以创意互动与组合营销为销售加持，并推出了精美的手提盒，高颜值的外包装吸引了一大波关注，让品牌在线上获得更多曝光。圆形手提盒仿若一轮圆月，飞天神女与九色鹿携带祥云伴月。"起舞弄清影"的中秋浪漫，更会在打开盒盖的一瞬间惊喜上演——月中彩蝶展开翅膀，翩翩飞来。

三、品牌资源汇聚——多元动销，立体传播

在药线终端陈列方面，汤臣倍健贴合中秋节日氛围，提供多样化的主题物料美陈，让敦煌国潮美学走进消费场景——小到促销插卡，大到造型堆头，将购买欲拉满。

此外，汤臣倍健还为重点连锁伙伴提供异业赠品支持——敦煌祈福丝巾，代表敦煌传奇色彩的印花图案，被时尚设计重新解构，如万花筒般绚烂地呈现在丝巾之上，成为消费者收藏或礼赠的艺术佳品，是礼盒之外的又一成交利器。

汤臣倍健之后陆续开展传播活动，宣传视频、系列海报、互动 H5 等同步宣发，联动多领域媒体矩阵宣传报道，持续提升影响力，不仅为中秋节点销售助力，更为整个品牌成长发力。

资料来源：汤臣倍健深度融入"IP+"，实现中秋动销与品牌增长双赋能[EB/OL]. [2021-09-22]. https://tech.china.com/article/20210922/092021_880567.html. （有改编）。

思考题：汤臣倍健采取了何种包装策略？

综合案例分析思路 9.1

第十章

医药产品的定价策略

学习目标

1. 了解影响医药产品定价的因素；
2. 掌握医药企业的三种定价方法；
3. 掌握医药产品定价的基本策略与技巧；
4. 理解医药企业的价格调整策略与企业面对竞争者调价时的应对措施。

课程思政

医药产品定价策略是企业营销组合的重要策略之一，是企业促进销售的重要营销手段，直接影响医药企业的盈利状况。由于医药产品与人民群众的健康需求息息相关，所以医药产品的定价策略会影响人民群众的幸福感。通过教授医药产品的定价方法、定价策略、政策法规，引导学生遵守价格法规，切忌价格欺诈，让学生树立法治意识，做到诚实守信。

引导案例

辉瑞罕见病新药降价61%，多家外企为进医保做准备

辉瑞中国区副总裁、市场准入负责人钱云曾说"建立多层次的医疗保障体系，可以提高罕见病治疗药物的可负担性"。

2021年7月27日，湖南省公共资源交易中心发布一则通知：13家医药企业对挂网药品申请降价，共涉及15个品种、20个品规，包括杨森、安进、辉瑞、施维雅4家外资药企旗下的品种。辉瑞旗下的氯苯唑酸软胶囊直接从每盒64 100元，降到了24 650元，降幅超过61%，在上述15个品种中降幅最高。

2021年6月30日，国家医保局在官网公布《2021年国家医保药品目录调整工作方案》和《2021年国家医保药品目录调整申报指南》。7月1日起，2021年国家医保药品目录调整申报系统开通，新一轮目录调整正式启动。此次调整于2021年10月—2021年11月公布结果，2022年1月落地实施。

一、错失入医保机会，辉瑞新药降价61%再争取

氯苯唑酸软胶囊，商品名为"维万心"，是辉瑞于2020年10月在中国上市的一款药

物，主要用于治疗罕见的心肌疾病。

"维万心"是上述罕见心肌疾病治疗中全球目前唯一的口服药品，但价格十分昂贵。2020 年，辉瑞探索了城市惠民保险的支付形式，推广"维万心"，如"西湖益联保"，同时，也参与了一些省市的罕见病专项。2021 年 3 月在新版的国家医保目录中，总共有 55 种罕见病药品被纳入其中。"维万心"是在 2020 年医保目录调整时限之后才获批上市，错失了第一时间进入医保的机会。

健康时报获悉，2021 年 6 月，辉瑞在山东下调了"维万心"的价格，当时降价也超过了 60%。从此次湖南降价来看，辉瑞正在将价格调整的动作在全国陆续展开，能够看出"维万心"试图进入医保的决心。

根据《2021 年医保药品目录调整启动 4 类药品纳入申报范围》，此次调整明确了目录外药品的 4 个申报条件，包括 2016 年 1 月 1 日至 2021 年 6 月 30 日，经国家药监部门批准上市的新通用名药品、适应证或功能主治发生重大变化的药品、与新冠肺炎相关的呼吸系统疾病治疗用药、纳入《国家基本药物目录（2018 年版）》的药品。与此同时，《国家医保药品目录调整工作方案》明确了目录内和目录外药品适应证或功能主治发生重大变化的申报条件，以及拟调出目录药品的重点范围。

二、多家外企降价出于为进医保做准备

除了辉瑞，杨森、安进等企业也加入了降价大军。

杨森的达雷妥尤单抗（规格：400mg/20ml），价格从 19 710 元降至 8512.40 元，降幅为 56.8%。100mg/5ml 规格的达雷妥尤单抗也进行了降价，原挂网价格为 5460 元，调整后的挂网价格为 2358 元。该产品是一种抗 CD38 的单克隆抗体，可与肿瘤细胞表达的 CD38 结合，通过多种免疫相关机制抑制肿瘤细胞生长，诱导骨髓瘤细胞凋亡。

安进的依洛尤单抗注射液（规格：140mg/1ml）从原来的 1298 元降至 999 元，降幅为 23%。该产品为新型降脂药，2018 年 7 月在中国获批，用于治疗成人或 12 岁以上青少年 HoFH（纯合子家族性高胆固醇血症）的前蛋白转换酶枯草溶菌素 9（PCSK9）抑制剂，为国内患者带来新希望，也开启了我国 HoFH 治疗的新篇章。

目前，外资药企在各省市的降价风潮仍在继续。此前，优时比公司的罗替高汀最高降幅达到 54.72%，礼来的依奇珠单抗降幅为 54%，降幅都超过了 50%。百济神州代理的安进公司贝林妥欧单抗，在天津的挂网价从每针 25 000 元下降到 12 900 元，降幅也接近 50%。

业内人士告诉健康时报记者，上述外资药企主动申请降低药品价格，其主要原因是为进医保做准备。从此次湖南省的降价力度来看，各个外企降价的决心和动作正陆续在全国展开，后续降价成效如何？还需要进一步关注。

资料来源：健康时报. 人民资讯：辉瑞罕见病新药降价 61%，多家外企为进医保做准备[N/OL]. [2021-07-31]. https://baijiahao.baidu.com/s?id=1706812577141622125&wfr=spider&for=pc.

价格是市场营销组合的重要因素，对产品供求和消费者购买行为有着重要影响。一方面，价格的高低关系到企业的盈利水平和经济效益，因而影响着产品产量及市场供应量。另一方面，价格的高低影响着产品的需求量。因为消费者购买产品时，往往将产品的效用、质量等与其所付出的价格进行衡量,从而作出购买决策。此外,价格还是一种主要的竞争手段。合适的价格有利于提高产品的竞争能力和市场占有率。无论是生产者、消费者还是竞争对手,均非常关注产品价格。因此,医药产品定价策略是医药产品市场营销组合策略中极其重要的组成部分,关系到制药企业、经营企业、医疗机构和患者等多方的利益。同时,医药产品不同于一般商品,具有特殊性,其定价受到相关政府部门、相应法律法规的规范与约束。

扩展阅读 10.1 同一种药品,价格差别为什么那么大?

第一节 医药产品定价的影响因素

医药产品定价的影响因素很多,除了受价值规律影响外,还受到定价目标、成本费用、市场需求、市场竞争状况及价格政策法规等多种因素的影响。

一、定价目标

定价目标指企业通过制定及实施价格策略所希望达到的目的,它是企业进行价格决策时需要考量的首要因素。此外,医药企业制定的产品价格,需要契合企业的目标市场选择及市场定位战略。医药企业常见的定价目标包括以下五种类型。

(一)生存目标

谋求生存往往是医药企业追求的短期目标。当医药企业的生产能力相对现有需求过剩、医药市场竞争过于激烈、患者的选择和需求急剧变化时,企业就要把维持生存作为企业的主要目标。此时,只要医药产品的价格能够弥补可变成本和一部分固定成本,企业就可以继续生存下去。为了确保企业继续运营,或能够尽快消化库存,企业须制定尽量低的销售价格,即以成本价或低于成本价出售产品,使企业可以维持生存,继而寻求新的转机。但这种定价目标只是权宜之计,企业需要进一步开展市场调查,调整经营战略或策略,才能使企业从根本上走出困境。

(二)利润目标

获取经营利润是企业从事经营活动的直接动力和最终目的,也是企业生存和发展的必要条件,医药企业能否获取预期利润在很大程度上取决于销售价格的制定。因此,医药企业在进行产品定价时会考虑利润目标。由于企业营销总目标不同,利润目标在实践中有两种形式。

1. 以追求最大利润为目标

最大利润目标指企业在一定时期内,以准备迅速获取并可能获取的最大利润为基础的定价目标。

一方面,企业追求最大利润,并不是一定要制定高价。医药产品定价太高,可能导致销售量下降,从而导致总利润降低。国内外不少医药企业通过定高价的方式来实现快速撇脂。市场撇脂最大化战略适用的条件为：医药企业需要尽快收回巨额的新药研发费用；有足够的市场需求量；高价不会导致市场需求锐减；高价不会吸引更多的竞争者进入该医药产品市场；高价能使患者或客户产生该医药产品效果良好的联想。

另一方面，医药企业利润最大化并不等于所有产品均实现利润最大化，可以结合市场需求和产品特征，将一些产品以较高价格销售，一些产品以较低价格甚至亏损销售，医药企业追求的是整体效果最大化。

2. 以获取适度利润为目标

很多企业并未将具有较大风险的最大利润作为定价目标，而是从实际出发，以适度利润作为定价目标。所谓适度利润目标指企业在补偿社会平均成本的基础上，加上适度利润作为商品价格，以获取正常情况下合理利润的一种定价目标，有利于稳定市场价格、避免不必要竞争、获取长期利润。在该定价目标下，商品价格适中，消费者乐于选择，政府积极鼓励，有利于医药企业树立良好形象。因此，不具备显著竞争优势的医药企业通常会采取这种定价目标。

（三）市场占有率最大化

市场占有率，亦称为市场份额，是反映企业市场地位的重要指标，能够影响企业的市场形象和赢利能力。市场占有率指企业的销售额占整个行业销售额的百分比，或是企业某产品的销售量在同类产品市场销售总量中所占的比重。市场占有率在很大程度上影响医药企业的定价策略。市场占有率越高，表明在竞争过程中，企业的优势越明显，由于该类企业的生产和销售规模大，因此即使在单位利润水平不高的情况下，企业仍具有较强的赢利能力。反之，如果市场占有率很低，则可能意味着企业没有明显优势，甚至可能处于十分危险的地位，即使单位利润水平很高，但在销量有限的情况下，赢利能力仍是有限的。

一些医药企业之所以会选择市场份额最大化目标，往往是因为企业大量生产会大幅度地降低医药产品的单位生产成本，并且能够获得较高的长期利润。当医药企业将市场占有率最大化作为定价目标时，往往采用市场渗透定价法，这是基于假定市场对该医药产品价格敏感度较高，制定尽可能低的价格可以吸引大量客户购买，从而大幅度增加销量。该战略适用的条件主要包括：患者和客户对该医药产品价格敏感度高，所以低价能够促进企业销量增加；生产经验的积累将会降低单位医药产品的生产和分销成本；足够低的价格能够使企业夺得竞争对手的市场份额，甚至把一部分竞争者挤出市场。

因此，有些医药企业经常采用尽可能低的价格来追求市场占有率的领先地位，力图维持或扩大其市场占有率。但在确定该定价目标时，医药企业须慎重决策，量力而行，须具有较雄厚的经济实力，做好承担亏损的准备。低价策略会刺激需求，带来销量急剧增加，为此企业必须有充足的商品供应。与此同时，企业需要充分了解竞争对手的状况，确保能够夺取市场份额，否则将由于供不应求而造成潜在的竞争者乘虚而入，进而损害企业利益。

当医药企业具备下述条件之一时，就可以考虑通过低价来提高市场占有率。

第一，市场对价格高度敏感，低价可以刺激消费需求迅速增加。

第二,生产与分销的单位成本会随着生产经验的积累而下降。

第三,低价能抑制现有和潜在竞争对手进入。

(四)产品质量最优化

产品质量最优化指医药企业在市场上确立产品质量领先的目标,并在生产和市场营销过程中始终贯彻产品质量最优化的指导思想,通过高价格来弥补高质量和研究开发产生的高成本。当医药企业以产品质量最优化为目标时,在坚持优质优价的同时还应辅以相应的优质服务。例如,同仁堂将"修合无人见,存心有天知""炮制虽繁必不敢省人工,品味虽贵必不敢减物力""但愿世间人无病,哪怕架上药生尘"等古训内化为企业行为准则,造就了同仁堂"配方独特、选料上乘、工艺精湛、疗效显著"的制药特色,奠定了同仁堂质量和诚信文化的根基,其产品价格虽然比同类产品价格高,却深受消费者信赖。

产品质量最优化定价目标适用的前提条件包括两个方面:第一,目标市场对产品价格不敏感;第二,医药企业具有强大的研发能力。医药企业在落实产品质量最优化目标时,应具备以下两个条件:一是能生产高质量的产品,二是能提供优质的服务。如果医药企业不具备以上条件,而仅采取高价位策略,将失去市场。

(五)应对竞争的目标

应对竞争的目标指企业将击败竞争对手或抢夺竞争对手的市场份额作为定价基本目标。随着市场竞争的不断加剧,许多医药企业对竞争者的价格愈发敏感,往往以应对或避免竞争作为定价目标。医药企业在定价前通常会系统研究竞争对手的产品和价格,然后有意识地通过定价目标去应对竞争对手的进攻。一般来说,行业中的领导者企业为了打压中小企业或者阻止其他企业进入,往往以应对竞争作为定价目标,一些中小企业为了抢夺大企业的市场份额或扩大自己的影响力,也往往将应对竞争作为定价目标。

在应对竞争的定价目标下,医药企业通常采取与竞争者同价、高于竞争者价格与低于竞争者价格三种方式。一般来说,当市场存在领导者价格时,新加入者为了将产品打入市场,争得一席之地,往往采取与竞争者同价策略。竞争能力较弱的医药企业,往往采取跟随强者或稍低于强者的价格。只有具备特定优势,如资金雄厚、拥有专有技术、产品质量优越和服务水平高,医药企业才有可能制定高于竞争者的价格。

二、成本费用

成本是决定价格的重要因素之一,产品的最低价格往往取决于该产品的成本。正常情境下,产品的销售价格应高于产品成本,以弥补产品在生产过程中的各种消耗,否则,企业将无法持续发展。因此,企业在制定价格时须估算成本。

生产成本包括两类——固定成本和可变成本。产品的总成本是固定成本和变动成本之和,产品的价格应该能够弥补其总成本。

成本因素既包括生产成本因素，又包括销售成本因素，通常情况下，生产成本占比较大。但是，在国际营销中，受销售成本受多种因素的影响，其所占比重较大，而生产成本所占比重反而较小。因此，企业应从生产和销售两个方面来降低产品成本。当医药企业制定产品价格时，除了考虑生产、销售该产品的成本，还应该考虑企业所承担的风险。这里将对通常涉及的几个成本概念做简要介绍。

（1）固定成本。固定成本指不随产量变化而变化的成本，如固定资产折旧、房租租金、行政人员的薪水、利息等。

（2）变动成本。变动成本指随产量变化而变化的成本，如原材料、生产工人工资等。

（3）总成本。总成本指固定成本和变动成本的总和。

（4）平均固定成本。平均固定成本等于总固定成本除以产量。虽然固定成本不随产量的增减而变动，但是平均固定成本将随着产量的增加或减少而相应的下降或上升。

（5）平均变动成本。平均变动成本等于总变动成本除以产量。变动成本随产量的增减而同向增减，但平均变动成本不随产量变动而发生变动，其数额通常保持在某一特定水平上。

（6）平均总成本。平均总成本是给定的生产水平的单位成本，简称平均成本，它等于总成本除以产量，一般随产量的增加而减少。企业所制定的价格至少应该包括该单位成本。

（7）边际成本。边际成本是每增减一单位产量所增加或减少的总成本。

（8）机会成本。机会成本是企业从事某一项经营活动而放弃另一项经营活动的机会，即被放弃的经营活动本应取得的收益。

三、市场需求

在产品的最高价格和最低价格的范围内，医药企业的产品定价在很大程度上取决于市场需求，而需求又受价格和收入变动的影响。因此，由价格与收入等因素而引起的相应需求的变动率，称为需求弹性。需求的价格弹性反映需求量对价格的敏感程度，以需求变动的百分比与价格变动的百分比之比值来计算，即价格每变动百分之一所引起的需求量变动的百分比。由于不同类别产品的需求价格弹性存在差异，医药企业在制定价格时应考虑该类产品的需求弹性大小。弹性的计算公式为

$$E_d = \frac{需求量变动百分比}{价格变动百分比}$$

$$E_d = \frac{\Delta Q / Q}{\Delta P / P}$$

式中：E_d 代表需求的价格弹性，即弹性系数；ΔQ 代表需求量的变动；Q 代表需求量；ΔP 代表价格的变动；P 代表价格。

产品的需求弹性通常用弹性系数来表示。

1. 需求富有弹性

需求富有弹性即需求弹性系数 >1。它表示价格较小幅度的变化将会引起需求较大幅度的变化。需求富有弹性的产品适合通过制定较低的价格来扩大销售量，以获取更多的利润，即薄利多销。

2. 需求缺乏弹性

需求缺乏弹性即需求弹性系数<1。它表示当价格有较大幅度变动时，需求量的变动幅度不大，因此，此类产品不适于通过降价来提升销售量，如一些生活必需品。

造成不同物品需求弹性差异的主要因素如下。

（1）产品对人们生活的重要性。通常情况下，米、盐等生活必需品的需求弹性小，奢侈品的需求弹性大。

（2）商品的可替代性。如果一种商品替代品的数目越多，则其需求弹性越大。因为价格上升时，消费者会转而购买其他替代品；价格下降，消费者会购买这种商品来取代其他替代品。

（3）消费者对商品的需求程度。需求程度高，弹性小。如当医药产品价格上升时，尽管人们会比平常看病的次数少一些，但不会大幅度地改变他们看病的次数。

（4）商品的耐用程度。一般而言，使用寿命长的耐用消费品需求弹性大。

（5）产品用途的广泛性。用途单一的需求弹性小，用途广泛的需求弹性大。

（6）产品价格的高低。价格昂贵的商品需求弹性较大。

由于商品的需求弹性会因时期、消费者收入水平和地区而不同，所以企业在考虑商品的需求弹性时，不能只考虑其中某个因素，而需要全面考虑多种因素的综合作用。

四、竞争状况

由于市场上同类医药产品竞争者的市场份额、质量、产品价格会直接影响企业的定价，医药企业必须通过适当的方式，了解竞品的质量、价格和市场占有率。企业获得这些信息后，可以从质量和价格等方面，与竞争者的产品进行比较，以便合理制定本企业产品价格。如果本企业的产品质量与竞争者大致相当，则价格也应大体一致，否则，可能会影响销量。如果本企业产品质量优于竞争对手，则产品定价可以较高，反之，则定价应较低。

成本因素和需求因素决定了价格的下限和上限，然而在上下限之间决定具体价格时，则需要考虑市场竞争状况。当市场缺乏竞争时，医药企业可以根据消费者对价格变化的敏感性来预测价格变化的效应；当市场竞争激烈时，竞争对手也可能根据市场状况调整价格或调整其他市场营销组合变量，竞争者的反应可能会破坏企业的价格预期。此时，医药企业应及时掌握相关信息，采取相应的措施，应对竞争对手价格的调整。因此，市场竞争是影响医药产品定价的重要因素。

五、政策法规

政府为了维护经济秩序，或为了其他目的，可能会通过立法或者其他途径对企业的价格策略进行干预。政府的干预措施包括规定毛利率，规定最高、最低限价，限制价格的浮动幅度，或者规定价格变动的审批手续，实行价格补贴等。因此，医药企业制定价格时，还须考虑是否符合政府有关部门的政策和法令的规定。

扩展阅读 10.2 医保局下令！设立"医保便民药店"，集采药、谈判药一律"零差价"销售！

医药产品不同于一般产品，关系到社会的稳定和人民群众的健康。对于一般商品的价格，政府通过宏观控制货币发行、财政收支、信贷、积累与消费的关系影响价格的总体水平，而对于关乎国计民生的重要产品，政府规定了企业的定价权限，医药产品定价受相关政策的影响。当前，我国采取政府定价、指导价和市场调节相结合的医药产品价格政策，在抑制药价虚高、减少社会药费负担的同时，保证医药企业合理赢利。随着我国医疗体制改革的不断深化，国家的医药产品价格政策也会作相应的调整。

第二节　医药产品的基本定价方法

合理地制定医药产品价格，能使医药企业获得可观的利润，增强企业的市场竞争力，扩大市场占有率。成本因素、需求因素与竞争因素是影响医药产品定价的主要因素，医药企业通常对上述因素进行综合分析，以确定医药产品价格。医药产品定价方法可以分为成本导向定价法、需求导向定价法和竞争导向定价法三种类型。

一、成本导向定价法

成本导向定价法是企业通常采用的定价方法，是以成本为中心的定价方法，指企业在进行定价决策时，主要以成本为依据。成本导向定价法包括成本加成定价法、目标收益定价法和盈亏平衡定价法。

（一）成本加成定价法

成本加成定价法是最基本的、简单易行的定价方法，医药零售企业往往采用该方法进行产品定价。所谓成本加成定价法，指在单位成本的基础上，加上一定百分比的加成来确定产品销售价格。加成的含义就是以成本为基础的一定比率的利润，也叫预期利润。

计算公式为

$$单位产品价格 = 单位产品总成本 \times (1 + 成本加成率)$$

其中：成本加成率即预期利润占产品成本的百分比，也叫预期利润率。

单位产品总成本指单位产品的固定成本与可变成本之和。

【例 10-1】 某南方制药厂生产抗生药"再林"，成本和预计的销售量：

每盒可变成本	10 元
固定成本	300 000 元
预计销量	60 000 盒

该药厂的每盒"再林"成本为

每盒总成本 = 每盒可变成本 + 固定成本/预计销量 = 10 + 300 000/60 000 = 15（元）

如果该企业希望获得的回报率为产品总成本的 20% 时，则该厂成本加成价格为

成本加成价格 = 每盒成本 ×（1 + 期望销售回报率）= 15 ×（1 + 20%）= 18（元）

照此算法，该制药厂以每盒 18 元的价格将"再林"卖出，获得产品总成本的 20% 的利润，每盒盈利 3 元。

在成本加成定价法中，加成率的确定是定价的关键因素，现实中，不仅不同品牌的同一种产品的加成率存在差异，同一品牌不同产品的加成率也不尽相同。因此，医药企业在使用该定价方法时需要综合考虑企业与产品的具体情况。

成本加成定价法被医药企业广泛采纳，其原因主要包含以下三个方面。

第一，与需求相比，成本的不确定性更小，以单位成本为定价依据，可以大大简化企业的定价程序，而不必根据需求的瞬息万变做出调整。

第二，如果同一行业的所有企业均采用该定价方法，它们的价格将趋同，避免价格战。

第三，许多人认为成本加成定价法对买卖双方都比较公平，尤其当买方需求强烈时，卖方不会利用买方需求这一有利条件谋取额外利益，但仍能获得公平的投资报酬。

成本加成定价法的缺点也很明显，它忽视了市场竞争和供求状况的影响，缺乏灵活性，难以适应市场竞争的变化形势。如果医药企业仅从自身角度考虑加成率，则很难准确预测销售量。

（二）目标收益定价法

目标收益定价法，又称目标利润定价法或投资收益率定价法，是在成本的基础上，按照目标收益率的高低确定价格的方法。其定价步骤如下。

1. 确定目标收益率

目标收益率可表现为投资收益率、成本利润率、销售利润率、资金利润率等多种方式。

2. 确定目标利润

由于目标收益率的表现形式具有多样性，目标利润的计算也有所不同，其计算公式分别为

$$目标利润 = 总投资额 \times 目标投资利润率$$
$$目标利润 = 总成本 \times 目标成本利润率$$
$$目标利润 = 销售收入 \times 目标销售利润率$$
$$目标利润 = 资金平均占用率 \times 目标资金利润率$$

3. 计算单价

$$单价 = （总成本 + 目标利润）/预计销售量 = 单位总成本 + 单位目标利润额$$

【例 10-2】 某医药企业年生产能力为 200 万件药品，估计未来市场可接受的数量为 150 万件，该厂总成本为 1000 万元，企业的目标收益率为 20%，该药品的单价应为多少元？

$$目标利润 = 总成本 \times 目标成本利润率 = 1000 \times 20\% = 200（万元）$$
$$单价 = （总成本 + 目标利润）/预计销售量 = (1000 + 200)/150 = 8（元）$$

目标收益定价法的优点是可以保证企业既定目标利润的实现。目标收益定价法的缺点是仅从卖方的利益出发进行决策，没有考虑竞争因素和市场需求的影响。另外，这种方法是先确定销售量，再确定和计算出产品的价格。一般来说，是价格影响产品的销量而不是销量决定价格。因此，根据这种方法计算出的价格不一定能保证预期销售量的实现。

这种方法一般适用于在市场上具有一定影响力、市场占有率较高或具有垄断性质的企业。

（三）盈亏平衡定价法

盈亏平衡定价法又称收支平衡定价法，是以医药企业总成本和总收入保持平衡为依据来确定价格的一种方法。即在假定一定量的产品全部可销的条件下，计算保证企业既不亏损也不盈利时的产品价格水平。在此价格基础上实现的销售量，使企业正好能够保本，此时的价格为保本价格。

计算公式为

$$单价 = 固定总成本/盈亏销售量 + 单位可变成本$$

【例 10-3】某医药企业生产一种新产品，总固定成本为 100 万元，每件产品的单位变动成本为 50 元，该产品预计销售量为 1 万件。该产品的单价应为多少元？

$$单价 = （100/1）+ 50 = 100 + 50 = 150（元）$$

对于医药企业而言，采用盈亏平衡定价法确定产品单价将无利可图，因此，该方法仅适用于市场不景气时。此外，采纳该方法的前提是能准确地预测出产品的销售量，如果销售量预测不准确，成本计算不准确，将直接影响最终计算出的产品价格的准确性。

二、需求导向定价法

现代市场营销观念要求，企业的一切生产经营必须以消费者需求为中心，并在产品、价格、分销和促销等方面予以充分体现。医药企业在进行产品定价时，如果只考虑产品成本，而不考虑竞争状况及顾客需求，则不符合现代营销观念。需求导向定价法指根据顾客对商品的认识和需求程度来制定价格，而不是根据卖方的成本来定价。这种定价方法的出发点是顾客需求，认为企业生产产品是为了满足顾客的需要，所以产品定价是以顾客对商品价值的理解为依据，主要包括认知定价法和反向定价法。

（一）认知定价法

所谓认知定价法，指医药企业根据购买者对产品的认知价值来制定价格的一种方法。认知价值定价契合现代市场定位观念。医药企业在针对目标市场开发新产品时，需要在质量、价格、服务等各方面体现特定的市场定位观念。因此，首先，确定所提供的价值及价格；其次，估计在此价格下所能销售的数量；再次，根据这一销售量确定所需要的产能、投资及单位成本；最后，计算在此价格和成本下能否获得满意的利润。

认知价值定价法的本质是医药企业利用市场营销组合中的非价格因素，如产品质量、服务和广告宣传等来影响消费者，使他们对产品的功能、质量和档次形成大致的定位，然后再进行定价。如果企业开发高质量、高服务的产品，只要通过宣传让消费者充分了解产品，即使产品定价较高，仍能吸引一部分消费者。如市场中的名牌产品，虽然价格比其他产品高出很多，但消费者仍然愿意支付高价格来购买认知价值更高的产品。

认知价值定价法与现代企业市场定位观念相一致，如果医药企业过高估计认知价值，便会定出偏高的价格；反之，如果过低估计认知价值，则会定出偏低的价格。如果价格远远高于认知价值,消费者会难以接受;如果价格大大低于认知价值,也会影响医药产品在消费者心目中的形象。

(二)反向定价法

所谓反向定价法,指企业根据消费者能够接受的价格、企业自身的经营成本和期望获得的利润,逆向推算出产品的批发价和零售价。这种定价方法不以实际成本为依据,而是以市场需求为定价出发点,力求使价格为消费者所接受。分销渠道中的批发商和零售商多采用这种定价方法。计算公式为

批发价格 = 市场可销售零售价格 × (1 − 批零价差率)
出厂价格 = 批发价格 × (1 − 销进差率)
        = 市场可销售零售价格 × (1 − 批零差价率) × (1 − 销进差率)

企业一般在以下两种情况下采用反向定价法。

第一,应对竞争。价格是竞争的有力工具,医药企业为了获得竞争优势,在投入生产之前,须调查产品的市场价格及消费者的反应,然后制定消费者易于接受且具有竞争力的价格,并由此决定产品的设计与生产。

第二,新产品上市。企业在推出新产品之前,通过市场调查,了解消费者的购买力,确定可以被消费者接受的价格,以保证新产品上市时能旗开得胜,销路畅通。

【例10-4】 消费者对某牌号商品可接受的价格为2500元,商品零售商的经营毛利率为20%,商品批发商的批发毛利率为5%。计算该商品的出厂价格。

零售商可接受价格 = 消费者可接受价格 × (1 − 20%) = 2500 × (1 − 20%) = 2000(元)
批发商可接受价格 = 零售商可接受价格 × (1 − 5%) = 2000 × (1 − 5%) = 1900(元)
答:该商品的出厂价格为1900元。

三、竞争导向定价法

所谓竞争导向定价法,指医药企业通过研究竞争对手的生产条件、服务状况、价格水平等因素,依据自身的竞争实力,参考成本和供求状况来确定商品价格。常用的竞争导向定价法主要有随行就市定价法、排外定价法和密封投标定价法。

(一)随行就市定价法

所谓随行就市定价法,又称现行水准定价法,指当医药企业对所提供的医药产品定价时,以现行市场上竞争者同样产品的价格为标准。企业同品种同剂量的医药产品可以和主要竞争者同价,也可以稍高于或稍低于竞争者的价格。随行就市定价法主要适合于匀质产品,如大宗生产的广谱抗菌药物,这类产品质量差别不大,需求弹性也较小。另外,生产规模比较小的制药企业跟随市场"主角",其生产的医药产品价格不能依据自己的生产成本或需求变化定价,只能依据市场主导企业的价格变动。一般来讲,即使存在少量的高收益或是折价,也常常保持差异程度不变。在难以计算成本或是竞争势态不确定时,随行就市定价往往是行之有效的方法,这样的价格格局不仅反映了医药企业对于市场公允价格的默认和共识,而且不会破坏现有的医药行业平衡。

扩展阅读 10.3 7家药店7种价，降价药定价谁说了算？

随行就市定价具有以下一些优点。首先，在成本接近、产品差异小和交易条件基本相同的情况下，采用这种定价方法可以保证各企业获得平均利润。其次，便于与同行竞争者和平相处，避免价格战和竞争者之间的报复，有利于整个行业的稳定发展。最后，它既可为企业节约调研时间和费用，又避免了因价格突然变动产生的风险，是一种较为稳妥的定价方法。

在以下情况下，企业往往会采取这种定价方法：难以估算成本；企业打算与同行和平共处；如果另行定价，很难了解购买者和竞争者对本企业价格的反应。

（二）排外定价法

这种方法与随行就市定价法正好相反，排外定价法是一种主动竞争的方法，一般为实力雄厚或独具产品特色的企业所采用，故也称竞争价格定价法。当一个行业随波逐流者增多，竞争趋于激烈时，行业中一些领头企业，就可能采取低价策略，以扩大销售量，获得规模效益。这种策略具有强烈的排他性，行业中一些弱小的竞争者常常被挤出去。排外定价法适用于企业在某一时期、某一市场上以击败某一或某些竞争对手为主要目标时，将价格定得低于或等于竞争价格，并随竞争产品价格变动而调整，直到击败竞争对手为止。排外定价法的定价步骤具体如下。

第一，将市场上竞争产品价格与企业估算价格进行比较，分为高于、低于、相同三个层次。

第二，将企业产品的性能、质量、成本、式样、产量等综合指标与竞争企业进行比较，分析造成价格差异的原因。

第三，根据以上综合指标确定本企业产品的特色、优势及市场定位，并在此基础上，按定价所要达到的目标，确定产品价格。

第四，跟踪竞争产品的价格变化，及时分析原因，相应调整本企业价格。

运用排外定价法的医药企业必须具备一定的实力。如果企业产品在各方面均不占优势，则竞争对手的价格就是本企业产品价格的上限；如果企业自身产品有很高的信誉，质量优于竞争者的产品，则应实行优质优价，所定价格可高于竞争对手的价格。

（三）密封投标定价法

所谓密封投标定价法，指政府或企业采购机构在相关媒体上发布信息，说明拟采购商品的品种、数量、规格等具体要求，邀请供应商在规定的期限内投标，采购机构在规定的日期开标，选择报价最低、最有利的供应商成交，签订采购合同。

许多大宗商品、原材料、成套设备和建筑工程项目的最终买卖和承包价格就是通过此方法确定的。其具体操作方法是首先由采购方通过刊登广告或发出函件说明拟采购商品的品种、规格、数量等具体要求，邀请供应商在规定的期限内投标。供应商如果

扩展阅读 10.4 建立药品定价基准——WHO推崇外部参考定价

想做这笔生意就要投标,即在规定的期限内填写标单,填明可供应商品的名称、品种、规格、价格、数量、交货日期等,密封送给招标方(采购方)。招标方在规定的日期内开标,选择报价最合理的、最有利的供应商成交并签订采购合同。一般说来,招标方只有一个,处于相对垄断地位,而投标方有多个,处于相互竞争地位,因此,最后的价格是供应商根据对竞争者报价的估计制定的,而不是根据供应商自己的成本费用或市场需求来制定的。

第三节 医药产品的定价策略

医药产品定价是一个极其复杂的过程,医药产品的基本价格可以通过定价的方法实现。在医药市场竞争中,医药企业在制定最终销售价格时,须根据具体的市场环境、产品条件、市场供求、地区差异和企业目标等,灵活地运用合适的定价策略来达到扩大医药产品销量、增加医药企业利润的目的。下面介绍几种常见的定价策略,包括折扣定价策略、差别定价策略、心理定价策略、地理定价策略、产品组合定价策略。

一、折扣定价策略

折扣定价策略指企业在原有的产品价格基础上进行价格调整,通过给予顾客一定的价格优惠吸引消费者购买的一种定价策略。常用的折扣定价策略有以下几种形式。

(一)现金折扣

现金折扣是企业对按约定日期内迅速支付账款的购买者的一种现金折扣优惠。该种策略对缩短收款时间,减少坏账损失具有积极意义。采用现金折扣一般需制定折扣时间期限、付清货款期限及给予的折扣比例。另外,实现现金折扣须制定合理的折扣率,如果客户回款现金折扣率过高,将影响产品的盈利水平。

(二)数量折扣

数量折扣是为鼓励购买者大量购买产品而给予的一种价格折扣,顾客购买的数量越大,医药产品的销售速度就越快,从而可以加速医药企业的资金回笼和资金周转速度,降低医药企业的经营风险。数量折扣的实质是将顾客大量购买时所节约的费用一部分返还给购买者。数量折扣可分为累计数量折扣和非累计数量折扣。

1. 累计数量折扣

累计数量折扣指在限定时间内,顾客累计购买超过规定总额的产品数量时,将按照比例给予一定的折扣。例如:顾客在限定时间内累计购进医药产品超过 2000 件,按该企业规定给予 5% 的折扣;超过 1000 件,给予 4% 的折扣。使用该种策略有利于鼓励顾客重复购进医药产品。

2. 非累计数量折扣

非累计数量折扣又称一次性数量折扣,指顾客单次购买超过一定数量或金额时给予的价格折扣,该策略有利于鼓励顾客增加单次的购买数量,从而增加赢利。例如,按照企业的优惠折扣规定：一次购买超过 100 件，根据标价给予 3%的折扣优惠；超过 200 件，给予 5%的折扣优惠。

（三）功能折扣

功能折扣又称贸易折扣或中间商折扣，是医药企业根据各类中间商对企业的贡献大小和在市场营销中所承担的不同职能来给予不同的折扣优惠。一般批发商承担职能较多，因而给予批发商的折扣力度要大于零售商。使用该策略有利于刺激各类中间商大批量订购产品，努力推销产品，争取顾客与企业保持一种长期、稳定的合作共赢关系。

（四）季节折扣

季节折扣又称季节差价，是对在淡季期间购买医药产品的消费者给予价格优惠。消费通常具有明显的季节性特点，而有些医药产品是连续生产的。采用季节折扣可以有效地平衡淡旺季的销售压力，减轻库存压力；有利于加速产品的流通、资金快速回笼和解决积压过季产品。如保健品、滋补药品的销售可以采取该价格策略。

（五）促销折让

促销折让指中间商参与医药生产企业的促销活动，如对医药产品进行广告宣传、布置专用橱窗等，医药生产企业对参与的中间商给予价格折让或津贴，其实质是企业为开拓市场而支付的费用。使用该种策略可以调动中间商宣传本企业医药产品的积极性，适合在医药产品生命周期的导入期使用。

二、差别定价策略

差别定价不是根据成本反映价格差异，而是为适应顾客、地点、时间等方面的差异，企业对同一医药产品制定两种或两种以上的价格，可以使企业的定价最大限度地符合市场需求，促进产品销售，从而有利于企业获得最佳经济效益。差别定价法通常有以下几种形式。

（一）顾客差别定价

顾客差别定价指企业对同一医药产品以不同的价格销售给顾客。例如，同一种医药产品，对会员顾客和非会员顾客制定不同的价格，对医院终端和药店终端制定不同的价格。

（二）产品包装差别定价

产品包装差别定价指企业根据医药产品不同的包装和档次来制定不同的价格，但包装或档次不同的医药产品价格差和成本差不成正比。该种定价策略常见于保健品和中药饮片等产品。

（三）地点差别定价

地点差别定价指因地理位置的不同，对不同地方的同一医药产品制定不同的价格，使用该种策略有利于调节不同地点顾客的偏好和需求，平衡市场供求。例如，农村与城市相比，医药产品

扩展阅读 10.5 继片仔癀之后，又一国产"神药"涨价，国内卖287元，出口仅13元

价格略低一点。

（四）时间差别定价

时间差别定价指企业根据季节和时期的不同，对一些医药产品制定不同的价格。如中药材的期货交易是以时间差来决定价格的。

企业如果要采用差别定价策略，应满足以下条件。

第一，市场必须能够细分，且不同的细分市场显示出不同的需求强度。

第二，确定该细分市场的竞争者不会以较低的价格进行竞争。

第三，能防止低价细分市场的买方向高价细分市场转售产品。

第四，该价差不会引起顾客的反感。

第五，企业的这种定价方法符合政策法规。

三、心理定价策略

心理定价策略是依据心理学原理，根据不同类型的顾客购买产品的心理动机制定价格。该种定价策略属于一种非理性的定价策略，但在现代市场经济中，经常会刺激和强化消费者的购买欲望。根据消费者不同的需求心理，常采用的心理定价策略主要有以下几种。

（一）尾数定价策略

尾数定价又被称为"非整数定价"。企业抓住消费者求廉、求实的心理，将医药产品的价格定为"有零头"，以刺激顾客购买，这种定价策略常见于价格便宜的医药产品。根据心理学的研究，价格尾数的微妙差异对消费者的购买行为有着显著的影响。一般来说，国内低价格的医药产品经常使用的尾数是"6""8"或"9"，在给消费者带来实惠感的同时，用精确的标价给消费者带来信赖感，易于扩大销售。如将某医药产品定价为19.90元，而不是20元。

（二）整数定价策略

与尾数定价策略相反，整数定价指企业有意将产品价格设定为一个整数，以表明产品具有高质量。整数定价是根据消费者追求名利和求方便的心理，将医药产品的价格有意定为以"0"结尾的整数。心理学研究表明，消费者倾向于以价格判断质量，将医药产品的价格定为一个整数，会使产品显得高档，恰好迎合了消费者的心理。整数定价通常用于较为昂贵的药品。当然，制药企业的定价策略也应以优质优价、质价相符为基础。如果企业过于注重心理定价，玩纯粹的数字游戏，从长远来看，对医药产品的销售没有帮助。

（三）声望定价策略

声望定价策略是根据消费者对"价高质必优"的心理，为消费者心目中有信誉的产品设定高价。在医药产品方面，声望定价常见于品牌药、稀有药品等，如同仁堂药店为消费者提供优质的药材和服务在消费者心目中一直享有很高的声誉，赢得了消费者的青睐,并通过声望定价带来了一定的经济效益。值得注意的是:声望定价策略需要确保医药产品的高质量,严格控制声望定价与同类普通医药产品价格的差异。医药企业不仅依靠现有的信誉来维持高价格,还需要不断提高质量。

(四)招徕定价策略

招徕定价策略指企业有意以低于市场平均水平的价格销售医药产品以吸引消费者。因为价格明显低于其他同类产品,从而吸引很多顾客购买。这一策略通常是降低某些医药产品的价格,以带动其他医药产品的销售。例如,一些连锁店药以低价出售特定的医药产品作为宣传,以吸引消费者。

(五)习惯定价策略

习惯定价策略指某些医药产品已在市场销售多年,这类医药产品在消费者心中一般很容易形成习惯标准。因此企业按照消费者习惯标准进行定价。消费者家用药品通常采用习惯定价,符合其标准的价格容易被客户接受,否则容易引起客户的怀疑。如低于常规价格将被怀疑是产品质量问题,而高于常规价格通常被视为变相涨价。因此,这类医药产品的价格较为稳定。当价格上涨时,应采取改变包装或更换品牌等措施来减少消费者的抵制,引导消费者逐步形成新的习惯价格。

(六)最小单位定价

最小单位定价策略指企业将同一产品按不同数量进行包装,以最小包装单位量确定基数价格。使用的标价单位的大小不同,对消费者的心理刺激不同。以更小的单位标价,更容易被消费者接受,会给人以便宜的感觉。例如,将某种昂贵的中药饮片按克来进行标价,每克 20 元,而不是每公斤标价为 20 000 元,同时采用小包装定价,可以满足消费者在不同场合的不同需求,如便于携带的小包装药品和保健品等。

四、地理定价策略

地理定价策略是企业根据所在地区的市场情况、产品特征、交货条件等不同情况而制定差别价格的策略。通常,医药产品的生产和消费之间存在一定的空间距离。为了满足消费者的需求,医药产品必须从医药生产企业运输至消费终端,这就需要运输和储存成本。地理定价是分配这些成本的定价策略,主要包括五种形式:原产地交货价、统一交货价、目的地交货价、运费补贴价、分区送货价。

(一)原产地交货价

原产地交货价是国际贸易术语,又被称为离岸价格或船上交货价格(free on board, FOB),指企业在制定医药产品价格时,只负责将某种医药产品运至买方的某种运输工具(如火车、卡车、飞机、船舶等)上交货,并承担一切风险和费用;交货后的费用和风险一律由买方承担,如交货后的运费和保险费等。原产地定价的优势在于顾客自己承担从产地至目的地的运费,比较合理。但该种定价策略也有其不足之处,如对于距离产地较远的顾客可能不愿意购买该企业的产品,而选择就近购买。

（二）统一交货价

统一交货价指不管买方距离的远近，一律实行统一价格，统一送货至买方，是一种由卖方承担所有运输、保险费用的定价策略。其主要优点是有利于扩大企业的市场占有率，定价容易让顾客产生好感，简化估价工作。该定价策略适用于体积小、重量轻、运费低或者占变动成本比例小的医药产品。

（三）目的地交货价

目的地交货价在国际贸易术语中，将这种价格称为到岸价格或成本加运费和保险费价格。使用这种定价策略是卖方为了满足顾客需要或出于市场竞争考虑，自己承担货物从产地到目的地的运费及保险费等费用。目的地交货价虽然对卖方来说手续较烦琐，承担的费用较多，风险较大，但有利于扩大医药产品销售。

（四）运费补贴价

运费补贴价指由卖方补贴其部分或全部运费，实质是运费折让。其目的是为弥补产地交货价格策略的不足，减轻买方的运杂费、保险费等负担。该策略有利于减轻边远地区顾客的运费负担，医药企业也通过采用运费补贴价格来扩大市场销售区域，保持市场占有率，并不断开拓新市场。

（五）分区送货价

分区送货价也称区域价格，指医药企业将整个市场划分为若干个区域，根据这些区域距离远近，不同的区域制定不同的价格。虽然各区域价格不同，但同一区域内所有的顾客都支付相同的价格。这种定价策略介于产地交货价格和统一交货价格之间。它适用于交货费用在价格中所占比重大的大体积医药产品。

五、产品组合定价策略

产品组合定价策略指医药企业为实现整个产品组合的利润最大化和促进医药产品的销售，根据医药产品使用上的相关特性为产品制定不同的价格。常用的医药产品组合定价策略有以下四种形式。

（一）产品线定价

产品线定价指针对整个产品线制定价格，而不是对单个产品定价。对产品线内的不同产品，根据产品的质量和档次、顾客的不同需求及竞争者产品的情况确定不同的价格。当企业生产的系列产品存在需求和成本的内在关联性时，为了充分发挥这种内在关联性的积极效应，可采用产品线定价策略。

（二）选择品定价

选择品定价策略指对那些与主要产品密切关联的可任意选择的产品的定价策略。许多企业不仅提供主要产品，还提供某些与主要产品密切关联的任选产品。企业为选择品定价有两种策略可供选择：一种是为选择品定高价，靠其来赢利；另一种策略是定低价，把其作为招徕顾客的项目之一，以此招徕顾客。

（三）互补产品定价

互补产品定价指两种或两种以上产品在功能上互相依赖，需要主要产品和配套产品配合使用才能发挥其功效或作用，如血糖仪和试纸、隐形眼镜和护理液。有些医药企业采用互补产品定价策略时，将主要产品定低价，而配套产品定高价来获得较高的利润，以补偿主要产品因低价造成的损失。但是，配套产品的价格太高也有一定的风险，容易引起不法分子生产低廉的仿制品来与正规产品竞争。

（四）产品捆绑定价

医药企业经常将一些产品捆绑在一起进行销售，捆绑价格比单品价格的总和低。在某种程度上，该种策略可以促进消费者购买。但是，使用该策略时，要注意灵活性。因为有些理性的消费者可能只会按需购买，他们只需要捆绑组合中的某一种或几种产品，这时企业需要制定相应的策略以满足不同的需求。

第四节　医药产品的价格变动与调整

价格决策与企业的市场占有率、市场接受新产品的速度、企业及其产品在市场上的形象等都有着密切关系。价格策略的正确与否对企业成败来说至关重要，在市场竞争过程中，如果医药企业能以较低的价格向市场提供价值高的医药产品，就可能在市场中占据一席之地。反之，如果价格决策失误，价格策略与营销组合中其他策略之间协调不足，即便企业所提供的产品内在品质优良、外在包装设计符合消费者购买意愿，可能仍无法得到市场的认可。因此，医药企业必须审时度势，在适当的时机对价格进行适当的调整或变动。

一、价格变动策略

随着市场营销环境的变化，医药企业为了适应市场竞争的需要，经常对已经制定好的医药产品价格进行调整。价格的变动可以采用降价或提价策略。通常医药产品价格的调整受企业内外因素的驱动。

（一）降价策略

1. 降价的原因

医药企业降价的原因来自多方面，有企业外部需求、市场竞争、国家政策等因素的变化，也有企业内部的战略转变、成本变化等因素，具体原因表现在以下几个方面。

（1）需要大量资金回笼。医药企业产生对现金迫切的需要，可能是企业的产品销售不畅，或者需要筹集资金开发新市场和开展某些新营销活动，或是融资和资金借贷来源中断。此时，医药企业可以通过对某些需求价格弹性大的产品予以大幅度降价，从而增加销售额来加快医药企业资金回笼。

（2）开拓新市场。一种产品的潜在顾客往往会因为消费水平的限制而阻碍向现实顾客的转变。在降价不影响原客户利益的前提下，医药企业可以通过降价开拓新市场。但是，为了保证这一策略的成功，有时需要与产品改进策略相配合。

（3）应对竞争。为了应对来自竞争者的价格竞争压力，在绝大多数情况下，直接反击竞争者的最有效的手段是"反价格战"，即制定比竞争者的价格更有竞争优势的价格，在这种情况下迫使竞争对手降低价格。

（4）生产能力过剩。在医药企业生产能力过剩和产品供过于求的情况下，同时医药企业又无法通过产品改进和销售促进等工作来扩大销售时，可以采取降价策略。

（5）基于产品生命周期阶段的不同特征。在产品从进入市场到被市场淘汰的生命周期过程中，因其生命周期的阶段不同，产品的生产销售成本、消费者接受产品的程度、市场的竞争程度也不同。阶段价格策略强调根据生命周期阶段的不同特征来及时调整价格。例如，与产品导入期的较高价格相比，进入成长期后期和成熟期后，市场竞争加剧，生产成本也随之下降。在这一阶段降低产品价格可以吸引更多的消费者，大幅度促进产品销售，从而在价格和生产规模之间形成良性循环，为企业获得更多的市场份额奠定基础。

（6）生产成本和运营成本下降。随着公司经营管理能力的进一步提升，产品成本和支出得到一定程度的降低，公司具备了降价的条件。对于某些产品，由于生产条件和产品成本不同，价格的调整也会有所不同。显然，产品的成本低在价格战中具有优势。

扩展阅读 10.6　加大药品价格监管力度

（7）受政治、法律法规、自然环境、经济形势等的影响。政治、法律法规、自然环境、经济形势的变化促使企业降价。为了保护患者的利益，政府部门通常会根据现行的政策和法律，采用规定最高价格、毛利率、限制价格变化、参与市场竞争等方式，促使医药企业调低相应产品价格。

2. 医药企业常用的降价方式

直接降价容易被竞争者效仿，医药企业可以选择采用维持产品表面价格而降低实际价格的间接降价方式，常用的间接降价方式主要有以下几种。

（1）增加附加服务。在价格保持不变的情况下，企业提供送货上门等附加服务。

（2）提高产品质量。在价格不变的情况下，提高产品质量实际相当于降低了产品的价格。

（3）加大各种折扣。增加折扣的产品种类或比例，或者在原有基础上提高各种优惠的比例。

（4）馈赠礼品。在产品价格保持不变的情况下，向顾客馈赠礼品，如赠送保健品、日常生活用品等，相当于降低了产品价格。

（二）提价策略

提价虽然能够增加企业的收入和利润，但也会导致产品竞争力下降、消费者不满、经销商抱怨，甚至还会受到政府的干预和同行的指责，对企业产生不利影响。尽管如此，在营销实践中仍

扩展阅读 10.7　美国制药公司已针对 866 种药品平均提价 6.6%

存在着较多的提价现象。

1. 提价的原因

（1）产品成本增加。产品成本增加是产品价格上涨的主要原因，成本的增加可能是由于原材料价格上涨，也可能是由于生产或管理费用增加而引起的。医药企业为了保证利润率不会降低，将采取相应的提价策略。

（2）适应通货膨胀，减少医药企业损失。在通货膨胀条件下，即使企业依旧保持原价，但其利润的实际价值也会随着时间的推移而下降。为了减少损失，企业不得不提高价格，将通货膨胀的压力转嫁给中间商和消费者。

（3）医药产品供不应求，抑制过度需求。对于某些医药产品，当需求旺盛，无法及时扩大生产规模，原材料供应紧张时，可以通过提价来抑制需求，同时获得高额利润，从而缓解市场压力，使供需趋于平衡，同时为扩大生产准备条件。

2. 医药企业提价的方法

企业可以直接或间接提价。以下是间接提价的五种方法。

（1）延缓报价。企业在产品制成或者交货时才确定最终价格，这种方法适用于生产周期较长的产品，如名贵的中药。

（2）浮动条款。在合同中规定调价条款，在一定期限内（一般截止时间为交货时）可以根据某种价格指数进行调价。

（3）产品拆分。不改变产品价格，但一些原本包含在价格中的附属产品和服务要另行计价。

（4）降低折扣。企业降低或者不再提供常用的现金、数量等折扣。

（5）价格不变。维持当前价格，但是缩减产品数量、减少产品特色或减少服务项目。

二、价格变动引发的市场反应

企业调整价格，不仅会引起消费者的反应，还会引起竞争者的反应。医药企业需要根据自身实际情况，结合消费者和竞争者的反应情况，选择在适当的时间开展适当的价格调整。

（一）价格调整的消费者反应

视频 10.1 美国药品价格疯涨，消费者从其他渠道购买药品

企业的价格变动会直接影响消费者的利益和消费者的购买行为。因此，分析消费者对价格调整的反应是企业在做出价格调整管理决策时应该关注的问题。

在产品价格变动的研究中，关于消费者对价格调整的反应大多是根据消费者的价格意识进行定性研究。价格意识指消费者对产品价格的感知程度，直接表现为消费者的价格敏感度。这种价格敏感度不是受价格本身的影响，而是受消费者的专业知识、工作经验、需求、爱好、收入等因素的影响。价格意识是掌握消费

者购买态度的重要指标和依据,也是解释市场需求对价格变动反应的重要变量。

无论是涨价还是降价,都会迅速引起一系列的市场反应。在整个调价过程中,一定要密切关注市场的变化。首先要考虑消费者的反应,既然调整产品报价是为了更好地促进销售,就只有根据消费者的反应调整价格,才能得到好的实际效果。基于消费者价格意识的分析,消费者对价格变动的反应可以归纳为以下四个方面。

第一,消费者可以接受一定范围内的价格变动;超出可接受的提价幅度会引起消费者的不满,导致消费者不满意并拒绝购买企业产品;如果降低幅度低于下限,则会引起消费者的诸多疑虑,同时对个人购买行为产生抑制作用。

第二,在产品知名度提升、通货膨胀、收入增加等条件下,消费者可接受价格的上限会提高;而在收入减少和价格持续下降等情况下,消费者可接受价格的下限会降低。

第三,消费者对某种产品降价的反应可能有以下情况:该产品很可能存在产品质量问题或过一段时间将被市场淘汰;企业遇到财务问题,很可能会停产,产品的售后服务可能会受到影响;产品成本降低,价格将继续进一步下降。

第四,消费者对某种产品涨价的反应可能有以下情况:各种商品价格都在上涨,这种产品的报价上涨是正常的;价格上涨代表产品质量的提高;产品供不应求,价格有可能继续上涨;企业贪得无厌,想获得更多的利润。

(二)价格调整的竞争者反应

在竞争激烈的市场中,企业制定某种价格水平和选择某种定价策略的效果在于其竞争对手的反应。在竞争对手的营销策略不会作任何调整的情况下,企业降价很可能具有扩大市场份额的效果;如果企业降价,竞争对手也跟随降价,甚至降价幅度更大,将抵消企业降价的实际效果,销售和赢利能力甚至不如价格调整前。同样,企业提价后,如果竞争对手不提价,对于企业来说,之前供不应求的市场很可能会变成供过于求的市场。因此,企业在实施价格调整策略之前,必须分析竞争对手的情况和可能采取的应对措施及其反应的剧烈程度。

企业通常面临多个竞争者,彼此之间不同的市场竞争地位会引起不同的反应。例如:如果竞争对手认为其综合实力强于本企业,并认为本企业价格变动的目的是争夺市场份额,那么可能会立即做出针锋相对的反应;相反,则不反应,或采取间接的反应方式。一般来说,当面临企业的降价行为时,竞争对手的反应可能会出现以下几种情况。

第一,如果降价会损失大量利润,竞争者有可能不会跟随降价。

第二,如果竞争者必须降低其产品的生产成本才能参与市场竞争,可能需要一段时间才能降低价格。

第三,如果竞争者降价导致其同类产品中不同档次的产品发生利益冲突的话,则不一定跟随降价。

第四,如果竞争者对价格的调整反应强烈,其一定会跟随降价,甚至会有很大的降价力度。

当竞争者众多时,企业必须预测每一个竞争者可能的反应。如果所有的竞争者反应模式都相似,只需分析一个典型的竞争对手。如果竞争者因在市场规模、市场份额或政策方面有差异，其所作反应不相同时，就需要做出针对性的分析。

三、应对价格变动的策略

在市场经济条件下，企业不仅可以通过价格调整来参与市场竞争，同时还要面临竞争者价格调整的挑战。当竞争者率先进行价格变动时，医药企业如何在开展调研的基础上，对价格竞争做出适当、快速的反应，是企业价格策略中的关键内容。

（一）应对价格变动需要调研的问题

为了保证企业做出正确反应，企业应该迅速地对以下问题进行调查研究。

第一，竞争者价格调整的目的是什么？

第二，竞争者的价格调整是长期的还是暂时的？

第三，竞争者的价格调整将对本企业的市场占有率、利润、销售量、声誉等方面有何影响？

第四，其他企业对竞争者的价格调整行动有什么反应？

第五，企业的应对方案有几种？竞争者对企业每一个可能的反应又会有何反应？

医药企业在综合分析以上问题后，权衡利弊，制定相应的价格变动应对策略。

（二）应对价格变动可采取的策略

1. 维持价格不变

这种策略主要适用于：产品具有很强的差异性，市场对价格不是很敏感，保持价格不变，企业的市场份额不会明显下降。当然，在维持价格不变的同时，需要提高产品质量、服务质量、加强营销传播等，运用非价格手段反击竞争者。很多企业的营销推广实践证明，采取这种策略比降价和低利润经营更合适，不仅有利于降低企业利润损失，还有助于提升品牌形象。

2. 降价

该种策略主要适用于：产品富有需求弹性；市场对价格很敏感，维持原价会流失很多消费者；降价可以增加销量和产量，进而形成规模效应；通常市场份额减少后，短时间很难得到恢复；降价可维持原有的市场竞争格局。但是，企业降价后，仍应尽力保持产品的质量和服务水平。

3. 提价

该种策略主要适用于：产品具有明显特色，非常缺乏价格弹性；产品品牌具有较高的知名度和美誉度。企业在提价的同时，应重点提升产品质量或推出某些新品牌去保护受攻击的品牌。

本章小结

价格是营销组合策略中较活跃的因素，科学安排价格的杠杆有利于资源的合理配置。影响医药产品定价的因素主要有定价目标、成本费用、市场需求、市场竞争状况、政策法规等。

企业定价方法主要有成本导向定价法、需求导向定价法和竞争导向定价法；常用的定价策略主要有折扣定价策略、差别定价策略、心理定价策略、地理定价策略和产品组合定价策略。

医药企业可能会随着市场的变化随时调整价格，进行降价或提价，同时又会促使消费者和竞争者产生相应的反应，医药企业应该采取不同的应对策略。

关键术语

固定成本（fixed cost）　　　　　　　变动成本（variable cost）
边际成本（marginal cost）　　　　　成本加成定价法（cost-plus pricing）
目标收益定价法（target-return pricing）　盈亏平衡定价法（break-even pricing）
随行就市定价法（going-rate pricing）　原产地交货价（free on board，FOB）
统一交货价（uniform delivered pricing）

课后思考题

1. 医药产品定价主要受哪些因素的影响？
2. 医药产品定价的目标主要有哪些？
3. 医药产品的基本定价方法有哪些？
4. 医药产品常用的定价策略有哪些？

即测即练

自学自测　扫描此码

综合案例

辉瑞是如何将新药价格定在每月9850美元的？

就在辉瑞公司准备为乳腺癌新药物 Ibrance 设定价格的几天前，该公司意外得知，某竞争对手把一种竞争型疗法的药品每月成本提高了将近1000美元。

几乎就在 Ibrance 实验阶段显现出成功希望的同时，辉瑞就展开了市场调研。然而，历时3年的市场调研突然面临质疑。在仔细校正价格以向竞争对手看齐，并且还要令医生和保险公司满意的同时，辉瑞不得不考虑每个月9850美元的目录价格是不是太低了。

辉瑞负责监管癌症药物的高管阿尔伯·布拉（Albert Bourla）在1月份的最后一次定价会议上对同事们提问：如果我们上调药价，会怎样呢？这是个棘手的问题。制药公司的定价不停地刷新纪录。他们通常先提高旧药的价格，然后以此为基准给新药定价。

不过辉瑞知道，如果 Ibrance 定价过高，可能会取得适得其反的效果。过高的价格会招致医生的不满，促使医疗保险商提出额外的书面资料要求，使开出这款处方药的过程变得烦琐，这也是医生所反感的。

辉瑞为 Ibrance 定价之路十分漫长（该过程通常是秘密进行的），凸显出美国药价上涨背后隐秘的定价技巧；药价上涨正招致医生、企业、国会议员及美国民众的批评。一个参议院委员会将于周三举行药物定价听证会，主要针对那些购买其他公司所开发药物的企业突然大幅提价的问题。

数据公司 IMS Health 称，在美国，一款品牌抗癌药的平均月成本为 1 万美元左右，为 10 年前月成本水平的两倍。治疗癌症的医生们称，高成本是不可避免的，因为所有的选项都价格高昂。

辉瑞公司的多步骤定价程序表明，制药企业并不是凭空定下高价。而且，通过该程序确定的价格与制药行业经常提到的研发成本这一价格依据关系不大。

最终价格反而主要是根据对新药需求的复杂分析确定的，包括这种药物特有的效益及风险、潜在竞争性药物、治疗癌症的医生的看法，以及医保计划可能如何对待该产品的评估。

布拉称，最后他们找到一个合理定价水平，使患者能够最大程度地使用药物，支付方可以承受，辉瑞公司能够获得突破性产品相应的回报。

资料来源：四川省医药保化品质量管理协会. 辉瑞是如何将新药价格定在每月 9850 美元的[EB/OL]. [2015-12-10]. http://www.rrrry.com/art_16486.htm.

综合案例分析思路 10.1

讨论题：请结合案例讨论并分析辉瑞在为新药定价时考虑了哪些因素？

第十一章

医药产品的渠道策略

 学习目标

1. 了解什么是医药产品渠道;
2. 重点掌握医药产品渠道的类型;
3. 全面熟悉医药产品渠道设计流程;
4. 了解医药产品渠道管理的主要内容;
5. 掌握医药零售商、代理商的概念;
6. 理解医药产品渠道的发展趋势。

 课程思政

通过学习本章,可以全面了解医药产品渠道系统包括医药制造商、医药分销商、医药零售商等节点企业之间的合作关系,树立合作双赢意识,学思践悟,弘扬合作精神;认识和辨别传销,宣传传销的危害性,坚决抵制不良商业行为;加强依法经营并通过法律途径解决冲突问题的意识引导,弘扬法治精神。

引导案例

默沙东制药公司互联网多渠道模式及其战略合作策略

默沙东制药公司是世界制药企业的领先者,总部位于美国新泽西州,是一家以科研为本,致力于研发、生产、销售创新医药产品的跨国制药企业,于20世纪90年代初进入中国医药市场,在中国提供涵盖心血管、抗感染、男性健康、女性健康、骨科、疼痛、皮肤、呼吸、糖尿病、专科药品、辅助生殖等领域的数十种人用药品和疫苗,还向中国市场提供各种动物保健产品,用以预防和治疗家禽家畜及宠物的疾病。在中国城市化推进过程中,默沙东从"以产品为中心"转向"以客户为中心",并增加目标市场管理能力和推广计划的执行力,发展出一条可持续发展的道路,通过构建线下和线上多渠道分销系统,有效覆盖核心客户,扩大了客户覆盖率。

默沙东制药公司的线上营销主要有以下形式。

（1）医纬达网站。医纬达是一个从医生专业领域及兴趣点出发为医生设计的专业医疗资讯门户网站，为医生提供全面、中立、可信、实用的专业医疗资讯，从而为医生和病患带来更多益处。注册用户可以免费使用网站内提供的所有服务。默沙东制药公司利用客户在医纬达网站注册时填写的身份信息，如所在医院和科室等信息，通过所留下的电子邮箱来推广某产品。此外，默沙东制药公司根据用户访问频率、最近访问时间、平均停留时间、平均访问页面数等指标，对医纬达网站用户做进一步细分，实现针对性产品推广。

（2）电子邮件营销。邮件营销主要是利用电子邮件与目标客户进行商业交流，而默沙东使用的是第三方邮件营销系统，可以追踪到每个客户是否打开邮件、邮件正文的点击率等数据信息，为客户细分提供了重要的数据来源。

（3）E-detailing。E-detailing 是默沙东采用数字终端、数字内容和互联网等新媒介与目标医生沟通的一系列数字化营销。默沙东制药公司每年平均会有1000万美元左右的资金投入到网络渠道营销平台商，每次包括在线医学推广活动 E-detailing 和在线会议。每个医学营销活动按照不同的产品来划分，每次活动邀请函都会通过电子邮件发送到目标客户邮箱。目标客户点击邀请函后跳转到 E-detailing 推广平台或者跳转到在线会议（E-meeting）平台，通过中心平台默沙东就可以收集一系列的活动数据信息。

（4）在线会议系统。默沙东制药公司通过在线会议平台可以快速、高效率、低成本地举办在线产品市场营销活动，方便将要发布的多媒体文件、文本、电子表格、幻灯片等内容呈现给处在任何地点的客户和合作伙伴。

（5）呼叫中心。呼叫中心就是在一个相对集中的场所，由一批服务人员组成的服务机构，通常利用计算机通信技术，处理来自企业、顾客的电话垂询。默沙东呼叫中心的特点是电话呼出型呼叫中心，以从事市场营销和电话销售的活动为主，是企业利润的一个增长点。

（6）Veeva CRM 系统。线下部分的营销活动是基于 Veeva 平板电脑 IPAD 交互式电子 DA 的现场拜访医生，将数据同步导入后台接口系统，便于公司管理层对销售人员的拜访数量和客户需求的掌控。

此外，默沙东与互联网健康平台合作，进一步拓展了营销渠道。默沙东中国与阿里健康携手，正式启动"向宫颈癌说不"战略合作项目，借助阿里的网络生态圈，精准辐射中国 240 个城市的 1.2 亿适龄女性群体，普及成人疫苗接种预防理念。

资料来源：张炜. 默沙东制药公司网络渠道客户细分及营销策略研究[D]. 上海：华东理工大学，2013；搜狐网. 默沙东牵手阿里健康共同构建"互联网+"预防性健康管理体系[EB/OL]. [2018-01-09]. https://www.sohu.com/a/215606884_170972. （有改编）。

医药产品渠道是医药市场营销组合的重要组成部分，已成为医药生产企业传递顾客价值、提高经济效益、赢得持续竞争优势、掌握谈判主动权的重要筹码。对于医药生产企业而言，分销渠道控制着医药产品的流通，影响着医药产品的价值实现。

第一节　医药产品渠道概述

一、医药产品渠道的含义

（一）产品渠道的含义

产品渠道也称为分销渠道，指某种产品（服务）在从生产者向消费者转移过程中，取得这种产品（服务）的所有权或帮助所有权转移的所有企业和个人，其实质是一条由配合起来生产、分销和消费某一生产者的某些产品或服务的一整套企业和个人构成的通道，其成员包括生产商、中间商（批发商和零售商）、消费者（用户）。产品渠道可以将生产企业的产品（服务）以正确的数量、准确的时间和适当的地点输送给消费者消费。

视频 11.1　分销渠道的含义

（二）医药产品渠道的含义

医药产品渠道，指医药产品从医药生产企业转移给消费者消费使用的一整套相互依存的组织和个人，其成员包括取得药品所有权或帮助医药产品所有权转移的生产商、中间商、消费者，但不包括供应商和辅助商（运输公司、独立仓库、银行和广告代理商等）。

二、医药产品渠道的特征

医药产品市场运行本身比较复杂，加上医药产品的流通受国家出台的相关法律法规约束，因此我们可以从以下几个要点来理解医药产品渠道的特征。

（一）医药产品渠道的起点是生产者，终点是消费者

销售渠道作为医药产品据以流通的途径，必然是一端连接生产，一端连接消费，通过销售渠道把生产者提供的医药产品流向消费者。在这个流通过程中，主要包含两种转移：医药产品的所有权转移和实体转移。这两种转移，既相互联系又相互区别。医药产品的实体转移是以所有权转移为前提的，它也是实现所有权转移的保证。

（二）医药产品渠道具有相对的稳定性

产品渠道的建立比较复杂，需要投入大量的人力、物力和财力。生产企业建立产品渠道也不是一朝一夕的事情，比如，医药生产商与某中间商建立了医药产品的经销关系，这种经销关系也很难马上改变。另外，建立一个新的产品渠道也需要一定的时间去让消费者知道，撤掉或改变已有的产品分销渠道也会给消费者带来不便。因此，分销渠道一旦形成，便具有相对的稳定性。正是因为分销渠道的稳定特性，使分销渠道的优势在短期内难以被竞争对手模仿，所以它相对于产品、价格、促销等竞争优势更加持久。

（三）医药产品渠道是一条特定的流通路线

医药产品从生产者到消费者的过程中，形成了一条特定的流通路线，这条路线具体如图 11-1 所示。其中，实物流、所有权流和促销流向前流动；订货流、资金流向后流动，分别由渠道中的后一成员流向前一成员；谈判流、融资流、风险流和信息流双向流动，相互发生在渠道的每两个交易成员之间。

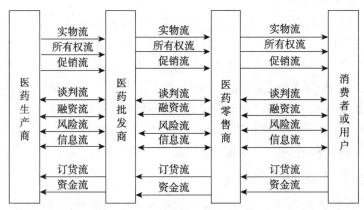

图 11-1　产品渠道流通路线图

实物流指实体产品或服务从生产商转移到最终消费者的过程，其主要表现形式是运输和储存。所有权流指医药产品的所有权从生产商手中移至中间商再转移到另一个中间商或消费者的过程。促销流指通过广告、人员推销、销售促进、公共关系等方式由一个渠道成员向另一个渠道成员施加影响的过程。谈判流指为了转移所提供产品的所有权而就品种、价格、促销等方面进行谈判并达成最后协议的过程。融资流指医药产品的分销渠道各成员间伴随所有权转移所形成的融通资金的活动流程。风险流指各种风险在医药产品分销渠道各成员之间分担或转移的过程，产品分销渠道的风险主要包括在交易过程中的产品丢失、违约、保险和税金，以及由于失火、洪水、季节性灾害、竞争加剧等因素造成的风险。信息流指在医药产品分销渠道中，各成员之间相互传递信息的过程。订货流指渠道成员定期或不定期向其上一级的分销渠道成员发出订货指令而形成的流程。资金流指货款在各分销渠道成员之间的流动过程，包括付给运输企业及仓库的款项。

（四）对医药产品渠道成员有严格的准入限制和监管措施

医药产品作为政府部门严格监管的对象，其分销渠道中的各成员也会受到严格的监管。例如，药品经营企业必须获得药品经营许可证，药品第三方物流企业也必须经过审批才能够从事相关的物流活动等。

（五）选择渠道类型的自由度相对较小

医药产品渠道类型多样化，为了保证医药产品在流通过程中的质量，有些产品的渠道类型具有特殊性。例如，我国疫苗是由疫苗生产企业直接向疫苗接种单位进行配送，其销售渠道只能采用直接渠道。在"两票制"推行前，除特殊规定的医药产品外，传统的医药产品分销渠道可以有两阶以上的渠道类型（图11-2）。推行"两票制"后，规定医药产品生产企业到流通企业开一次发票，流通企业到医疗机构开一次发票，这就意味着医药产品从生产企业到公立医疗机构的渠道在一般情况下最多只能是二阶渠道。

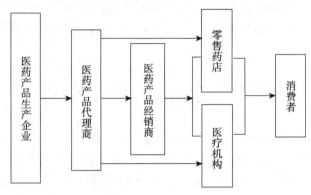

图 11-2　医药产品的传统分销渠道

三、医药产品渠道的功能

医药产品渠道的功能主要是实现医药产品的转移，在这一过程中，需要各个渠道成员的共同努力，完成医药产品快速到达消费者手中的一系列传递活动。医药产品渠道的主要功能包括以下几个方面。

（一）核心功能——仓储与转移功能

医药产品渠道的核心功能是实现医药产品从医药生产企业向消费者的转移，在实现转移功能过程中，渠道还要承担医药产品实体的运输和储存功能。

扩展阅读 11.1　鹭燕医药"全覆盖、深渗透"的分销网络

（二）沟通功能——调查研究、促销、谈判与订货

渠道调查研究指分销渠道的部分成员收集、整理与直接消费者、潜在消费者、直接竞争者、替代品竞争者、其他参与者相关的及营销环境其他方面的信息，并及时向渠道内的其他成员传递相关信息，实现渠道内的信息共享。渠道促销指渠道成员在医药生产企业的支持下，通过各种促销手段，以对消费者有吸引力的形式，把部分医药产品或服务的有关信息传递给消费者，辅助消费者决策，促成交易成功。渠道谈判指分销渠道的成员之间，为了达成医药产品的实物转移或所有权转移，而就其价格及其他有关条件，通过谈判达成最后协议。订货功能指分销渠道成员向医药生产企业进行有购买意向的反向沟通行为。

（三）辅助功能——融资与风险承担功能

渠道融资指为了有效提高渠道内的资金利用率，渠道成员收集并分配资金，用以支付渠道工作所需费用，包括医药渠道的建设、运转、员工工资支付、渠道成员之间贷款划转、消费信贷实施等。渠道风险承担指分销渠道各成员在分享利益的同时，还要共同

承担由医药产品销售、市场波动、行业政策等各种不可控因素所带来的各种风险。

总而言之，分销渠道在当今的医药行业市场竞争中发挥越来越多的功能，这些功能具体由哪个渠道成员来执行，需要根据实际情况来确定。当医药生产企业全部承担这些功能时，生产企业的成本增加，其产品价格也必然上升；当中间商承担这些功能时，医药生产企业的费用和价格下降了，但医药中间商必须增加开支，来承担这部分费用。

第二节　医药零售商和批发商

零售商是产品分销渠道的最终环节，其面向个人消费者市场，是分销渠道系统的终端，直接联结消费者，完成产品最终实现价值的任务。批发商与零售商面向的对象不同，批发商是通过生产企业大量购进产品，然后转售给零售商、产业用户或各种非营利组织，不直接服务于个人消费者的商业机构，位于商品流通的中间环节。

一、医药零售商

（一）零售商

1. 零售的定义

零售是向最终消费者出售生活消费品及相关服务，以供其最终消费之用的全部活动。零售活动不仅向最终消费者出售商品，同时也提供相关服务。零售活动常常伴随商品出售提供的各种服务，如送货、维修、安装等，多数情形下，顾客在购买商品时，也买到某些服务。

2. 零售商的定义及职能

零售商是将商品直接销售给最终消费者的中间商，是分销渠道的最终环节，面对个人消费者市场，是分销渠道系统的终端，直接联结消费者。零售商的基本任务是直接为最终消费者服务，职能包括购、销、调、存、加工、拆零、分包、传递信息、提供销售服务等，在地点、时间与服务等方面方便消费者购买。零售商也是联系生产企业、批发商与消费者的桥梁，完成产品最终实现价值的任务，在分销途径中具有重要作用。零售商种类繁多、经营方式变化快，构成了多样、动态的零售分销系统。

3. 零售商的形式

零售商的形式千变万化，新组织形式层出不穷。但是归结其特点，现今的零售商主要分为以下三种形式：零售店、无店铺零售和联合零售。

（1）零售店。零售店与无店铺零售最大的区别是零售店拥有一家或若干家落地的实体店面，具体形式有药店、专用品商店、百货商店、超级市场、便利店、折扣店、仓储店等。

（2）无店铺零售。虽然大多数物品和服务是由实体商店销售的，但是无店铺零售却比商店零售发展得更快，主要包括电视电话销售、上门销售、自动售货、购货服务、网络销售等形式。

（3）联合零售组织。联合零售组织是以集团连锁或多店铺联盟的方式零售商品，主要包括中小零售商自愿参加的批发联号、零售商合作社、控股公司控制下的商店集团、特许经营等多种形式。

（二）医药零售商

医药零售商指将购进的医药产品直接销售给消费者的医药经营单位，通常称为医药终端。医药产品的销售终端主要有医疗机构药房、零售药店、诊所三种。这也导致了我国医药产品分销渠道主要为以下三种：

医药产品生产商→中间商→医疗机构药房→消费者；

医药产品生产商→中间商→零售药店→消费者；

医药产品生产商→中间商→诊所→消费者。

无论是医疗机构药房、零售药店，还是诊所，其在销售医药产品渠道中所起的作用主要是获取消费者的需求，按这些要求采购、储存，为消费者提供所需的医药产品。而每个零售终端发挥的作用是不完全相同的。这三种医药零售渠道各有利弊。

1. 医疗机构药房渠道

医药产品从医药生产企业流向医疗机构药房销售终端的通道称为医疗机构药房渠道。在当今社会中，医药产品销售终端主要集中于医院药房，也可以说，国内最主要的医药产品零售渠道就是医院药房渠道。

医疗机构药房渠道采购药品主要采用集中采购的方式，规定其经营范围内的每一种类的医药产品有一定的数量限制，所以医疗机构药房渠道的特点主要表现为：种类少，品种不太全面，但疗效较好，性价比较高。

对于医药生产企业来说，集中采购方式会导致进入医疗机构药房渠道的竞争加剧，能够进入此终端的一般为具有较强竞争力的大型医药生产企业，中小型医药生产企业很难进入医院这个销售终端。

2. 零售药店渠道

在国内除了最主要的医院销售终端外，另一种主要的医药产品销售终端是零售药店。零售药店指依法取得《药品经营许可证》的单一门店的药品零售经营企业，又称独立零售药店，它是直接向患者提供其所需药品和保健服务的机构，它与批发公司集中的功能衔接，将成批的多品种药品拆零，供应给附近的患者，使患者可以方便地买到所需的各种药品，保证了医疗卫生事业社会目标的实现。目前，零售药店的发展模式主要是以个体经营为主的单体药店、批发零售相结合的连锁药店，以及线上零售商。

扩展阅读11.2　一文详解零售药店行业驱动逻辑

3. 诊所渠道

医药产品从医药生产企业流向诊所销售终端的通道称为诊所渠道。诊所渠道也是医药产品流通渠道中比较重要的一种通道。由于现在高等医学教育的普及，医学院部分毕业生选择进入医院,也有部分毕业生选择开设私人诊所。这部分医学毕业生群体开设的诊所是构成医药产品流通渠道中私人诊所渠道的主要成员。

诊所渠道既包含零售药店的便利性特点,又包含医师坐诊的特点。但其也存在不足之处:其一,因诊所发展规模和资金的限制,会造成经营的医药产品种类单一、品种不全的现象;其二,因诊所消费者主要来源于诊所附近居住人群,消费者数量有一定限制,在一定程度上会导致医师执业经验受限,使其执业能力难以提升。

对于医药生产企业来说,诊所渠道与零售药店渠道一般没有相关的政策限制其经营范围,这给予了医药生产企业更多的进入机会。但因诊所规模和资金的限制,导致了医药产品种类和品种的单一,这也使医药生产企业只能通过中间批发商来对接诊所。因此诊所渠道在医药产品流通中只占到很小比例。

对于患者而言,诊所渠道是便利的诊病和购药途径。对于常见的流感、发烧等情况,诊所可以及时诊断病情,并且开具诊断结果进行开药。在这类情况下,诊所的作用大于医院和零售药店的总和。但如果患者病情严重或者想提高用药选择性,选择医院或者药店购药更佳。

二、医药批发商

(一)批发商

1. 批发商的定义

批发指将商品和服务出售给那些以转卖、再加工或商业用途为目的的用户的过程中所发生的一切活动。批发商是专门从事批量商品买卖,为转卖、再加工或商业用途而进行批购和批销的人员和机构。

2. 批发商的功能

在整个分销渠道中,批发商的存在极其重要,它处于分销渠道的中间阶段,是连接生产者和零售商的纽带,其功能主要体现在以下方面。

(1)提高销售活动的效率。在全球一体化和经济飞速发展的今天,如果没有中间商,商品由生产制造厂家直接销售给消费者,工作将十分烦琐,而且工作量巨大。对用户而言,批发企业的参与也使顾客的采购效率大大提高。

(2)储存和分销产品。批发商从不同的生产厂家购买产品,再将产品分销出去。在这个过程中,批发商要储存、保护和运输产品,可以为生产者和用户提供储运服务,减少供应商和顾客的储运成本和风险,从而为双方带来利益。

(3)监督检查产品。批发商在订购商品时考察了厂家在产品方面的设计、工艺、生产、服务等质量保证体系,或者根据生产厂家的信誉、产品的名牌效应来选择产品,进货时按有关标准严格检查产品。

(4)传递市场信息。批发商在从生产厂家购买产品和向消费者销售产品的过程中,向厂家介绍消费者的需求、市场的信息、同类产品各厂家的情况,也会向消费者介绍各厂家的特点，无形中传递了信息。

（5）承担市场风险。批发商购进产品后，承担了经济风险。如生产供求和价格变动、产品运输和保管、预购和赊账等过程中的风险。

3. 批发商的类型

批发商类型的复杂程度与市场发达程度有紧密关系，一般而言，批发商主要分为以下两类。

（1）商人批发商。又称商业经销商、独立批发商，商人批发商是独立企业，对经营的产品拥有所有权。商人批发商包括完全服务批发商和有限服务批发商。

完全服务批发商。提供几乎所有的批发服务功能，诸如存货、推销队伍、顾客信贷、负责送货等，又可以分为综合批发商、专业批发商和专用品批发商等。综合批发商指经营不同行业并不相关联的产品，范围广泛，并为零售商提供综合服务。专业批发商经销的产品则是行业专业化的，完全属于某一行业大类。专用品批发商专门经营某条产品线上的部分产品。

有限服务批发商。对其供应者和顾客只提供极少的服务。比如现款交易、运货自理、邮购、直送、专柜寄售、承销、生产合作社、互联网交易B2B、电子商务批发等。

（2）经纪人和代理商。他们都不拥有商品的所有权，是非独立的批发商，通过促成买卖双方达成交易，从中获取佣金。

批发商是分销渠道中最有实力的环节。随着经济的发展，生产企业的规模不断扩大，销售能力不断增强，企业必须通过各种方式进行重组，强化核心经营，拓展市场范围，发展海外业务，推行流程管理和全面质量管理，提升服务能力。

（二）医药批发商

1. 医药批发商的定义、特点与构成

医药批发商指从事医药产品批量买卖的组织或个人。作为从事医药产品批量买卖的组织或个人，具有如下特点：交易次数较少，每次交易的金额比较大，通常采用非现金结算方式；企业规模较大；分销经验较为丰富、专业化程度较高。

医药批发商主要包括从事医药产品批发业务的医药经销商、医药代理商，如图11-3所示的虚线框。

（1）医药经销商。经销商的"经销"指经手再售的意思，指中间商从供货商中进货，再转手卖出去，而不是自己使用。医药经销商一般是独立的医药产品经营机构，拥有医药产品的所有权、获得医药产品差价、多品种经营的组织或个人，其经营模式有密集经销、选择经销和独家经销三种模式。

（2）医药代理商。代理商指被代理人或委托人授予其"销售医药产品的代理权"的组织或机构。医药代理商不拥有医药产品的所有权，只是受医药生产商的委托销售医药产品，在医药产品流通过程中只赚取佣金，其行为受委托人的指导和限制，只能在委托人的指令下从事医药产品销售。医药代理商可以帮助医药生产商在最短的时间里，充分利用各地代理商的终端和资金优势，迅速抢占市场、扩大市场份额、增加销售量、降低运作成本、尽快回收货款，但代理关系较为疏松。

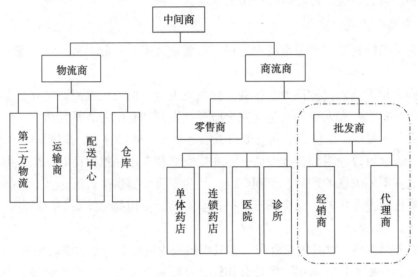

图 11-3　医药中间商

2. 医药批发商的角色、作用与优势

（1）角色。从医药产品流通环节上来看，医药产品批发商充当了两种角色：一是医药产品零售商的"专业采购代理人"；二是医药产品生产企业的"专业销售代理人"。

（2）作用。在医药产品分销渠道中，医药批发商可以执行几乎全部的渠道功能，但对医药生产企业而言，医药批发商主要执行购买、匹配、物流和融资等功能。医药批发商向不同医药生产商大批量采购医药产品，汇集多种多样的医药产品，再将医药产品分类、重新包装，把各医药生产商的产品编配成零售商所代表的消费者需要的，运送给医院、药店、诊所等零售商，更好地满足零售商品种多、数量少、加速资金周转的需要。

通常医药批发商能够向生产商提供的服务包括：提供市场占领；联系消费者；保持一定量的库存；处理小额订单；收集市场信息；承担金融风险等。医药批发商能够为下游客户提供的服务包括：确保产品的真实有效性；提供金融支持和分类便利；整批零卖；提供建议和技术支持。

（3）优势。医药批发商根据自身所拥有的信息传递优势、经营多品种优势，以及资金优势，可以起到覆盖、稳定和服务医药市场的作用。

第三节　医药产品渠道的类型、设计与管理

医药产品分销渠道不但在满足消费者医药产品需要方面发挥着必不可少的作用，还是企业赢得持久竞争优势的一种重要工具。一个医药企业的营销渠道一旦建立，往往会

对企业的发展产生长远而深刻的影响。医药产品渠道设计如同建盖高楼大厦前的蓝图设计一样重要，医药企业应该从战略的高度来进行渠道设计，选择合适的渠道类型，通过良好的渠道设计来获得竞争优势。

一、医药产品渠道的类型

营销渠道类型的选择是医药产品营销能否成功的关键一步，渠道类型选择涉及渠道的长度、宽度，以及渠道成员间的相互联系紧密程度。其中，渠道长度取决于产品从生产企业到消费者手中所经历的环节的多少。渠道宽度取决于营销渠道中每一流通环节使用同种类型中间商数目的多少。医药产品的渠道类型有很多种，各种渠道类型的利弊也不同。

（一）直接渠道和间接渠道

通过判断医药产品从医药生产企业到达最终消费者手中是否经过中间商，可将医药生产企业的产品渠道分为直接分销渠道和间接分销渠道，如图11-4所示。

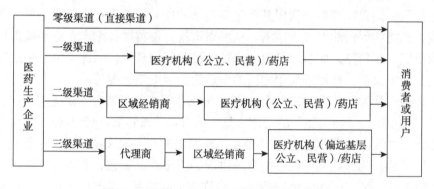

图11-4　医药产品直接渠道和间接渠道示意

1. 直接渠道

直接渠道，又称零级渠道，指医药产品从生产企业流向最终消费者或用户的过程中不经过任何一个医药中间商，而是直接把医药产品销售给医药消费者或用户的销售渠道。直接渠道是医药工业产品分销渠道的主要类型，医药原辅料生产企业直接向医药生产企业销售原材料。直接渠道在处方药的销售中较少被使用，一般只作为促销活动的一种手段，尤其是在政府明确规定处方药必须凭处方购买之后，直接渠道在现实中已很难推行。

2. 间接渠道

间接渠道指医药产品从生产企业流向最终消费者或用户过程中经过一层及以上中间商的营销渠道。间接渠道是医药产品分销的主要类型，这是由医药产品的特殊性和国家的政策法规所决定的。

视频11.2　天天喊的"两票制"到底是什么？

（1）一级渠道。使用一层中间商的渠道为一级渠道，也叫直接终端模式，即医药生产企业直接向医院或药店终端供货，然后通过终端销售给消费者。采用这种渠道的企业一般规模很大，同时拥有直接的营销公司和遍布全国医院的业务网站，产品可以通过自己的营销渠道直接进入医院销售，或者与大型连锁药店建立良好关系，直接向其供货。

（2）二级渠道。使用两层中间商的渠道为二级渠道，又称为区域分销模式，即医药生产企业与消费者之间的医药产品需要经过分销商和终端。在这种情况下，一般由区域经销商掌握医院或药店终端资源，并承担物流配送的功能。生产企业利用区域经销商在当地的配送能力和与医院多年形成的业务关系，为此出让一部分利润。这是比较适合我国实际情况，也是目前大多数医药生产企业选择的渠道形式，此形式在成本费用方面较为经济，可快速铺货，整合外部资源，但不足之处为控制市场尤其是医院终端方面的能力较差。

（3）三级渠道。使用三层中间商的渠道为三级渠道，又称为总分销模式，很多中小生产企业和规模较大的生产企业的非战略产品会采用此种渠道模式，他们选择一个或者分区域选择几个销售代理商，利用其已建立起来的商业网络进行大范围铺货，借助其渠道配送能力和终端促销能力进行销售。这种渠道模式使得医药生产企业距离市场较远，不易得到市场一线信息，而且对渠道和市场的控制能力较弱。以此类推，使用四层中间商的渠道为四级渠道，使用五层中间商的渠道为五级渠道，等等。

由于医药产品的特殊性，2016年国务院医改办等八部门联合下发《关于在公立医疗机构药品采购中推行"两票制"的实施意见（试行）的通知》，规定在公立医疗机构药品采购中推行"两票制"，即药品从生产企业到流通企业开一次发票，流通企业到公立医疗机构开一次发票；为保障基层药品的有效供应，规定药品流通企业为特别偏远、交通不便的乡（镇）、村医疗卫生机构配送药品，允许在"两票制"的基础上再开一次药品购销发票。因此，以公立医疗机构为终端的多是一级、二级渠道，但是以特别偏远的基层公立医疗机构为终端的可以有三级渠道。以民营医疗机构和药店为终端的渠道，可以相对自由选择渠道层级，但是基于成本考虑，一般不会选择太多层级的渠道。

3. 直接渠道和间接渠道的优缺点

直接渠道对医药企业而言，销售环节少，市场反应迅速，控制渠道能力强，但直接渠道的一个显著缺点是推广面比较有限。间接渠道对医药企业而言，能快速拓宽销售网点，但市场控制力相对较弱，且流通成本比较贵。表11-1列出了直接渠道和间接渠道各自的优缺点。

表11-1　直接渠道和间接渠道的优缺点

	优点	不足
直接渠道	销售环节少，流通时间短，流通费用低；生产者与消费者接触较多，能及时、具体、全面了解市场需求变化，从而及时调整生产经营决策；能为消费者提供售前、售后技术咨询、服务	生产企业需要设置销售机构、配备销售设施和销售人员，增加销售成本；生产企业需要负担储存费用、产品损耗，承担市场销售风险，分散生产者精力

续表

	优点	不足
间接渠道	通过中间商交易，减少了相应的交易次数，节省了生产企业在销售上的人力、物力、财力；借助中间商，尤其是长渠道，分布广，能有效覆盖目标市场，扩大销售范围，提高市场占有率；可以减少资金占用，增加生产资金投入，减少生产者经营风险	中间商介入，增加了相应的销售环节，延长了产品流通时间，增加了货物配送等流通成本，提高了产品价格；中间商环节多，信息路线长，失真率较高，无法快速了解市场需求变化，影响生产企业决策

（二）宽渠道和窄渠道

医药营销渠道的宽度，指医药营销渠道中每一个层级使用同种中间商数量的多少。多者为宽渠道，少者为窄渠道。其中宽渠道包括密集分销和选择性分销，窄渠道称为独家分销。

1. 宽渠道

宽渠道指医药营销渠道中每一个层级使用两个或两个以上同类型的中间商分销医药产品的营销渠道，具体包括密集分销渠道和选择性分销渠道。

宽渠道在分销产品时有其优势：通过宽渠道分销，医药产品可以大批量迅速进入市场，增加销售量。每一个医药产品流通环节上使用两个或两个以上同类型中间商，互相竞争，可以促进整体分销效率的提高。同时，有利于制药企业对分销渠道成败进行评价、取舍。

宽渠道也有其明显不足。采用宽渠道分销医药产品，制药企业与中间商的合作关系不是很密切，很难保证中间商对制药企业的忠诚度，在分销过程中中间商很有可能未专注该制药企业的产品销售，也不愿意付出更多的精力和费用，从而影响该制药企业医药产品的销售甚至企业形象。此外，采用宽渠道分销，制药企业难以对中间商形成有效控制。

2. 窄渠道

窄渠道即独家分销渠道，指生产企业在特定市场上只选择一个中间商为自己分销医药产品的营销渠道。独家分销医药产品的最大优点是制药企业与中间商的协作关系十分紧密，制药企业对中间商的支持力度相对较大，易于控制与管理中间商。但采用独家分销渠道，会导致制药企业对中间商的依赖性太强，一旦这种协作关系发生变化，制药企业将面临难以预料的市场风险。窄渠道类型主要适用于单位价值高的进口药品和新特药品的分销。

（三）处方药渠道和非处方药渠道

根据分类管理，药品划分为处方药和非处方药。基于此，药品的销售渠道就分为两条路线：处方药渠道和非处方药渠道。

1. 处方药渠道

处方药必须经过医生处方才能使用，患者一般没有选择权和决定权，因此患者的这些权利被转移到医生头上，医生就成了实质的消费者，所以对于处方药，制药企业销售的重点还是在医疗机构。

在整个处方药分销渠道系统中，医疗机构占据极其重要的地位，也是医药产品促销渠道活动的对象，直接影响着处方药的渠道模式，医药企业通过集中招标采购等各种方式手段，将处方药直接或间接批发给医疗机构或零售药店，再通过零售的方式销售给消费者（图 11-5）。

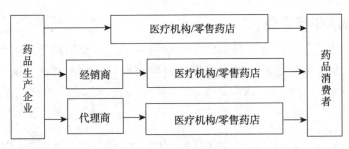

图 11-5　处方药分销渠道示意

处方药的销售主要分为两大类：第一类是处方普药，主要通过较大的医药流通企业，如九州通等流向中小型医院、诊所。此类处方药的流通渠道，在单项的利润分配上较少，主要靠大流通形成规模效益。第二类是处方新药、特药，主要通过配送企业直接送到各需求医院。对于此类处方药，无论是厂家还是总代理商，均有一套完整的市场开发及管理模式，这类品种的营销推广费用相对较高，但其利润空间相对比普药要大。

2. 非处方药渠道

非处方药不需要医生处方，消费者可自行判断购买和使用，因而零售药店是非处方药最主要的销售渠道。随着非处方药市场的快速发展，零售药店的业态也在不断发展变化，目前主要有以下两种渠道模式。

（1）医药生产企业自建零售药店出售非处方药。生产企业通过建立自己的零售药店直接出售非处方药，以此帮助企业快速打开新市场，提高营业额，促使产品快进快出，同时缩短药品渠道长度，减少中间费用，降低药品价格。另外，随着互联网药品交易的兴起和普及，医药企业也可以申请获得互联网药品经营 B2C 资格，通过零售的方式将非处方药及家用医疗器械等医药产品直接销售给消费者。例如，云南白药集团通过其网上药店向消费者直接销售其产品。

（2）非处方药生产企业通过中间环节将医药产品销售给消费者。医药生产企业可以直接向医疗机构或零售药店出售医药产品，再通过零售的方式将非处方药出售给消费者。这种分销渠道层次较少，利润空间较大。医药生产企业还可以借助代理商或经销商将非处方药批发给医疗机构或零售药店，再将医药产品出售给消费者。在互联网交易服务发展的形势之下，生产企业还可以通过互联网向经销商、代理商、零售商及医疗机构销售医药产品。

这类分销渠道是目前非处方药分销的最主要模式，有利于生产企业及时将医药产品销售给各零售药店或医疗机构药房。但需要看到的是，随着中间环节的增多，中间商会掌握更多的医药产品销售权利，医药生产企业控制分销渠道的能力减弱，不利于企业建立长期、有效运行的分销渠道系统。另外，也会使市场信息反馈能力减弱，影响企业效率。

二、医药产品的渠道设计

（一）渠道设计的含义

医药产品渠道设计指为了实现医药产品的分销目标，对各种备选的渠道结构方案进行评价和选择，从而创建全新的营销渠道或改进原有营销渠道的过程。渠道设计的含义具体包括以下三个方面。

第一，渠道设计具有战略性。渠道决策是医药产品营销管理决策中的一个非常重要的部分，是帮助医药企业赢得持续的竞争优势的关键因素之一，具有战略性的含义。在渠道设计时，如何利用渠道设计这一战略性工具获得竞争优势至关重要，它应该成为医药产品渠道管理者设计渠道的指导思想。

第二，渠道设计是渠道管理者所面临的一项决策。作为医药营销组合的要素之一，渠道策略与产品策略同等重要，需要进行认真决策。

第三，渠道设计是一个广义的概念。渠道设计不但包括构建全新渠道，还包括对原有渠道的调整。在尚未组建医药渠道体系时，渠道设计是从头开始建立全新的渠道，当已经有渠道系统在运行时，渠道设计指调整或改进原有的渠道。在实践中，许多医药企业早已组建了自己的营销渠道系统，渠道调整成为一种更为常见的做法。

（二）识别渠道设计的情形

一般来说，在下列情况下，进行渠道设计决策很有必要。

1. 建立新企业

当新企业成立时，为了将医药产品送达目标市场，必须建立全新的渠道。或者并购其他企业后，为了使渠道能够满足现有企业目标和战略的需要，医药企业也要调整渠道或创建全新的渠道。

2. 开发新产品

随着市场的发展，医药企业开发了新产品，如果原有渠道不适合分销这些产品，医药企业就需要建立新的渠道，或者对原有渠道进行调整。

3. 开发新市场

医药企业将现有产品投放到一个全新的区域市场，比如从华北市场销售到华南市场，从国内市场销售到国外市场，通常面临着渠道设计决策。

4. 中间商发生变化并阻碍了医药企业分销目标的实现

例如，医药连锁店原来主要经营某品牌的医药产品，但现在要大力发展自己的自有品牌，使原品牌药店销售量大幅下降，原有品牌的医药产品生产商就需要寻找新的零售商。

5. 面临渠道冲突问题

当医药生产企业与销售渠道的冲突加剧，渠道成员之间的关系就会恶化，分销渠道效率也会相应降低。为了解决渠道冲突问题，医药企业不得不调整渠道。

6. 主要的宏观环境发生变化

宏观环境会对医药产品的营销渠道产生影响。随着医药政策的变化，医药产品的营销渠道也在不断地变化。为了适应新的医药政策等宏观环境的变化，医药企业需要对原有营销渠道进行调整，以优化渠道结构，提高竞争能力。

（三）渠道设计的影响因素

营销渠道的设计是任何医药生产企业都必须认真对待的一项工作，它关系到医药产品能否及时顺利销售出去和收回货款，关系到企业的销售成本与利润，对企业营销的成败影响很大。在设计医药产品营销渠道时，主要考虑以下几个因素。

1. 产品因素

医药产品的类别、单位价值、时效性或有效期、是否为非处方药、适用范围或功能主治等都会影响到分销渠道的设计。例如：专业性较强的处方药对售前和售后的专业要求都十分高，适宜选择短而窄的渠道；而非处方药则适宜选择长而宽的渠道。

2. 市场因素

市场因素包括目标市场规模、市场范围、流行病学因素、购买习惯、同类产品竞争等状况。例如，治疗感冒这类常见普通疾病的医药产品，目标市场范围广，患者具有成熟的消费习惯，能够快速、自行选择并购买，因此宜选择长而宽的渠道。

3. 企业自身因素

企业自身规模、资金实力、渠道管理能力和渠道控制意愿等也是影响企业选择分销模式的因素之一。规模大、实力强的企业更希望强强联手，选择与之相匹配的分销商，或选择扁平化的短宽渠道，或自建渠道，以有效把握终端市场。

4. 相关法律法规

医药产品作为特殊商品，受到国家法律法规的严格管控。例如，《中华人民共和国药品管理法》及其实施条例、药品经营质量管理规范等，对医药产品经营企业进行了相应的规定。

（四）渠道设计决策

医药生产企业在进行渠道决策时，主要包括确定渠道模式、选择合适的渠道结构、规定渠道成员的权利和义务等。

1. 确定渠道模式

医药企业进行分销渠道设计时，首先要明确医药产品的最终销售点是医疗机构还是零售药店。在此基础上，明确决定采

扩展阅读 11.3 我国医药行业新的渠道结构

取什么类型的分销渠道,是生产企业以自建批发企业的方式进行自销,还是通过中间商分销。

2. 确定合适的渠道结构

如果决定中间商分销,接下来就是需要确定合适的渠道结构,即确定渠道的层级和中间商的数目,采用长渠道还是短渠道分销,采用宽渠道还是窄渠道分销。

3. 规定渠道成员彼此的权利和责任

在确定了渠道的长度和宽度之后,企业还要规定与中间商彼此之间的权利和责任,如对不同地区、不同类型的中间商和不同的购买量给予不同的价格折扣,提供质量保证和跌价保证,以促使中间商积极进货。还要规定交货和结算条件,以及规定彼此为对方提供哪些服务,如医药产品生产企业应提供质量合格证明、协助促销等,批发企业提供市场信息和各种业务统计资料等。

三、医药产品渠道管理

(一) 渠道管理的基本含义

从生产企业的角度来看,医药产品渠道管理指医药生产企业为实现分销目标,通过选择、激励、评估、协调与控制,整合分销渠道中所有渠道成员的行为,以确保渠道成员间相互协作的管理过程。渠道管理的目的在于对渠道成员进行适当的控制,提高渠道的有效性,实现生产企业的分销目标和整体目标。

1. 渠道管理是一种跨组织管理

大部分医药企业利用中间商来分销医药产品,医药产品渠道是由一个生产商与其外部的多个中间机构组成的一个网络系统,因此,分销管理更多的是跨组织的管理,它涉及医药生产企业对其他中间商的管理。而这些中间商并不隶属于生产企业,这些中间商与生产企业之间是平等的,它们之间不是主从关系,而是交换和合作关系。

2. 管理对象是所有分销渠道成员,重点是对中间商的管理

营销渠道由一系列成员构成,它包括生产商、中间商、最终消费者及辅助机构等。因为分销渠道的主要业务是购销,主要涉及产品所有权的转移,而批发商、零售商、代理商等中间商与产品所有权相关,他们取得产品所有权或帮助所有权转移。因此,对分销渠道成员进行管理时,企业更侧重对中间商的管理。

(二) 渠道管理的主要内容

1. 选择渠道成员

医药生产企业对中间商的选择,要考虑中间商的市场拓展能力、市场信誉、所拥有的网络资源等;同时,企业还要考虑自身的规模、市场范围、资金实力、产品的市场定位等条件。只有选择与自身条件相适应的中间商,企业才能有效地开展营销活动。如果一个规模很小的企业,选择一个规模很大的中间商,小企业的产品很有可能在中间商的

产品中占有的份额很小，而且对中间商的影响很小，那么，中间商不一定会尽力地为企业推销产品。

2. 激励渠道成员

激励渠道成员的方式主要有：促进销售达成，如回款奖、完成销售任务奖、时段性销售奖励等；加强销售管理，如信息反馈奖、区域维护奖、价格维护奖、合理库存奖等，以增进厂商协作关系；促进终端覆盖，如医院进药奖、药店铺货奖、店面陈列奖等；加强培训管理，如企业销售人员拜访洽谈、集中演示、会议交流等内部培训；由企业委托专业培训公司来进行外部培训，如财务管理培训、销售技巧培训等，用以不断提升渠道成员素质和内部管理水平。

激励与惩罚是相辅相成的，在进行正面激励的同时，有必要采用一些惩罚措施以约束中间商行为。这些惩罚措施主要有：降低毛利；控制货源，降低交货速度；停止一些优惠政策；终止合作关系等。

3. 渠道评估管理

可以通过一些量化的指标来评估渠道效率，如销售额、利润额、市场占有率、市场覆盖范围等；也可以通过一些不可量化的指标来主观判断渠道效率，如目标顾客与渠道成员的满意度、渠道发展、渠道合作、渠道氛围等。对渠道评估管理：就是将上述渠道效率的可量化指标及不可量化指标，与企业过去的表现相对比；与竞争者的表现相对比；与企业的渠道任务相对比，由此找出企业渠道的差距和问题所在，为渠道和渠道策略的调整提供依据。

4. 渠道控制与冲突管理

渠道控制管理主要是对渠道成员的行为进行监督和调控。其一是监督渠道策略能否在实施中得到有效贯彻；其二是对中间商渠道中各渠道参与者可能从事的投机行为进行监控。这两个方面的控制互相补充。

由于渠道在运行过程中，各渠道成员经常会因为目标不相容、信息不顺畅、沟通不及时发生冲突。渠道管理的主要内容就是要运用渠道权力来管理渠道冲突，协调渠道成员之间的关系，及时解决成员间的矛盾，保证渠道的正常运转。

5. 调整渠道

根据现有分销渠道的分销效率及实际背景，比如对企业的实力、市场环境和竞争对手等的分析，决定是否对分销渠道进行调整。如果市场或者企业等发生重大的变化，可能还需要考虑增加或重建分销渠道。比如企业推出一种新产品，但是通过已有渠道不能够较好地传递给目标客户，那么可能就需要考虑采用新的分销渠道。

第四节　我国医药产品渠道的发展

一、医药产品流通行业发展历程

自新中国成立以来，我国医药产品流通行业经历了"计划经济""计划经济为主，市场经济为辅""社会主义市场经济"三种经济体制下的变革，市场格局由垄断向开放竞争转变，市场活力得以释放，市场供应的产品和服务也日益丰富。

（一）计划经济体制下的医药流通行业

自新中国成立至 1983 年，由于经济水平低下，医用物资匮乏，我国医药流通行业实行完全的计划经济体制管理。全国医药产品产销由中国医药公司（现中国医药集团总公司）统购统销，统一规划，分级（三级）批发，层层调拨。

（二）计划市场兼有体制下的医药流通行业

改革开放后，我国医药产品供给日渐充足，统购统销模式的弊端凸显，制约了医药流通效率，推高了医药成本。因此，1984 年政府对统购统销、按级调拨的模式进行改革，中国医药公司下属一、二、三级分销公司可以直接向厂商采购；在销售方面，中国医药公司下属一、二级分销公司可以直接向医院销售。与此同时，部分医药企业也相继成立销售公司，进入医药流通领域。

（三）市场经济体制下的医药流通行业

1999 年，国家经济贸易委员会（已于 2003 年撤销，其负责贸易部门与对外经济贸易合作部合并为商务部）下发《深化医药流通体制改革的指导意见》(国经贸医药〔1999〕1055 号），按照产权多元化和经营方式现代化的思路，对医药流通行业的经营格局进行了深层次的变革。自此，混合、民营和外资等多种所有制形式的医药流通企业先后开始涌现，从而打破了国有企业垄断的格局，充分激发了市场活力。

二、我国医药分销市场发展情况

医药分销是医药流通中重要的环节。首先，医药分销企业向厂商集中采购，有助于降低整体的采购成本，提高行业的经营效益；其次，医药分销企业彼此之间商品调拨，实现了资源的合理配置，有利于提高企业的竞争力；再次，医药分销企业投入大量资金用于信息化系统和现代物流设施建设，提升了行业的运营效率；最后，医药分销企业正在积极实施行业内部资源整合，以提高行业集中度。

近年来，我国医药分销企业经历了数量快速增长，而后急速下降，之后再缓慢回升的发展历程，这与我国医药流通行业监管政策由松至严的调整是息息相关的。在严格的监管之下，部分规模小、不规范的企业逐步被淘汰和整合，市场秩序得以健康发展，经营效益得到了有效改善。

长期以来，我国医药终端销售市场中公立医院是居民最主要和最传统的医药消费场所，药店则是医药消费的重要补充。随着医药分开政策的推进，药店对处方药的分流及居民消费习惯的改变，药店的占比和重要性也在日益凸显，进而带动了非招标市场的发展。

三、医药产品渠道的发展趋势

近年来，随着人们生活水平持续提高、人口老龄化程度日益加深、大健康理念不断深化，我国医药市场规模稳步扩大。特别是 2020 年，受新冠疫情影响，整体医药行业市场需求猛增。在此背景下，作为连接上下游的医药流通市场规模亦持续增长，受宏观经济新常态及"两票制"改革、药品集中采购、医保控费改革、基本药物制度推行等政策调整因素影响，医药产品渠道呈现以下趋势。

（一）医药行业渠道向终端下沉

随着"两票制"改革的逐步落实，医药批发企业的销售额占比显著降低，而医药零售终端销售占比显著提升，批发企业之间的流转大幅减少。此外，"医保控费"改革推动药品价格下降，降低了批发企业之间流通的利润空间，也直接打通到终端的渠道，促使医药产品在零售终端销售迅速上升。

扩展阅读 11.4 医药零售行业正在发生着什么改变？

此外，随着处方外流、集采政策的推进实施，院内市场存量紧缩，院外市场成为医药企业的掘金之处。公立医疗机构历经多年的药品控费、处方考核，虽仍是中国医药产品的主要销售市场，但市场占比平缓走低，2020 年公立医疗机构药品销售额占整体市场的 58.18%，较 2019 年降低 2.2 个百分点。零售药店在医药市场中的重要性渐增，2020 年中国零售药店药品销售额占比为 26.02%，较 2019 年提高 1.8 个百分点。在分级诊疗与集采的推动下，渠道下沉成为制药企业的营销战略，基层医疗机构的药品销售额占比呈上升态势。

（二）医药流通行业集中度逐步提升

我国医药流通行业总体上是多、散、小的格局，市场集中度远低于美国、日本、欧盟等成熟市场，流通环节过多导致了行业整体竞争力不强，赢利能力较弱。对此，政府部门积极推进行业内的重组和兼并，鼓励实施两票制，淘汰和整合小规模企业，促进市场集中度的提升，取得了显著成效。

一方面，大中型医药批发企业借助政策契机，通过内生转型和外延并购，实现整体运营质量与效益双提升。当前行业规模效应逐渐凸显，全国性和区域性龙头企业销售增速普遍高于行业平均水平，市场占有率有所提高。

另一方面，医药零售行业并购进程不断加速，药店趋向连锁化。例如：2018 年，销售额前 100 位的医药零售企业门店总数为 73 913 家，较上年同期增加 15 558 家，占全国门店总数比例从 12.8% 提升至 15.1%；销售总额达到 1440 亿元，占零售市场总额的 33.4%，同比上升 2.6 个百分点。

未来，在国家政策引导下，大型医药流通企业间的竞争将更加激烈；中小医药流通企业或主动并入大型企业共享大型企业的品牌资源，或结合自身优势将业务做好做精以应对激烈的市场竞争；规模小、渠道单一的医药中间商将难以为继。

（三）医药流通行业监督日趋严格

2016 年，国家食品药品监督管理总局（简称"国家食药监总局"）发布了《关于整治药品流通领域违法经营行为的公告》（2016 年第 94 号），对药品流通领域违法经营行为开展集中整治。在此公告中，重点列明"证（许可证书）、票（发票、随货同行票据）、账（实物账、财务账）、货（药品实物）、款（货款）不能相互对应一致""向药品零售企业、诊所销售药品未做到开具销售发票且随货同行"等十种违法违规行为，并采取"撤销《药品经营质量管理规范认证证书》""吊销《药品经营许可证》""从严从重查处"等管理手段。同时，我国于 2016 年修订了《药品经营质量管理规范》，2017 年修订《药品经营质量管理规范现场检查指导原则》，对医药经营企业的 GSP 认证及检查提出更高要求。上述监管政策的出台显示出国家食药监总局清查药商"挂靠""走票"等违法行为，为医药市场提供一个安全、高效的流通环境的决心，行业监督力度亦将随着上述政策的落实而日趋严格。在此监管环境下，大量没有采购规模优势，仅依靠过票、逃税等手段赢利的小微型配送企业已无法生存，将释放出大量的市场空间，有利于具有较大规模的企业市场份额的提升。

（四）药店市场份额逐步增加

2009 年，《中共中央 国务院关于深化医药卫生体制改革的意见》首次明确要求医药分开。2010 年，《关于公立医院改革试点的指导意见》中提出要坚持公立医院的公益性质，实行政事分开、管办分开、医药分开、营利性和非营利性分开。2013 年，在《中共中央关于全面深化改革若干重大问题的决定》中，提出"取消以药补医，理顺医药价格，建立科学补偿机制"。2016 年，《国务院办公厅关于印发深化医药卫生体制改革 2016 年重点工作任务的通知》及 2017 年《国务院办公厅关于进一步改革完善药品生产流通使用政策的若干意见》中均对我国今后医药分开工作的推进提出了明确要求。2014 年，商务部等六部门下发《关于落实 2014 年度医改重点任务提升药品流通服务水平和效率工作的通知》，明确提高零售药店在药品终端市场上的销售比重。2015 年，国务院办公厅下发《关于全面推开县级公立医院综合改革的实施意见》，明确要求破除以药补医机制，所有县级公立医院推进医药分开，鼓励患者自主选择在医院门诊药房或凭处方到零售药店购药。医疗机构不得限制处方外流，患者可凭处方到零售药店购药。推进药品零售企业分级管理，建立分级管理体系。强化网售药品监管，完善医疗机构规范化药房建设。推动企业充分竞争和兼并重组，实现规模化、集约化和现代化经营。调整市场格局，使零售药店逐步成为向患者售药和提供药学服务的重要渠道。

近年来，我国大力推进取消医院药品加成改革。2011 年，我国在所有政府办的基层公立医疗机构取消了药品加成；2015 年，县级公立医院全部取消了药品加成；2016 年，200 家公立医院综合改革试点城市全部取消了药品加成；2017 年，财政部发布《关于全面推开公立医院综合改革工作的通知》（国卫体改发〔2017〕22 号），要求在 2017 年全部取消药品加成。在上述举措下，我国取消药品加成改革成绩斐然，公立医院的药品占比有所下降，在一定程度上减轻了群众的医疗负担。医院相对于药店，其销售的药品以处方药为主，而上述关于医药分开、取消药品加成及增加药店销售比重的政策积极支持药店的发展,未来处方药的主要销售渠道亦有望从医院转向药店。上述医改政策已初步取得效果,近年来,药店的处方药销量增速高于非处方药的增速,体现出处方药销售已逐步从医院向药店转移的趋势。

(五)医药电商加快发展

近年来,随着新一代信息技术的广泛应用,医药电商市场不断扩大,保持着强劲的增长态势。商务部数据显示,2018 年医药电商包含第三方交易服务平台交易额在内的销售总额达到 2315 亿元。其中,医药电商直报企业 B2B 业务规模达到 931 亿元,占医药电商销售总额的 40.2%,维持着 30% 以上的行业增速;B2C 业务保持稳定发展,其中移动端占比 11.9%。医保纳入线上医疗服务、网上销售药品限制逐步减少,将给我国医药电商带来更大的增长动力。

视频 11.3 互联网医药发展迅速 电商平台抢滩医药销售

目前,我国医药电商主要有四种模式:一是 O2O 模式,即企业运用互联网迅速抢占个人用户的移动终端市场,如阿里健康、京东健康、叮当医药等,以边探索、边发展的方式吸引用户,培育用户线上支付、线下使用的购药习惯。二是 B2B 模式,即企业将原先线下交易的结果放到线上,其代表有九州通医药网等。三是 B2C 模式,即企业销售在自建平台或天猫、京东等自带流量的第三方平台上进行,向患者售药的同时提供健康咨询、用药提醒、资源共享等服务,如好药师、1 药房、健客、康爱多等。四是处方流转 + DTP 药房承接模式,即企业以经营新特药创新药为主,同时提供患者咨询服务与患者全生命周期管理等,如妙手医生、零氪等。

本章小结

医药产品渠道,指医药产品从医药生产企业转移给消费者消费使用的一整套相互依存的组织和个人,其成员包括取得药品所有权或帮助药品所有权转移的生产商、中间商、消费者,但不包括供应商和辅助商。

医药产品渠道的功能主要包括仓储与转移医药产品的核心功能,调查研究、促销、谈判与订货的沟通功能,以及融资与风险承担的辅助功能。

医药零售商指为消费者直接提供医药产品,并提供售后服务的商业,通常称为终端商业。医药产品的销售终端主要有医疗机构药房、零售药店、诊所三种。医药批发商指从事医药产品批量买卖的组织或个人,主要包括从事医药产品批发业务的医药经销商、医药代理商。

按照在销售医药产品给最终消费者时是否使用中间商,可以将医药产品渠道分为直接渠道和间接渠道。根据渠道每一层级使用批发商、零售商的数量,可以将医药产品渠道分为宽渠道和窄渠道。其中宽渠道包括密集分销和选择性分销,窄渠道称为独家分销。根据药品种类可以分为处方药品渠道和非处方药品渠道。

医药产品渠道设计指为了实现医药产品的分销目标,对各种备选的渠道结构方案进行评价和选择,从而创建全新的营销渠道或改进原有营销渠道的过程。医药产品渠道设计主要受医药产品种类、市场因素、企业自身因素和相关法律法规等因素的影响。医药生产企业的渠道决策，主要包括确定渠道模式、选择合适的渠道结构、规定渠道成员的权利和义务等。

医药产品渠道管理指医药生产企业为实现分销目标，通过选择、激励、评估、协调与控制，整合分销渠道中所有渠道成员的行为，以确保渠道成员间相互协作的管理过程。医药产品渠道的管理主要包括中间商管理、分销渠道系统管理、渠道冲突管理及分销渠道的调整，其中对中间商的管理包括选择渠道成员、培训渠道成员、激励渠道成员、评估渠道成员等内容。

长期以来，我国医药终端销售市场中公立医院是居民最主要和最传统的医药消费场所，药店则是医药消费的重要补充。随着医改政策的推进，居民消费习惯的改变，药店的占比和重要性也在日益凸显。受宏观经济新常态及"两票制"改革、药品集中采购、医保改革、基本药物制度推行等政策调整因素影响，我国医药产品渠道呈现渠道向终端下沉、行业集中度逐步提升、行业监督日趋严格、药店市场份额逐步增加、医药电商加快发展等趋势。

关键术语

医药产品渠道（pharmaceutical product channel）

医药零售商（pharmaceutical retailer）

医药代理商（pharmaceutical agent）

医药经销商（pharmaceutical dealer）

医药批发商（pharmaceutical wholesaler）

医药产品渠道管理（pharmaceutical product channel management）

医药渠道设计（pharmaceutical channel design）

课后思考题

1. 简述医药产品渠道的含义和特点。
2. 简述医药产品渠道的功能。
3. 简述医药产品渠道的类型。
4. 医药产品渠道管理的实质是什么？包括哪些管理过程？
5. 简述新医改政策下医药产品渠道的发展趋势。

即测即练

综合案例

CM 医药公司的营销渠道策略

CM 医药公司（以下简称"CM"）是重庆医药集团下属子公司，成立于2005年，主要从事药品纯销、分销及终端配送业务。公司经营药品3000余品种规格，与600余家上游供应商建立了购销合作关系，销售网络已覆盖至绵阳、德阳、广元等地区，与绵阳市所有等级医院建立了合作关系，有二级以上医院客户40余家，商业分销业务及终端销售客户200余家。

CM 期初是以个人代理的药品销售为主，也包括公司本身作为药品代理商进行销售，其销售客户为二级以上公立医院。随着药品流通相关政策的出台，CM 对渠道做了相应布局和调整，采取多渠道策略：稳固纯销，拓展分销，进入零售，关注基层终端。

（1）稳固纯销。纯销指 CM 作为上游供应商的产品代理商或者配送商将药品直配到二级以上的公立医院销售。CM 作为符合国家相关要求的经营企业，通过开展学术活动、信息咨询，以及承诺药品配送的及时性和药品质量等相关服务来促进与医院的合作，同时与医院相关科室开展学术活动、协助医院开展人员培训等营销活动加强与医院的合作关系，建立更为稳定的渠道。在2017年实行药品两票制之前，CM 的纯销客户主要是绵阳市、广元市二级以上公立医院，药品主要以代理产品销售为主。在药品两票制和国家集采政策推进以后，CM 面对的直接客户不再是原来的代理人，而是开具第一票的直接供应商。但这些供应商在选择产品的配送商时会考量很多数据和额外的附加条件，比如，配送费用的高低、产品进入医院的服务、配送商下游网络的齐全度等。正如 CM 总经理在药品两票制出台后的一次经营办公会上所讲："对于我们这种中小型的医药配送公司来讲，在这一政策下，我们是把产品跪着请进来，然后磕头卖出去。"

（2）拓展分销。CM 在取得药品生产企业或进口药品一级代理商的药品经销权后，从其购货后再销售到与公司所处同行业的其他医药公司，其利润主要是进销差价和完成厂家协议后的返利。CM 的分销主要还是基于前期从生产企业直接代理销售的产品，因为赢得了厂家的信任，通过厂家的授权来做省级的分销。

（3）进入零售。CM 全资投入开办直营零售药房，从生产企业或代理商处购买药品后销售到直营药房再到患者手中。CM 通过与纯销医院的良好关系，借助重庆医药集团的资源优势，选择进入新零售，在大的三级医院附近开办处方专业药房、直接面向患者（direct to patient，DTP）药房作为零售渠道的突破口。

（4）终端"飞鹰计划"。主要是针对政府开办的公立基层卫生院、个体诊所、私人药店等渠道开展销售。这一块销售的客户散、数量多、规模小，基于配送成本、人员成本等资金风险因素，CM 前期是谨慎发展。但随着国家医疗体制改革步入深水区，医联体、双向转诊、提高基本药物的使用等，公立基层医疗机构的销售将会产生长尾效应，且公立医院没有资金风险。近几年，CM 一直在想办法扩大基层公立医院的销售，希望以较小的风险来尝试终端销售。2019年国家组织药品集中带量采购落地推行，医改进一步深化。两票制的执行缩短了药品的流通渠道，清晰了药品在流通中的价格，该政策增加了上游供应商对渠道的控制权，国家组织药品集中采购政策落地以后，继续强化了上游供应厂商的渠道控制权力，同时也打破了药品在下游端的销售开户难度，只要是医院之前使用过，报了采购量的国家集采产品，在协议量内均要接受厂家指定的配送商配送，并无条件完成协议量。CM 通过与上游供应商的谈判，拿到了重庆药友生产的降压药——苯磺酸氨氯地平在绵阳地区的独家配送权，完善了公立基层医院这一终端销售渠道。并通过集团公司的资源引入，CM 与阿斯利康公司做了基层医院的合作项目——飞鹰计划，目的是通过阿斯利康公司强大的学术支持、专家资源、人员培训、患者管理等对基层医院展开深度营销。但通过一年的运行，学术团队对筛选出来的 97 家目标基层医院开展了相应的科室会、学术讲解等活动，销售效果并不理想。一是医院原有阿斯利康产品的销售仍由原配送企业配送，这部分配送企业均是与 CM 有着竞争关系的企业，如果在这一渠道中没有分配好相关的利益，竞争公司的配合度会很低，甚至起到反向作用。二是对新产品的进院开发难度很大，同时协议量又要按进度完成，公司甚至出现了压货销售等现象，而阿斯利康要求不能退货，那么公司将面临产品滞销过期失效的风险，就只能销售到外地市场。三是公司还需承担这一团队的人力成本。

资料来源：徐成林. 基于顾客关系价值的 CM 医药公司营销渠道策略研究[D]. 绵阳：西南科技大学，2022.（有改编）。

思考题：根据 CM 医药公司营销渠道的描述，作为 CM 医药公司的渠道管理者，应着重从哪些方面思考公司营销渠道管理问题？

综合案例分析思路 11.1

第十二章

医药产品的市场沟通策略

◆ 学习目标

1. 理解医药产品市场沟通策略的基本原理和内涵；
2. 掌握医药人员推销的基本理论和方法，尤其是处方药、非处方药不同的市场推广策略；
3. 熟悉医药广告、医药公共关系、医药营业推广、口碑营销等促销策略的基本内容。

◆ 课程思政

通过学习本章，学生可以了解开展医药产品市场沟通的重要意义。结合具体的沟通手段和策略，引导学生关注中国医药市场改革实践，特别是结合"新医改"中相关政策解读，增强学生职业责任感、敬佑生命的价值观、企业家精神及敏锐的战略眼光，引导学生塑造"以社会利益为根本、以仁爱之心来实现利益相关者共赢"的医药企业新时代营销价值理念，增强其社会责任感。

◆ 引导案例

北京同仁堂科技国药精品的终端战略

2021年9月17日，北京同仁堂科技发展集团举办了2021年终端战略联盟高端峰会，此次峰会以"传统中成药与新零售"为主题，邀请专家学者、行业领袖、连锁药店等领域的精英代表，聚焦行业热点与趋势，共同寻求在"新零售时代"中成药生产企业与终端零售的融合发展、合作共赢之道。

近年来，同仁堂顺应医药行业发展趋势，积极寻求新的渠道运营模式，主动推进营销战略转型。公司于2021年3月邀约各地终端连锁，发起成立北京同仁堂科技发展集团终端战略联盟，得到了全国终端伙伴的积极响应和支持，目前共有200余家单位加入，其中不乏国药控股大药房、老百姓大药房、一心堂药业集团、九州通医药集团好药师大药房等药品终端零售领域的头部企业。该终端战略联盟，旨在搭建药品生产企业与零售终端领域信息沟通、资源共享的平台，整合品种、终端等各方面资源，以合作应对挑战，实现多方共赢。

为加大与终端连锁的合作力度，同仁堂从"推广活动、培训提升、专柜建设、广告支持、售后咨询、品种定制"六个维度，设计了"终端赋能服务包"。简言之，就是针对终端联盟会员推出"一揽子服务"。

在推广服务上，同仁堂科技发展集团的诚意也得到了合作伙伴的高度评价，企业在补益类、解毒类、感冒类、儿药类、心血管类产品中，选取市场认可度高的品种，在终端战略联盟内部进行专销。与此同时，企业把工作重心全面向终端动销转移，大幅度增加终端推广人员，以产品为导向对合作伙伴进行业务培训、开展专柜建设、提供广告支持和售后咨询服务。

在此次峰会上，同仁堂还推出了"焕彩行动"的首批产品，这也是企业核心单品在OTC、医疗、电商三个渠道上实施"一品三规"差异化营销策略的具体体现。

在产品外重包装升级的同时，同仁堂围绕渠道的不同需求，实现"差异化营销"：在终端渠道方面，整合品类、渠道、营销队伍等各方面资源，打造"营销服务包"，推动厂商合作升级。在医疗渠道方面，结合品种的升级换代，对各地医疗中标品种、医疗配送品种配送商进行全面梳理，强化对公共医疗机构的开发，积极拓展基层医疗市场。在电商渠道方面，进行顶层设计，明确发展目标、业务模式、制度体系等内容，注重大平台合作对接，实现"互联网+医疗"的创新发展。

无论是会上发布的终端战略联盟三年行动规划，还是针对合作伙伴推出的六款"终端赋能服务包"，抑或是为零售终端、OTC、医疗渠道量身打造的"焕彩行动"首批品种，都明确地传递着同一个信号：同仁堂科技发展集团将持续加大在零售终端领域的资源投放力度、强度，同时推进营销模式向着"更快捷、更灵活、更高效"的目标转型。

资料来源：新浪财经：北京同仁堂科技发展集团举办终端战略联盟高端峰会[EB/OL]. [2021-09-17]. https://finance.sina.com.cn/jjxw/2021-09-17/doc-iktzqtyt6618826.shtml.（有改编）.

随着医药科技的迅猛发展，新产品层出不穷，医药企业的产品和服务要顺利进入市场，为目标消费者所接受，必须实现多种促销方式的有机结合。医药产品促销活动的全过程实际是将医药企业、产品及服务等信息向公众传播的过程，其实质是信息沟通，所以一般将促销决策称之为整合沟通决策。

在有关市场沟通的理论进展和实际应用方面，整合营销沟通（integrated marketing communication）是一个明显的趋势。整合营销沟通强调在与目标市场沟通时，为了达到理想、明确、一致和高效的沟通效果，将广告、公共关系、营业推广、人员销售、口碑营销等促销策略相互配合，整合成一体，与产品的市场定位相一致，与产品、价格和分销渠道相协调。

在医药市场中，医药企业综合运用人员推销、广告、公共关系、营业推广、口碑营销等促销手段向组织和个人进行信息传播活动，引起他们的注意和兴趣，激发他们的购买欲望和购买行为，以达到扩大销售的目的。根据信息传播的媒介不同，促销策略可分为两种方式：一种是以人为主体的方式，包括人员推销和口碑营销；另一种是非人员方式，包括广告、公共关系和营业推广。

第一节 医药产品的市场沟通概述

一、医药市场沟通的概念

开展有效的医药市场沟通活动,可以突出产品差异化优势,树立品牌形象。一方面,能够增强目标客户对产品功能和服务价值的了解,激发其购买欲望;另一方面,可以对目标客户的反馈意见追踪记录,使企业了解和掌握客户不断变化的需求,从而稳定销售,巩固市场。

(一)沟通的概念与内涵

从广义上说,沟通是信息凭借一定符号载体,在个人或群体间从发送者到接收者进行传递,并获取理解的过程。

1. 沟通首先是意义上的传递

信息传递的准确性是沟通成功的关键点之一,如果信息和想法没有被传递到,则意味着沟通没有发生。也就是说,说话者没有听众或者写作者没有读者都不能构成沟通。

2. 沟通需要被理解

要使沟通成功,意义不仅需要被传递,还需要被理解。准确理解信息是沟通成功的另一关键点。完美的沟通,应该是经过传递后被接收者感知到的信息与发送者发出的信息完全一致。

3. 良好沟通的结果不一定是达成协议

很多人认为良好的沟通是使别人接受自己的观点,但事实上,沟通双方能否达成一致协议,别人是否接受自己的观点,往往并不是沟通良好与否这一个因素决定的,它还涉及双方根本利益是否一致,价值观念是否类同等其他关键因素。

(二)市场沟通的概念及医药市场沟通

市场沟通是"营销"和"沟通"的结合,指在一个产品的营销组合中通过与该产品的目标顾客进行双向的信息交流,从而试图建立共识达成价值交换的过程。需要关注的是,市场沟通是一个双向的过程,既包括向顾客了解和倾听,又包括向顾客传播。

医药市场沟通(Pharmaceutical market communication),是医药产品市场沟通的简称,指医药企业通过各种促销手段,向医药产品的目标顾客(医生、患者、中介组织及其他利益相关者等)开展双向的信息沟通与交流,从而使医药产品的市场得以开拓的过程。

二、沟通的基本流程

沟通应当是以换位思考的方式从挖掘目标顾客的需要与潜在需要出发,然后从所有与其发生接触的关系点进行设计与整合。沟通涉及图12-1中的九个要素。

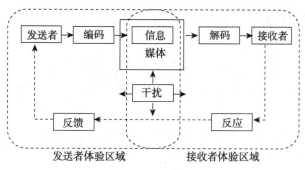

图 12-1　沟通模型

（1）发送者：将信息发送给另一方的实体。
（2）编码：将想法以形象的内容表达出来的过程。
（3）信息：发送者传达的一系列信息内容。
（4）媒体：将信息从发送者传到接收者的沟通渠道。
（5）解码：接收者将发送者传达的信息赋予意义的过程。
（6）接收者：接收另一方传来信息的实体。
（7）反应：接收者收到信息后的反应。
（8）反馈：接收者回应中返还给发送者的一部分。
（9）干扰：在沟通过程中非计划因素的干扰，导致接收者得到的信息与发送者传递的不同。

从上面的分析可以看出，要想使信息有效传达，发送者的编码过程必须与接收者的解码过程相契合。因此，信息最好是以接收者能正确解读和理解的形式进行传递，因此要求营销沟通人员必须理解目标顾客的社会经历及其当前心态。

扩展阅读 12.1　药品销售人员的药品呈现技术

三、医药市场沟通的基本过程

（一）明确目标受众

受众，指一群接收并理解信息发送者通过媒介传递信息的个体。从实现营销沟通目标来看，目标受众必须是和营销者所选定的目标市场有着契合度的人群。

（二）确定沟通目标

在明确了目标受众以后，市场沟通人员必须确定所希望的反应。在进行产品的市场沟通时，可以借鉴现在普遍使用的由罗伯特·勒韦兹（Robert J. Lavidge）和加里·斯坦纳（Gary A. Steiner）于 1961 年提出的广效应层次模型，即 L&S 效应层次模型。模型如图 12-2 所示。

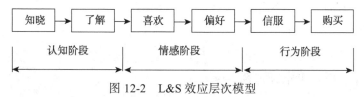

图 12-2　L&S 效应层次模型

在 L&S 效应层次模型中,受众对刺激物的反应被分为三个阶段六个目标层次。

1. 认知阶段

受众的认知反应又被细分为知晓和了解两个目标层次。

(1)知晓(awareness)。知晓指顾客发现某产品的存在,这发生于顾客与沟通手段相接触的时候。

(2)了解(knowledge)。了解是目标顾客对产品性能、效用和品质等各方面特点的认知。此时需要细化沟通工具与沟通内容。

2. 情感阶段

受众的情感反应被分为喜欢和偏好两种目标层次。在此阶段,沟通者应制作情感诉求广告,以改变受众的态度和情感。

(1)喜欢(liking)。喜欢是受众对产品抱有良好态度。如果市场沟通者了解到大多数受众并不喜欢某产品,那么就要设定促使受众喜欢该产品的沟通目标,并采用树立品质的沟通方案,创意有说服力的沟通诉求,以改变目标顾客的态度。

(2)偏好(preference)。偏好是顾客对产品的良好态度的扩大和加深。对于持喜欢态度的受众,市场沟通者需要设立促使他们建立对产品偏好的沟通目标,可以宣扬产品的质量、价值、性能和其他特征。在传播活动实施以后,通过受众偏好测试来了解沟通活动是否成功。

3. 行为阶段

受众的行为按反应的差异可分为信服和购买。这一阶段实际已经进入购买意向阶段,应对购买动机加强刺激或直接诉求购买欲望。

(1)信服(believe)。信服是决策的一种状态,表明顾客已经坚信购买产品的正确性,或已经有了购买动机。对于尚处在喜欢或偏好阶段还未确定购买某种产品的顾客,市场沟通的目标应该设定为促使其做出购买决定,使其坚信购买该产品是明智的选择。

(2)购买(buy)。购买是由态度转变为实际购买行为的反应。如果有些顾客已经处于信服状态,但还是没有达到要做出购买决定并付诸行动的地步,可能是在等待或做进一步的计划。此时,沟通者就要设法引导他们最终行动起来。此时适时推出的促销活动是非常起作用的成交促进手段。

(三)设计信息

一旦确定了所希望的受众反应,市场沟通人员就要着手设计有效的信息。理想的信息应当能够引起注意(attention),维持兴趣(interest),激发欲望(desire),并促成行为(action),这就是所谓的 AIDA 模式。在将信息组合起来时,沟通人员必须解决说什么(信息内容)和如何说(信息结构和形式)的问题。

1. 信息内容

市场沟通人员必须设计一种诉求或主题,以产生预期的反应。一般来讲,诉求有三类,即理性诉求、感性诉求和道德诉求。

理性诉求是与受众的自身利益相关的，主要展示产品所带来的预期好处。医药代表在进行临床学术推广时，在对医药产品的生理、病理等医药机制进行说明时，基本都是在进行理性的市场沟通与产品推广。感性诉求旨在激起消极或积极的情绪，以刺激购买。比如一些辅助戒烟的产品推广，营销人员向目标受众展示经常吸烟者的肺与正常人的肺的对比来强化负面诉求，有时甚至被业界人士戏称为"恐吓营销"。道德诉求针对的是受众对有关什么是"对"和"适当"的理解，通常用来激励人们支持社会事业，维护人们看重的某种社会责任及道德主张。道德诉求的一个典型案例是哈药六厂的"为妈妈洗脚的公益推广"，该市场的沟通方式产生了非常大的社会影响。

2. 信息结构与形式

市场沟通人员除了考虑说什么的问题外，还要考虑如何说的问题。关于信息结构市场沟通人员主要思考如何处理以下三个问题：是否下结论还是留给受众自己判断；是否只提出单方面的论证还是承认其不足之处；应当将最有力的证据放在开始还是最后。

最后市场沟通人员还需要采用一种有效的形式来传达信息。在医药产品的印刷宣传中，必须确定合适的标题、方案、图形与色彩，甚至推销人员在陈述产品时的声音和表情也是应当考虑的因素。

（四）选择沟通媒介

1. 人员沟通

人员沟通方式包括人员推销和口碑营销。在人员沟通中，两人或者更多的人通过面对面谈话、打电话、通信，甚至网络聊天进行沟通。其有效是因为它能产生互动与反馈进而创造人际关系。很多企业现在经常使用口碑营销方式，研究证明，在OTC类的市场消费中，这是对购买决策最有影响力的一种方式。

2. 非人员沟通

非人员沟通方式包括广告、公共关系和营业推广。非人员沟通指不通过人员接触或反馈传达信息的媒介开展沟通，主要有印刷品、广播、展示及在线媒介等。非人员沟通直接影响购买者，而且采用大众媒介还可以引起更多人员沟通，从而间接影响目标顾客。

（五）沟通实施

这一步是最需要执行力的一个环节，也是关系到前面一系列创意和计划是否能如愿落实的一个关键步骤。一些规模不大的市场沟通活动可能由本公司的员工就可以完成，但是大量的工作一般是需要专门的中介组织协助进行的。

（六）市场沟通效果的监测与评估

市场沟通效果指在信息传播之后对受众产生的所有直接和间接的影响。一般分为两类：一是传播效果，即对目标受众心理的影响，如品牌知名度、信息理解度、产品态度和购买意愿等；二是销售效果，即沟通活动促进商品销售在销售量、利润、市场份额等方面的变化情况。

第二节 医药产品的人员推销策略

医药产品是一种特殊的商品,其消费模式不同于普通商品,医药产品具有典型的代理消费特征。医生的处方和专业技术人员的推荐对消费者的购买行为产生决定性影响,所以医药产品的人员推销对象主要是医疗机构中的专业技术人员和医药产品零售商。

一、医药产品人员推销的概念

(一)人员推销的含义

人员推销是推销人员向消费者或中间商进行直接的宣传介绍,使其产生购买行为的促销方式。人员推销是现代产品促销的一种重要形式,其最大的优点是:信息双向交流,针对性强,有助于营销人员及时掌握顾客的需要,随时调整自己的推销方案,在争取顾客偏好、建立顾客购买信心和促成当面迅速成交等方面效果显著。不足之处为推销费用高、推销范围有限、优秀的营销人员不易寻找等。

开展人员推销的推销人员是市场营销工作的第一线战士,直接和消费者接触,通过微笑和带有亲和力的工作形象,实现四个目标:第一,售出产品;第二,满足消费者的需求;第三,带回消费者对产品评价的信息反馈;第四,提升产品和企业形象。

(二)医药产品人员推销的含义

医药产品人员推销指医药企业派出销售人员与批发商、零售商、医疗机构和消费者进行直接的人际沟通,通过双向的信息交流,使其了解医药产品的信息,说服其做出购买医药产品决策的促销方式。根据促销对象的不同,医药产品人员推销可以分为两类。

(1)支持性推销。支持性推销主要面向医院和医务人员推销处方药等,其推销人员被医药行业称为医药临床代表,又被称为处方药临床代表。支持性推销的主要任务不是签订销售合同,而是协助销售医药产品。一般情况下,医药企业派出医药临床代表,通过对医疗机构和医务人员的拜访,开展学术推广、技术咨询等活动传递产品信息,树立企业或产品形象,说服医生使用本企业产品并收集临床使用的反馈信息。

(2)商务性推销。商务性推销主要面向医药批发商和零售商推销医药产品。一般情况下,面向医药批发商的推销人员称为医药商业代表,面向医药零售商的推销人员称为OTC代表。商务性推销的主要任务是向批发商和零售商传递产品信息,获得订单,签订合同,负责回款,与顾客维持关系,管理营销渠道成员,提供售后服务等。

在医药市场上,常常把从事推销医药产品的人员称为医药代表。从广义的角度看,医药代表包括处方药临床代表、OTC代表和医药商业代表。从狭义的角度看,医药代表仅指处方药临床代表。目前,大部分外资医药企业与合资医药企业将原医药代表改称为医药信息沟通专员,国内医药企业多称为学术推广专员,称谓的改变也反映了目前医药市场中销售人员工作内容和工作重心的调整。下面主要介绍处方药临床代表和OTC代表。

二、处方药临床代表

(一) 处方药临床代表的含义及职责

为规范医药企业和医药代表的药品推广行为,促进医药产业健康有序发展:2020年10月,国家药品监督管理局组织制定了《医药代表备案管理办法(试行)》;2021年3月,中国化学制药工业协会(CPIA)正式发布了《医药行业合规管理规范》。

根据《医药代表备案管理办法(试行)》,医药代表指代表药品上市许可持有人在中华人民共和国境内从事药品信息传递、沟通、反馈的专业人员,这是狭义的医药代表,即处方药临床代表。

处方药临床代表的职责就是围绕药品信息进行传递、沟通和反馈,包括:及时地向医务人员推广先进的医疗技术和医药知识;通过和医务人员的交流获得药品的质量、不良反应等信息,及时反馈给医药企业;充分了解药品的市场状况,让医药企业把握市场机遇,适时制定新的市场战略。

扩展阅读 12.2 国家药监局关于发布医药代表备案管理办法(试行)的公告(2020年第105号)

(二) 处方药临床代表的主要工作内容

1. 协助销售

《医药代表备案管理办法(试行)》规定作为处方药临床代表不得承担药品销售任务,不得实施收款和处理购销票据等销售行为,但是可以通过拟订医药产品推广计划和方案,通过学术推广的形式向医务人员传递医药产品相关信息,指导医务人员合理使用本企业医药产品,从而达到协助销售的目的。

2. 信息反馈

作为处方药临床代表,最重要的职责之一是指导医生合理用药。在指导医生的同时,还要及时向医生和患者了解药品的临床应用情况、不良反应和症状等信息,并且在第一时间反馈给医药企业,为今后更好地指导合理用药和研发新药收集第一手资料。

3. 客户维护

无论是否完成了协助销售任务还是信息反馈任务,在后期依然要多次拜访客户,增进与客户的感情,做好维护客户关系的工作,为医药企业的营销工作奠定良好的基础。

(三) 处方药临床代表的作用

1. 促进临床用药的合理、有效、安全

由于处方药临床代表对具体的药品有着深入的了解,并且能及时获得最新医药学信息,所以既可以针对药品本身进行全面的介绍,还能为医生提供有益的咨询,从而保证临床用药更加合理、有效、安全。

2. 提高医务人员的业务素质

针对具体产品相关信息的宣传咨询工作,有助于推动医务人员在该领域的知识拓展,提高医务人员在该领域的业务素质。

3. 建立稳定的消费者群体，保证医药经济的稳定发展

处方药临床代表通过认真、深入、细致的工作，能够使企业产品得到医务人员的认可，这不仅可以提高企业的信誉和产品形象，同时还可以稳定消费人群。

（四）处方药临床推广团队

1. 处方药临床推广团队的定义

处方药临床推广团队指由两个及以上人员所组成的推广处方药的小组。该小组通过周密的计划，以及与各部门的充分协调运作，围绕医院或者医务人员开展一系列的相关活动，主要是以专业学术推广会议的方式对其产品进行宣传，通过此方式处理客户的意见，并满足客户的需求，以此达到合理用药的目的。

2. 处方药临床推广团队的工作形式

（1）产品上市会。医药企业一般会把产品的品牌塑造作为经营重点，药品品牌是从上市时正式诞生的。

（2）学术研讨会。医药产品的科学信息专属性强，定期有策略地向专业群体发布药品信息的主要形式之一就是各种级别、规模的学术研讨会。

（3）院内科室产品推广会。这是对医药促销人员来说最重要的群体推广活动。

（4）临床试验协调会。这是体现医药促销人员专业水平的更高层次的会议形式。

（5）专家义诊咨询活动。这是企业向社会公开展示形象的窗口之一。

（6）患者健康教育活动。协助医疗卫生机构及政府向大众提供专业健康信息服务，是制药企业经营的一项宗旨。

（7）媒体广告。对于处方药来说，可以利用专业期刊等专业媒体做广告。

（8）医院内科普宣传活动。医药产品可以利用宣传栏、健康教育电视节目、多媒体咨询台等开展医院内科普宣传活动。

（9）医师药师学术沙龙。这是制药企业为医师、药师等专业人员提供的一种服务形式。

（10）专业学术委员会。以企业赞助的形式，组织或参与专业学术委员会，为高层专业人士研究、讨论学术问题提供支持。

（五）学术推广的类型

处方药临床推广团队主要依靠学术推广的方式展开。广义上，学术推广可分为两大类：一是面对医疗机构及医务人员的专业学术会议；二是面对消费者的科普性知识教育。

1. 专业学术会议

（1）专业的学术推广会。此类会议由于涉及面广、规模较大、人员较多，通常会由医药企业的市场部或者大区经理来主持召开，需要进行周密的策划，并按规定程序上报给企业。一般需要选取1~2位全国知名的医药专家和1~2位当地的知名人士参会，会后企业要安排当地的处方药临床代表及时对客户进行回访，加强与客户沟通。

（2）新产品医院推广会。可以分为两种情况：一是针对整个区域内所有医院的推广会，此类会议需要与医药企业总体的营销策略相配合，企业要对此制订完整的计划。二

是针对某家医院的产品推广会,此类会议也称医院内部推广会,是医药企业与具体的某家医院进行沟通,然后联系开展新产品介绍会,主要是面向医院药事委员会成员、药剂科人员和临床科室人员,使他们了解新产品,认可新产品。

(3)赞助学术会议。医药企业通过赞助或参加的方式支持相应的学术会议,以此来树立医药企业和产品形象。

2. 消费者健康教育

根据国家的规定,处方药是不允许通过媒体直接向大众进行宣传的。因此,针对消费者的健康教育活动是各大医药企业宣传产品的重要途径,以此来增强消费者对企业和产品的认知,影响消费者的用药心理和用药习惯。

对消费者进行健康知识教育,主要是以公益性的讲座形式指导消费者合理用药、提高消费者的健康知识水平,这样既可以树立企业和产品的良好形象,又可以让消费者对企业和产品产生信赖,从而促进产品的销售。目前,针对消费者的健康知识教育活动主要有三种载体:健康教育手册、健康教育网站和健康知识讲座。

(1)健康教育手册。健康教育手册因具有成本低、信息量大等优点而受到了很多医药企业的欢迎,此类手册已经成为医药企业向消费者传递处方药信息的主要载体。

(2)健康教育网站。在医药企业网站上,消费者不仅可以了解到处方药的产品信息,还能够向专家请教答疑,或了解医药企业的其他信息。

(3)健康知识讲座。健康知识讲座是最常见的消费者健康教育手段。医药企业通过举办各种形式的消费者健康知识讲座,如义诊、病友会等,提高消费者的卫生健康知识水平,正确引导消费者合理用药,培养稳定的消费习惯。在举办讲座的时候,要注意向消费者展示医药企业的公益形象,克服单纯的"药品销售"的形象,让消费者更为深入地认识医药企业;同时利用在场专家、宣传手册等,向消费者传播本企业文化、经营理念、药品疗效、销售方式和服务途径等,使医药企业最终成为消费者的引导者和教育者,这不仅可以使医药企业树立良好的公益形象,而且更能够赢得消费者的信任,使企业的生产经营立于不败之地。

值得关注的是,2021年4月,国家医保局与国家卫生健康委联合发布了《关于建立完善国家医保谈判药品"双通道"管理机制的指导意见》,"双通道"政策的实施,会带来处方外流、新药发行和支付方式等多种情况的变化,DTP药房将是医药零售发展的新引擎。DTP药房是一种直达患者的药品销售模式。在获得医生处方后,患者可以便捷地在专业的DTP药房购药,享受药品配送、药事服务、随访、患者教育等附加服务。因此,医药企业在人员推销层面上会面临更多的机遇与挑战,处方药临床代表和临床推广团队的工作范围在未来将不仅仅局限于医疗机构,医药企业应适应国家政策与市场变化做出及时调整。

扩展阅读 12.3 关于建立完善国家医保谈判药品"双通道"管理机制的指导意见

三、OTC 代表

（一）OTC 代表与处方药临床代表的角色差异

OTC 代表的角色不同于处方药临床代表，核心任务也不同。OTC 代表的四大核心任务分别为铺货、陈列、POP 设计和店员培训。这与处方药临床代表的任务明显不同，在工作特点方面也存在着较大的差异，具体包括：所辖的药店数量要远远大于处方药临床代表所辖的医院数量；工作更注重"面"，而非侧重"点"；零售药店的投入产出回报较快；医药分业所带给 OTC 代表的机遇大于挑战。

（二）OTC 代表的核心任务

1. 铺货

对所管辖的药品零售市场进行全面拜访，筛选出有潜力的药店，把产品铺入零售药店内，即让药品摆放在零售药店的货架或柜台上。

铺货的作用：通过把产品陈列到柜台或者货架上，使消费者看得见产品，这是实现销售的基本前提；铺货本身就是一种广告；铺货可以掌握零售网络；铺货是促进零售药店将有限的资金与营业场所内的陈列空间，用于购买和摆放本医药企业的产品，减少对竞争对手药品的进货，也就是所谓的抢先占领空白市场。

2. 陈列

陈列工作是衡量医药企业 OTC 营销能力高低的一个重要指标，是医药企业决胜于 OTC 市场零售终端的有力保证。由于医药市场的特殊性，药品陈列与一般商品专卖店陈列有一些不同，如处方药不能开架销售，只能陈列在封闭的柜台内。陈列的作用如下：加强企业及其产品在消费者心目中的形象；吸引消费者，引导其购买；增加消费者对企业及其产品的信心；增加销售机会，帮助企业达成销售目标。

3. POP 设计

POP 意为"卖点广告"，又名"店头陈设"，指商业销售中的一种店头促销工具，其形式不一，但以摆设在店头的展示物为主，如吊牌、海报、小贴纸、纸货架、展示架、纸堆头、大招牌、实物模型、旗帜等，都属于 POP 的范围。

4. 店员培训

店员培训的基本内容：①本医药企业简介、企业文化、企业品牌、企业制度等；②相关的医学基本常识；③相关产品知识，如本医药企业产品的定位、消费者常见问题及接待方法、与竞争品相比的差异点、正确的使用方法、可能出现的不良反应及如何解释等。

第三节　医药产品的广告策略

一、医药广告的定义与特点

（一）医药广告的定义

广告有着悠久的历史，早在原始社会的晚期距今约 4000~10 000 年的新石器时代，就出现了最早的广告形式——实物陈列和叫喊。这种形式的广告至今还在流传,而其他的广告形式,大体又都是从这种广告形式中演变而来,只不过是采用了新的手段和工具,注入了新的内容。现今,广告的媒介和形式更加丰富,融入了新的时代特色,但依然是企业普遍重视和广泛采用的促销方式。

根据是否以营利为目的可以将广告分为公益广告和商业广告。《中华人民共和国广告法》所规范的广告,主要指的是商业广告,将其定义为:商品经营者或服务提供者承担费用,通过一定的媒介和形式直接或间接地介绍自己所推销的商品或提供的服务的商业广告。

因此,我们可以这样理解:医药广告是医药企业承担一定的费用,通过适当的媒介和形式向目标市场传播与医药企业及产品相关信息的活动,也是一种通过提高产品或企业的知名度来促进销售的促销手段。

(二)医药广告的特点

1. 以信息传递为手段

根据《中华人民共和国药品管理法》《中华人民共和国药品管理法实施条例》的规定,药品广告从大类上分,包括处方药广告和非处方药广告。处方药只能在国务院卫生行政部门和国务院药品监督管理部门共同指定的医学、药学专业刊物上介绍,通过专业媒体向医疗机构的处方医生、专家等专业人士宣传,不得在大众传播媒介发布广告,或者利用其他方式进行以公众为对象的广告宣传,只能实现促销信息的定向传播;而非处方药则可以通过医药产品广告进行大众化的信息传播,但需要获得"药品广告批准文号"。

由此可见,国家对医药产品广告的管控是十分严格的。医药产品直接关系到人民群众的生命安全和身体健康,从国家层面对医药广告进行限制,能在很大程度上避免群众受到虚假信息的蒙骗,从而保证用药安全。

扩展阅读 12.4 处方药和非处方药流通管理规定

2. 以诱导需求为目的

医药广告通过对文字、音效及色彩的艺术化处理,将医药企业及其产品或服务的信息传递给社会大众,形象化、艺术化、多渠道的信息传播使公众更容易接受并被吸引,从而诱导需求,扩大销售。

二、医药广告的作用

(一)传播信息

这是医药产品广告最基本的作用。广告是最大、最快、最广泛的信息传递媒介。广告是传播市场商品信息的主要工具,有利于改善市场环境下买卖双方信息不对等的不良状况。通过广告,企业把产品的特性、功能、用途及供应厂家等信息传递给消费者,建立双方的联系,扩大产品知名度。在医药新产品上市之初,以发布广告的形式介绍情况,告知医生或消费者新产品的利益点和创新点,有效树立企业形象,突出产品竞争优势,有效激发消费者的购买欲望。当医药产品处于成熟期阶段，竞争者纷纷进入市场参与竞争，此时广告的投入有助于维持长期的顾客关系。

（二）促进销售

医药广告搭建了医药企业与消费者沟通的桥梁。从企业层面看，医药产品可以借助广告宣传，提高说服力，扩大信息传播的速度和范围；从消费层面看，广告可引导消费、刺激消费，甚至创造需求。

（三）建树品牌

在市场竞争日趋激烈、产品高度同质化的今天，品牌日渐成为商家重要的竞争手段，而广告是塑造品牌个性最有力的手段，它使相同的产品具有与众不同的特性和品牌形象。

（四）教育公众

医药广告不仅具有经济效益，还具有社会效益。虽然大部分广告被企业用于宣传商品，但也有许多机构和组织花费大量广告费用，向民众宣传自己的使命。我国公益性的广告活动日益增多，对全社会进行道德和思想教育发挥了重要作用。如国家药品监督管理局制作的"药品使用遵医嘱，过度滥用危害大""防止滥用成瘾性药物"的平面广告，就属于公益性广告。这类广告倡导和教育公众遵守社会公德和社会行为规范，号召人们摒弃不良习惯。部分医药企业也参与或自创公益广告，在做公益广告的同时也借此提高企业的形象，向社会展示企业的理念。广告事业是为经济服务的，但又是为社会、为消费者、为促进社会主义核心价值观的建设服务的，开展公益性广告活动正是树立以上服务观点的体现。

三、医药广告的创作原则

医药产品是特殊的商品，因此，对医药产品的广告宣传必须依法进行创作、传播与管理。医药产品广告的创作应遵循如下原则。

（一）真实性

医药产品与普通产品最大的不同之处是用于治病救人，因此真实性原则尤为重要。在医药广告中必须实事求是地说明药品的疗效及副作用，不得夸大疗效，随意扩大宣传药品的适用范围。广告文稿要真实准确，客观实在，要言之有物，不能虚夸，更不能伪造虚构。在进行产品宣传时，要突出产品的特性，切忌一些与主题无关的词语和画面，避免不着边际的空谈。对于具体的医药产品，要有针对性地对消费者进行诉求，做出符合事实且颇有吸引力的承诺。

（二）科学性

科学，就是在理性、客观的前提下，发现事物规律，实事求是。有效治疗疾病，需要讲究方法，提倡科学和实证的精神。医药产品广告的设计不能违背医学和药学的基本原理和常识，不能违背生物学与生理学的客观事实，广告传播的手段和制作技术要具有先进性和科学性。广告词不能出现有关其功效或安全性的断言或者保证。例如，在抗击新冠病毒的过程中，全国各地积极运用科学的力量和手段，从前期的病毒溯源、疫情研判到此后的药物和疫苗研发，较好地遵守了"科学防控"这个大原则，遏制住了病毒的传播，科学防治贯穿着疫情防控的每个阶段。

（三）艺术性

为了加强广告的感染力，激发人们的审美情趣，从而引发人们的兴趣和欲求，医药企业可以在广告创作中进行必要的艺术夸张，以增强消费者的印象。广告是传播经济信息的艺术作品，应具有形式美、内容美、语言美，更要富有感染力、吸引力、冲击力、推动力和魅力。医药广告的设计理念、传播内容、表现形式要新颖，只有形式美、内容美的广告才能对消费者产生更强的吸引力和推动力。广告的真实性、思想性、主题鲜明性要通过艺术的形式表现出来，通过美术、摄影、歌曲、音乐、诗词、戏剧、舞蹈、文艺等丰富多彩的艺术形式表现广告主题，以其艺术性来增强广告的趣味性、欣赏性。广告不应出现病症或感染、患病部位的特写镜头或图片以恐吓观众，也绝不能以色情的和颓废的内容来吸引消费者注意，诱发他们的购买兴趣和购买欲望，要将思想性寓于广告艺术性之中。

（四）合法性

医药产品是一种关乎消费者身体健康，甚至生命安全的特殊商品，为了防止激烈竞争和丰厚利益导致企业做出虚假或夸大宣传的医药产品广告，国家对医药产品广告出台了一系列的要求和规定。作为医药企业营销者，必须全面了解并掌握国家在医药产品广告监管方面的特殊要求，合法利用广告对医药产品营销的积极作用。

营销视野 12.1 《中华人民共和国广告法》对于医药产品广告的特殊规定

1993 年，我国出台了《医疗广告管理办法》，用以规范医疗广告，其后相继出台了诸如《药品广告审查发布标准》《药品广告审查办法》等一系列法律规章，2015 年 9 月 1 日，新修订的《中华人民共和国广告法》开始实施，其中对医药广告有着一系列明确的要求和规定，这些法律规章对规范我国医药广告市场起到了非常重要的作用。实行依法治国，必须增强全体人民的法律意识。法律是一条高压线，我们要自觉遵守和维护法律，共同构建和谐社会。

扩展阅读 12.5 "神药"莎普爱思的没落

四、医药广告的媒体决策

暴涨的媒体成本、更加聚焦的目标市场营销策略，以及新型数字媒体和社交媒体的发展，使媒体策划有时比广告创意更为重要。越来越多的医药企业致力于努力实现精心策划的创意与能表达该创意的媒体之间的珠联璧合。

常见的广告媒体包括大众媒体和企业自办媒体两大类，但自 20 世纪 90 年代以来，随着互联网等新技术的发展，又诞生了数字化新媒体。如今的媒体组合仍然以传统大众媒体为主，但企业普遍在组合中增加了成本更低、针对性强、互动也更充分的数字、移动和社交媒体。不同类型的广告媒体在传播范围、传播速度、表现形式、受众人群及费用等方面各具特点，因此，医药企业应比较各媒体的优缺点，结合企业及产品的实际情况，在实施中根据具体情况灵活地进行组合使用，以求达到最佳的广告传播效果。

（一）报纸

报纸是以刊载新闻和时事评论为主的定期向公众发行的印刷出版物或电子类出版物，是最早发布广告的媒介。早在距今2000多年前，中国就出现过类似的文书抄本，它是当时的官府用以抄发皇帝谕旨和臣僚奏议等文件及有关政治情况的刊物，称为《邸报》。报纸的优点是：时效性强；读者面广、针对性强；可信度高；制作简单灵活，费用低廉。其局限性是：有效期短；刊载内容多，易分散注意力；表现手法单调而印刷不够精美；传阅性差。如今，报纸仍是大众传播的重要载体，各行各业也在积极破解报纸出版行业发展的难题并提供有建设性的建议。

（二）杂志

杂志指有固定刊名，以期、卷、号或年、月为序，定期或不定期连续出版的印刷读物，其根据一定的编辑方针，将众多作者的作品汇集成册出版，定期出版，又称期刊。我国最早的中医杂志《吴医汇讲》，创刊于清乾隆五十七年（公元1792年）。杂志广告仅次于报纸广告，读者面虽不如报纸，但接触时间比报纸长。其优点是：宣传对象明确，读者层稳定；持续时间长，传阅性强；可信，有威望；竞争干扰小，利于刊登开拓性广告。其局限性是：由于专业性强而广告面狭小；间歇出版，影响广告及时性；篇幅少且灵活性差，成本较高。

（三）广播

广播指通过无线电波或导线传送声音的新闻传播工具。中国的第一座广播电台建于1923年，首先在上海播出。广播可起到其他广告媒体难以起到的作用。其优点是：宣传对象明确，本地接受度高，读者层稳定；持续时间长，重复出现率高；竞争干扰小，感染力强，利于刊登开拓性广告；成本低。其局限性是：时间短，没有视觉性的刺激，不易记忆，往往一听而过。广播频率专业化已成为城市广播电台发展的趋势，各专业广播的职能细分是一个必然趋势，移动广播随汽车时代的到来也是广播媒体的必然发展趋向。

（四）电视

电视是现代先进的广告宣传工具，也是最受欢迎的广告媒介。占有声、形、色俱全的优势，感官吸引力强，有较好的艺术效果。其优点是：表现手法灵活多样，印象深刻；广泛覆盖大众市场，可重复播放。局限性是：广告拥挤杂乱，易产生相互干扰；绝对制作成本费昂贵；看过即逝，难以保存，传播范围受电视台覆盖面的影响；很难选择受众。新媒体的出现虽然对电视行业造成了一定的冲击，但就目前来说电视的受众还是十分广泛的。

（五）户外广告

户外广告是在建筑物外表或街道、广场等室外公共场所设立的霓虹灯、广告牌、海报等。户外广告可以在固定的地点长时期地展示企业的形象及品牌，因而对于提高企业和品牌的知名度是很有效的。其优点是：地理位置选择性强，供流动的人们观看，接触面广，信息竞争少；持续时间长；灵活性较大；颇有艺术感染力。其局限性是：广告对象针对性差；信息内容少，创意有限，广告印象不深。伴随着互联网发展的脚步，户外广告也迈入了电商行业，出现了不少的B2B行业网站。网络的快捷打破了原本户外广告的经营模式，媒体主和广告主可以在线浏览多个资源，还可即时沟通，无须辗转各地察看，不但能够减少人力物力的浪费，还能有效促进合作。在科学技术迅猛发展的现代社会，户外广告也引用了不少新材料、新技术、新设备，并成为美化城市的一种艺术品，是城市经济发达程度的标志之一。

（六）新媒体

新媒体指利用数字技术和网络技术，通过互联网、宽带区域网、无线通信网等渠道，以及计算机、手机、数字电视机等终端，向用户提供信息和娱乐服务的传播形态。相对于报刊、户外、广播、电视四大传统意义上的媒体，新媒体被形象地称为"第五媒体"。其优点是：信息传播和更新速度快，成本低；信息量大，内容丰富，多媒体传播；互动性强，能随时随地满足人们互动性表达、娱乐和信息传递的需要；选择性好。其局限性是：信息量巨大导致信息选择困难，虚假信息和不安全信息处理难度大；受众控制传播时间。以网络交互世界为代表的新媒体时代为人类的社会生活带来一种可能的交往意义空间，网络世界真正将信息权以低成本的方式还原到每个个体的身上，由此可能产生的将是一个丰富、多元化的人类社会空间，这就要求我们遵守网络秩序，共同维护网络安全。

五、医药产品的广告管理

医药产品是一种关乎消费者身体健康，甚至生命安全的特殊商品，为了防止激烈竞争和丰厚利益导致企业做出虚假或夸大宣传的医药产品广告，国家对医药产品广告出台了一系列的要求与规定。违法医药广告直接危害了患者的利益，破坏了正常的广告市场秩序和医疗工作秩序，其造成的危害不可低估。首先，国家应完善相关法律法规，加大对医药广告市场的监管力度。其次，医药企业营销者必须全面了解并掌握国家在医药产品广告监管方面的特殊要求，遵循医药广告的创作传播原则，合法合理地利用广告对医药产品营销的积极作用。最后，作为医药产品的消费者，应学会在杂乱的信息中识别虚假，保持理智，不轻信他人，并对虚假医药广告信息进行举报，以营造良好的社会环境。

第四节　医药产品公共关系

"公共关系"一词，由英文"public relations"翻译而来，简称"公关""PR"。一般认为，公共关系是社会组织运用各种传播手段，通过双向信息交流，在组织与公众之间建立相互了解和信赖的关系，树立组织的良好形象和信誉，取得公众的理解和支持，从而促进组织实现其目标的一切活动。从静态上看，公共关系是社会组织与公众之间客观存在的状态；从动态上看，公共关系是一个组织为了达到某种明确的目标，自觉地、有计划地从事公关活动。

一、医药公共关系的定义

医药公共关系指医药企业为营造有利于自身生存和发展的社会环境，针对目标公众，运用有效的传播手段，开展双向沟通交流的战略性管理活动。我们可以从以下五个方面更好地理解：

第一，公共关系的行为主体是医药企业或其聘请的专业公关机构；
第二，公共关系的沟通对象是相关公众；
第三，公共关系的工作手段是传播沟通；
第四，公共关系的本质是双向的信息交流；
第五，公共关系的目标是为医药企业树立良好的公众形象。

二、医药公共关系的研究对象

对于医药企业来说，企业的员工、股东、原料供应商、产品经销商、医务人员、消费者、媒介、社区、政府、竞争者都是其公众，公共关系就是处理该企业与这些公众之间的沟通协调问题，为医药企业的生存与发展创造良好的环境。因此，医药公共关系的研究对象只能是公关活动现象及其内在规律。具体地说，应当包括以下几个方面。

（一）研究医药企业对公众影响的特点和规律

公关活动过程是医药企业主动对公众施加公关影响的过程，在这一活动过程中，起主导作用的是医药企业，其原因包括：公关活动是医药企业按照既定目标有计划、有步骤开展的实践活动；公关活动的内容是根据医药企业确立的公关目标而选择的，反映的是医药企业的期望和要求；公共关系的方式、方法也由医药企业确定和运用，以体现医药企业的意志；公关目标的实现程度是评估公关效果的衡量标准。

（二）研究医药企业与公众双向认知、互动的特点和规律

公共关系是一个医药企业在运行中，为使自己与公众相互了解、相互合作而进行的传播活动和采取的行为规范，那么在公关活动过程中，除了医药企业起到主导作用外，公众也并不是消极和被动的，他们具有能动的反作用。如公众在购药过程中，遇到药店（组织）向其促销产品，公众并不是被动接受促销信息而马上产生购买产品行为，也要经过自身判断过程，与自己已有的购物经验、产品信息、对品牌的了解程度等相结合来考虑。

（三）研究医药企业、公众与传播相互作用的特点和规律

公关是一种信息传播活动，是医药企业有目的地运用传播手段与公众沟通联系的双向信息交流的过程，在这一过程中，传播起到了不可估量的作用。

从传播与医药企业的关系中看,一方面,传播者是公众的组成部分,也是医药企业应当追求的群体;另一方面,医药企业通过传播与公众沟通,传播是沟通的桥梁。这就要求医药企业重视与各类传播媒介的关系,以达到强化医药企业支配地位的作用。

若从传播与公众的关系来讲,一方面,传播是医药企业的代表,替医药企业传播其信息和目标;另一方面,传播还必须结合自己的特点和规律,使医药企业与公众之间真正达到双向沟通的作用。这就要求传播媒体遵循公平、客观、全面的传播原则。

所以说,公关的研究对象也包括研究医药企业、公众与传播相互作用的特点和规律,特别是要研究大众传播媒介和网络媒介的双向沟通中公关主体如何科学地选择、运用传播技术,提高传播效果,以及公关客体如何接受信息传播和对公关主体沟通信息的能动作用等。

(四)研究医药企业、公众与环境作用相协调的特点和规律

任何公关活动都必须在一定环境中进行和开展,环境因素发挥着重要的影响作用。环境因素有外部环境和内部环境之分。外部环境主要指社会的人口、政治、经济、文化、科技等因素,即宏观环境;公关内部环境的影响,是由医药企业与公众互相影响而形成的内在心理环境,也就是所谓的微观环境。

三、医药公共关系工作程序——四步工作法

(一)公共关系调研

医药公共关系调研是公关活动的第一步,指对医药企业的公关状态进行情报收集与研究的工作,主要目的是甄别公众对象,测量舆论情况,评价组织形象,找出差距,明确问题,并形成改善现状的措施和工作思路。

(二)公共关系策划

医药公共关系策划是在调研的基础上,对公关活动进行的超前性谋略和计划,是公关四步工作法的核心和灵魂,是构建和提升医药公共关系工作的关键,是公共关系实施的指南。目前,在公关活动中,被人们普遍接受并得到广泛应用的是英国著名公共关系专家弗兰克·杰夫金斯(Frank Jefkins)提出的"公关策划六部曲",即确立目标,设计主题,分析公关对象,选择公关媒介,编制公关预算,审定方案。

(三)公共关系实施

医药公共关系实施指对公关策划的具体执行过程,是整个公关活动的"高潮",也是解决公关问题,实现公关目标的关键环节。良好的公共关系执行力是医药企业公共关系成功的关键。

(四)公共关系评估

对医药公关工作的成效进行评估,是改进医药公关活动必不可少的一步。公关评估是有关专家或机构根据特定的标准,对公关计划、实施及效果进行监测和评价,以判断其优劣的过程。其主要是对公关活动的每一个步骤、每一个具体事件进行客观的评估,

在肯定成绩的同时,发现新问题,为下一阶段的公关工作的开展提供参考意见。

四、医药公共关系的模式

医药公共关系模式,就是有一定的公共关系目标和任务,由若干技巧所构成的具有某种特定的公共关系功能的工作方法系统。医药企业可以根据自身不同的发展阶段,针对不同的公共关系对象,根据实际情况和需要选择不同的公共关系模式进行操作。下面介绍五种常见的公共关系模式。

(一)宣传型公关

企业通过发行内部刊物或是争取一切机会和新闻媒体建立联系,及时将有新闻价值的信息提供给报纸、杂志、电视台等新闻媒体,借以扩大企业影响,帮助企业在公众面前树立良好的形象。简而言之,就是利用媒体进行自我宣传。医药企业采用宣传型模式,应主动向公众提供各种宣传材料,这种模式往往最能体现医药企业的个性和特点。

(二)交际型公关

交际型公共指医药企业不借助任何媒体,以人际接触、情感联络为手段,与公众进行协调沟通,为企业广交朋友、广结良缘,建立广泛而友好的社会关系网络,以形成有利于医药企业发展的环境的一种公共关系模式。这类公关活动具有直接性、灵活性,使公众感到组织的人情味浓。它的操作可分为社团交际和个人交际两大类。社团交际包括医药企业举办的招待会、茶话会、座谈会等;个人交际包括攀谈、宴会、拜访等。

(三)服务型公关

营销视野 12.2 天士力全球范围助力对抗新冠疫情

服务型公关是医药企业通过向社会和目标公众提供产品以外的、额外附加的优质服务,以此来获得社会和目标公众对企业的好评,增强医药企业市场竞争力的一种公共关系模式。它通过服务这种特殊媒介传递企业的宗旨、性质、诚意等,来获得公众好评,树立企业的良好形象,最能体现"全员公关"思想。例如,药店销售的产品是药品,但许多药店都配有饮水机、用药咨询、针线包等便民措施,这就是提供产品之外的附加服务。这样的服务虽细小,但公众可于细微之处见真情,长期坚持下来,就为药店赢得了公众赞赏和远期经济效益。

(四)社会活动型公关

社会活动型公关指医药企业通过主办或赞助等方式来开展一系列社会活动,进而提高知名度和美誉度。它具有社会性、公益性、文化性的特点,即企业对社会或所在社区的文教、卫生、体育、艺术、福利慈善事业的支持和帮助。比如江西仁和药业冠名的"仁和闪亮新主播"就是借助湖南卫视的娱乐媒体平台,巧妙地将企业精神和产品名称融入其中,在节目热播的同时让自身的企业文化价值和产品信息也得到传播,其主打产品"闪亮滴眼露"的销量较之前增长了八倍。

（五）征询型公关

这是一种以采集信息、调查舆论、民意测验为主的公共关系模式，通过了解民情民意，为医药企业决策提供依据。这种模式的目的是通过掌握信息和舆论，为医药企业的经营决策提供依据。其特点是日积月累，持之以恒，它需要耐力和诚意。一旦取得公众配合，那么医药企业就能够对公众的变化及时做出反应，保持企业与社会环境间的动态平衡。

五、医药企业公关危机管理

医药公共关系危机指严重危害企业正常运营的、对企业的公众形象造成重大损害的、具有较大公众影响的危机事件，如突发性的质量事故、严重的药品不良反应等。危机管理指组织通过事前监控、事中处理与事后恢复，最大限度地降低或消除带来的损害的一系列过程。如果危机处理得好，不仅可以使企业化险为夷，有时还可以将危机转化为商机。

（一）危机前——危机预警

所谓危机预警，就是对危机产生的前兆进行通告警示，引起组织内部所有成员和机构的关注，对其防御和改进，以期减少危机发生的概率，或者在肇始阶段努力将其对组织和组织成员的伤害降到最低。

（二）危机中——危机处理

危机的发生不以人的意志为转移，作为医药企业的领导者，要维护好企业的形象，促进企业长远发展，就必须随时做好危机应对的准备，掌握危机处理的方法和程序，提高危机管理的能力和水平。危机处理的程序包括：深入现场、了解事实；分析情况、确立对策；安抚公众、缓和对抗；联络媒介、主导舆论；多方沟通、加速化解；有效行动、转危为机。2000年中美史克公司应对"康泰克PPA"风波，被誉为医药企业处理危机公关的经典案例。其整合全公司资源、系统应对公关危机的做法，虽然已经过去多年，但时至今日，仍然值得很多医药企业借鉴。

扩展阅读 12.6 中美史克应对"康泰克PPA"风波

（三）危机后——危机恢复

危机恢复阶段的工作包括：建立危机恢复小组获取信息；确定危机恢复对象及其重要性排序；制订危机恢复计划；执行恢复计划等。危机恢复的中心任务包括补救型任务和改善型任务。补救型任务包括补偿危机中受到损害的利益相关者和公众、大众心理的修复、企业形象的修复。改善型任务包括提升医药企业形象、总结问题所在并吸取经验教训。

第五节 医药产品营业推广

一、医药产品营业推广的定义

医药产品营业推广，也称为销售促进（sales promotion），指医药企业为了刺激市场需求而采取的能够迅速产生激励作用的促销活动。它能在很短的时间内促进消费者的购买行为，是一种用于特定时期、特定任务的特种推销模式，介于企业人员推销和广告之间，是一种补充促销模式。

二、医药产品营业推广的方法

按照促销对象的不同，医药营业推广的形式可以分为两大类：一类是针对消费者的营业推广；另一类是针对中间机构（包括代理商、批发商、零售商、医疗机构）的营业推广。通常处方药是针对中间机构进行营业推广，而非处方药则可以针对消费者、中间机构同时实施营业推广活动。

（一）针对消费者的营业推广

针对消费者的营业推广以 OTC 类药品为主，此类药品一般在市场上存在多种替代品，市场竞争非常激烈，对营业推广手段的运用提出了较高的要求。

1. 赠送样品或礼品

一般在新产品刚推出时，为了使消费者尽快了解新产品的性能、特点，往往通过在零售药店或医疗机构免费发放样品，给消费者试用。通常会在产品上加印"赠品""样品"等字样，它变相地让消费者不用花钱就获取了产品，因此对新产品推广是非常有效的。但是也要注意《药品流通监督管理办法》的规定：药品生产、经营企业不得以搭售、买药品赠药品、买商品赠药品等方式向公众赠送处方药或甲类非处方药。

2. 发放优惠券

医药企业向目标消费者发放优惠券，凭券可在实际销售价格的基础上进行减让。优惠券能使消费者清楚优惠的时限，从而刺激其需求。医药企业采用这种方法时一定要声明并非由于药品质量问题而折价销售。

3. 减价或折扣

医药企业可以通过降低产品价格来吸引购买，从而扩大销售。具体方法包括：季节性削价或节日性减价等。例如，夏季是感冒药销售的淡季，某品牌感冒药选择在夏季开展为期一周的八折促销活动。

4. 现场示范

医药企业派人专门在销售现场大量陈列某种产品，并当场示范以吸引消费者注意。这种方式一方面可以把一些技术性较强的产品的性能特点和使用方法介绍给消费者；另一方面也可以使消费者直观地看到产品的使用效果，直接激发消费者的购买欲望。

（二）针对中间机构的营业推广

通过营业推广可以增强中间机构对产品的信心，鼓励他们增加购货量。主要方式包括以下几个方面。

1. 经销折扣

经销折扣即根据医药产品经销商在一定时间内销售的产品数量，分别给予不同的价格优惠政策。销售的产品越多，享受的价格折扣就越大，以此来鼓励医药产品中间机构销售更多产品，同时也促进与中间商的长期合作。

2. 回款返利

根据中间机构回款的速度与数额，医药生产企业返还一定利润。此举旨在鼓励经销商多销快销产品并及时回款。回款返利一般分为单次回款返利和累计回款返利。

3. 销售培训

由医药企业派出产品经理或聘请专家，专门为零售药店培训销售人员。通过此类培训，能够提高销售人员的产品知识、销售技巧，并可对该企业的产品产生认同感，更加愿意向消费者推荐。

4. 销售竞赛

由医药企业组织经销商或销售人员开展以提高推销业绩为中心的销售竞赛，多以产品销售数量为评定指标。对成绩优良者给予不同金额的奖金或者产品奖励，也可以额外提供其他类型诸如晋升、旅游等方式的奖励。奖励对象可以是经销商，也可以是销售人员。

视频 12.1　以岭品牌日

5. 展销会或博览会

医药企业通过举办或参加各种医药展销会或博览会向中间机构推销自己的产品。由于这类展销会或展览会能集中展示大量优质产品，形成对促销有利的现场环境效应，对中间商具有很大的吸引力，往往能促成交易。

营销视野 12.3　以岭携手百强连锁合作共赢，创新消费服务模式

三、医药产品营业推广效果评估

当医药产品营业推广活动结束后，应对营业推广效果进行评估，以便总结经验和发现问题。评价营业推广效果常用的方法有以下两种。

（一）前后比较法

将营业推广活动分为促销前期、中期、后期三个阶段并进行销售额的比较，以确定促销效果。该方法评估的核心指标是销售量的增减及保持情况，是现阶段企业最常用的评估方法，三个阶段不同的表现可以反映出企业开展营业推广活动的效果。

（二）市场调查法

市场调查法指医药企业组织有关人员进行全面的市场调查，设定如促销活动影响力、消费者认可程度、销量变化等多种指标，以评估营业推广效果。

总而言之，相对于广告和公共关系两种长期性促销方式，营业推广是一种短期效果显著的促销方式。只要能选择合理的营业推广方式，就会在短期内收到明显的增销效果。但是，营业推广一般只是为了实现企业的短期促销目标，不宜被长期固定地使用，否则会降低医药企业的品牌声誉，有损产品或企业的形象。

第六节　医药产品的口碑营销策略

传统的电视、报纸、杂志媒体作为医药行业"营销重镇"的地位正被全新的媒体环境和变化的消费群体一点点改写。网络传播改变了受众的传统思维，信息渠道重新洗牌，新媒体成为品牌口碑营销的放大器。尽管已经有一些医药企业走到新媒体营销的前沿，不断探索新的营销模式，但新媒体在医药营销层面的应用还略显拘谨。很多企业现在经常使用"口碑营销"的方式，因为有研究证明，在 OTC 类的市场消费中，这是对购买决策最有影响力的一种方式。

一、口碑营销及实施

（一）口碑营销的概念和特点

口碑营销是由生产者以外的个人通过明示或暗示的方法，不经过第三方处理、加工，传递关于某一特定领域或某一种类的产品、品牌、厂商、销售商，以及能够使人联想到上述对象的任何组织或个人信息，从而导致受众获得信息，改变态度，甚至影响购买行为的一种双向互动的传播行为。口碑营销有可信度高、传播成本低、团体性强等特点。

（二）口碑营销的实施

口碑营销的实施在于提供有价值的产品和服务，制造传播点并选择适当的传播方法，具体包括：利用证言广告开发口碑；利用有影响的社会团体开发口碑；利用意见领袖开发口碑；利用员工开发口碑；利用博客开发口碑等。

二、医药产品口碑营销策略

（一）深入挖掘受众需求

医药行业有其特殊性。疾病的发生有一定的随机性，而且种类太多，各种疾病均匀散布在人群中。相对于快消品、化妆品、汽车等行业，新媒体在医药行业的应用整体滞后。目前国内医药企业对于以互联网、手机、数字电视为代表的新媒体接受度相对保守，对新媒体所能达到的传播效果还不是那么相信和认同。

新媒体出现前，传统营销采用广覆盖的方法，在央视、各大卫视媒体投放广告。近几年，媒体环境不断变化，传统电视广告的成本不断升高，新媒体的出现造成受众群体碎片化，电视开机率下降，传播成本大幅提升，所以近些年很难看到成功上市的 OTC 新品牌。

新媒体不仅给企业提供了更多元的传播渠道，还能深入挖掘受众需求。在传统媒体环境下，企业很难精准分析细分受众，而在新媒体环境下，借助无线互联网等新的技术手段，可以及时获取用户数据，精准分析、细分管理用户行为。比如，越来越多的

扩展阅读 12.7　马应龙：斗"痔"昂扬　轻松创意

人不仅通过网络搜索药品信息，而且会进行看、买、晒，企业可以通过新媒体与受众良好互动，并精准管理。

（二）以微博为载体攻守兼备

运用社会化媒体的人群中有各类患者和患者家属，这些人可能成为医药产品口碑营销的受众或潜在受众。微博每天都有大量与疾病相关的话题，越来越多的网民通过微博咨询"该吃什么药"。

除了患者和患者家属，微博上还有很多实名认证的医生。这些实名认证的名医微博拥有数以万计的粉丝，他们会在微博中谈到某种疾病的治疗方案、用药方案，以及相应疾病患者的良好治疗效果。这种线上的沟通成本比线下一对一的医患沟通低得多，相当于做好了受众的精准定位。

值得关注的是，近年来消费者面对微博上大量的推送广告，已逐渐产生抵触心理，医药企业可以通过开通第三方微博的方式，建立自己的沟通渠道。在第三方微博客户端，通过日常运营吸引更多的直接受众，企业有一定的影响力以后，可以慢慢推荐自己的产品或企业。

（三）危机预警维护医药品牌

社交媒体正在改变我们的世界。消费者对社会化媒体的使用，既有购买前的咨询，又有使用后的分享。企业应该去引导，让消费者搜索到的企业信息是积极的，使用后的分享信息也是积极的，以影响后来的消费者。

在口碑营销中，医药企业官方微博的职责包括三个方面：一是用户管理，可以掌握患者行为，优化药企客户服务，提升药品口碑，赢得患者的忠诚度；二是促进销售，实现精准招商，口碑营销，互动传播，嫁接电商等；三是进行网络舆情管理，这也是最重要的方面，包括问题回应、口碑监测、竞品动态和事件处理等。

（四）让微信合理回归营销

医药企业使用微信营销的原因：客户群均为微信用户；可以标准化收集客户反馈，有助于提高客户运营效率；微信可以展示效果、购买体验和售后服务，能给客户更好的体验；朋友圈分享、二维码新增客户等功能，都可能带来新客户；有助于提高既有客户的购买频次。

微信在转换率、到达率、私密性和即时性等方面要优于微博。拥有海量用户群的微信可以为企业提供诸多便利功能：信息到达率高；一对一沟通，私密性更强；互动性强，粉丝可自主查询信息；转换率比微博、短信高；可代替企业 APP、WAP 网络的基础功能；实现 24 小时自动在线客服；地理位置服务，有利于连锁店铺开展营销；信息展现形式多样化，有文字、图片、语音、视频等；朋友圈分享，实现"强关系"传播等。

运营一个微信公众账号需要进行整体规划，即定位→建立账号→内容运营→账号推广→活动运营→深度开发。

在内容规划层面：一方面可以设置自动问答体系，提供售前的产品查询、最新优惠、健康知识查询等信息内容，甚至提供售中的物流信息查询及售后的退货退款查询；另一方面，规划每周推送内容，如最新优惠、结合热点推送健康知识、组织晒单及分享互动活动等。

本章小结

医药产品的市场沟通，简称为医药市场沟通，就是通过促销策略，向医药产品的目标顾客（医生、患者、中介组织及其他利益相关者等）进行双向的信息交流，从而使医药产品市场得以开拓的过程。根据信息传播的媒介不同，促销策略可分为两种方式：一种是非人员方式，包括广告、公共关系和营业推广；另一种是以人为主体的人员推销和口碑营销等。

为了进行有效沟通，营销者需要确切掌握沟通的基本原理，了解沟通的各个环节与要素，一个有效的市场沟通的推广方法与步骤由以下内容组成：明确目标受众；确定沟通目标；设计信息的内容与形式；选择沟通的媒介；沟通实施；市场沟通的监测与评估。

医药产品人员推销指医药企业派出销售人员与批发商、零售商、医疗机构和消费者进行直接的人际沟通，通过双向的信息交流，使促销对象了解医药产品的信息，说服促销对象做出购买医药产品决策的促销方式。根据促销对象的不同，医药产品人员推销可以分为两类：支持性推销和商务性推销。从广义的角度来看，医药代表包括处方药临床代表、OTC代表和医药商业代表。从狭义的角度来看，医药代表仅指处方药临床代表。

医药广告是医药企业承担一定的费用，通过适当的媒介向目标市场传播与医药企业及产品有关信息的传播活动。医药公共关系指医药企业为营造有利于自身生存和发展的社会环境，针对目标公众，运用有效的传播手段，开展双向沟通交流的战略性管理活动。医药产品营业推广指医药企业为了刺激市场需求而采取的能够迅速产生激励作用的促销活动，包括赠送样品、价格折扣等多种形式。

口碑营销是由生产者以外的个人通过明示或暗示的方法，不经过第三方处理、加工，传递关于某一特定领域或某一种类的产品、品牌、厂商、销售商，以及能够使人联想到上述对象的任何组织或个人信息，从而导致受众获得信息，改变态度，甚至影响购买行为的一种双向互动的传播行为。

关键术语

医药市场沟通（pharmaceutical market communication）

医药销售（pharmaceutical sales）

医药广告（pharmaceutical advertising）

医药公共关系（pharmaceutical public relations）

医药营业推广（pharmaceutical business promotion）

口碑营销（word-of-mouth marketing）

课后思考题

1. 沟通模型由哪几个部分组成？

2. 设计医药广告时,应遵循哪些设计原则?
3. 医药公关危机管理的步骤有哪些?
4. 医药企业进行营业推广的种类有哪些?
5. 进行处方药市场推广和沟通时具体的步骤是什么?
6. 何为口碑营销?方法有哪些?

即测即练

扫描此码
自学自测

综合案例

天士力主题营销——借助热点事件的营销与传播

2019年,天士力入选新华社民族品牌工程。以此为契机,借力新华社媒体平台资源与强大背书,天士力全面整合资源以年度为单位,策划了一系列营销活动与整合传播项目。以主题营销为根基,以精准营销为纽带,以健康科普为沉淀,全媒体立体化传播,打造天士力产品故事,完成了一次医药营销转型升级下产品品牌传播营销模式的探索与沉淀。

中国超过80%的家庭存在"家庭药品过期"问题,目前在药品的不良反应案例中,有近1/3是由过期药品或药品保存不当引起的。误服过期药不仅耽误病情,还有可能给患者带来额外的健康损害。同时,废旧药品属于有害垃圾,随意丢弃还会造成严重的环境污染问题。基于此,2020年3月15日,天士力联合中国非处方药物协会等机构,在全国12个省会城市227家门店开展"为药箱焕新,让真爱保鲜"的家庭过期药品回收免费换货公益活动。消费者用手中的过期药品兑换天士力藿香正气滴丸产品,既解决了过期药的"归宿"问题,又获得了试用天士力产品的机会。

新华社媒体资源及天士力自媒体平台,围绕活动进行了全媒体事件传播及解读,迅速引发全网转发,形成舆论关注热点。参与传播的新华系网络媒体包括新华网、参考消息网、中国证券网、中证网、半月谈网、中国财富网等14家社办网站,新华社、瞭望、新华影像、新华财经4家手机客户端,中国财富网1家百家号。另有社外网络媒体76家(新浪网、中国公益报道、华龙网、搜狐网等),社外客户端1家(网易客户端)进行了转载。有效阅读点击达到近1000万人次。天士力自媒体通过"活动预热""专家科普""焦点新闻""延展阅读"四个版块,以视频、图文、漫画等不同形式对活动进行深度解读与二次传播。

"3·15"过期药换货活动加载新华系媒体形成大声量的主题式传播,以事件为入口,传播企业自身品牌的声音,有效提升了品牌知名度、美誉度;通过天士力OTC产品兑换过期药品,为产品提供了一次与终端消费者建立关联的契机;而通过对环保的重视,对家庭健康管理的关注等,也让消费者在活动中有了更高的参与度和成就感;最后,将"家庭药箱管理"

理念与天士力 OTC 全线产品进行巧妙嫁接,在传播主题活动的同时,实现了企业形象、用户好感、产品表达与市场诉求的多重收益,让企业、媒体、消费者共同完成了一次产品故事的创建、讲述与传播。

资料来源:创意星球网.天士力 OTC 产品营销传播转型升级模式初探[EB/OL]. [2020-05-26]. http://www.5iidea.com/contents/34166.

思考题: 分析天士力的营销成功带给我们什么启示?

综合案例分析思路 12.1

第五篇

拓展医药营销：
延伸顾客价值

第十三章

医药国际市场营销

学习目标

1. 掌握医药国际市场营销的含义;
2. 理解国际市场营销和国内市场营销的关系;
3. 了解医药国际市场营销环境;
4. 理解医药国际市场营销战略规划过程;
5. 了解几种常见的医药国际市场进入方式;
6. 掌握医药全球营销策略。

课程思政

通过学习本章,我们应该了解医药企业开展国际市场营销的重要意义,提升学习医药市场营销学的兴趣,增强医药营销者的职业自豪感和中医药文化自信。打造人类卫生健康共同体,中医药将发挥自身的优势,全球各国唯有秉承共享理念,团结协作、携手应对,才能维护人类共同家园,保护全人类的生命健康安全。

引导案例

提升海外认可度中医药国际化驶入"快车道"

在 2021 年中国国际服务贸易交易会中医药主题日启动仪式暨第六届海外华侨华人中医药大会上,多位专家表示,中医药是我国传统文化的瑰宝,是具有悠久历史传承的医药学体系。2020 年以来,中医药在抗疫方面的优势有目共睹,正在被越来越多的人认可,中医药"走出去"明显提速。"十四五"时期,中医药被摆在更加突出的位置,将以前所未有的力度推进中医药改革发展。

一、中医药国际平台将扩围

北京市中医管理局局长屠志涛表示,在新冠疫情形势下,世界范围已掀起"中医中药热"。北京将通过完善中医药国际化服务体系,搭建中医药国际化服务平台,推进中医药国际化项目,培育中医药服务出口新业态、新模式,探索推进"互联网+中医"等远程服务模式,提升中医药服务贸易整体水平和国际地位。

北京市政府副秘书长陈蓓表示，此次搭建世界性的中医药服务贸易交流平台，提升中医药服务在国际服务贸易领域的话语权和影响力，通过海内外携手，将更好地推动中医药服务走向国际，服务世界人民。

国家中医药管理局国际合作司司长吴振斗说，我国发展中医药，注重用现代科学解读中医药学原理，走中西医结合的道路。目前，我国中医药服务贸易工作正取得新进展，并将通过中外自由贸易协定谈判、中欧投资协定等高级别经贸平台，扩大中医药服务贸易国际市场准入。吴振斗指出，我国将支持北京、上海等地区扩大服务业开放和海南自贸港建设，积极推动中医药融入国家经贸发展大局。同时，重点支持首批17个国家中医药服务出口基地高质量发展。

2019年，商务部、国家中医药管理局联合认定了首批17个国家中医药服务出口基地，并于2021年4月会同相关部门印发了《关于支持国家中医药服务出口基地高质量发展若干措施的通知》，从完善体制机制、创新支持政策、提升便利化水平、拓展国际合作空间、加强人才培养和激励五个方面提出18条具体政策措施，进一步支持基地建设。下一步，相关部门将持续促进国家中医药服务出口基地高质量发展，推动中医药服务走向世界。

二、中医药抗疫受认可

我国已向150个国家和地区分享中医药诊疗方案，向10多个有需求的国家和地区提供中医药产品，选派中医专家赴28个国家和地区协助抗击疫情。同时，将中医药抗疫纳入了与阿联酋、巴基斯坦、马来西亚、墨西哥、埃及等国双边合作的重要议题，积极发挥中医药作用，助力当地抗疫行动。

三、中医药国际化迎来"加速度"

中医药的价值和疗效正被更多国家认可。中国前驻匈牙利、荷兰大使、中东欧中医药学会联合会名誉主席朱祖寿表示，中医医学已被纳入匈牙利法律。现在也有越来越多的匈牙利人认可中医、学习中医。他介绍，现在有不少匈牙利人已经会针灸、按摩，甚至开始种植中草药。资料显示：2013年，匈牙利政府通过中医立法；2015年，正式颁布中医立法实施细则，这也是欧盟第一个承认中医师的国家。2021年3月12日，菲律宾卫生部中医认证委员会正式成立，郑启明获得菲律宾首张中医执业资格证书。这意味着，中医正式成为菲律宾医疗体系传统医学部分的重要组成部分，是菲律宾中医药发展的重要里程碑。

在中医医学国际化进程加快的同时，中药"出海"也正在提速。2021年1月，佛慈制药宣布，中药经典名方产品藿香正气丸、防风通圣丸、小柴胡汤丸3款产品已获得乌兹别克斯坦卫生部颁发的药品注册证书，这也是中药经典名方产品首次获得乌兹别克斯坦药品证书。此外，以岭药业生产的连花清瘟胶囊在抗疫中获得认可，并已在全球26个国家和地区获得注册批文和进口许可，足迹覆盖加拿大、俄罗斯、新加坡、菲律宾、肯尼亚等国家和地区。

根据以岭药业2020年年报、2021年中报：2020年国外销售额为3.04亿元，占营业收入比重的3.46%；与2019年同比增加918.37%。2021年上半年国外销售额为1.94亿元，较2020年同期增加55.72%，已达到去年全年的63.8%。

资料来源：梁倩. 提升海外认可度 中医药国际化驶入"快车道"[N]. 经济参考报. 2021-09-08(6). （有改编）。

随着市场全球化的逐步深入，医药企业的国际化经营成为必然趋势。医药企业只有充分掌握国际市场营销的知识与技巧，灵活运用国际市场营销策略，才能在国际市场竞争中立于不败之地。

第一节 医药国际市场营销概述

一、医药国际市场营销的含义

（一）医药国际市场营销的界定

国际市场营销是在国内市场营销的基础上发展起来的跨国界的市场营销。国际市场营销可简单定义为"企业超越本国国界的市场营销活动"。换言之指进行跨国交易以满足人们的需求和欲望。美国营销学教授菲利普 R. 凯特奥拉（Philip R. Caterona）及约翰·海斯（John M. Hess）合著《国际市场营销学》一书中指出："国际市场营销指在一个以上的国家进行的，把企业的商品或劳务引导到消费者或用户手中的商业活动。"

医药国际市场营销指医药企业的跨国市场营销，即医药企业将医药产品或服务销售给本国以外的消费者或用户，以满足国际消费者或用户的需求，并在国际市场上取得创汇效益的经营活动。

（二）医药国际市场营销活动的主体

跨国公司是在国际范围内扩展业务的主要形式。作为参与当代国际市场营销活动的主体，跨国公司利用其遍布世界的生产资本和营销资本及庞大的销售体系，积极参与全球各主要经济领域的市场营销活动。

跨国公司（multinational company）又称多国公司，是一种跨越本国国界，在两个或多个国家和地区内从事生产和营销活动的企业。跨国公司在组织上和经济上是统一的整体，通常由本国的总公司控制设在国外或地区外的子公司或分公司。跨国公司设在海外的分支机构一般要经所在国家和地区政府批准注册，并具有独立的法人地位。

跨国公司对全球的经济和社会发展做出了巨大的贡献。通过其技术和管理能力，跨国公司帮助许多国家开发原材料和生产资源，成功满足世界各国人民对产品和服务日益增长的需求。从医药国际市场经营活动来看，医药跨国公司从全球战略规划出发实施经营活动，在世界范围内寻求市场和合理的生产布局，利用其雄厚的资本和技术力量，将经营、资金、技术、劳动力、管理能力等生产要素进行排列组合，参与国际市场竞争，以谋取最大利润。

扩展阅读 13.1 2021 年全球制药企业排行榜 TOP50

据测算，跨国公司控制着全球生产总值的 40%以上，国际贸易的 60%左右、国际技术贸易的60%~70%、研究开发的80%~90%，以及控制着国际投资的90%，对经济全球化起着重要的推动作用。

必须重视的是，跨国公司对国际市场也存在一定的消极影响。在跨国企业经营管理的价值链中，资本增值幅度大的工作，如产品设计与研发，需要较高的科学技术及管理水平，通常被保留在公司能力最集中的总部或是处于发达国家的子公司。而诸如采购、制造、仓储及售后都是增值较小的环节则被安排，甚至转让给处于人力物力资源密集的发展中国家，因此导致发达国家始终处于利润的上游，而发展中国家则处于利润下游位置，造成发达国家与发展中国家在经济地位上的差异，跨国公司也被指责利用了发展中国家的廉价劳动力。

（三）医药国际市场营销管理

医药国际市场营销的管理包括以下步骤。

第一，发现与评估市场机会。一旦医药企业决定走向国际市场，就需要努力发现潜在的市场，也就是客观上已经存在或即将形成、而尚未被人们认识的国际市场。要发现潜在国际市场，必须进行深入细致的调查研究，弄清国际市场对象是谁，容量有多大，消费者的心理、经济承受力如何，国际市场的内外部环境等。

第二，细分市场和选择目标市场。细分市场是为选择目标市场而准备的，只有瞄准目标市场，才能制定贴合实际的营销策略和计划。医药企业需要决定将进军哪一个或哪几个目标国际市场，并制定相应的国际市场营销战略。

第三，确定国际市场营销组合策略。医药企业要决定以何种方式进入目标国际市场，同时，医药企业还要根据各种可能机会，为目标国际市场提供一个有吸引力的国际市场营销组合策略。

第四，管理国际市场营销活动。即医药国际市场营销活动的计划、执行、控制和审计工作。

二、医药国际市场营销与国内市场营销的关系

从本质上说，医药国际市场营销与国内市场营销两者并无区别。医药国际市场营销具备市场营销的整体性、不确定性、差异性和复杂性的特点，同时，由于其国际性，还将面临众多壁垒与风险，包括语言、社会文化、法律、地理环境等壁垒和信用、汇兑、价格、运输、政治等风险。具体来说，两者既有联系，又有差异。

（一）相互联系

1. 相同的营销实质与核心

两者本质相同，都是以需求为中心，以交换为核心，以分析市场营销环境为基础，都要经历大致相同的营销管理过程，其实质都是社会管理过程，其目的都是通过满足需求获取利润或增长。

2. 互通的基本原理与方法

作为一门学科而言，两者都是研究市场的行为规律，探讨企业的一系列营销活动与

营销规律。两者所含的基本原理与方法相似，医药企业开展国内营销的原理和方法在医药国际市场营销中同样适用。

（二）相互区别

相对于国内市场营销，医药国际市场营销所面临的营销环境更加复杂，面临的风险更大，营销手段较国内市场营销更加丰富，营销组合决策所要考虑的因素更加复杂，营销参与者多于国内市场，竞争更加激烈。

第二节　医药国际市场营销过程

一、分析医药国际市场营销环境

（一）医药国际市场营销环境概述

企业所面临的市场营销环境越来越全球化。众多成功企业的实践证明，企业想要顺利进入并拓展国际市场，须以国际市场营销的基本理论为指导，重视分析与研究企业所面临的且较国内市场更为复杂多变的国际营销环境，并以此为根据，制定切实可行的、科学的营销战略和策略。

因此，分析国际营销环境是医药国际市场营销活动能否成功的关键环节。医药企业要善于运用自身的资源，积极影响和改变某些营销环境，创造更有利于企业进行国际市场营销活动的空间，制定出有效的营销战略。

医药国际市场营销环境指影响医药企业跨国经营活动的所有外部力量和机构的总和，分为微观环境和宏观环境。其中，微观环境指直接与医药企业的国际营销活动发生相互作用和产生影响的因素，医药企业在不同的目标市场进行国际营销活动中所构建的处于不同国家和不同区域的分支机构的组织结构，以及与当地社会文化特征相结合的医药企业文化特征等环境。宏观环境指间接地与医药企业的国际营销活动发生相互作用和影响的诸多因素，包括国际营销政治与法律环境、人口与经济环境、社会文化环境等。下面主要分析医药企业进行国际市场营销活动所处的宏观环境内容。

（二）国际政治与法律环境

医药企业开展国际市场营销活动时所处的营销环境非常复杂，其中政治与法律环境的影响重大。医药企业跨国营销面临各国不同的政治制度、法律制度及政策，面临国内法律及目标国法律，还面临如何解决国际市场营销中的争端问题。

1. 国际政治环境

政治环境，指在特定社会中影响和限制各类组织和个人的政治制度、国家政策方针、政府机构和政治集团所构成的大背景。国际市场营销的政治法律极其复杂，包含了各种现象和条件。国际政治环境主要包括目标市场国的国家主权、政治体制、政党体系、民族主义、政治风险、政策稳定性、国际关系等。

国际市场营销的特点决定其受国际政治环境和目标市场国的政治环境影响巨大，因此对于从事国际市场营销的医药企业和人员来说，掌握国际政治环境的动向，了解目标市场国的政治环境非常必要。

2. 国际法律环境

政治环境的变化经常会引起法律环境的变化。对于企业来说，法律环境是社会中的一切法律、法规及政府规章的结合。国际市场营销所面临的法律环境主要包括两个方面：一是国际法律环境，二是目标市场国的国内法律环境。国际法律环境由各种国际公约、国际惯例、国际商业争端解决途径等组成，目标市场国的法律环境包括一个国家内部的各种法律、法规。

扩展阅读 13.2 中美贸易战对我国生物医药产业出口的影响

近年来，随着中美经贸关系的快速发展，双边贸易摩擦也呈现日益加剧的趋势。贸易不平衡、对华反倾销等问题构成了中美贸易摩擦的主要内容。中美两国经济利益的争夺、美国国内贸易保护主义的回流，以及美国对中国的战略遏制等是双边贸易摩擦日益增多的主要原因。贸易摩擦对中美经贸关系的发展带来了较大的消极影响。

（三）国际人口与经济环境

市场是由有购买欲望并且有购买能力的人构成的，因此国际企业必须密切注意市场人口环境方面的动向。在其他条件相同的情况下，一个国家或地区的人口越多，市场需求与市场规模就越大。国际社会人口与经济环境决定着医药企业目标市场的规模、特点。

1. 人口环境

人口是决定医药国际市场规模的重要因素之一。在对人口环境进行分析时，主要关注四个方面的内容。

（1）人口总量。人口总量指一个国家或地区人口的总数，人口总量决定潜在购买者的规模，进而决定市场规模。在其他条件相近或相似的情况下，人口数量与医药国际市场潜力成正比。

（2）人口增长率。人口增长率与国际营销的市场关系密切。从动态角度来看，考虑医药国际市场规模时不仅要关心目标市场当前的人口总量，还要了解该地区或国家的人口发展趋势，即人口增长率状况。

（3）人口结构。人口结构主要包括年龄结构、性别结构、家庭结构等。它们是影响最终购买行为的重要因素，通过对购买行为的影响，进而对医药国际市场规模、消费结构、产品结构等产生影响。发达国家人口有老龄化趋势，对老年病的药品需求量大，而一些发展中国家14岁以下人口的比重却在增长，因此对儿童用药的需求就大。

（4）人口分布。世界各国及国内各地区的人口密度相差很大。人口密度虽然与一国的医药市场规模没有较大的直接联系，但它会影响到企业进入市场的难易。人口流动会影响市场规模的空间变化。认真研究人口分布的变化，有利于提高国际市场营销活动中医药企业产品功能的适应性。

2. 经济因素

全球经济环境是各种直接或间接影响和制约国际市场营销活动的经济因素的集合，是影响国际市场营销的重要环境因素，直接关系到市场现状及其变化趋势。

全球经济环境一般由经济体制、收入、经济发展水平、国际收支状况、基础设施、自然资源等因素构成。在医药国际市场营销中，经济发展水平会影响人们的用药结构、用药习惯和消费观念。从收入来看，高收入国家的消费水平较高，其民众选择药物时，较多考虑疗效，容易接受新特药；而低收入国家的民众则用药水平较低，选用药时多考虑价格因素。

（四）国际社会文化环境

国际社会文化环境直接影响消费者的购买习惯、购买行为、需求、价值观念等。而由于国与国之间（不同地区之间）在历史、地理、人文、宗教信仰等方面存在极大的区别，因此，不同的国家或地区在社会文化环境方面存在着极大差异，进而影响企业的国际市场营销策略。

医药国际市场营销在国际社会文化环境方面需要调研的内容包括以下六个方面。

1. 语言文字

各国有着自己的语言文化。因此，文字差异使得消费者对事物的解释和理解也不尽相同。例如，仙鹤在中国和东南亚都很受欢迎，但在印度，仙鹤却是伪君子的象征。因此，在产品名称、商标、包装设计、广告宣传等方面都应充分考虑进口国的语言特点和含义。

2. 文化素质

文化素质主要体现在目标国家的教育普及程度和水平，以及消费者的文化知识水平。因此，文化素质常作为国际市场细分的标准之一，影响企业的国际营销决策。

3. 宗教信仰

不同的宗教信仰有着不同的伦理道德和价值准则，进而在产品的需求和购买行为上也会呈现出宗教特色。

4. 风俗习惯

由于各国的历史传统、地理环境、民族种族性格等方面存在差异，所以在医药消费的各方面形成了各自不同的风俗习惯。

5. 态度与价值观念

态度与价值观念主要指不同国家的消费者对社会生活中的各种事物的态度、评价和看法。不同国家、民族和宗教信仰的人，在价值观念上有明显的差异，从而影响消费者对产品的需求。

6. 审美意识

不同国家对于美的概念不同，这将直接影响产品和广告等营销策略对消费者的吸引力。

二、规划医药国际市场营销战略

医药企业的最高管理层通过确定公司使命、制定相关政策、规划战略等一系列活动为医药企业的各个部门和业务单位奠定行动基础。在开展国际市场营销活动时，营销经理要在医药企业总体战略的基础上制定出国际市场营销战略，然后根据国际营销战略来管理企业的营销活动。

营销视野 13.1 如何认识有效的市场营销战略

那么，医药企业应该如何进行国际市场营销战略规划呢？

（一）建立全球营销观念

国际医药企业要在坚持社会市场营销观念的前提下，站在全球的高度、在全球范围内合理配置医药企业的资源，如原材料、劳动力、资金、技术等，以最优化的综合资源配置、最高的综合效率、最低的综合成本、最大的综合经济效益和社会效益进行国际市场营销活动。全球营销观念既是国际医药企业最新的营销观念，也是国际医药企业独有的营销观念。

（二）界定和选择市场

通过广泛的国际市场研究，医药企业可以进行消费者需求的识别，找到需求尚未被满足的消费者群体。尤其在大数据时代，通过对消费者数据的采集、挖掘与建模，医药企业可以形成更精确的消费者画像，使得市场细分的维度更趋多元化。完成市场细分后，医药企业将进一步分析各个细分市场，决定应该提供什么样的产品才是最有效的，以及哪个市场的需求最旺盛，且拥有最丰富的资源，而竞争又不激烈，或其他一些使企业有机会取得成功的特质。

（三）定位与差异化战略

国际医药领域的竞争日趋激烈，医药企业要想比竞争者对消费者更具吸引力，就必须确定本企业提供的产品或服务中有哪些因素有别于竞争对手而又恰恰是消费者需要的。定位与差异化战略是关键。定位指与竞争对手相比，在消费者心目中处在什么位置；差异化指医药企业要为顾客提供的产品或服务所具有的独特的差别利益。

（四）识别产品生命周期

进行差异化定位后，医药企业还需要对当前的产品生命周期进行识别，针对生命周期的不同阶段提出相应的策略。典型的产品生命周期分为四个阶段：导入期、成长期、成熟期、衰退期。根据产品生命周期，医药企业可以更好地预测营销资源的分配，根据不同生命周期阶段制定不同的营销策略，还能预测竞争者进入市场的时机从而做出决策以赢得竞争优势。

（五）市场进入/退出决策

对于医药企业的营销经理而言，有时需要与产品经理或其他管理人员一起做出关于何时进入或退出某一市场的决策。若是企业相对优势较高、具有较高的吸引力及风险较小的细分市场,则企业可以选择进入该市场。相反,对于那些具有高风险的细分市场,企业又不具备明显优势,则可考虑退出市场以规避风险。

三、确定医药国际市场进入方式

医药企业在开展国际市场营销时,采用的进入方式将决定企业市场营销活动的效果。企业应根据目标市场的营销环境和竞争状况,结合企业自身的实力和条件选择适当的方式进入医药国际市场。

(一)出口进入方式

一旦医药企业采用出口方式进入国际市场,则可以选择直接出口和间接出口两种形式。

1. 直接出口

直接出口指不通过国内的中间商,企业自行承担出口业务,将产品直接出售给国外的顾客(中间商或最终用户)。直接出口要求医药企业有自营进出口资格证,有专门的机构管理出口工作。

直接出口的形式主要有五种:一是在国外建立企业驻外办事处;二是在国外建立销售子公司;三是在国内建立出口经营部,直接与外商签订药品销售合同,通过国外公司、机构驻我国的采购处、分公司和分支机构出口产品;四是直接将产品出售给最终用户;五是参与国际招投标活动,中标后按合同生产产品并销往国外,这种出口方式一般适用于大型医疗器械或医药产品专有技术的出口。

2. 间接出口

间接出口指企业利用本国的中间商出口产品,这是医药企业开始走向国际市场的最常用方式。

间接出口的形式主要有三种:一是生产企业把产品出售给国内的外贸公司,后者在获得产品的所有权之后再将产品销往国际市场;二是生产企业不转移产品的所有权,只是委托外贸公司代理出口产品;三是生产企业委托本国其他企业在国外的销售机构代销自己的产品,合作开拓国际市场。

间接出口的最大特点是经营国际化与产品国际化的分离,医药企业的产品走出了国界,而医药企业的营销活动却几乎完全是在国内进行。从这一意义上说,医药企业只是间接参与出口产品的国际营销活动。

视频 13.1　中医药"走出去"速度不断加快

近年来,中国陆续出台了《"健康中国 2030"规划纲要》《中华人民共和国中医药法》《中医药发展战略规划纲要(2016—2030)》等政策,支持中医药的发展,推进中医药的现代化与国际化建设。2017 年,国家发布了《中医药"一带一路"发展规划(2016—2020)》,强调要加强建设中医药国际医疗服务体系、中医药国际教育及文化传播体系、中医药国际贸易体系。这一系列的中医药政策,为中医药走出国门和在国内外的进一步发展提供了便利。

（二）合同进入方式

合同进入方式指医药企业通过与目标市场国家的企业之间订立长期的、非投资性的无形资产转让合作合同而进入目标国家市场。

1. 许可经营

许可经营指某一外资企业向目标国企业授权生产或销售某种产品的契约行为。其中，受许可企业应支付使用费用，并承担保守商业机密等义务。许可经营是企业进入国际市场的一种较为简单的方式。

2. 特许经营

特许经营指企业特许人将其工业产权（包括专利、专有技术、工艺、商号商标等）的使用权及经营风格、管理方法等转让给国外企业持证人，持证人按特许人的经营风格、管理方法等从事经营业务活动。具体来说，特许经营属于许可经营的一种特殊形式。

（三）投资进入方式

1. 合资经营

合资经营指企业和外国投资者或两个不同国家和地区的投资者，按一定比例共同投资兴办企业，以达到共同生产、共同经营、共负盈亏的目的。例如，医药合资经营可采用合作生产医药原材料或产品、合作进行医药产品的科研、营销性合资等形式。

2. 独资经营

独资经营指企业在国外单独投资建立企业，并拥有企业的全部股权，独立经营、自担风险、自负盈亏。企业选择独资经营时，可以通过创建企业和并购企业等形式来实现。

随着我国医药市场的进一步开放，越来越多的外国资本正逐步通过独资、合资的方式向中国医药市场渗透。

（四）加工进入方式

加工进入方式指利用国外原材料，经过生产加工后，产品重新进入国际市场的方式。在加工进入方式中，最常见的就是来料加工。所谓来料加工，就是国外委托方提供全部原材料、辅料、零部件、元器件、配套件和包装物料，必要时提供设备，由承接加工方单位按国外委托方的要求进行加工装配，成品由外商销售，承接方收取工缴费，国外委托方提供作价设备价款，承接方用工缴费偿还的业务。

（五）以医带药进入方式

以医带药进入方式是我国中药产品进入国际市场的一种特殊方式。中医中药是我国最具有特色、知识产权多和竞争力相对较大的产业。因此，要使中药产品走向世界就必须同时把中医推向世界，通过提高国际社会对中医的认知程度，进而扩大国际社会对中药产品的认可，以此扩大中医药在国际市场上的影响力，从而使中医药产业真正走向国际市场。

国家中医药管理局、推进"一带一路"建设工作领导小组办公室在《推进中医药高质量融入共建"一带一路"发展规划（2021—2025年）》提出，"十四五"时期，与共建

"一带一路"国家合作建设 30 个高质量中医药海外中心,向共建"一带一路"国家民众等提供优质的中医药服务。

2021 年中共中央、国务院印发《横琴粤澳深度合作区建设总体方案》,指出要发展中医药澳门品牌工业。着眼建设世界一流中医药生产基地和创新高地,优化粤澳合作中医药科技产业园发展路径,以国家中医药服务出口基地为载体,发展中医药服务贸易,建立具有自主知识产权和中国特色的医药创新研发与转化平台。以澳门为窗口促进中医药的国际推广,以葡语国家为切入点,运用以医带药的国际推广模式,促进中医药产品的国际注册与贸易,探索建立面向葡语国家、欧盟、东盟等国家和地区的中医药商贸对接模式和市场网络。

视频 13.2 黄璐琦:中医药已传播至世界 196 个国家和地区

四、制定全球营销策略

(一)医药国际市场产品策略

国际市场产品策略是企业制定国际市场定价、分销和促销策略的基础。鉴于国际市场环境的复杂性,医药国际市场营销的产品策略重点是解决医药产品的标准化、差异化与产品创新的问题。

1. 医药产品标准化策略

国际医药产品标准化策略指医药企业向全世界不同国家的所有市场提供相同的产品。这是一种最简单、投入也较少的国际市场产品策略。医药产品标准化策略可以获得规模效益,降低生产成本和经营成本;可以塑造企业形象,在国际市场上以相同的产品、包装和品牌形成巨大的综合效应。但是,该策略不能满足各目标市场国消费者对医药产品的剂型、用途、功能、商标、包装等方面的差异化需求。

2. 医药产品差异化策略

国际医药产品差异化策略指医药企业向世界不同国家的市场提供不同的产品,以适应不同国家市场的特殊需求。由于世界各国在经济、政治、文化及法律等众多方面存在着巨大的差别,因此医药企业需采取产品差异化策略。该策略的优点是可以增强医药产品对国际市场的适应性,有利于扩大销售,提高利润。其缺点是营销费用增加,产品成本提高。

医药产品的差异化通常可以通过剂型差异化、功能差异化、包装差异化、品牌差异化、服务差异化、质量差异化等途径实现。例如,我国的中药多为膏、丹、丸、散等传统剂型,很难为外国人特别是西方人所接受,即使在东南亚市场,其销售额也开始呈下降趋势,这就要求我国中药企业在开拓国际市场时注意剂型的改变。

3. 医药产品创新策略

医药产品创新策略是一种致力于开发医药新产品,以适应特定国际目标市场的策略。产品创新策略是一种风险和回报都很高的策略,因此这种策略对医药企业的要求较高。在市场具有独特的巨大需求,且在企业规模大、技术强的情况下,可以采用这种策略。

一般而言，医药企业可以通过两种方式来获得新产品：一种是兼并收购方式，即通过购并某个企业或购买专利许可证，达到生产新产品的目的；另一种是依靠自己的力量研究开发新产品，有利于提升企业的核心竞争力。

（二）医药国际市场定价策略

1. 影响医药国际市场定价的主要因素

在国际市场中，定价策略是最常用同时也是最敏感的竞争手段之一。由于企业在国际市场中面临的营销环境更为复杂，国际市场定价比国内市场定价也更加复杂。一般而言，影响医药国际市场定价的主要因素包括以下三个方面。

（1）成本。成本是影响定价的主要因素。除生产成本之外，医药国际市场营销成本还包括关税和其他税收、国际中间商成本、运输费、保险费、国际营销业务费等。

（2）国内外法规。国际市场定价除受到国内法规的影响，还受到国外法规的影响。影响定价的主要国外法规包括关税和非关税壁垒、反倾销法、反垄断法、价格控制法等。

（3）汇率变动情况。汇率变动是国际市场营销经常面对的问题之一，应该考虑其风险成本。由于许多国家的货币都是采用浮动汇率制度，因此，货币之间的汇率变动使企业很难预测某种货币未来在某一时期的确切价值。因此，不少企业在订立合同时，强调以卖方国家的货币计价。

2. 医药国际市场定价策略类型

国内市场营销的定价策略同样适用于国际市场营销，但由于国际市场行情变化快，在选择定价策略时必须注意灵活机动，参照国际上通用的方法原则，随行就市，同时还要考虑自己国家的实际情况。国际市场营销更多关注以下四种定价策略。

（1）统一定价策略。统一定价策略是跨国医药企业在国际市场上对同一产品采用同一价格的策略。此策略简单易行，但是很难适应国际市场差异化的需求和不断变化的竞争。

（2）差别定价策略。差别定价策略指跨国医药企业在国际市场上对同一产品采用不同价格的策略。这一策略使国外分支机构有较大的定价自主权，有利于根据市场情况灵活地参与市场竞争。但是，很容易引起企业内部同一产品盲目的价格竞争，影响企业的整体形象。

（3）协调定价策略。协调定价策略指跨国医药企业对同一产品采取适当控制价格的策略。这种策略融合了统一定价与差别定价的优点，对同一产品的定价实行适当控制，既不采用同一价格，也不完全放手由各子公司自主定价，而是在控制引起内部竞争因素的同时，允许子公司根据市场状况进行灵活定价。这一策略既适应了国际市场的变化，又避免了公司内部的盲目竞争，但会增大管理难度和成本。

（4）转移定价策略。转移定价策略指跨国医药企业通过在母公司与子公司、子公司与子公司之间转移产品，并且确定某种内部转移价格，以实现全球利益最大化的策略。企业在采用此策略时，在母公司与子公司、子公司与子公司之间转移产品，人为地提高或降低内部结算价格，达到总公司内部子公司的利润或亏损转移到子公司的目的，但从整体上看，总公司的利益达到最大化。转移定价策略有利于实现企业整体利益的最大化，但可能会损害某些国家的利益。

（三）医药国际市场分销策略

医药国际市场分销渠道指医药产品由一个国家的生产者流向国外最终消费者或用户所经历的路径。国际市场分销渠道更加复杂，不但包括母国的销售渠道，还包括目标市场国的销售渠道，由制造商、中间商、国外最终消费者和用户构成。其中，中间商包括国内中间商和国际中间商。国内中间商包括出口商和出口代理商，国际中间商包括进口经销商和进口代理商。此外，还有制造商自己在海外设立的分销机构。

在国际市场营销活动中，分销渠道的优劣直接影响到产品的销售速度、回收货款乃至扩大再生产。我国医药企业在跨国经营中应结合上述因素选择适当的分销渠道，学习借鉴国外品牌进入中国市场的方式。例如，联邦公司以国有大医药公司为主渠道，主要利用中间商分销产品，定期利用刊物的封面向中间商介绍新产品的特性和企业情况，加强沟通。强生公司的新产品以医院为主渠道，不定期为专业医院和专科医药公司进行无偿的培训和新产品介绍；至于一些日用小医药产品，如创可贴，则直接走向零售药店，面向消费者介绍产品，邀请他们试用产品。

值得注意的是，互联网的高速发展和移动互联网的普及改变、颠覆了传统的分销模式。一是克服了不同国家市场在时间、空间上的差异，形成了一个真正意义上的全球市场；二是基于互联网技术的应用，人们的生活方式和消费习惯发生改变，原有的实体分销渠道不断弱化，全新的商业思想和模式不断涌现，跨国医药企业在全球营销中应积极拥抱这种潮流。

（四）医药国际市场促销策略

医药企业的国际市场营销策略是一个有机整体，跨国医药企业不仅要拥有一流的产品、合理的价格、畅通的分销渠道，还需要积极的国际市场促销策略进行协调和配合。在国际市场营销中，医药企业的市场覆盖范围广泛，服务对象构成复杂，既有经济收入的差距，又有不同社会文化背景带来的心理、观念和思想意识方面的不同，因而选择适宜的促销沟通方式非常重要。

医药企业的国际市场促销是国际市场营销的重要组成部分，是跨国医药公司在国际市场上以人员或非人员的方式，向客户传递商品或服务的信息，树立品牌和企业形象，刺激国外顾客的购买欲望，说服和引导其购买的一种营销活动。国际市场促销组合与国内市场促销组合内容相同，主要包括广告、营业推广、人员推销、公共关系四种要素，但是各种策略的侧重点会有所不同。

本章小结

国际市场营销是在国内市场营销的基础上发展起来的跨国界的市场营销，与国内市场营销没有本质上的不同。与国内市场营销相比，医药国际市场营销更加复杂困难，风险也更大。医药国际市场营销的管理包括分析医药国际市场营销环境、规划医药国际市场营销战略、确定医药国际市场进入方式和制定全球营销策略四个步骤。

分析国际营销环境是医药国际市场营销活动能否成功的关键环节。医药国际市场营销环境指影响医药企业跨国经营活动的所有外部力量和机构的总和，分为微观环境和宏观环境。

在开展国际市场营销活动时,营销经理要在医药企业总体战略的基础上制定出国际市场营销战略,然后根据国际营销战略来管理企业的营销活动。

医药企业进入国际市场主要有五种方式,即出口进入、合同进入、投资进入、加工进入和以医带药进入方式。每一种进入方式都有其优缺点。医药企业可以根据自身的条件选择适合产品特性、企业实力和目标市场要求的方式进入国际市场。

全球营销策略在国际市场营销中非常重要。医药企业开展国际市场营销时应制定相应的产品策略、定价策略、分销策略和促销策略。

关键术语

医药市场营销(pharmaceutical marketing)
医药国际市场营销(pharmaceutical global marketing)

课后思考题

1. 简述医药国际市场营销的含义及其与国内营销的关系。
2. 简述医药企业如何制定国际市场营销战略?
3. 简述医药国际市场营销的主要环境。
4. 简述医药国际市场的主要进入方式。
5. 简述医药企业开展全球营销所采取的主要策略。

即测即练

自学自测　扫描此码

综合案例

高端口服制剂成功出海　辰欣药业开启国际化新征程

在国家政策引导下,经过近些年的探索和积累,越来越多的本土药企跨越国际规范市场准入门槛,实现制剂出海。国内输液行业头部(龙头)企业辰欣药业亦于近期发布公告称,其向美国食品药品监督管理局(Food and Drug Administration,FDA)申报的艾司奥美拉唑镁肠溶胶囊美国仿制药申请已获得批准。

业界普遍认为,辰欣药业的艾司奥美拉唑镁肠溶胶囊在美成功获批为其制剂国际化战略迈出了关键的第一步。与此同时,这也意味着辰欣药业已经具备符合国际一流标准的质量管理体系和开发高技术难度口服制剂的研发能力,未来制剂国际化的进程有望得到持续加速,或将对经营业绩带来积极影响。

一、高端制剂出海开启国际化征程

作为连续多年荣膺"中国医药工业百强"称号的老牌药企,辰欣药业目前已形成"四大生产基地、五大工业园区"的产业布局。大本营位于山东济宁高新区的辰欣药业主要生产的品种为口服制剂和注射剂,地处济宁汶上经济开发区的全资子公司辰欣佛都药业则以生产非处方类产品为主,专注眼科与皮肤外用药领域,参股子公司吉林双药则是深耕中成药。此外,辰欣药业还通过全资子公司辰龙药业将产业版图拓展至原料药领域。

在完善的产业链布局下,辰欣药业打造出了涵盖临床营养、心血管、糖尿病、麻醉镇痛、抗感染、抗病毒、抗肿瘤、眼科制剂、皮肤外用药等疾病领域的产品集群,涉及100多个品种,持有400余个药品生产批准文号。另外,辰欣药业各类产品在剂型与规格上的齐全特征,赋予了产品的系列化、多样化与差异化的显著优势,能够满足不同层次的临床用药需求。

得益于在产品研发上多年积累的经验和技术沉淀,辰欣药业开启国际化市场征程可谓是水到渠成。此次辰欣药业成功出海的艾司奥美拉唑镁肠溶胶囊具有遇酸不稳定的特性,须采用微丸包衣技术以保障药物到肠部延迟释放,因此存在制备工艺复杂、BE(bioequivalency,生物等效性)通过难度高、批量生产难度大、对设备性能要求苛刻等诸多挑战,是业内公认的高技术难度产品。在美国境内,艾司奥美拉唑镁肠溶胶囊的主要药企包括地平线治疗和迈兰等,在2019年市场销售额约为8.7亿美元,新玩家的加入或能得到可观的市场份额。

谈及选择艾司奥美拉唑镁肠溶胶囊作为打开国际市场排头兵的缘由,辰欣药业董事长兼总经理杜振新表示:"通过该产品的研发,辰欣药业成功打造了高水平的口服固体制剂缓释技术平台,为开发同类其他产品打下了良好基础。在未来国际化战略布局上,我们将重点开发技术难度高、市场潜力大的高端口服制剂,同时兼顾国内、国外两个市场,实现同一品种在中美双申报。"

二、自主研发创新赋能品牌新活

在我国医药创新生态持续向好的产业环境下,新药研发领域呈现百家争鸣的兴荣局面。就研发模式而言,国内大部分的医药制造企业主要是通过仿制专利过期原研药物以获得市场发展空间,但部分像辰欣药业这般资本实力雄厚、技术研发强大的传统企业正乘着政策东风,加大对新药研发投入,借助不断创新的药物来获取超额利润。

一直将科技创新作为企业可持续发展动力源泉的辰欣药业,多年来都将研发投入占比提升至销售额的8%以上,有力地支撑了其在我国医药产业变革浪潮中的转型升级。高度重视技术创新的辰欣药业不仅设立了技术中心和研发研究院,还成立了由技术、生产、财务、销售等人员组成的技术委员会,负责对新产品开发项目和在研项目的选定进行论证。

而在坚持自主创新的基础上,辰欣药业还结合了合作创新的研发模式。多年来,辰欣药业与国内外高端研究院所、CRO研发公司等合作开发新产品或攻关关键技术,而药物研究院则承担科技成果在内部转化的重要任务。显然,通过内外合作能够实现资源优势互补,可以有效地将科研成果转化成生产力,辰欣药业的这条"联合创新"路子值得借鉴。

尽管2020年上半年业绩增速放缓,但辰欣药业的研发投入依然达到1.66亿元,同比增长 0.85%。当前，辰欣药业有 6 个 1 类新药项目正在稳步推进。与中科院上海药物所合作开发 1 类抗肿瘤创新药 PARP 酶抑制剂 WM2 和糖尿病治疗新药 DDP-Ⅳ抑制剂 DC407，以及与上海药明康德新药开发公司合作研究的双靶点抗肿瘤创新药 WX090 和抗耐药结核菌 1 类新药 WX081，均已完成临床前研究并获得临床批件，正在开展 I 期临床研究。

在研发战略上，杜振新表示，辰欣药业将力争用 5 年左右的时间通过仿制药一致性评价、海外仿制药申报实现制剂国际化、开发首仿药与高技术难度制剂、临床亟须的抗肿瘤及耐药结核病创新药等，实现由普药到创新药驱动的转型升级。将继续根据临床价值和临床需求确定新药研发的方向，旨在解决当前临床未满足的重大需求，将定位新靶点、Me-Better 策略，在研的新药方向包括抗耐药结核感染、尚无有效治疗手段的恶性肿瘤、自身免疫性疾病等领域。

三、向中医药产业链扩展延伸布局

值得注意的是，辰欣药业在加快高端制剂出海步伐，开拓全球新市场的同时，亦在快马加鞭扩充现有的产品管线。近期，辰欣药业还收到国家药品监督管理局核准签发的《药品补充申请批件》（批件号：2020B03572），正式获得湖北华龙生物制药有限公司炎热清片这一药品的生产技术转让。

作为清热解毒类中成药，炎热清片可用于呼吸道炎、支气管炎、肺炎、急性扁桃体炎、泌尿系感染、胆道感染等症状。随着针对抗生素滥用的"限抗令"政策近年来在医疗机构全面铺开，化药类抗生素在院内市场的生存空间受到持续挤压，但中成药类的抗菌消炎药成为备受医生和患者青睐的治疗新选择。

有关市场研究显示，在 2013—2016 年，我国清热解毒类口服中成药市场销售额从 165.14 亿元增长到 206.44 亿元，复合增长率达到 7.72%；预计到 2022 年我国清热解毒类口服中成药市场销售额在 317.91 亿元左右。辰欣药业收获炎热清片毋庸置疑将进一步丰富其现有的产品结构，形成产品之间良好的补充契合。

对于引进炎热清片这一临床大品种的战略考量，杜振新解释道："近年来国家提出'健康中国'战略，把中医药产业发展作为特色产业重点培育，给予了中医药事业政策、资金等各个方面的大力扶持，整个行业面临着前所未有的发展机遇。我们应该审时度势，抢抓机遇，积极布局大健康医药产业，向中医药产业链不断扩展延伸。"

资料来源：章乐. 高端口服制剂成功出海　辰欣药业开启国际化新征程[N]. 医药经济报. 2020-12-03(011).（有改编）。

思考题：请结合案例讨论并分析国内药企如何发挥竞争优势进军国际市场。

综合案例分析思路 13.1

第十四章

医药市场营销的延伸与新发展

学习目标

1. 掌握医药服务营销的概念、管理分析方法和策略；
2. 理解医药文化营销的概念、误区和实施要点；
3. 了解医药体验营销的含义和实施策略；
4. 理解医药在线营销的概念和实施策略；
5. 了解医药大数据营销的含义和实施策略。

课程思政

通过学习本章，使学生了解医药服务营销、文化营销、体验营销、在线营销及大数据营销等医药营销的新发展，引导学生关注我国中医药企业在上述方面的营销实践探索及优秀成果，帮助学生增强民族自信和中医药文化自信，增强学生对中医药这一独特资源在产业发展层面进行传承创新的使命感。

引导案例

天士力慢病处方药免费上门配送服务

为解决广大患者的实际困难，2013年3月，天津市人力资源和社会保障局、食品药品监督管理局牵头启动"糖尿病门诊特殊病患者送药上门"的便民惠民项目。天士力集团自建专业化慢性病药品配送团队，承接试点项目运营。该项目为"互联网+医疗健康"的创新实践典型案例，也是中国社保学会的重点课题。

项目运营前，患者每半个月就要到医院复诊，挂号、诊疗、检测、结算、取药等复诊流程走一遍至少需要3个小时，算上往返路程，至少需要5个小时才能拿到药品，费时费力，给患者的生活造成了极大的困扰。项目运营后，患者只需在家打个电话，10分钟就可以完成定药及医保结算环节，天士力药品配送团队在24小时内就会将药品安全地送到患者手中，因此项目运营后在极短的时间内就获得了广大患者的认可。该项目成立5年来，累计服务患者200万余人次，服务范围覆盖天津全境近8000个社区，受益患者近10万人，配送差错率为零，客户满意度达到99.8%。让广大患者享受到安全、专业、高效的糖尿病处方药上门免费配送服务。

资料来源:"2019 年度人民匠心服务奖"候选案例:天士力慢病处方药免费上门配送服务[EB/OL]. [2019-12-10]. http://industry.people.com.cn/n1/2019/1210/c413883-31499873.html.

在竞争日益激烈的医药市场上,医药营销的手段和方式不断创新,也衍生出一系列的特色理念,为医药营销实践者提供更多的视角和工具。中国医药企业需要不断学习现代营销理念,运用创新营销策略开拓市场,以适应迅速变化的市场,更好地满足顾客需求、服务于人民健康需要。

第一节　医药服务营销

一、医药服务营销概述

(一)服务的含义及特征

1. 服务的含义

服务指具有无形特征却可给人带来某种利益或满足感的可供有偿提供的一种或一系列活动。医药产品使消费者的健康需要得到满足或获得健康利益,不仅包括企业提供给消费者有形的药品实体,还包括无形的服务。服务是无形的,可以与有形产品相关联,也可以是纯粹的服务,其重要性不亚于实体产品。

2. 服务的特征

为了将服务同有形产品区分开来,学术界对服务的共同特征进行了探索和研究,从而形成了服务具有四种区别于产品特征的共识,即无形性、不可分离性、异质性、易逝性。

扩展阅读 14.1　服务与产品的区别

(1) 无形性(intangibility)。服务的无形性指与有形产品相比较,服务让人不能触摸或凭视觉感到其存在。服务的这一特征决定消费者购买服务前,不能以对待实物商品的办法去触摸、尝试、嗅闻、聆听等去判断服务的优劣,而只能以搜寻信息的办法,参考多方意见及自身的历史体验来做出判断。无形性是服务有别于有形产品的最显著特点。

(2) 不可分离性(inseparability)。不可分离性指服务的生产过程与消费过程同时进行,服务人员提供服务于顾客之时,也正是顾客消费、享用服务的过程,生产与消费服务在时间上不可分离。服务本身不是一种具体的物品,是一系列的活动或是一个过程,在服务过程中,消费者与生产者必须直接发生联系,生产过程也就是消费过程。

(3) 异质性(heterogeneity)。异质性指服务的构成成分及其质量水平经常变化,难以统一认定。服务的主体和对象均是人,人是服务的中心,而人又具有个性,人涉及服务方和接受服务的顾客两个方面。医疗服务中没有两个完全一样的患者,不同医务人员的服务经验也不同,即使同一医务人员在为不同对象服务,以及在不同时间为同一对象服务时的心理情绪等也可能有很大差异,不同患者接受某种服务的经验及对服务的期望不同，从而服务的提供过程、顾客对服务的评价等都可能由于时间、空间等因素的变化产生差异。

（4）易逝性（perishability）。服务的易逝性指服务产品既不能在时间上贮存下来以备未来使用，也不能在空间上将服务转移带回家去安放下来。如不能及时消费，即会造成服务的损失。服务的易逝性是由无形性和服务的生产消费的不可分离性决定的。当然，服务的易逝性也为加速服务产品的生产、扩大服务的规模提出了难题。必要的场所、设备和人员可以事先准备好以提供服务，但这只代表服务能力，而不是服务本身，在某些服务要求的高发期，通常会出现排队等候的情况，但如果服务能力过剩，也会造成成本增加，并产生浪费。

服务的特征对服务营销提出了巨大的挑战，服务提供者为降低顾客的感知风险，提高顾客满意度，通常会向顾客做出合理承诺、及时预见顾客的需要和愿望、重视服务的质量和过程、增强顾客体验，以促使顾客宣传并增强忠诚度。

扩展阅读 14.2 服务的特征及对营销的影响

（二）医药服务营销组合策略

医药服务营销，指医药企业在充分认识满足消费者需求的前提下，在销售医药产品本身的同时，重视医药产品的无形服务特性，通过售前、售中和售后的服务沟通，提高消费者对该医药产品的满意度和忠诚度，进而实现营销业绩的增长和企业的长期发展。

医药行业营销的发展与其他行业营销一样，从传统的产品导向营销观逐步向顾客导向营销观、社会市场导向营销观演变，同样经历了以产品为中心的"卖方主导市场"向以消费者为中心的"买方主导市场"转变的过程。然而，药品是一种特殊的商品，作为全世界公认的管制最严格的商品之一，国家对药品的监督管理尤其重视，因此，医药产品的营销方式也相应受到一定限制。在传统营销模式下，面对愈演愈烈的竞争态势，医药企业不得不创新营销手段，在有形医药产品本身的销售基础上，认识到其无形附加服务的特性。至此，医药市场营销的新模式——医药服务营销适时出现。

医药服务营销是服务营销理论在医药领域的扩展。服务营销组合策略与市场营销组合策略不同，在产品、价格、分销、促销四个基本要素之外，增加了有形展示、人员管理和过程管理三个要素，充分发挥整体的优势和效果，如图14-1所示。

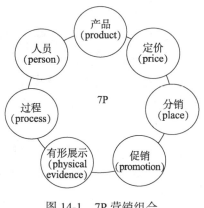

图14-1 7P营销组合

二、医药服务营销实施

为了有效地利用服务营销实现医药企业竞争的目的,医药企业应针对自己固有的特点注重服务市场的细分、服务差异化、服务的有形化、服务品牌及公关等问题,以制定和实施科学的医药服务营销战略,保证医药企业竞争目标的实现。

(一)细分医药企业的服务市场

任何一种服务市场都有为数众多、分布广泛的服务需求者,由于影响人们需求的因素是多种多样的,服务需求具有明显的个性化和多样化特征。任何一个医药企业,无论其能力多大,都无法全面满足不同市场的服务需求,都不可能对所有的医药服务购买者提供有效的服务。因此,每个医药企业在实施其服务营销战略时都需要把其服务市场或对象进行细分,在市场细分的基础上选定自己服务的目标市场,有针对性地开展营销组合策略,才能取得良好的营销效益。医药行业总体上可以分为两大板块:医和药,习惯上分为七个子行业。其中以医为代表的为:医疗服务、医药商业、医疗器械。以药为代表的为:化药、中药、生物制药,以及医药服务。

(二)制定医药服务差异化战略

服务差异化是医药企业面对较强的竞争对手而在服务内容、服务渠道和服务形象等方面采取有别于竞争对手而又突出自己特征,以战胜竞争对手,在服务市场立住脚跟的一种做法。目的是要通过服务差异化来突出自己的优势,与竞争对手相区别。医药企业实行服务差异化可从以下三个方面着手:调查、了解和分清医药服务市场上现有的服务种类、竞争对手的劣势和自己的优势,有针对性、创造性地开发服务项目,满足目标顾客的需要;采取有别于他人的传递手段,迅速而有效地把医药企业的服务传递给服务接受者;注意运用象征物或特殊的符号、名称或标志来树立医药企业的独特形象。

(三)将医药企业的服务有形化

服务有形化指医药企业借助服务过程中的各种有形要素,把看不见摸不着的服务产品尽可能地实体化、有形化,让消费者感知到服务产品的存在、提高享用服务产品的利益过程。服务有形化包括以下三个方面的内容。

1. 服务产品的有形化

通过服务设施等硬件技术,如零售药店的服务设施、医疗机构的服务硬件设置等,来实现医药服务的规范化,保证服务行业的前后一致和服务质量的始终如一;通过能显示医药服务的某种证据,如各种承诺的牌卡等代表消费者可能得到的服务利益,区分服务质量,变无形服务为有形服务,增强消费者对医药服务的感知能力。

2. 服务环境的有形化

服务环境是医药企业提供服务和消费者享受服务的具体场所和气氛,它虽不构成服务产品的核心内容,但它能给医药企业带来"先入为主"的效应,是服务产品存在的不可缺少的条件。

3. 服务提供者的有形化

服务提供者指直接与消费者接触的医药企业的员工，其所具备的服务素质和性格、言行，以及与消费者接触的方式、方法、态度等各个方面，都会直接影响到服务营销的实现。为了保证服务营销的有效性，医药企业应对员工进行服务标准化的培训，让他们了解企业所提供的服务内容和要求，掌握进行医药服务的必备技术和技巧，以保证他们所提供的服务与企业的服务目标相一致。

（四）建设医药企业服务品牌

服务品牌指医药企业用来区别于其他医药企业服务产品的名称、符号、象征或设计，它由服务品牌名称和展示品牌的标识语、颜色、图案、符号、制服、设备等可见性要素构成。创服务名牌，是医药服务企业提高规模经济效益的一项重要措施。因而，医药企业应注意服务品牌的研究，通过创建名牌来树立自己独特的形象，以建立和巩固医药企业特殊的市场地位，在市场竞争中保持领先的优势。

（五）开展医药服务公关活动

服务公关指医药企业为改善与社会公众的联系状况，增进公众对企业的认识、理解和支持，树立良好的企业形象而进行的一系列服务营销活动；其目的是要促进医药服务产品的销售，提高医药企业的市场竞争力。通过服务公关活动，沟通与医药消费者的联系，影响医药消费者对医药企业服务的预期愿望，尽可能地与医药企业提供的实际服务相一致，保证医药企业服务需求的稳定发展。服务营销有利于丰富医药市场营销的中心——充分满足消费者需求，有利于增强医药企业的竞争能力，有利于提高医药产品的附加价值。

（六）优化医药企业服务人员管理机制

在医药市场服务营销中，服务人员既是生产要素，更是服务的主体，在医药企业和消费者之间发挥着桥梁和纽带作用，是医药服务营销中不可缺的核心要素。因此，在医药行业实施服务营销的过程中，对人员的选择、培训和管理就显得十分重要。企业应做好以下工作。

一是服务人员的选聘。医药企业的服务人员要向消费者提供优质服务——除必须具备丰富的行业知识和熟练的专业技能外，还应具备人际交往、沟通等方面的经验和技巧，比如优雅的形体语言表达能力、良好的沟通能力、敏锐的观察能力、灵活的应变能力、情绪的自我调节能力等。因此，医药企业在招聘服务人员时应全面关注员工的综合素质和个人能力，观察其能否胜任这项工作。

二是服务人员的培训。首先，医药企业要对服务人员进行观念教育，使顾客至上、用心服务、用情服务的观念深入人心：只有抓住顾客，一切从满足消费者的需要出发，企业才有可能做大做强。其次，医药企业还要进行服务一致化培训。不能因为服务人员的个人素质与能力不同导致企业所提供的服务良莠不齐，企业必须设置一套完善的服务程序和服务规范，把服务一致化贯穿于整个营销过程的始终，以保证服务的质量。

三是建立高效的绩效评估机制和完善的奖惩制度。高效的评估机制和完善的奖惩制度能调动员工的积极性和创造性，激发他们的工作热情和内在潜力，营造一种积极向上，为着共同的目标努力前进的良好氛围，使服务人员在良性竞争的环境中不断超越他人、超越自我，为企业创造更高的效益。健全的管理制度，不仅可以留住企业中的优秀人才，而且能吸引更多有识之士来为企业工作。

第二节　医药文化营销

一、医药文化营销概述

（一）医药文化营销的形成

纵观古今中外商业竞争，不难发现每一类市场的营销竞争必然经历由产品营销到品牌营销再到文化营销的三个阶段。随着市场进入成熟阶段，企业所经营的品牌如果没有文化哲学的支撑，将难以保证能够参与多变的品牌创新竞争，因此需要引入高度抽象的文化哲学思维统领品牌，建立产业发展的行业竞争规则。所以，成熟期的市场必然是文化层面的竞争，不同的文化营销不仅决定了品牌的生存空间，而且决定了系列产品的品牌生存空间，更决定了不同的新产品的开发方向和产业运作模式。

从营销发展史来看，文化营销的概念由来经过了四个阶段：文化营销是在营销中考虑文化因素，文化营销是跨文化营销，文化营销是营销企业文化，文化营销是营销文化和价值观。

在当前的市场竞争中，对于推进文化营销这一过程的演变，企业形象的塑造至关重要，它已成为推动企业发展的一种动力。这种动力的大小取决于"企业的识别系统"（corporate identity system）。即人们通常所说的CIS战略。

CIS 战略一般由三大要素组成：理念识别（mind identity）、活动识别（behavior identity）、视觉识别（visual identity），这三个要素是相互联系的统一整体。企业理念是企业的精神和灵魂。理念就是企业经营管理的观念，也是CIS战略的核心。活动识别是企业动态的识别形式，企业的各种活动要充分体现出企业的理念，这样才能塑造出良好的企业形象。视觉识别是企业的静态识别形式，企业的标志和标准色是通过视觉系统将企业的形象传递给大众的。而活动识别和视觉识别只有具备了正确的思想内容，充分反映了企业的精神和理念时才能发挥更大的作用。

将文化营销放在我国医药企业中主要体现在中医药企业上，而中医药文化则是中医药企业开展文化营销的根本立足点。中医药文化是我国传统文化宝库中的瑰宝，有着丰富的内涵和独特的魅力，其诊断方法、中草药使用等都是我国劳动人民的智慧结晶。中医药现代化发展战略是中医药企业开展文化营销的有力支撑。我国于1997年提出"实现中医药现代化"战略目标，之后"创新药物和中药现代化"被列为国家重大科技专项，国家八部委制定并颁布了《中药现代化发展纲要》，使中医药现代化进入快速实施阶段，中医药文化营销得以被重视。

（二）医药文化营销的含义

医药文化营销强调医药企业的理念、宗旨、目标、价值观、职业行为规范、经营管理制度、企业环境、组织力量、品牌个性等文化因素，其核心是理解人、尊重人、以人为本，调动人的积极性与创造性，关注人的社会性。医药文化营销中企业以分析消费者的文化需求为出发点，以发掘和传播与之相适应的核心价值观念为手段，有效地满足这种文化和情感需求，以提升顾客价值和满意度，最终目的是提升企业的核心竞争力并形成长期的竞争优势。医药文化强调的是物质需要背后的文化内涵，是以医药文化手段将各种利益关系群体紧密维系在一起，发挥协同效应，目标在于建立医药企业的核心竞争力，以形成医药企业长期竞争优势的一种战略性营销，整个市场营销过程实际上就是医药文化价值传递的全过程。

二、医药文化营销误区

医药企业在文化营销方面存在很多的误区，正确认识和把握这些误区，可以在文化营销实践中做到顺利规避，从而确保文化营销策略的正确性。

（一）照搬照抄

医药文化营销最忌讳照搬照抄，不同的企业在医药文化层面具有客观差异性。差异性是文化营销的灵魂，文化没有了差异将会导致文化营销很难取得成功。很多企业在文化营销方面过于功利，因此在文化营销层面总是照搬照抄，并不注重本身企业文化特点的提炼分析，内容大同小异，很难给客户留下一个独特的文化印象，导致企业产品、品牌文化难以与竞争对手进行有效的区隔，不利于客户忠诚度的提升。

（二）浮于表面

文化营销浮于表面是很多医药文化营销中存在的误区。一些企业在文化营销方面，往往因为对于这一营销模式内涵理解不够深入，因此很容易出现主次颠倒、本末倒置的情况，没有做到文化营销形式与内容之间的统一。不少企业文化营销中总是追求形式主义，却不注重产品品质的提升；总是注重广告宣传、品牌推广、包装设计等，却忽视企业理念、行为的规范。这种浮于表面的文化营销做法虽然短时间内能够带来一定效果，但是长期来看，必然会导致客户的流失，对于企业而言得不偿失。

（三）忽视客户

不少企业在医药文化营销实践中，漠视客户的文化需求，"闭门造车"、过于自我的文化提炼，不可避免地导致企业文化与客户文化需求之间的脱节，难以让客户在文化层面形成共鸣，自然就会影响到对企业的认可，也必然会导致企业文化营销效果大打折扣。

三、医药文化营销实施

（一）树立社会责任的文化导向

从长远看，医药企业进行社会责任信息披露不仅有利于本企业树立良好形象，而且有利于企业的长远发展并创造企业价值。首先，建立以医药文化为核心的企业文化。企业文化是在企业的长远发展历程中形成的，并为全体企业成员所共同遵守的道德要求和职业准则。医药企业文化展现为一种企业的内在人格和人文精神，凸显企业在不断拓展发展空间过程中所体现的价值追求和人生智慧。其次，医药企业在构建企业文化时，应围绕医药文化，在医药文化平台上将制度、精神、价值取向进行有效整合。

（二）深入理解文化营销的目标市场

营销视野 14.1　宛西制药：借力仲景文化培养儿童对中医药的兴趣爱好

文化营销中的文化是目标市场消费者与产品文化的契合，在实际的应用中，企业往往只关注企业的产品文化，而对消费者的文化关注不足。实施文化营销首先要调查目标市场的消费者，主要包括目标市场的风俗习惯、文化环境、人口特征等。关键是调研目标消费群的文化，也就是文化营销的核心消费者的文化价值理念，只有独树一帜才能引起消费者的兴趣。然后从企业的形象及企业产品的各个层次赋予企业产品消费者认同的文化价值，这样产品才能真正为消费者所接受。

（三）构建医药文化营销的制度环境

促进医药企业的道德文化建设，政府行业部门和协会的监管是必不可少的。政府要加大医药产品的监管力度，提高医药企业的门槛，提高对他们的技术要求，切实保证药品的质量。对于已经发现的问题要认真、尽快、严肃地进行处理，保证人们的用药安全和有效。行业协会也应该建立完善的行业道德规范，以此来约束医药企业的道德失范营销行为。

将医药企业文化营销道德行为化，制度和法律犹如一把宝剑，高悬在天，使守法者乐，违法者怯。因此，严格执法、加大惩罚力度是治理道德失范营销行为的有效手段。加强对消费者的宣传教育并强化监督，消费者要树立理性的消费观念。由于医患之间的信息不对称，患者在营销活动中处于劣势，再加上商家的虚假广告及不道德的促销诱惑，很容易受到道德失范营销行为的损害。

（四）评估文化营销绩效

做好文化营销的评估也是实施文化营销的重要环节。在营销的过程中要不断地进行调查评估，了解文化营销中的文化是否被消费者接受，是否促进了产品的销售。如果出现问题则要找到问题缘由，及时解决。

第三节　医药体验营销

一、医药体验营销概述

（一）医药体验营销的含义

体验营销指通过看、听、用、参与等手段，充分刺激和调动消费者的感官、情感、思考、行动、联想等感性因素和理性因素，重新定义、设计营销的一种思考方式。这种方式突破传统上"理性消费者"的假设，认为消费者消费时是理性与感性兼具的，消费者在消费前、消费中和消费后的体验才是购买行为的关键。

体验营销作为一种创新的营销模式，在企业营销中占据着越来越重要的地位，其核心理念是在为消费者提供满意的产品和服务的同时，还为其创造有价值的体验。与传统营销不同，体验营销主要具备以下三个特征。

第一，体验营销以消费者的需求为出发点。体验营销把消费者的感官、情感、思考、行动和关联等体验要素合为一体，将此作为设计、生产产品或提供服务的主要依据，注重企业和消费者的"情感互动"，以消费者的需求为导向，不断满足消费者的个性化需求。

第二，体验营销以消费者的忠诚为目标。在产品种类日益丰富与市场竞争日趋激烈的形势下，消费者已经不能满足于单纯地购买产品，他们希望在购买过程中得到物质和精神的满足。体验营销能不断强化此项功能，为消费者创造更多的感受价值，通过不断提高和巩固消费者的满意度，提升消费者的忠诚度，建立起企业与消费者间长期稳定的关系。

第三，体验营销以消费者的主动参与为手段。在体验营销中，企业为消费者提供机会参与产品和服务的设计，甚至让其作为主角去体验产品或服务的生产与消费过程，这是体验营销区别于传统营销最显著的特征。在消费者的主动参与中，企业与消费者之间进行信息和情感交流，相互配合、相互促进，形成良好的双向互动关系。

近年来，由于医药经济的蓬勃发展和医药市场的激烈竞争，医药企业为了更好地推动营销工作，不断探索和创新包括体验营销在内的多种营销新模式。医药企业开展体验营销创新的意义主要体现在：医药企业会尽可能让自己的产品和服务与众不同，体现差别化；医药企业在产品和服务的设计上能更好地关注和满足消费者的需要，以消费者的体验为导向设计产品、服务和消费的环境，始终注重消费者的体验，吸引消费者的注意力，最终留住消费者，让消费者更好地接受产品和服务，提升消费者的满意度与忠诚度；医药企业通过与消费者的体验和互动，能更好地建设品牌、传播品牌，从而为企业带来巨大的无形价值，促进企业营销工作的顺利开展。

（二）医药体验营销的相关理论

1. 战略体验模块理论

由于体验的复杂化和多样化，所以《体验式营销》一书的作者伯恩德·H·施密特（Bernd H. Schmitt）将不同的体验形式称为战略体验模块，并将其分为以下五种类型。

（1）感官体验（知觉体验）。感官体验是通过视觉、听觉、触觉、味觉和嗅觉创造消费体验感受，激发消费者新奇、好感、舒适、难忘的感觉，对商家及其品牌留下深刻印象。

（2）情感体验。情感体验是从触及消费者的内心世界入手，商家创设体验载体、提供体验活动，激发消费者内在情感的表达，与消费者形成互动，以赢得消费者对商家及其品牌的认可。

（3）思考体验。思考体验是以意想不到、激发消费者的好奇心和兴奋点的方式，激发、引导消费者来认识、关注和思考商家品牌或提供的产品与服务。

（4）行动体验。行动体验是向消费者展示不同的做事方式、生活方式及互动方式来强化消费者的身体体验，改变或改善原有生活形态，充实和丰富消费者的业余生活，使商家品牌或提供的产品与服务浸入到消费者的日常生活。

（5）关联体验。关联体验是使消费者与企业的整体文化产生联系，创造出消费者感觉有别于其他受众群体的社会地位和优越感,从而建立消费者对企业品牌的依赖性,使其变成忠诚顾客。

2. 体验剧场理论

体验营销使得企业营造一种氛围,设计一系列事件,以促使顾客变成其中的一个角色来尽情"表演",顾客在"表演"的过程中将会因为主动参与而产生深刻难忘的体验,从而为获得的体验向企业产生让渡价值。

1983年,罗格夫和菲斯克提出了服务剧场模型。服务剧场理论发现了服务与舞台表演的相似性,提出了舞台表演的构成要素与服务的构成要素之间的对应关系。1992年,由菲斯克、罗格夫和约翰构建了一个完整的服务剧场理论研究框架。

服务剧场理论以剧场演出的观念描述服务接触过程。服务剧场理论认为演出整体效果如何取决于场景、演员、观众,以及表演(前后台之间动态互动)的结果。

(1)场景(setting)。场景是服务递送的实体环境,一般而言,消费者直接接触的实体环境大多是属于前场的部分。

(2)演员(actors)。演员即服务人员,又称为接触人员(the contact person),是服务一开始运作的时候,与消费者接触的第一线人员。

(3)观众(audience)。观众即接受服务的消费者。消费者在服务接触的过程中是接受服务的一方,似乎是一个被动等待的角色,但是由于服务在生产与消费的同时,消费者无法置身事外,其也在产生服务的"工厂"中。因此消费者的角色不但重要,而且其行为会影响服务的结果。

(4)表演(performance)。在服务的过程中,消费者与服务人员的人际互动被称为"表演",是服务递送的主要核心。

将此四类进一步划分为14项,形成了服务剧场理论的分类原则,如表14-1所示。

表14-1 服务剧场理论的分类原则

类别	事项
场景	1. 服务场所布置:服务场景中的摆设及装饰品等,以及其所营造出来的气氛 2. 服务场所空间配置:服务场所的动线设计、消费者与服务人员所在位置的安排 3. 服务场所的清洁:服务场所的空间及餐具的清洁、整齐
演员	4. 服务人员的衣着打扮:服务人员身上的穿着、装扮与仪态 5. 服务人员的态度与行为:服务人员递送服务时所表现出来的行为、态度 6. 服务人员的专业技术:服务人员递送服务的专业技术与能力 7. 服务人员对消费者的承诺:服务人员给予消费者承诺后的实践行为
观众	8. 消费者配合参与服务的态度:消费者配合服务人员一同参与服务递送过程的个人内在态度 9. 消费者配合参与的行为:消费者配合服务人员一同参与服务递送过程的外在行为 10. 消费者与消费者间的互动:在同一服务场所中的消费者,其相互之间的接触情况
表演	11. 产品的品质:服务的品质与价格 12. 服务及时作业处理:消费者获得服务的速度及等候时间 13. 服务流程、系统设计的表现:服务递送的过程中品质与结果表现 14. 综合服务表现:综合上述四大类多项标准的服务表现

二、医药体验营销策略

（一）感觉式营销策略

感觉式营销策略通过视觉、听觉、触觉和嗅觉的感官体验建立感觉上的体验，感觉式营销策略可以明显区分所营销的产品和企业品牌，引导产品销售业绩提升。医药企业可以通过提升产品让消费者获得直接体验，在消费者的头脑中留下深刻的印象。

医药产品往往在其使用的便利程度上让消费者得到最直接的体验。比如全球糖尿病治疗领域的先导——诺和诺德制药有限公司出品的注射人用胰岛素具有笔芯和特充两种剂型，这两种剂型能在最大程度上减少糖尿病患者注射胰岛素的痛苦，并且方便卫生，使患者在使用产品的过程中在感官上留下深刻的体验。

医药企业在运用感觉式体验策略时，需要打破陈规、不断创新，在产品造型、名字、颜色等方面进行设计，通过差异化的产品吸引消费者的视线，将"严肃、刻板"的医药产品变得生动活泼，以此增加消费者的感官、情感、思考、行动等体验，从而使产品在市场上脱颖而出。比如日本米多尼公司生产的创可贴，摒弃传统创可贴的肉色与条状，选色鲜艳、形状多样，并配以"别碰我，好痛呦"等语句，将患者"痛"的体验生动地表达出来，深受消费者喜爱，销售业绩颇佳。

（二）情感式营销策略

情感式体验营销是一种人性化的营销策略，它从目标消费者的真实感受出发，通过卖方和买方之间的情感交流，得到消费者的认可和接受。例如，"老伴体验中心"就是凭借情感营销策略，在体验营销中融入关心中老年人的健康，强调企业的孝心与爱心文化。情感式体验营销也可以以广告为载体，用真情实感打动消费者，建立情感体验。比如哈药集团制药六厂的"洗脚篇"公益广告，让消费者将从广告中体验到的人间真情与企业的品牌情感关联在一起体验，加深对品牌的印象和好感。

情感式营销策略还可以体现在对价格折扣的惊喜体验上。企业通过对其产品或服务的价格作出特别安排，从而使消费者留下深刻的印象和特别的体验记忆，给消费者惊喜的价格感觉，这一惊喜来源于消费者感觉到的产品价值与其期望价值之差。消费者感觉到的价值越高或者消费者期望得到的价值越低，可以使这种价值差变大，使消费者对产品价格感到满足，获得惊喜，感觉到质价相称、物有所值甚至物超所值。通过创造一定的情景或运用特殊的方式给予折扣，让人出乎意料、喜出望外。例如，药店在给予消费者优惠时，事先未告知，在结账付款时送上意外的价格优惠和折扣往往会令消费者更惊喜，带给其愉悦的购物体验。

（三）思考式营销策略

思考式营销策略认为营销是启发人的智慧，让消费者提高认知和解决问题的体验过程。在高科技产品宣传中，思考式营销被广泛使用。例如，医疗器械企业开设高端体验中心，让产品自己说话的同时，通过举办讲座、提供深度健康测评等方式提醒人们关注自身健康，关心家人健康，意识到好的身体是幸福生活的前提，不断刺激消费者对健康的思考。

东阿阿胶将"超越利润至上的追求"价值主张与中医药文化的"仁爱精神"相结合，生发出企业自身的"厚道"文化体系，坚持做厚道企业，做道地产品，并将产品与心养、性养、动养、功养、食养、药养等传统养生方式相结合，极大地吸引了同样追求养生"慢生活"的消费者，从而引发消费者对生活方式的思考。

（四）行动式营销策略

行动式营销指通过偶像、角色，如影视歌星等来激发消费者，使其生活形态予以改变，从而实现销售。远红中脉健康产品选择明星代言，濮存昕和蒋雯丽的正能量形象符合消费者的审美观点，刺激消费者对保健品的兴趣和购买欲望。

医药企业还可以通过举行公益活动、参观企业等公共关系活动，与消费者建立良好的社会关系，获得消费者的信赖与支持。例如，好医生集团自新冠疫情暴发以来，先后捐赠400余万个口罩、价值超过2100万元的药品物资到全国1600多家新冠患者定点收治医院，全国基层5000多个药店诊所，以及20 000多名药店店员及乡村医生，1000余个社区及疫情防控卡点，荣获2020年中国医药企业社会责任大奖——"社会公益责任奖"，担当了社会责任也赢得了各界的赞誉，提升了品牌影响力。

（五）关联式营销策略

关联式营销包括感官、情感、思考和行动等体验的综合。关联式营销关注消费者在购物通路中所获得的所有体验，比如消费者去药店途中的交通便利状况、停车便利状况、药店购药便利状况及排队付款快捷状况等。在消费中的各个环节留给消费者深刻的体验，往往便利的交通、舒适的购物环境、合理的药品陈列及快捷顺畅的排队等候等体验会让消费者更为欣喜，从而促进购买。

为使消费者获得丰富的体验，医药企业要尽可能精心选择和设计，从情景出发，树立感官体验及思维认同，抓住消费者的注意力，在选择渠道、营造氛围等方面积极倡导体验。比如零售药店，在选址上要尽可能距离消费者居住地较近，交通便利，减少消费者的体验成本。再者要注重店内环境和氛围，创造消费主题，让消费者积极融入并获得体验。比如同仁堂药店，从店内仿古的主题色和陈设布置到店内主营产品，从营业员专业的中医药业务技能到现场中药产品的加工炮制，从静态到动态，从嗅觉、视觉、感觉等各方面让消费者体验中医药文化，使其融入同仁堂中医药的消费主题，培养其品牌好感并激发其消费行为。

第四节　医药在线营销

一、医药在线营销概述

（一）医药在线营销的含义

科技是改变营销的一种重大力量，数字革命已经赋予顾客和企业一些新能力，在20世纪90年代产生了在线营销。随着网络技术的发展，在线营销已成为国内许多医药生产企业重要的营销方式之一。在线营销是企业整体营销战略的一个组成部分，是为实现企业总体经营目标所进行的，以互联网为基本手段营造网上经营环境的各种营销活动。医药产品的网上招商和网上采购、网上药店的建立、医药组织的网站建立等都是在线营销在医药行业的具体应用。

（二）医药在线营销的职能

1. 医药网络品牌职能

医药在线营销的重要任务是在互联网上建立并推广医药企业的品牌，以及让医药企业的线下品牌在线上得以延伸和拓展。医药在线营销为企业利用互联网建立品牌形象提供了有利的条件，以达到患者及公众对医药企业的认知和认可，以实现其网络品牌价值，并实现持久的顾客关系和经济收益。

2. 医药网站推广职能

医药企业获得必要的访问量是在线营销取得成效的基础，因此通过互联网手段进行网站推广的意义显得更为重要。对于医药企业，网站推广也是非常必要的，事实上许多医药企业虽然已有较高的知名度，但网站访问量也不高。网站推广是在线营销最基本的职能之一，也是在线营销的基础工作。

3. 医药信息发布职能

在线营销的基本思想是通过各种互联网手段，将企业营销信息以高效的手段向目标用户、合作伙伴、公众等群体传递，因此信息发布就成为在线营销的基本职能。

4. 医药销售促进职能

市场营销的基本目的是为最终增加销售提供支持，对于医药在线营销也不例外。各种在线营销方法大都直接或间接具有促进销售的效果，同时还有许多针对性的线上线下促销手段。

5. 医药网上销售职能

网上销售是企业销售渠道在网上的延伸，一个具备网上交易功能的企业网站本身就是一个网上交易场所，包括建立在专业电子商务平台上的网上商店，以及与其他电子商务网站不同形式的合作等。

6. 医药顾客服务职能

互联网提供了更加方便的在线顾客服务手段，通过电子邮件、邮件列表，以及在线论坛和各种微信公众订阅号等提供即时信息服务，在线顾客服务具有成本低、效率高的优点。

7. 医药顾客关系职能

顾客关系对于开发顾客的长期价值具有至关重要的作用，以顾客关系为核心的营销方式成为企业创造和保持竞争优势的重要策略。医药在线营销为建立顾客关系、提高顾客满意和顾客忠诚提供了更为有效的手段，增进顾客关系成为医药在线营销取得长期效果的必要条件。

8. 医药网上调研职能

医药网上市场调研具有周期短、成本低的特点，网上调研是整个市场研究活动的辅助手段之一，网上调研的结果反过来又可以为使其他职能更好的发挥提供支撑。

医药在线营销的各个职能之间相互促进，其最终效果是各项职能共同作用的结果。在线营销的职能是通过各种在线营销方法来实现的，同一个职能可能需要多种在线营销方法的共同作用，而同一种在线营销方法也可能适用于多个在线营销职能。在线营销的基本职能也说明，开展在线营销需要用全面的观点，充分协调和发挥各种职能的作用，让在线营销的整体效益最大化。

二、医药在线营销策略

在线营销已经伴随着互联网的普及迅速渗透到人们的生活中。近年来，不少先驱者借助这一低成本、高覆盖面的营销工具赚得盆满钵满，面对在线营销大潮，迎难而上的医药企业应开展这一新形势下的战略布局。事实上，在线营销的成功与否在很多情况下取决于网络推广策略及实施情况，而如何更好地策划在线营销方案，形成真正可执行的在线营销方案，就成为医药企业在线营销之战能否成功的关键。

（一）提升对在线营销的战略认知水平

医药在线营销既需要有网络知识和营销技能的综合性人才，也需要较高素质的消费者。这两方面的工作不是哪一家企业或个人能够做到的，而是还需要依靠国家的力量才能实现。国家应制定鼓励、扶持医药在线营销发展的优惠政策，为医药在线营销人才市场的发展提供良好的经济环境。引导广大消费者改变过去眼见为实的传统购物方式与购物习惯，使其从心理上接受医药在线营销；广泛开展对医药在线营销的学术研究，不断开发适合我国国情的医药在线营销新方式与新策略；提高国民消费素养，为造就大批医药在线营销人才做出贡献。

（二）加强企业内部网络基础设施建设

目前，我国互联网的基础设施仍有提升的空间，需要加强和改进的地方很多，因此需要政府发挥宏观调控的作用，加大网络基础设施的建设力度，开发大数据运用平台。鼓励国内企业大力开发具有自主知识产权的计算机网络软硬件产品，改善目前的网络环境。降低资费标准，采取灵活的收费方式，使网络消费与人们的收入水平相适应。这对我国互联网的建设和发展、消费者的网上购物与消费活动，具有积极的推动作用。同时，政府应引入竞争机制，允许其他行业介入互联网的经营，促进互联网的普及，以加快医药在线营销的发展。

（三）改善网上银行建设，提升支付效率

在线交易不能大规模和健康发展的一个重要因素是银行在线服务种类的单一和技术的滞后。健全的网上银行主要涉及电子收银机、电子钱包和支付网关这三个技术部件，客户只需打一个电话或在网上下载一个 APP 就能进行转账和存取资金。网络交易后的资

金支付，应都能在网上进行，因此它对银行账户管理的安全性提出了很高的要求，只有银行建立了值得人们信赖的网络支付系统，人们才敢利用网络进行资金支付，这样才能让网络交易完全在线进行，才能体现在线营销的方便性，才能使在线营销发挥其发展的潜力。

（四）主动实施医药在线营销，实现营销实效

医药企业应有战略思想，积极尝试新的营销方式，走医药在线营销的可持续发展战略；企业也应当适应医药在线营销的要求，积极改革内部组织结构。信息技术和在线营销的发展使得知识交流大大加快，纵横交错的信息渠道造就了一种崭新的营销组织结构——扁平化组织结构。医药企业为适应医药在线营销的需要，就必须减少管理层次、压缩职能机构、裁减管理人员，建立起一种紧凑而富有弹性的新型团队组织，即扁平化的组织，从而降低医药企业管理协调成本，增强医药企业对市场的反应速度和满足用户的能力。

第五节　医药大数据营销

一、医药大数据营销概述

大数据已经成为营销业界关注的焦点，大数据营销在企业实际的应用可以追溯到 20 世纪末。目前大数据营销尚未形成统一的定义，早期认为大数据营销指通过互联网采集大量的消费者行为数据，帮助企业找出目标受众，以此对广告投放的内容、时间、形式进行预期和分配，并最终完成广告投入的营销过程。也有学者认为，大数据营销指对大数据进行恰当收集、筛选、整合、处理、使用，最终精准分析出用户需求的营销方式。医药大数据营销伴随着数字生活空间的普及和全球的信息爆炸这种趋势，作为一种广泛兴起的新概念和新模式，毫无疑问其正引领新一轮的互联网技术和医药企业营销的创新。

视频 14.1　大数据营销新升级

综上所述，医药大数据营销并非一个停留在概念上的名词，而是一个通过在大量运算基础上的技术实现过程。医药大数据营销在本质上仍是医药市场营销，随着大数据、云计算等新概念和新范式的广泛兴起，以大数据为特征的医药市场营销模式可以被称为广义上的医药大数据营销。医药大数据营销是基于大数据分

营销视野 14.2　博爱智谷：医药大数据中的智慧营销

析的基础，描绘、预测、分析、指引消费者行为，从而帮助医药企业制定有针对性的商业策略。医药大数据营销的特点主要体现在大数据层面，包括以下方面。

（1）多平台化数据采集。大数据的数据来源通常是一个多样性的数据源，数据收集平台可以将更多的网上消费行为描述得更加全面和准确。多平台采集包括来自互联网、移动互联网、广电网、智能电视和户外智能面板等的数据。

（2）强调及时性。在大数据时代，网上消费行为和购买模式会在短时间内改变，在互联网用户需求最高时及时进行营销是非常必要的。世界领先的大型数据营销企业 AdTime 提出营销策略可以通过技术手段充分了解互联网用户的需求，并及时响应每个互联网用户当前的需求，让个体消费者在决定购买的"黄金时间"内及时进行广告投放。

（3）个性化营销。在互联网时代，营销观念已经从"媒体指南"转向"引导观众"。以前的营销活动应遵循媒体导向，选择高能见度的大型媒体。现在，广告商是完全以观众为导向进行广告和营销，由于大数据的技术，甚至可以让他们知道目标受众消费者所在的空间位置和所关注产品广告的屏幕位置。大数据技术使得当不同用户在面对同一媒体的相同界面时，广告内容可以是不同的，大数据市场营销在互联网用户中可以实现个性化营销。

（4）性价比高。传统广告"一半是浪费"，大数据市场营销可以根据实时反馈的效果及时调整投入策略，精准投放广告，减少不必要的广告支出，提高性价比。

（5）相关性。大数据市场营销的一个重要特点是互联网用户关注广告和广告的关联性，由于大数据在采集的过程中可以快速了解到目标受众注意的内容，以及可知道消费者身在何方，这些有价值的大数据信息可让广告在投放过程中产生较多的有效购买行为。

二、医药大数据营销策略

（一）数据库协同整合

随着信息技术的发展与变革，单一媒体造成的消费者分散和用户数据库碎片化已不再能满足医药企业对数据数量和多样性的需求。在全媒体时代下，媒体的跨界融合可以促使分散的用户得以集中，通过信息技术整合不同媒体间的数据，并最终将其整合为消费者大数据。

虽然我们还停留在从数据碎片化到数据整合时代的探索阶段，但未来随着技术的发展，跨媒介、跨平台、跨终端的多渠道将全面打通，使信息得以多维度重组。在多样化的媒体网络平台上，消费者客观数据与主观信息的有效结合形成完整的用户大数据，这将成为未来大数据营销发展的必然趋势。

大数据营销将呈现更加精准有效的用户需求，而多样化信息的整合也使数据能更全方位地反映消费者的爱好、习惯、个性。手机、电视等终端作为用户接收信息的渠道可以客观地记录用户的各项人口统计与行为数据，而网络社区、社交平台等共创性传播平台作为用户输出数据可以引导讨论，使用户真正成为内容的生产者和制造者，主动参与信息的反馈和实时的互动分享。通过多个媒体间的有效联动，实现消费者信息全方位、多角度反馈的合作与融合将是医药大数据营销的关键和基础。

（二）数据深度计算

目前的数据挖掘技术和可视化技术能够实时地把交易过程、产品使用和人类行为进行数据化的存储、分析和有效展现。随着科学技术的发展，数据运算的速度进一步提高，数据深度挖掘技术也日新月异。数据分析的强大不仅让消费者的"行踪"变得越来越透明，而且消费者的行为可以更加精准地被挖掘和分析，将消费者行为心理层面上的特质以数字化的形式呈现出来。

深度计算作为一项新技术不仅使消费者进入一个几乎透明化生存的大数据时代，而且随之产生的新机会也让医药企业的大数据个性化营销向着更加精细化的方向发展。目前该项技术已使基于用户偏好、习惯的定制化产品推荐变得更加精准。在未来提供完全符合消费者需求的定制化设计将会成为医药大数据营销界的主流。

本章小结

医药企业在营销实践中不断创新。本章介绍了医药服务营销、医药文化营销、医药体验营销、医药在线营销和医药大数据营销这五种医药市场营销新发展。

医药企业通过在售前、售中和售后提供服务来提高消费者的满意度和忠诚度，进而实现营销业绩的增长和企业的长期发展。人员、过程和有形展示是服务营销特有的营销组合要素。医药企业通过细分医药服务市场制定服务差异化战略，并从产品、环境、服务提供者等方面将服务有形化，改善顾客对服务的感知，同时通过品牌创建、公关活动等过程管理和优化医药企业服务人员等策略提升服务品质。

医药文化营销强调在营销沟通中凸显医药企业的理念、宗旨、目标、价值观、行为规范、品牌个性等文化因素，其核心是理解和尊重消费者的社会性需求。可通过树立社会责任的文化导向、深入理解目标群体的需求、构建文化营销的制度环境和评估文化营销绩效得以操作和实施。

医药体验营销指通过看、听、用、参与等手段，充分刺激和调动消费者的感官、情感、思考、行动、联想等感性因素和理性因素，提升消费者的购买意愿。基于战略体验模块和体验剧场理论，医药企业可以设计出一套包括感觉式营销、情感式营销、思考式营销、行动式营销、关联式营销在内的体验营销策略。

医药在线营销的职能包括医药网络品牌职能、医药网站推广职能、医药信息发布职能、医药销售促进职能、医药网上销售职能、医药顾客服务职能、医药顾客关系职能、医药网上调研职能。医药在线营销的各个职能之间相互促进，其最终效果是各项职能共同作用的结果。

大数据营销是基于大数据分析的基础，描绘、预测、分析、指引消费者行为，从而帮助企业制定有针对性的商业策略。其特征有多平台化数据采集、强调及时性、个性化营销、性价比高、相关性。

关键术语

医药服务营销（pharmaceutical service marketing）　　无形性（intangibility）
医药文化营销（pharmaceutical culture marketing）　　不可分离性（inseparability）
医药体验营销（pharmaceutical experience marketing）　异质性（heterogeneity）
医药在线营销（pharmaceutical online marketing）　　易逝性（perishability）

医药大数据营销（pharmaceutical big data marketing）

课后思考题

1. 服务有哪些区别于实体产品的特点？请根据你对这些特点的理解，简述医药服务营销实施过程。
2. 医药文化营销有哪些误区？
3. 请举例说明医药体验营销的不同策略在营销实践中的运用。
4. 医药在线营销和大数据营销策略有何联系与不同？

即测即练

自学自测　扫描此码

综合案例

圣火的慢性病服务营销模式

昆明圣火药业（集团）有限公司（以下简称圣火）初建于1995年10月，一贯秉承"创一流名牌产品，为人类健康服务"的企业宗旨，现已形成药品、化妆品、保健品三大系列百余个产品的合理产品构建，拥有"理洫王"牌血塞通软胶囊等一批享誉全国的知名产品。

为促进"理洫王"牌血塞通软胶囊的销售，圣火确立专业创造价值的营销理念，将理洫王在OTC营销中定位为中风预防及恢复期治疗，针对中风早防治，提出圣火慢性病服务营销模式，即两个积累，五个聚焦（积累铁杆顾客、积累铁杆药师；聚焦核心客户、聚焦陈列展示、聚焦店员培训、聚焦慢性病教育、聚焦慢性病检查）的营销策略，开展医药联合。

通过药师面对面，专业地与曾中风或中风高危人群进行链接，进行患者教育工作，实现产品价值。通过慢性病服务千万工程精英训练营，与核心销售人员（药师、慢性病人员）进行以竞赛、培训、学习为一体的活动，向顾客与终端普及中风防治的专业知识，抢滩慢性病市场，推动行业慢性病服务的进程。圣火的慢性病服务营销模式取得了巨大成功，获得2016年中国医药十大营销案例。

资料来源：慢病市场，药店增量的新突破口[EB/OL].[2017-03-17]. http://www.360doc.com/content/17/0317/19/41088294_637727354.shtml.

综合案例分析思路14.1

思考题：请结合圣火药业的例子，谈谈你对医药企业服务营销组合策略的理解。

主要参考文献

[1] 里斯，特劳特. 定位[M]. 第1版. 谢伟山，苑爱冬，译. 北京：机械工业出版社，2002.
[2] 法兰. 医聊：医药代表拜访指南[M]. 张志扬，孙峰，译. 北京：电子工业出版社，2009.
[3] 宝贡敏. 战略管理：新视野、新思维、新进展[M]. 北京：中国经济出版社，2013.
[4] 陈钦兰，苏朝晖，胡劲，等. 市场营销学[M]. 第2版. 北京：清华大学出版社，2017.
[5] 陈玉文. 医药市场营销学[M]. 北京：人民卫生出版社，2016.
[6] 科利尔，弗罗斯特. 医药代表实战指南[M]. 季纯静，译. 北京：电子工业出版社，2018.
[7] 代海涛. 企业战略管理[M]. 北京：中国农业大学出版社，2011.
[8] 科特勒. 营销管理：分析、计划、执行和控制[M]. 第9版. 梅汝和，梅清豪，张桁，译. 上海：上海人民出版社，2002.
[9] 科特勒，卡特加雅. 营销革命4.0[M]. 第1版. 王赛，译. 北京：机械工业出版社，2018.
[10] 科特勒，阿姆斯特朗. 市场营销原理与实践[M]. 第17版. 楼尊，译. 北京：中国人民大学出版社，2020.
[11] 科特勒，凯勒. 营销管理[M]. 第13版. 王永贵，等译. 上海：上海人民出版社，2009.
[12] 科特勒，凯勒. 营销管理[M]. 第15版. 何佳讯，等译. 上海：格致出版社，2016.
[13] 符华平. 医药市场营销与实务[M]. 北京：人民卫生出版社，2010.
[14] 马利克. 战略：应对复杂新世界的导航仪[M]. 周欣，刘欢，译. 北京：机械工业出版社，2013.
[15] 傅书勇. 医药营销管理[M]. 北京：清华大学出版社，2013.
[16] 傅书勇，孙淑军. 医药渠道与管理[M]. 北京：清华大学出版社，2012.
[17] 甘湘宁，周凤莲. 医药市场营销实务[M]. 第3版. 北京：中国医药科技出版社，2017.
[18] 官翠玲. 医药市场营销学[M]. 北京：中国中医药出版社，2010.
[19] 官翠玲，李胜. 医药市场营销学[M]. 北京：中国中医药出版社，2015.
[20] 官翠玲. 医药市场营销学[M]. 北京：中国中医药出版社，2018.
[21] 关晓光. 公共关系学[M]. 北京：中国中医药出版社，2016.
[22] 何贯中，郝雨风. 医药营销100战：最佳制胜之道[M]. 北京：中国经济出版社，2007.
[23] 贺迎九，谢恩润. 应用管理学：面向生产一线员工[M]. 武汉：武汉大学出版社，2011.
[24] 黄丹. 战略管理：研究注记·案例[M]. 第3版. 北京：清华大学出版社，2020.
[25] 黄旭. 战略管理：思维与要径[M]. 北京：机械工业出版社，2007.
[26] 巴尼. 战略管理：获得与保持竞争优势[M]. 第3版. 朱立，译. 上海：格致出版社，2011.
[27] 金文姬，秦勇. 市场营销学[M]. 北京：人民邮电出版社，2017.
[28] 金文辉，袁定明. 市场营销学[M]. 北京：中国中医药出版社，2015.
[29] 康丽，张燕. 企业战略管理[M]. 南京：东南大学出版社，2012.
[30] 李伟，孔金详. 医药市场营销学：案例版[M]. 北京：科学出版社，2017.
[31] 刘徽. 医药市场营销技术[M]. 西安：西安交通大学出版社，2016.
[32] 罗臻，刘永忠. 医药市场营销学[M]. 第2版. 北京：清华大学出版社，2018.
[33] 马浩. 战略管理学精要[M]. 北京：北京大学出版社，2015.
[34] 马杰. 市场调查与预测[M]. 第2版. 郑州：郑州大学出版社，2014.

[35] 孟韬. 市场营销[M]. 北京：中国人民大学出版社，2018.

[36] 史密斯，等. 医药营销新规则[M]. 思齐俱乐部，译北京：电子工业出版社，2019.

[37] 秦勇，张黎. 医药市场营销：理论、方法和实践[M]. 第1版. 北京：人民邮电出版社，2018.

[38] 全国人大常委会办公厅. 中华人民共和国药品管理法：最新修订本[M]. 北京：中国民主法制出版社，2019.

[39] 史立臣. 医药新营销[M]. 北京：企业管理出版社，2017.

[40] 贾殷. 国际市场营销[M]. 第6版. 吕一林，雷丽华，译. 北京：中国人民大学出版社，2004.

[41] 苏朝晖. 市场营销：从理论到实践[M]. 第2版. 北京：人民邮电出版社，2021.

[42] 谭力文，吴先明. 战略管理[M]. 武汉：武汉大学出版社，2006.

[43] 汤少梁. 医药市场营销学[M]. 北京：科学出版社，2007.

[44] 滕乐法，李峰，吴媛媛，等. 市场营销学[M]. 北京：清华大学出版社，2020.

[45] 王德章，周游. 市场营销学[M]. 北京：高等教育出版社，2010.

[46] 王海忠. 品牌管理[M]. 第2版. 北京：清华大学出版社，2021.

[47] 王浩. 医药新零售[M]. 北京：电子工业出版社，2021.

[48] 王怀栋，艾云辉. 战略管理[M]. 广州：暨南大学出版社，2012.

[49] 王鹏. 医药代表专业化指南[M]. 北京：北京艺术与科学电子出版社，2018.

[50] 王淑玲. 医药促销管理与实务[M]. 北京：人民军医出版社，2012.

[51] 王新刚. 品牌管理[M]. 北京：机械工业出版社，2018.

[52] 王永贵. 客户关系管理[M]. 第2版. 北京：清华大学出版社，2021.

[53] 吴丹，成微责. 企业战略管理[M]. 南京：河海大学出版社，2017.

[54] 吴健安，聂元昆. 市场营销学[M]. 精要版，第2版. 北京：高等教育出版社，2017.

[55] 吴泗宗. 市场营销学[M]. 北京：清华大学出版社，2014.

[56] 汤普森. 战略管理：概念与案例[M]. 第21版（原书）. 于晓宇，王家宝，等译. 北京：机械工业出版社，2019.

[57] 熊国钺. 市场营销学[M]. 北京：清华大学出版社，2017.

[58] 熊德勇. 企业战略管理[M]. 北京：经济科学出版社，2014.

[59] 徐飞. 战略管理[M]. 第4版. 北京：中国人民大学出版社，2019.

[60] 徐大勇. 企业战略管理[M]. 第2版. 北京：清华大学出版社，2019.

[61] 许彦彬，伊利. 医药市场营销学[M]. 济南：山东人民出版社，2010.

[62] 闫国庆. 国际市场营销学[M]. 第4版. 北京：清华大学出版社，2021.

[63] 杨洪涛. 市场营销：网络时代的超越竞争[M]. 第3版. 北京：机械工业出版社，2019.

[64] 安索夫. 公司战略[M]. 邵冲，译. 北京：机械工业出版社译，2013.

[65] 张闯. 营销渠道管理[M]. 第2版. 北京：清华大学出版社，2021.

[66] 张俊，周永平. 市场营销：原理、方法与案例[M]. 北京：人民邮电出版社，2016.

[67] 赵占波. 金融营销学[M]. 第2版. 北京：北京大学出版社，2018.

[68] 郑俊生. 企业战略管理[M]. 北京：北京理工大学出版社，2020.

[69] 车艳蕊，林颖颖. 医药产品网络营销手段与策略的研究[J]. 国际公关，2019（10）：226.

[70] 陈修齐. 片仔癀体验馆体验营销模式创新研究[J]. 长春大学学报，2019，29（11）：25-32.

[71] 范程琳. 《广州民国日报》的中医药广告医疗社会史研究（1929—1936年）[J]. 郑州航空工业管理学院学报（社会科学版），2020，39（4）：56-66.

[72] 科特勒，陈乃新. 《**市场营销管理**》（第6版摘译连载）市场领导者、挑战者、追随者和拾遗补

缺者的策略[J]. 商业经济文荟, 1990（6）: 58-61.
[73] 郭国庆, 李海洋. 市场挑战者、跟随者与补缺者竞争战略[J]. 经营者, 1998（6）: 53-55.
[74] 哈景顺. 保障百姓权益强化"医药广告"监管[J]. 前进论坛, 2018（5）: 35.
[75] 贺丹娜. 基于体验营销的医药保健品营销策略研究[J]. 商场现代化, 2011（35）: 21-22.
[76] 李杰锋. 大数据环境下的市场营销方式改革发展新方向[J]. 中国市场, 2021（29）: 115-116.
[77] 李金璐, 汪琴. 论虚假医药广告的法律规制[J]. 上海商业, 2018（1）: 47-49.
[78] 李琪. 线上复诊开药方, 线下药店就可拿药[N/OL]. 三湘都市报, 2021-06-24（A04）. [2021-10-01]. https://epaper.voc.com.cn/sxdsb/html/2021/06/24/content_1525386.htm?div=-1.
[79] 李先国, 许华伟. 处方药流通渠道分析[J]. 长沙理工大学学报（社会科学版）, 2007, 22（1）: 92-94.
[80] 李雅琴. 论互联网医药广告的法律规制[J]. 江汉大学学报（社会科学版）, 2018, 35（2）: 27-32, 124.
[81] 梁倩. 提升海外认可度中医药国际化驶入"快车道"[N]. 经济参考报, 2021-09-08（006）.
[82] 刘秀丽. 利基战略: 中小型会展企业成长的有效途径[J]. 市场周刊, 2020, 33（9）: 16-17.
[83] 刘洋. 谈医药企业网络营销的商务模式[J]. 现代营销（经营版）, 2021（2）: 10-11.
[84] 马鑫良. 如何让品牌长盛不衰[N]. 医药经济报, 2019-06-27(004).
[85] 邵安菊. 迈瑞医疗基于利基战略实现产业跃迁[J]. 企业管理, 2017（2）: 58-61.
[86] 沈枫. 体验营销在医药营销创新中的应用研究[J]. 中国药房, 2012, 23（9）: 771-773.
[87] 施祖东. 我国药品集中采购制度的变迁[J]. 中国医疗管理科学, 2014, 4（1）: 25-27.
[88] 孙婷. 高等医药院校"网络营销"实践教学体系构建[J]. 中国市场, 2017（1）: 130-131.
[89] 孙婷, 朱民田, 姜庆丹. 医药类高校"网络营销"实践教学的探索[J]. 中国市场, 2016（48）: 165-166.
[90] 唐慧羽. 基于大数据的网络营销模型构建[J]. 科技视界, 2021（27）: 62-64.
[91] 唐唯珂, 朱萍, 卢杉, 等. 七大指标量化近300家医药上市公司阵痛转型中如何重塑企业社会责任[N]. 21世纪经济报道, 2020-01-08（012）.
[92] 徐婷. 医药企业网络营销策略研究[J]. 商讯, 2019（19）: 62-63.
[93] 徐涛, 庞晓婷. 电子商务环境下医药企业网络营销策略研究[J]. 现代经济信息, 2019（5）: 372.
[94] 阳正义. 基于大数据挖掘的食品企业市场营销策略提升研究[J]. 食品研究与开发, 2021, 42(17): 235.
[95] 姚倩, 黄雅慧. 58亿元出售"中国钙王", 振东制药弃"钙"从"发", 还想发力创新药[N/OL]. 北京商报, 2021-08-18[2022-01-29]. https://view.inews.qq.com/a/20210818A0CX5R00.
[96] 王璇, 方堃, 韩璞聪, 等. 医药零售企业网络营销探究: 以漱玉平民大药房O2O"优药送"业务为例[J]. 现代商业, 2019（5）: 39-40.
[97] 吴菲菲. 医药广告媒体投放选择之我见[J]. 中国广告, 2020（Suppl2）: 129-131.
[98] 章乐. 高端口服制剂成功出海辰欣药业开启国际化新征程[N]. 医药经济报, 2020-12-03（011）.
[99] 张文德. 竞争情报的市场营销构想[J]. 大学图书馆学报, 2000, 18（4）: 50-52.
[100] 张仲民. 近代上海医药广告借名造假现象探析[J]. 江淮文史, 2019（1）: 131-143.
[101] 赵弘. 市场挑战者的基本战略[J]. 经济师, 2000（6）: 149-151.
[102] 郑小勇. 相对竞争地位与竞争战略选择: 市场追随者的战略选择博弈[J]. 商业研究, 2004（13）: 11-13.
[103] 朱坤福. 网络时代下医药企业营销模式探究[J]. 中外企业家, 2017（13）: 81-89.

[104] 朱乐亚. 医药广告话语中"诉诸恐惧"论证的语用论辩研究[J]. 考试与评价（大学英语教研版），2018（6）：78-83.

[105] 邹剑峰. 大数据时代的市场调查[J]. 企业信息化，2019（3）：50-51.

[106] 张鑫. YT集团医药业务营销管理信息系统建设研究[D]. 长春：吉林财经大学，2018.

[107] 张闻华. D公司农药产品需求预测及管理优化研究[D]. 上海：上海外国语大学，2021.

[108] 潘慧颖. ZY公司的市场利基战略研究[D]. 杭州：浙江理工大学，2020.

[109] 李海亮. 华瑞制药（SSPC）在中国医药市场营销策略研究[D]. 南宁：广西大学，2012.

[110] 范姝. 体验营销在保健品行业中的引入和应用研究[D]. 长春：吉林大学，2009.

[111] 廖善恩. 基于服务剧场理论的烟草商业服务品牌塑造[D]. 广州：华南理工大学，2010.

[112] 陈锡标. DL公司增长战略制定与实施研究[D]. 广州：广东工业大学，2019.

[113] 仲雅文. DE阿胶公司"互联网+体验"营销策略研究[D]. 青岛：青岛科技大学，2020.

[114] 安徽省医药集中采购服务中心. 关于推动药品集中带量采购工作常态化制度化开展的实施意见：皖医保发〔2021〕6号[EB/OL]. (2021-07-06)[2021-08-11]. http://www.ahyycg.cn/homepage/showdetailnew.aspx?infoid=2159.

[115] 安徽省医药集中采购服务中心. 安徽省公立医疗机构临床常用药品集中带量采购谈判议价实施方案：皖医保秘〔2020〕104号[EB/OL]. （2020-10-16）[2021-08-11]. http://www.ahyycg.cn/homepage/showdetailnew.aspx?infoid=1942.

[116] 国家卫生健康委，工业和信息化部，公安部，等. 关于印发2021年纠正医药购销领域和医疗服务中不正之风工作要点的通知：国卫医函〔2021〕85号[EB/OL]. （2021-04-25）[2021-08-11]. http://www.gov.cn/zhengce/zhengceku/2021-04/28/content_5603645.htm.

[117] 国务院办公厅. 关于推动药品集中带量采购工作常态化制度化开展的意见：国办发〔2021〕2号[EB/OL]. （2021-01-28）[2021-08-11]. http://www.gov.cn/zhengce/content/2021-01/28/content_5583305.htm.

[118] 国务院办公厅. 关于印发深化医药卫生体制改革2016年重点工作任务的通知：国办发〔2016〕26号[EB/OL]. （2016-02-26）[2021-08-11]. http://www.gov.cn/zhengce/content/2016-04/26/content_5068131.htm.

[119] 中国网. 经典药方护健康,中新药业乐仁堂乌鸡白凤片守正创新"新中药"[EB/OL]. [2020-04-30]. https://finance.qq.com/a/20200501/000003.htm.

教师服务

感谢您选用清华大学出版社的教材！为了更好地服务教学，我们为授课教师提供本书的教学辅助资源，以及本学科重点教材信息。请您扫码获取。

▶▶ 教辅获取

本书教辅资源，授课教师扫码获取

▶▶ 样书赠送

市场营销类重点教材，教师扫码获取样书

清华大学出版社

E-mail: tupfuwu@163.com
电话：010-83470332 / 83470142
地址：北京市海淀区双清路学研大厦 B 座 509

网址：https://www.tup.com.cn/
传真：8610-83470107
邮编：100084

中国高等院校市场学研究会官方推荐教材
新时代营销学系列新形态教材书目

书 名	主 编	书 名	主 编
市场营销学	符国群	促销基础	贺和平 朱翊敏
市场营销学（简明版）	符国群	营销实战模拟	孔 锐
消费者行为学	彭泗清	营销策划	费鸿萍
市场研究	景奉杰 曾伏娥	营销工程	沈俏蔚
国际市场营销	孙国辉	大数据营销	李 季
服务营销	王永贵	商业数据分析	姚 凯
组织营销	侯丽敏	旅游市场营销	白长虹
网络营销	龚艳萍	金融市场营销	王 毅
战略品牌管理	何佳讯	农产品市场营销	袁胜军 肖 艳
产品创新与管理	黄 静	医药市场营销学	官翠玲
定价策略	柯 丹	体育市场营销学	肖淑红
整合营销沟通	牛全保	电信市场营销学	吕 亮
营销渠道管理	张 闯	新媒体营销	戴 鑫
品牌管理	王海忠	绿色营销	王建明
零售管理	蒋青云	创业营销	金晓彤
销售管理	李先国	珠宝营销管理	郭 锐
客户关系管理	马宝龙		